KB136311

여성주의 관점으로
'위안부' 역사를 복원하다

'위안부'는 여자다

캐롤라인 노마 지음
유혜담 옮김

The Japanese Comfort Women and Sexual Slavery during the China and Pacific Wars

Copyright © 2016 by Caroline Norma All rights reserved.

This Korean edition was published by YEOLDABOOKS in 2020 by arrangement with Bloomsbury Publishing Plc through KCC(Korea Copyright Center Inc.), Seoul.

이 책은 (주)한국저작권센터(KCC)를 통한 저작권자와의 독점계약으로 열다북스에서 출간되었습니다. 저작권법에 의해 한국 내에서 보호를 받는 저작물이므로 무단전재와 복제를 금합니다.

일러두기

1. 옮긴이 주와 번역서 정보는 각주로, 참고문헌 정보는 미주로 실었다.

2. 단행본과 신문, 잡지 등의 정기간행물은 『 』로, 논문이나 장 제목, 행사명, 다큐멘터리명은 「 」로 표시하였다.

3. 한국, 일본 등 동북아시아계 인물은 성을 먼저, 다른 지역 인물은 이름을 먼저 표기하는 것을 원칙으로 했다.

한국 성착취 생존자 단체 **뭉치**에게
연대와 경애를 보내며 이 책을 바칩니다.

'위안소' 앞에 줄 선 남자들 (표지 사진)

중국 칭따오에 설치된 '위안소' 사진으로 2015년 일본의 이치노헤 스님이 경매를 통해 입수하여 군산 동국사에 기증하였다. '위안소' 간판이 선명한 사진은 일본에 도 10점밖에 없을 정도로 희소성이 높은 자료에 속하며 '위안소'의 지역명(靑島)이 적혀 있는 것은 이 사진이 유일하다. 이치노헤 스님에 의하면 이 사진은 일본 육군 소속의 상관이 병사들에게 "안에 들어가면 몇 분 안에 나오라"거나 "폭력을 행사하지 말라"는 식의 위안소 사용상 주의사항을 설명하고 있는 장면이다.

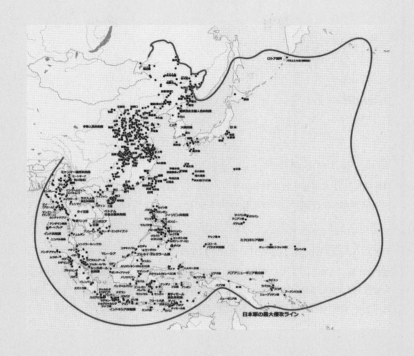

일본군 '위안소' 지도

일본의 시민단체 '여성들의 전쟁과 평화 자료관女たちの戦争と平和資料館, WAM'이 일본군 '위안부' 역사를 부인하는 일본 정부와 우익 세력에 맞서 10여 년 동안 수집한 자료를 모아 제작한 일본군 '위안소' 온라인 지도로 2019년 12월 7일 공개되었다. 지도의 각 점을 클릭하면 해당 '위안소' 관련 기록, 피해자 증언, 군인들의 수기와 목격자 증언, 공문서 기록의 출처까지 낱낱이 살펴볼 수 있도록 정리하였으며 https://wam-peace.org/ianjo/에 들어가면 자세히 볼 수 있다. 구글 번역기를 이용하면 한글로도 검색할 수 있다.

| 차례 |

한국판 서문

현재 한국 래디컬 페미니즘 맥락에서의
'위안부' 문제

이 책 『위안부는 여자다』가 영어로 출간된 건 2015년 12월로, 한일 정부의 '위안부' 협정 타결과 거의 같은 시점이었다. '위안부' 협정 아래 한국 정부는 1930~1940년대 전쟁이 벌어지는 동안 여자를 성노예로 삼았던 일본군의 만행에 대해 국제 외교 무대나 무역 협상 등에서 함구하기로 약속했다. 한국의 여성 시민들이 '위안부' 피해자들의 정의 회복을 위한 운동을 세계적으로 전개해 나가던 와중에, 정부가 침묵하기로 한 것이다. 한국의 '할머니' 생존자들과 그 지지자들은 1990년대 초부터 시위와 법적 조치를 통해 아시아 전역의 피해자들에게 본이 될 만한 운동을 펴왔다. 그러나 '위안부' 협정은 이런 눈부신 성과를 입막음하고 지워버리려 했다. 심지어 이 협정은 한국 정부에 성노예제 생존자와 이미 명을 달리한 피해자를 기념하기 위해 주한일

본대사관 앞에 세워진 '평화의 소녀상' 재배치를 검토할 의무를
지우기까지 했다.

'위안부' 협정은 1990년대 이후 전시 성노예제 피해자 정
의 회복 운동의 역사에서 일종의 전환점이라 할 수 있다. 그러나
이 협정의 정치적 여파는 사죄와 배상을 받기 위한 한국 '위안부
할머니들'의 싸움에만 국한되지 않는다. '평화의 소녀상' 철거 가
능성이 점쳐지자 한국 고등학생들과 대학생들이 모여들어 일본
대사관 앞에 농성장을 차리고 소녀상을 지켰다. 아직도 이들의
투쟁은 계속되고 있으며, 이들은 어떤 의미에서는 여자 학생들
이 성착취 피해자 편에서 싸워온 한국의 정치적 전통을 잇고 있
다고도 볼 수 있다. 예를 들어 1990년대 이화여자대학교를 포함
한 여러 대학의 여자 학부생들은 방학이 되면 성착취가 이루어
지던 미군 기지 주변을 찾아 기지촌 성착취 피해자 지원 단체에
서 자원봉사를 하기도 했다. 1980년대 말부터 군 성착취 피해자
편에서 활발히 활동해 온 여성단체와 기독교 단체가 조직한 소
위 '기지촌 활동'이었다. 이들 활동가는 미군 기지촌 성착취 피
해자들을 도와 법원에 국가배상을 청구했고, 2017년에는 국가가
미군 기지촌을 운영 관리하면서 성착취를 적극적으로 정당화하
거나 조장했다는 대법원 판결을 얻어냈다. 대법원은 1960~1970
년대 한국 정부가 성 전파성 질환 강제 치료를 위해 기지촌 성착
취 피해자를 불법적으로 억류했다고 인정하면서, 57명 원고 각
자에게 신체적, 정신적 피해에 대한 보상으로 500만 원씩 배상

하라고 판결했다.

　미군 성착취 생존자들이 대법원에서 값진 승리를 거둔 건 2015년 5월 한국에서 세계적으로 선례를 찾기 힘든 규모의 페미니즘 항거가 일어나고 얼마 지나지 않아서였다. 새로이 각성한 한국의 여성 청년들은 '코르셋'과 불법촬영, '리얼돌' 수입, 유명 남자 연예인의 포주 짓과 성착취 범죄에 이르는 한국 사회의 여러 여성차별 문제에 성공적으로 맞서 왔고, 아직도 자매들의 투쟁은 계속되고 있다. 나는 그중에서도 특히 마지막으로 언급한 소위 '버닝썬' 스캔들이 영어로 출간된 지 5년 만에 나온 이 한국어 번역서에서 꼭 짚고 넘어가야 할 배경이라고 생각한다. 책이 나온 이후 '위안부' 문제에 관련해 새로 발생한 사건이 없었던 것은 아니다. 앞서 언급한 2015년 '위안부' 협상도 있었으며, 2016년에는 '위안부' 관련 기록물의 세계기록유산 등재가 추진되기도 했다. 이런 전개가 중요하지 않다는 말은 아니지만, 한국어 번역서 출간은 그 무엇보다도 성착취와 포르노 문제에 맞서 온 한국 래디컬 페미니스트들의 노력에 빚을 지고 있다. 다양한 양상의 성착취와 포르노 문제는 2015년 이후 부상한 한국 여성운동 안에서 여자들이 결집하는 계기가 되어왔다.

　이 책은 '위안부'로 억류된 여자들이 감내해야만 했던 피해의 기저에는 전쟁과 군국주의보다도 성착취와 포르노라는 바로 그 남성 우월적 제도가 깔려 있다고 지적하는 책이다. 따라서 감사하게도 2015년부터 한국에 불어온 페미니즘 돌풍이 없었다면

이 책의 이야기에 귀를 기울여줄 정치적 맥락도 존재하지 않았을 것이다. 지금까지 일본군 성노예제는 주로 일본제국의 한국 식민 지배와 한국 국민과 자원에 대한 수탈이라는 맥락에서만 다뤄졌다. 일본군 성노예제를 초래한 원인 중 하나가 성차별이라고 볼 때조차, 전통적 가족관과 결혼관에 사로잡힌 한국 남자의 봉건 가부장제 관습이 딸을 인신매매에 취약하게 했다는 시각에서만 봤다. 한국 가부장 문화의 순결과 효도 강요에만 초점을 맞추다 보니, 상업적 성착취가 일본군 성노예제의 원동력이 되었다는 사실은 거의 관심을 끌지 못했다. 일본 남자들은 1937년 전쟁 돌입 전 일본제국 전역에서 이미 포주 짓과 성착취를 일삼고 있었는데도 말이다. 그러나 이 사실에 주목한다고 해서, 이 책이 박유하 소정희 같은 학자의 주장과 같은 길을 간다는 뜻은 아니다. 이 책이 내리는 결론은 그런 학자들과는 정반대다. 우리가 일본군 성착취 업소에 억류됐던 여자들의 피해를 성착취라고 인정하게 된다면, 그들을 성노예로 삼았던 과거, 그들에게 페미사이드가 자행됐던 과거는 우리들 한 사람 한 사람이 세계적으로 성착취라는 제도를 근절하는 데 실패했기 때문에 생긴 처참한 역사적 결과가 된다. 우리가 바로 이 순간 성착취가 벌어지도록 용인하는 한, '할머니' 생존자들에게 마땅히 해야 할 도리를 저버리는 것이나 다름없다는 게 나의 결론이다.

한국의 반성착취 활동가들이 성착취에 마침표를 찍기 위해 해온 노력은 세계 어느 곳에 비교해도 뒤지지 않을 정도다. 이 책

을 쓰기 수년 전인 2007년 나는 한국에서 6개월을 보내며 한국
어를 공부했고 한국여성인권진흥원을 방문하기도 했다. 그 과정
에서 한국 페미니스트들의 반성착취 운동을 깊게 살펴볼 기회가
있었다. 한국에서 보낸 6개월 동안, 그리고 그 이전에 2005년 이
화여자대학교에서 개최됐던 세계여성학대회에 참가하면서, 나
는 운 좋게도 변정희, 정미례, 신박진영, 신혜수, 조영숙, 이윤미
같은 한국 페미니스트들은 물론, 성착취 생존자 단체 뭉치 회원
들을 만났다. 이들에게 배운 지혜와 성착취 근절 운동 방식은 그
이후로 내 정치적 인식과 글쓰기를 등불처럼 이끌어주었다고 해
도 과언이 아니다. 수년 전 한국 페미니스트들의 자매애와 친절
에 기대 쓰였던 책이, 이제 그들의 모국어로 그들에게 가닿는다
고 생각하니 감격스럽기만 하다.

　　실제로 나는 한국 페미니스트들에게 너무도 큰 빚을 져왔
다. 특히 몇 년 전 타의 추종을 불허하는 활동가이자 저술가인 박
혜정과 친구가 되고, 혜정을 통해 페미니스트 활동가 겸 탁월한
이론가인 국지혜 열다북스 대표를 알게 되고, 마침내 이 책을 능
숙하게 번역해 준 유혜담 번역가와 2019년 초 교토에서 같은 페
미니스트로서 친구가 되면서부터는 빚이 점점 늘기만 했다. 이
세 명의 자매 덕분에 나는 2016년 이후 한국에서 벌어지고 있
는 역사적으로 중대한 페미니즘 운동에 대해 계속 소식을 접할
수 있었고, 이들과 함께 글을 써서 온라인 래디컬 페미니스트 잡
지 『페미니스트 커런트Feminist Current』에 기고하기도 했다. 2018년

6월 나는 국지혜, 박혜정과 함께 서울에 있는 전쟁과여성인권박물관을 방문할 기회가 있었다. 당시 나는 박물관이 일본군 성노예제의 역사를 '전시 성폭력'이라는 틀에서만 바라본다는 데에 실망했다. 본 번역서 출간이 전시 '위안소'와 같은 참혹한 만행이 발생한 궁극적인 책임 소재가 어디에 있는지 대안적인 시각을 제시할 수 있기를 바란다. 내가 이 책에서 주장하듯, 우리는 그 궁극적인 책임을 평시의 민간 성착취 제도에 물어야 할 것이다.

조금 놀랍게도 2015년 이 책이 처음 출간된 이후 일본군 성노예제 역사를 이런 식으로 바라보는 책이 두 권이나 출간되었다. 첫 번째는 2018년에 나온 김부자 도쿄외국어대학 교수의 책 『식민지 유곽: 일본의 군대와 조선 반도』로, 식민지 조선 내 성착취 밀집 구역의 역사를 다룬 이 책은 본서 6장의 내용과 비슷한 주장을 편다. 김부자는 전쟁 전후로 식민지 조선의 소위 '홍등가'에서 성착취당하던 여자들도 '위안부' 피해자로 인정받아 마땅하다고 주장한다. 두 번째 책은 요시미 요시아키 주오대학 명예 교수의 2019년 저서 『매춘하는 제국: 일본군 '위안부' 문제의 기저』로, 이 책과 마찬가지로 성착취 문제는 전시 군 위안소 제도가 생겨나기 이전부터 일본 사회에 단단히 뿌리박고 있었다는 점을 지적한다.

이 책을 쓰며 나는 평시냐 전시냐를 가리지 않고 모든 형태의 성착취 생존자를 뒷받침하는 운동이, 군이 만들었나 민간 업자가 만들었나를 가리지 않고 모든 형태의 성적 매매 체계를 반

대하는 운동이, 아시아에서 퍼지기를 간절히 바랐다. 일본군 성
착취 업소에서 여자들이 고통받고 죽어 나갔던 역사가 반복되는
걸 막기 위해서는 그런 운동이 꼭 필요하다. 반성착취 운동의 역
사가 깊은 한국의 페미니스트들이라면, 전시 일본군이 했던 것
처럼 오늘날 아시아 지역에서 여자의 안녕을 위협하고 있는 포
주와 소개업자, 포르노 업자에게 맞서는 범아시아적 운동을 펼
경험과 능력을 충분히 갖췄다고 나는 믿어 의심치 않는다. 결국
은 1990년대 이후 일본의 군 성노예제 범죄 배상을 요구하는 세
계적인 운동을 이끌어온 것도 '위안부' 생존자를 포함한 한국 여
자들이었다. 나는 성노예제에 반대한다는 같은 정신 아래, 한국
여자들이 오늘날 현실에서 상업적 성착취('민간 성노예제')에 묶여
과거의 '위안부'와 같은 고통을 겪고 있는 여자들을 해방하는 범
아시아 운동의 선두에 서기를 바란다. 열다북스 덕에 한국의 자
매와 동지들과 이런 비전을 공유할 수 있어서 감사하고 겸허한
마음이다. 우리가 함께라면 '위안부 할머니' 운동가들의 이름 아
래 모든 성착취 생존자를 위해서도 싸우고, 현재 아시아 전역에
서 벌어지는 여자와 아동 성착취에 대항하는 21세기적 페미니즘
운동을 만들어 나갈 수 있을 것이다.

2020년 2월 7일 교토에서
캐롤라인 노마

감사 인사

이 책에서, 그리고 내 인생에서 결함과 잘못을 제외한 나머지는 거의 래디컬 페미니스트들과 우리 동지들 덕이다. 여러분 모두의 이름을 하나하나 나열해야 마땅하지만, 그런 자유주의적인(!) 유혹에 넘어가지 않으려고 애를 썼다. 그 대신 소속 단체명을 적어 나를 언제나 지지하고 대화 상대가 되어주고 내게 힘을 준 분들, 최선을 다해 저항해 나가고 있는 여러분께 감사를 표하고자 한다. 내가 특히 빚을 진 분들은 포르노 매춘 문제 연구회Anti-Pornography and Prostitution Research Group(APP), 아샤Asha, 호주 여성 인신매매 반대 연합Coalition Against Trafficking in Women Australia, 국제 여성 인신매매 반대 연합Coalition Against Trafficking in Women International, 공동의 외침Collective Shout, 성매매 문제해결을 위한 전국연대, 노르딕 모델 호주 연합Nordic Model Australia Coalition, 포르노와 성폭력에 반대하는 사

람들People Against Pornography and Sexual Violence(PAPS), 호주 핑크 크로스 재단Pink Cross Foundation Australia, 프로젝트 리스펙트Project Respect, 여성 인권지원센터 살림, 성폭력을 허용하지 않는 여자 모임性暴力を許さない女の会, 스피니펙스 출판사Spinifex Press, 타이베이 여성 구출 재단 Taipei Women's Rescue Foundation(TWRF), 전쟁과 여성에 대한 폭력 리서 치 액션 센터戦争と女性への暴力リサーチ·アクション·センター(VAWWRAC), 도쿄 전쟁과 평화를 위한 여성 행동 박물관, 한국여성인권진흥 원에 몸담은 자매와 동지들이다. 위 단체에 계신 분들을 제외하 고도 에마 돌턴Emma Dalton, 헬렌 프링글Helen Pringle, 메리 설리번Mary Sullivan, 캐럴라인 테일러Caroline Taylor를 비롯하여 오랫동안 내 친구 가 되어주고 나와 함께 일하면서 삶을 풍요롭게 만들어준 여자 들도 있다. 책을 쓰는 동안 한국여성인권진흥원과 PAPS, TWRF 의 지원을 받아 강연할 기회가 있었다. 나를 초청해 준 해당 단체 분들에게도 진심으로 감사하다는 말을 드리고 싶다. 오카노 야 요 교수는 친절하게도 나를 도시샤 대학에 초청해 주었고, 세코 우노, 히로시 나가사토미, 이쓰키 나카사토미도 나를 교토에 불 러 너무도 잘 대접해 주었다. 이들이 보내주는 연대에 항상 감사 한다. 『저팬 포커스Japan Focus』의 마크 셀든Mark Selden과 노마 필드 Norma Field도 내게 친절하게 대해 주고 용기를 북돋아 주었다. 나 는 내가 교수로 있는 호주 로열 멜버른 공과대학교(RMIT) 세계 도시 사회 학부에서 안식년 지원금을 받아 이 책을 끝마칠 수 있 었다. 특히 지원금을 받도록 도와주고 2011년 1월부터 나를 든

든히 지지해 준 데이비드 헤이워드David Hayward 학장에게 고맙다.
RMIT 통번역학부의 동료들, 그리고 내 원고를 검토하느라 애를
써준 RMIT 글로벌 리서치 센터장 데이미언 그렌펠Damian Grenfell
박사에게도 고맙다는 말을 전하고 싶다. 대학원생 케이트 펠란
Kate Phelan도 지난 4년간 내 원고를 꼼꼼히 읽어주었고, 즐거운 대
화 상대가 되어주었다. 케이트뿐만 아니라 RMIT의 여러 훌륭한
대학원생들과 함께 연구할 수 있어 운이 좋았다는 생각을 한다.
멀리사 슬리Melissa Slee를 비롯해 호주 전국 3차 교육노동조합에서
가장 훌륭하다고 자부하는 우리 지부의 일원들과 함께할 수 없
었다면 나의 대학 생활은 완전히 달라졌을 것이다.

연구와 저술의 물리적인 측면에서는 토니 폴리Tony Foley를 포
함한 RMIT 서류 배달 서비스팀이 놀랍도록 도움이 되었고,
편집에서는 블룸즈버리Bloomsbury 출판사의 편집자 로드리 모
그포드Rhodri Mogford와 에마 구드Emma Goode가 다행히도 나를 잘
이끌어주었다. 블룸즈버리에서 전쟁, 문화, 사회 총서를 기획
하는 스티븐 맥베이Stephen McVeigh는 처음부터 내 책에 믿음을
보여줬다. 마지막으로는 이름은 알지 못하지만 내 책의 검토
자에게도 고맙다는 말을 전하고 싶다. 내 생각과 표현을 너
그럽게 이해해 줬을 뿐 아니라 검토서에 담긴 지혜와 분별력
이 큰 도움이 되었다.

가까이에서 날 돌봐주고 일상적으로 도와준 러셀 스펜서Russell Spencer와 어설라 그로브스Ursula Groves 두 분께도 애정 어린 감사를 보낸다. 두 분이 직접 만들어 전해 주신 달콤한 간식은 참 맛있었다. 내 소중한 조카 사샤와 에밀, 그리고 조카들을 애지중지하는 제부이자 내가 꿈도 못 꿀 만큼 일본어 실력이 뛰어난 일본어 전문가 셰인 뉴베리Shane Newberry에게 사랑을 보낸다. 그리고 사샤와 에밀의 엄마이자 셰인과 결혼한 내 여동생, 정신과 의사 질리언 스펜서Jillian Spencer에게 고마움과 사랑을 전한다. 동생은 내게 표현하기 어려울 만큼 큰 의미이며, 누구나 존경할 만한 지성과 의지, 상식을 지닌 사람이다. 질, 이 책을 쓰는 동안 옆에 있어줘서 고마워.

첫 번째 피해자

우리가 '위안부'였건 '성적 서비스 제공자'였건 간에
40여 년 전 우리 중 얼마나 많은 수가
극도로 비인륜적인 환경에서 죽어 나갔던가를 돌이켜보면
그 어리석음이 놀라울 따름입니다.
-일본인 '위안소' 생존자 시로타 스즈코의 1986년 발언[1]

여러 남자에 의해 연쇄적으로 삽입당하는 건 웬만한 수준의 고문이 아닙니다. 파열된 질 입구만 해도 베인 상처에 불을 갖다 대는 것처럼 아픕니다. 성기가 부풀어 오르고 멍들죠. 포궁* 등 내부 장기의 손상도 심각합니다…남자들의 변소처럼 사용됐던 경험은 깊은 수치심을 남겼고, 지금까지도 명치에 단단하고 무거운 게 얹힌 듯한 모멸감이 완전히 사라지지 않습니다. 그들은 알몸 상태로 완전히 무력한 나를 보았을 뿐 아니라 내가 울며불며 비는 소리를 들었습니다. 그들은 나를 자기 눈앞에서 비참한 고통을 겪는, 비천하고 역겨운 존재로 격하시켰습니다. 수년이 지난 후에도 이런 말을 글로 옮기려면 엄청난 용기가 필요했습니다. 그만큼 문화적 멸시의 힘이 강합니다.
-미군 성착취 생존자 스키 팰컨버그 의 2006년 글[2]

* 포궁은 세포가 자라는 집이라는 뜻으로 '자궁'의 대체어다. '자궁'이라는 말에는 남자를 기본형으로 놓는 아들 자子가 들어가 있으며, 수정란이 세포 분열을 거쳐 혼자 살아 숨쉴 수 있는 인간이 태어나기까지 여자의 몸이 발휘하는 놀라운 능력이 제대로 담겨 있지 않다.

1937년부터 1945년까지 중일/태평양 전쟁이 펼쳐지는 동안 일본군은 여러 나라에서 수만 명의 여자를 끌고 와 성노예제를 운용했으며, 그중 한국 여성 피해자들이 가장 널리 알려져 있다. 이 두 전쟁 기간에 걸쳐 군 성착취 업소와 '위안소'로 인신매매된 일본 여성 피해자들은 상대적으로 잘 알려지지 않았다. 이 책은 일본 본토와 오키나와, 일본 식민지 및 점령지, 해외 전방의 군 성착취 업소에서 노예로 생활해야 했던 일본 여자들의 역사를 서술한다. 이들은 일본제국 관료의 지원을 받아 운영된 일본군 '위안부' 성노예제의 첫 번째 피해자라고 할 수 있지만, 1990년대 이후 활발하게 이루어진 연구와 운동에서 열외가 되었다. 책이 보여주듯 일본 여자들도 중일/태평양 전쟁 기간 전반에 걸쳐 '위안소'로 인신매매되었다. 이 책은 이들이 겪은 역사를 하나의 큰 그림으로 영어로 알리는 첫 책인 동시에, 이들의 경험을 통해 일본군 성노예제의 기원과 원인을 밝힌다.

1970년부터 다수의 일본 언론이 일본군 성노예제의 일본인 피해자에 관한 기사를 실었지만, '위안소' 생존자라고 널리 알려진 일본인 여성 피해자는 단 한 명뿐이다. 이 피해자는 1971년 '시로타 스즈코'라는 가명으로 수기를 출판했으며, 1980년대부터는 본명으로 생존자 활동을 벌여왔다. 그는 기자들과의 인터뷰나 라디오 방송에서 자기 경험을 밝혔고, 모금을 통해 일본군 성노예제 피해자를 위한 기림비를 세우기도 했다. 이 비석은 아직도 일본 지바현의 여성 쉼터 '가니타 부인의 마을' 근처에 남아있다. 이 쉼터는 시로타가 1965년부터 다른 성착취 생존자들과 함께 생활했던 곳이기도 하다. 시로타는 1993년 사망 이전에 한 언론과의 인터뷰에서 일본군 성노예제 한국인 생존자들이 목소리를 내게 되어 기쁘다는 말을 하기도 했다.

시로타의 경험을 들여다보면 왜 그가 다른 나라 생존자들과도 연대감을 느꼈는지를 알 수 있다. 시로타는 10대 때 '위안소'로 인신매매되어 전쟁이 벌어지는 동안 대만과 트루크 제도*에서 일본군 장교와 병사를 가리지 않고 성적으로 이용당했다. 그는 '위안소'에서 한국에서 온 여자들뿐 아니라 일본 본토와 오키나와의 민간 성착취 산업에서 인신매매되어 온 여자들과도 함께 억류되어 있었다. 시로타의 수기에 따르면 그는 도쿄의 한 민간 성

---

*   일본제국 해군 기지가 있었던 태평양 남서쪽의 섬으로 현재는 추크 제도라고 불린다.

착취 업소에 있는 동안 한 소개업자의 제안을 받고, 엄청난 빚더미에서 벗어나기 위해 대만으로 가게 되었다. 아버지는 17살 나이의 시로타를 '게이샤' 업소에 팔았으며, 이후 딸 이름으로 또 빚을 내 시로타는 '공창' 업소로 팔려간 상태였다. 그러다 소개업자의 제안을 받아 일제 점령지 대만의 해군 '위안소'로 재인신매매된 것이다. 시로타는 물론 시로타와 함께 '위안소'로 인신매매된 7명의 일본인 여자 모두 소위 "성매매 여성"이었다.[3] 그들은 해군 '위안소' 20곳이 위치한 대만의 한 섬으로 보내졌다. 모두 일본인이 관리하는 '위안소'였다. 시로타가 있던 '위안소'에만 15명의 여자가 억류되어 있었다. 이들은 '위안소' 바깥출입이 엄격하게 통제됐으며, 정기적으로 성병 검사를 받아야 했는데 '위안소' 관리자가 군의관에게 뇌물을 먹여서 검사를 통과하게 했다.[4] 시로타는 '위안소'의 주말이 특히 끔찍했다고 기억한다. 병사들이 우르르 몰려와 줄을 섰고 먼저 들어가려고 몸싸움을 벌이기까지 했다. 여자들은 토요일과 일요일에는 많으면 하루에 15명의 남자에게 이용당했다. 시로타는 이런 경험은 "한 마리씩 달려드는 짐승을 막아내야 하는" 악몽과도 같았다고 토로한다.[5]

　　일본군 성노예제 일본인 생존자는 민간 성착취 업소에서 바로 '위안소'로 인신매매된 비율이 높았다는 점에서 다른 국적 생존자의 경험과 차이가 있을 수 있지만, 이 책은 국적이 무엇이건 간에 이들의 경험이 근본적으로 유사하다는 사실을 드러내려 한다. 이들은 '위안소'에서 성착취를 비롯해 다양한 형태의 성폭력에 노출되었다는 크나큰 공통점이 있지만, 유사성은 거기서 그치지 않는다. 이를테면 일본군 성노예제에서 벗어난 이후의 인생도 시로타나 다른 생존자나 비슷한 측면이 많다. 시로타는 전쟁이 끝난 후에도 민간 업소에서, 특히 주일 미군에 의해 성착취됐다. 시로타는 당시 경험을 이렇게 회고한다. "뭐가 어떻게 되건 남자가 돈 벌고 재미 보는 데만 쓰이는 존재, 그게 나인 것만 같았다. 여자의 숙명인가 싶기도 했다. 내 몸이 쓰고 버리는 일회용품처럼 느껴졌다."[6] '위안소' 생활(그리고 그전에 17세부터 했던 민간 성착취 업소 생활)이 끝났을 때 시로타에게는 대다수 성노예제 생존자와 마찬가지로 몇 푼 안 되는 돈, 심리적 트라우마, 약해진 몸만이 남았고, 전쟁이 끝난 후에도 그런 취약한 상태가 시로타를 '기지촌' 성착취(군인 남자에 의한 평시 성착취) 업소로 인신매매되도록 몰아넣었다.[7] 캐서린 문은 전후 한국 '기지촌' 성착취를 다룬 1997년 저서 『동맹 속의 섹스』*에서 "일부 전직 '위안부'들이 기지촌 '성노동자'의 첫 세대로서 미군 '매춘 여성'으로 일하기도 했었다"[8]라고 지적하고 있으며, 일본인 생존자들의 상황도 그리 다르지 않았다. 전시 '위안소'로 끌려온 경로는 차이가 있었을지 몰라도—사기에 속았건, 납치당했건, 민간 성착취 업소에서 인신매매당했건—결과적으로 이들은 국적과 상관없이 비슷한 결말을 맞았다. 건강과 처한 환경도 좋지 않았고, 인생도 원하는 대로 흘러가지 않았다. 본토로 돌아온 일본인 생존자가 목

---

* 번역서 2002년 삼인 출간

숨을 끊은 사례도 최소 두 건이 알려져 있다.

언론과 책에서 일본군 성노예제 생존자로 묘사된 일본인 여자는 여럿 있지만, 이들은 꼭 생존자로 자기를 정체화한 건 아니며 이들의 경험이 전부 잘 기록되었다고도 할 수 없다. 신분이 알려지지 않은 사람도 있고, 대부분은 증언할 때 본명을 쓰지도 않았다. 그럼에도 다른 국적, 특히 한국인 생존자의 증언에서는 성노예제 일본인 피해자가 반복적으로 언급된다.[9] 일본군 성노예제를 통해 성착취를 경험한 일본인 여자의 수는 추정치를 찾기 힘들지만, 소수였다는 게 중론이다. 추 페이페이는 2014년 출간된 책에서 다음과 같이 추산한다.

> 1990년대부터 중국 학자들이 수집한 증거 자료에 따르면…1937년~1945년 '위안부' 교체율은 이전에 생각했던 것보다 훨씬 높은 3.5~4.0였다. 따라서 총 '위안부' 수는 (1) 36만 명 이상(일본군 병사 수 300만 명/29 x 3.5=362,068명)이거나 (2) 40만 명 이상(일본군 병사 수 300만 명/29 x 4.0=413,793명)이었을 것으로 계산해 볼 수 있다. 국적별로 보면…14만 명~16만 명이 한국인, 2만 명이 일본인이었으며, 대만과 동남아시아 출신이 수천 명, 유럽 국가 출신이 수백 명 정도였다. 그 나머지인 약 20만 명이 중국 여자였다.[10]

이런 계산에 의문을 제기하는 게 이 책의 본 목적은 아니나, 일본인 여자의 성노예제 피해가 드문 일이었다는 오랜 인식을 다시 뜯어볼 필요는 있다. '위안소' 설치 초기에는 일본인 여자가 일본·한국·대만의 민간 성착취 산업에서 '위안소'로 인신매매되었다는 점, '가라유키상'*이라는 단어에서 알 수 있듯 일본군 성노예제가 가동하기 전에도 일본 여자가 흔히 중국 대륙 등지로 인신매매되어 성착취당했다는 점, 전쟁 기간 전체에 걸쳐 일본인 여자가 오키나와 등지의 일본군 기지로 계속해서 인신매매되었다는 점을 고려할 때 일본인 피해자의 수가 미미하지는 않을 가능성이 크다. 개전부터 종전까지 아시아와 태평양 전역의 모든 일본군 기지에서, 가까이는 종전을 몇 달 남기고도 많은 수의 피해자가 계속 착취당했던 오키나와부터, 멀리는 버마와 라바울**에 이르기까지 일본인 '위안부'를 찾아볼 수 있었다. 이들은 한국인 여자들과 함께 전시 일본 본토에 설치됐던 '위안소'에서도, 특히 1944년 일본 내무성 정책 아래 전국적으로 설치됐던 소위 '위안 시설'에서도 성착취되었다. 이 얘기는 3장에서 더 자세히 살펴보도록 한다.

　이 책은 전체에 걸쳐 시로타 스즈코를 포함한 일본인 '위안부' 생존자의 경험을 묘사할 것이다. 특히 이들이 '위안소'로 인신매매되기 전 (일본, 한반도, 대만, 오키나와의) 민간 성착취 업소

＊ 19세기 후반 해외로 진출한 일본 남자의 성착취 수요를 충족시키기 위해 해외로 대거 인신매매된 일본 여자를 말한다. '가라유키상唐行きさん'은 문자 그대로는 '해외로 나간 사람'이라는 뜻이다. 4장 참조.
＊＊ 버마는 현재는 미얀마라 불리며 라바울은 일본군이 점령했던 파푸아뉴기니 도시다.

를 거쳤다는 내력에 주의를 기울일 것이다. 일본인 생존자는 대부분 미성년자일 때 성착취 업소로 팔렸으며, 주로 일본군을 대리하는 소개업자 혹은 인신매매 업자가 선불금을 갚아주거나 민간 업소가 '위안소'로 전환되면서 '위안부'가 되었다. 많은 수가 '위안소'에서 살아나가지 못했으며, 살아서 돌아간 여자들도 질병이나 자살로 이른 죽음을 맞았다. 후쿠오카의 성병 요양소에서 간호사로 근무했던 한 증언자는 2005년 연구에서 종전 후 중국 대륙 '위안소'에서 풀려난 일본인 피해자의 임종을 지켜봤다고 말한다. 이름이 알려지지 않은 이 피해자는 부모가 성착취 업소로 팔아넘겼으며, 이후 일본 업소에 있는 동안 소개업자가 접근해 와 선불금도 갚아주고 정기적인 소득을 보장해 주겠다고 약속하면서 중국의 '위안소'로 보냈다. 일본으로 돌아온 그는 몸이 말이 아니었다.

> 그는 육체적, 정신적으로 상처 입었고 거의 아무 말도 하지 않았으며 정신이 어디 멀리 가 있는 듯했다…말기 매독이라 감염이 점막까지 퍼져 있었다. 입술이 벗겨지고 있었고 피부에서는 고름이 흘러나왔다. 당시는 페니실린을 구할 수 없었다. 머리카락도 다 빠져버리고 없었다.[11]

이런 상태임에도 증언자는 피해자가 죽기 직전까지 요양소에서 보낸 짧은 시간이 그의 일생에 있어 처음이자 유일하게 "타인의 방해 없이, 모욕당하지도, 맞지도, 육체적 고통이 가해지지도 않는 평화로운 하루를 보낼 기회"였을 것이라고 회고한다.[12]

일본군 성노예제가 초래한 이런 피해에 대해 배상을 받은 일본인 여자는 없다(민간 성착취로 인한 피해를 배상받지 못했음은 당연지사다). 실제로 1995년 일본의 준정부 재단법인인 아시아 여성 기금이 주도한 '보상금' 지급 계획에서 일본인 생존자는 배제되었다. 유엔(UN)의 두 보고서(1996년 라디카 쿠마라스와미 특별 보고관/1998년 게이 맥두걸 특별 보고관 작성)에도 성노예제 일본인 피해자는 전혀 언급되지 않는다. 특히 쿠마라스와미 보고서는 일본 본토에 '위안소'가 설치되었다는 사실과 중국 대륙 '위안소'로 인신매매된 첫 피해자는 다른 어느 나라도 아닌 일본에 있던 여자들이라는 사실(그러나 이 보고서는 일본에 살던 한국 여자였을 것이라고 시사한다)을 인지하고 있는 만큼 일본인 피해자가 왜 빠졌는지 이해하기 힘들다. 2000년 도쿄에서는 여성 국제 전범 법정이 개최됐다. 이 행사는 법적 구속력은 없는 민간 재판으로, 전시 성노예제에 대한 일본 정부와 천황의 역사적 책임을 검증하는 자리였다. 60명의 생존자가 참여했지만, 일본인 생존자는 빠졌다. 그러나 아래 니시노 루미코의 기록에서처럼 여성 국제 전범 법정에서도 일본인 피해자가 언급되기는 했다.

일본인 피해자는 낙후된 농촌 지역의 가난한 가족이 팔아넘겨, 당시 합법이었던 일본의 성착취 업소로 유입됐던 여자들

이었고…일본군은 일본 사회에서 가장 취약한 계층이었던
이들을 겨냥해 '위안소'로 인신매매했다.[13]

그런데도 2000년 일본 공산당이 전시 성노예제 문제해결
방안으로 일본 국회에 제출한 법안에서 일본인 피해자는 배제되
었다. 이 법안은 처음에는 국적과 관계없이 피해자들에게 배상
금을 주게 되어 있었으나, 결과적으로는 이 조항이 빠져 일본인
피해자는 해당하지 않게 됐다.[14]

시로타가 용감히 나서 지바현에 세운 추모비를 제외하고는
일본인 피해자를 기리는 기념물이나 의식은 전혀 존재하지 않으
며(오키나와현 도카시키섬과 미야코 제도에는 기념물이 있지만, 일본인
생존자만을 기리지는 않는다) 도쿄 전쟁과 평화를 위한 여성 행동
박물관도 최근 들어서야 일본인 피해자들과 관련된 역사적 자료
를 전시하게 됐다. 따라서 이 책의 주된 목표는 1990년대 초부터
지금까지 일본을 포함해 여러 국가에서 진행 중인 '위안부' 정의
운동에서 왜 일본인 피해자는 간과되어 왔나를 살펴보는 것이다.
이 목표는 다음 장에서 본격적으로 다루게 된다.

책의 논의는 주로 일본군 성노예제의 일본인 피해자에 집
중하겠지만, 궁극적으로는 국적에 초점을 맞추려는 건 아니다.
일본인 '위안부' 피해자 대부분은 민간 성착취 산업에 붙잡혀 있
다가 일본 혹은 해외에서 활동하던 포주나 소개업자 손에 인신
매매되어 '위안소'로 오게 되었다. 이 책의 초점은 일본군 성노

예제로 인신매매되기 전의 성착취 선경험이며, 이에 따라 다른 국적의 성착취 선경험자도 다루게 될 것이다. 키노시타 나오코는 민간 성착취 비경험 상태에서 '위안소'로 인신매매된 일본인 피해자를 인정해야 한다고 촉구하기는 하지만[15] 이 책에서는 민간 성착취와 군 성착취라는 두 형태의 노예제를 경험한 여자들을 우선시할 것이다. 초점을 여기 두기로 한 이유는 아래에서 더 자세히 설명하겠다.

그렇기는 하나 나는 민간 성착취 혹은 군 성착취를 경험한 피해자 사이에 위계를 만들 생각은 없다. 오히려 나는 다음과 같은 요시미 요시아키의 시각을 따른다.

> [전쟁 전의 '공창제'와 '위안부' 제도 사이에서] 어느 쪽이 더 나쁜 제도인지를 논하는 건 무의미하다. 제도에 묶였던 여자들에게는 양쪽 다 잊을 수 없을 정도로 심각한 성적 피해였기 때문이다. 두 제도 모두 극도로 참혹한 성노예제이자 성폭력이었다.[16]

따라서, 관례적으로 '위안소'로 인신매매되기 전 민간 성착취 경험 여부로 피해자를 구분 짓곤 하나, 이 책에서만은 그런 구분이 논점 이탈이다. '위안소'에서 성착취당했던 여자들이 이를 빌미로 지목되어 다른 성착취 제도로 인신매매되었다는 역사적 기록만 봐도 '위안소' 생존자들 사이에 위계를 만들려는 시도가 얼마나 부조리한지 알 수 있다(반대로 다른 성착취 제도 경험 때문에 지목되어 '위안소'로 인신매매되기도 했다). 예를 들어 히라이 가즈코는 전후 러시아군이 중국 단둥을 점령했을 때 13명의 '위안부' 피해자를 골라 인신매매한 후 성착취했다고 기록하고 있으며[17] 요시미의 연구도 1944년 인도네시아의 암본섬에서 비슷한 일이 일어났다고 말한다.

> '위안소'에 억류됐던 여자, '성매매 여성', '성매매 여성'이라는 소문이 있던 여자, '위안부'가 되고 싶어 했던 여자의 목록이 만들어졌다…그렇게 잡혀온 여자들은 유라시아 인(이 경우에는 백인과 인도네시아 인 사이에서 태어난 여자) 혹은 인도네시아 인이었다.[18]

더 나아가 민간 성착취 피해자들이 '창녀'라고 폄하되는 것과 마찬가지로 '위안소' 생존자들도 피해자라는 이유로 괴롭힘을 당했다. 네덜란드 출신으로 '위안소'에서 성착취된 후 호주로 이주한 얀 루프 오헨은 다음과 같이 회고한다.

> 크라맛 수용소* 내 다른 구역에 있던 여자들은 우리와 접촉하면 안 된다는 명령을 받은 상태였다. 그런데도 어떻게 된

---

* 일본은 네덜란드령 동인도를 점령하고 네덜란드 군인과 민간인을 수용소로 보냈다. 크라맛 수용소는 바타비아(현 자카르타)에 있었다.

일인지 우리가 격리된 이유에 대해 소문이 퍼져 나갔다. 그리고 그들은 잔인하게도 우리가 있던 수용소에 네덜란드어로 '창녀' 수용소라는 뜻인 '후런 캄프Hoeren Camp'라는 이름을 붙였다. 그들은 우리가 자원해서 일본인을 위한 성착취 업소에서 일했다고 생각했다. 게다가 우리가 그렇게 해서 특별 대우를 받고 음식을 받았다고 믿었다…어떨 때는 수용소 다른 쪽에 사는 여자들이 울타리 너머로 우리에게 욕을 쏟아붓거나, 종이에 욕을 써서 돌에 묶어 이쪽으로 던지기도 했다. 우리는 '창녀'이자 배신자 취급을 받았다.[19]

이런 일화는 '위안소'로 인신매매되었던 여자 중 누가 민간 성착취 선경험이 있었나 없었나를 따지는 게 얼마나 무의미한지를 명확히 보여준다. 민간 성착취 산업에 묶인 여자들을 '위안소'로 끌려갈 수밖에 없는 취약한 상태로 몰아넣었던 '창녀' 딱지가, '위안소' 생존자에게도 (성착취 선경험이 있건 없건 관계없이) 적용되어 이들을 괴롭혔기 때문이다.

| 책의 구조

이 책은 일본군 '위안소' 제도와 민간 성착취가 이렇게 역사적으로 연결되어 있었고 서로 중첩됐다는 사실을 중점적으로 다룬다. 중일/태평양 전쟁 기간에 걸쳐 일본 및 해외에서 다양한 형태의 민간 성착취 산업이 번성하면서 일본군 '위안소' 제도와 밀접한 연관을 맺었다. 장마다 일본군 성노예제를 들여다보는 각도는 다르지만, 민간 성착취의 역사라는 맥락은 유지할 것이다. 예를 들어 2장에서는 1920년대의 습관적 성착취가 일본군 성노예제를 만들고 이용했던 자들에게 어떤 영향을 미쳤는지를, 3장에서는 1930년대 민간 성착취 산업이 일본군 성노예제의 태동에 어떻게 연루되었는지와 일본군이 일본 본토의 성착취 산업을 어떻게 동원했는지를, 4장에서는 민간 성착취 산업에 묶였던 여자들이 어떻게 '위안소'로 인신매매되었는지를, 5장에서는 일본군 성노예제가 일본이 식민지에 구축한 성착취 산업에 얼마나 의존했는지를, 6장에서는 전쟁 끝 무렵 오키나와 성착취 산업에 매여 있던 여자들이 어떻게 일본군 성노예제에 동원되었는지를 다룬다. 여태 성착취 선경험이 있는 '위안부' 피해자를 들여다보거나 주제로 삼은 책은 영어로도 일본어로도 없었다. 이 책은 그런 의미에서는 최초의 시도지만, 논의를 쌓아 올릴 수 있었던 건 니시노 루미코, 오노자와 아카네, 야마시타 영애, 가와다 후미코, 기노시타 나오코 같은 페미니스트 역사학자들이 일본인 '위안부' 생존자를 대상으로 수행한 여러 훌륭한 연구 덕분이다. 또한, 이 책의 개념적 틀은 1999년 '위안부' 제도와 한국의 전후 '기지촌' 성착취의 유사성을 밝힌 캐서린 문의 기념비적 논문,[20] 그

리고 일본 본토 및 식민지의 민간 성착취 산업과 '위안부' 제도
와의 연결성을 집요하게 파고든 하야카와 노리요와 후지나가 다
케시의 여러 저작에서 빌려왔다.

책을 쓰면서 직접 다양한 자료를 수집하거나 현장에서 얻
기보다는 '위안소' 제도에 대한 기존의 역사학 연구를 참고했다.
현시점에서 1차 자료를 이용한 성착취 선경험 '위안부' 피해자
연구가 시급한 것은 사실이다. 요시미는 "총체적인 성착취 시스
템" 내에서 '위안부' 제도가 어떤 "역사적 위치"를 지녔는지를
밝히는 연구는 "아직도 갈 길이 멀다"라고 지적하기도 한다.[21]
나는 여기에 덧붙여 현재로서는 이런 연구를 생산적인 탐구 영
역으로 인정받게 할 만한 어떤 개념적 틀도 존재하지 않는다고
말하고 싶다. 이중의 피해를 본 성착취 선경험 '위안부' 생존자
들은 지금까지 '위안부' 제도 연구에서 간과됐을 뿐만 아니라,
공론장과 학계 담론에서도 적극적으로 배제되었다. 일본군 성노
예제는 이미 성착취되는 여자들을 표적으로 삼았고 이들은 '위
안부' 피해자 중 높은 비율을 차지하지만, '위안소' 제도만을 중
점적으로 다룬 연구는 물론이거니와 페미니즘 연구조차 이 사실
을 놓치고 있다.

물론 군인, 언론인을 비롯해 중일/태평양 전쟁 기간 일본군
과 관련이 있었던 여러 남자가 '위안소'와 그 피해자에 대한 경험
을 직접 쓴 기록이 남아있기는 하다. 이 책은 그런 식의 '위안소'
언급을 발췌해 엮은 여러 선집을 참고했다. 이는 일본인 역사학

자들이 일본 국립 국회도서관 등의 자료 보관소에서 출간 및 미출간 소장 자료 수백 건을 하나하나 뒤져가며 찾아낸 결과물이다. 일본이 전쟁을 일으키기 전인 1920년대 일본 성착취 산업 역사를 다룬 책들도 참고했다. 일본군이나 전시 동원 관련 정보가 담겨 있을까 해서였다. 2차 사료뿐 아니라 당대의 일본 관료나 경찰이 성착취 산업을 조사한 1차 자료도 살폈다. 이에 더해 전쟁 전 삿포로 성착취 집결지 관련인들의 이야기를 담은 다니카와 미쓰에의 1984년 책도 전체적으로 참고했다. 전시 성노예제가 등장하기 전 민간 성착취 체계의 역사적 모습을 포착하려는 의도였다. 반대로 전시 '위안소' 제도를 묘사한 2차 사료를 뒤져 일본 민간 성착취 산업과 그 운영자 및 피해자에 관련된 정보를 찾기도 했다. 다시 말해 본 연구는 전시 '위안소' 제도의 민간 성착취적 맥락을 언급하는 자료뿐 아니라 민간 성착취 제도의 군사적 측면과 군과의 연결성을 폭로하는 자료 역시 참고했다.

　　이 책의 주장을 한 문장으로 요약하면 전시의 일본군 성노예제가 민간 성착취 제도로부터 유래했다는 것이다. 최근 여러 역사적 연구가 20세기에 대두됐던 일본의 군국주의적·제국주의적 제도, 관행, 체제가 실은 전쟁 전의 일본 사회에서부터 조짐이 보였다는 점을 지적하는데, 내 주장도 그와 방향이 같다. 그런 연구로는 테사 모리스 스즈키가 인용한 도노히라 요시히코의 풀뿌리 연구[22]가 있는데, 이 연구는 일본이 잘 알려진 대로 중일/태평양 전쟁 시기에 강제 징용을 하기 전에도 홋카이도에 그 원형이라 할 수 있는 강제 노역 제도가 존재했다는 (심지어 한국인을 동원하기까지 했다는) 사실을 밝혀낸다. 마크 드리스컬의 책[23]도 일본군의 본토 전시 강제 징용 제도가 일본인 민간 사업가들이 전쟁 전 중국에서 운영했던 강제 노역 제도를 참고해 만들어졌다고 지적한다. 점점 이런 경향의 연구가 늘고 있으며, 이는 일본 역사에서 전쟁과 사회가 맺었던 관계를 새로운 시각으로 보게 해 준다는 면에서 흥미롭다. 이 책 역시 이런 시각을 택할 것이다. 즉 일본의 전쟁 노력에서 중요한 자리를 차지했던 여러 제도는 평시에 일본 국내에서 형성되어 전시에 일본 식민지에서 발달하였다고 주장할 것이다.

| 논의의 토대

지금은 세상을 떠난 페미니즘 이론가 앤드리아 드워킨은 『희생양Scapegoat』이라는 책에서 역사적으로 전쟁과 대량학살이 벌어질 때마다 상업적 성착취 피해자가 성폭력을 비롯한 각종 참극의 첫 번째 과녁이 되어왔다는 주장을 깊이 있게 펼쳤다. 다음 장에서 드워킨의 이런 주장을 자세히 논하게 될 것이다. 드워킨이 세운 이론을 짧게 요약하자면 군이 유대인처럼 특정 집단을 표적으로 삼는다고 할 때 그 집단 내에서 성착취되던 여자들이 먼저 '희생양'이 된다는 것이다. 이 책은 이런 통찰력을 바탕으로 문제에 접근하려 한다. 드워킨의 획기적인 '희생양' 이론을 직접 읽어보자.

> 성착취 피해자가 먼저였다. 그들이 가장 먼저 폴란드 아우슈비츠 강제 수용소에서 가스실로 보내졌다…아우슈비츠 사망자 1번에서 999번까지는 거의 전부가 라벤스브뤼크 강제 수용소에서 끌려온, 성착취당하던 여자들이었다…성착취 피해자는 다른 식으로도 첫 번째였다. (예를 들어 강제 추방도 가장 먼저였다.)…글쎄 뭐, 누가 신경이나 쓰나? 이들은 유대인이 나치 문제를 직시하기 시작했을 때도, 페미니스트가 성착취 문제를 직시하기 시작했을 때도 열외였다. 어떤 인종이나 민족에 낙인이 찍힐 때면, 낙인찍힌 집단에서 성착취당하던 여자들이 항상 가장 먼저 잡혀갔고 추방당했고 잊혔다…성착취 피해자를 찾고 싶다고? 사회의 밑바닥을 보라. 그들은 항상 그들을 이용하는 자들보다 가난하다. 부의 기준이 고작 빵 쪼가리를 몇 개 가졌냐인 순간조차도.[24]

이 책은 드워킨이 10년도 전에 한 충고를 받아들여, 상업적 성착취 경험을 떠안고서 '위안소' 제도에 던져졌던 여자들의 경험을 중점적으로 살피려 한다. 그러려면 그들의 경험이라는 관점에서 일본군 성노예제를 분석해야 했다. 다음 장에서는 1990

년대 초부터 이루어진 '위안부' 연구 및 운동에서 성착취 선경험
'위안부' 피해자가 희생양이 되어왔다고 주장할 것이다. 드워킨
의 말을 빌리자면 페미니스트들은 '위안부' 생존자 정의 운동에
서 "성착취 문제를 직시"하는 데 실패했다. '위안부' 생존자 중
에는 분명 성착취 선경험자가 존재하고, '위안소'에 내던져지기
전까지 걸어온 길은 달랐을지 몰라도 모든 생존자가 결국엔 (민
간이 아닌 군 성착취기는 해도) 성착취 제도에서 피해를 받았는데
도 말이다.

이 책은 성착취 선경험자의 '위안소' 제도 경험뿐 아니라 모
든 '위안부' 생존자의 성착취 경험을 이해하고자 하기에, '위안
소' 제도에 대한 기존의 역사 연구를 재검토할 것이다. 먼저 기존
사료에서 민간 성착취와 군 성노예제의 연관성을 보여주는 정보
를 걸러내 살필 것이다. 일본군 성노예제 관련 사료에는 민간 성
착취 산업, 성착취 업자, 성착취 산업의 관습과 관행, 성착취적
태도와 가치관, 군이 주도한 민간 성착취 피해자 인신매매와 관
련된 정보가 넘쳐나지만, 이런 정보는 연구에서 아예 언급되지
않거나 심지어 일본군 성노예제를 이해하는 데 불필요한 지식
취급받기도 한다. 일례로 하야시 히로후미의 1998년 사료 수집
논문에는 다음과 같은 구절이 있다.

> [1941년] 쿠알라룸푸르에서 병참 부대는 현지에 남은 일본 여
> 자 14명을 불러들였다. 이 중 12명은 성착취 경험이 있었고

'가라유키상'으로 알려져 있었다. 이 12명에게 '위안부'를 모집하고 '위안소'를 운영할 임무가 맡겨졌다…[25]

이런 서술로부터 일본군이 현지 성착취 산업과 관련이 깊은 사람들(그중에서도 특히 일본어를 하는 사람들)을 불러들여 현지에서 성착취당하던 여자들을 '위안소'로 인신매매할 임무를 맡겼다는 것을 읽어낼 수 있다. 그러나 이 글을 쓴 하야시는 물론 다른 어떤 역사학자들도 이를 깊이 파고들지 않았다. 이 경우 일본군은 성착취 경험이 있는 일본 여자(1900년대 초에 미성년의 나이로 말레이반도로 인신매매당했을 테니 1940년대에는 중년이었을 가능성이 크다)를 골랐다.[26] 이 자체도 짚어볼 필요가 있는 사실이지만, 더욱이나 간과되어 온 건 일본군이 전시에 민간 성착취 산업에서 여자를 빼내어 '위안소'로 인신매매하는 데 적극적, 체계적으로 가담했을 가능성이다.

이 책은 이런 정보의 조각들을 모아 붙여 일본군 성노예제의 발달 과정 및 운영 방식을 밝힐 것이다. 이를 통해 '위안부' 제도가 민간 성착취 산업의 여러 측면을 판박이처럼 모방했으며 또 이에 의존했다는 점을 드러내려 한다. 이 책은 일본군 성노예제가 중일/태평양 전쟁 이전과 도중에 운영됐던 다양한 민간 성착취 제도와 연속성을 지닌다는 사실을 강조함으로써, 일본군 성노예제가 독자적으로 개발되었고 전시와 전장의 특수 사례라는 시각에 반기를 든다. '위안부' 제도에 가장 비판적인 역사학자들마저 '위안부' 제도의 기원을 '군국주의'와 가혹한 전시 환경으로만 한정 짓기도 한다. 페미니스트 학자들도 이런 환원주의적인 이해에서 벗어나 있지 않다. 예를 들어 베라 매키는 "군사 훈련은 특정한 형태의 성적 배출구를 원하는 적극적이고 폭력적인 남성성을 양성한다"라고 설명한다.[27] 학술서나 대중서나 매한가지로 전쟁 중이나 군사 작전 중에 남자가 여자를 성착취하는 게 당연한 진리인 양 굴곤 하지만, 이 책은 그러지 않을 것이다. 나는 양차 세계 대전 중 뉴질랜드군의 남성 섹슈얼리티 통제를 분석한 안테 캄프의 접근법을 선호한다. 캄프는 명쾌하게도 군인들의 성착취 구매 행위를 군 사령부가 방지 정책을 펴느냐 용인 정책을 펴느냐, 그리고 그 정책을 어떻게 펴느냐로 결정되는 문제로 바라본다.[28] 남자가 여자를 상업적으로 성착취하는 것과 군국주의—군국주의가 아무리 남성주의적인 성격을 띤다고 하더라도—가 불가피하게, 보편적으로 서로 연결되어 있다고 가정하지 않는 것이다. 이 책은 그런 이해를 대안으로 삼아 논의에 반영했다.

어쩌면 이 책과는 정반대의 접근법을 취하는 켈리 애스킨의 예시를 보면 지금부터 이 책이 어떤 방법론을 등불 삼아 나아갈지가 드러날 수 있겠다.

2차 세계 대전의 소위 '위안부'는 명백한 성폭력 피해자이기는 하나, 과거에는 주로 '성매매'를 강제당한 피해자라고 일컬어지곤 했다. 그러나 최근에는 이들에게 가해진 범죄를 성노예제라는 더 적절한 이름으로 부르는 추세다. '노예제'라는 명칭은 피해자가 사실상 자기 몸에 대한 소유권 일체 혹은 일부를 잃고, 가해자 혹은 책임 있는 당사자의 개인적 소유물 취급을 받는 상황에 잘 들어맞는다. 일본군 성노예제를 "'위안부' 제도'라고 부른다든지, 범행이 이루어진 장소를 '업소'라고 이름 붙인다든지, 이 행위를 '성매매'와 연결 짓는 건 범죄를 일종의 정당성을 가진 무언가로 바꿔놓으려는 시도다. 여자에게 선택권이 있었으며, 강압이나 무력행사 없이 참여했으며, 적절한 대가를 받았으며, 원할 때 언제나 자유롭게 떠날 수 있었으며, 성적 서비스의 성격이나 조건을 좌우할 수 있었다는(콘돔 사용을 요구하거나 파트너 수를 제한하거나 특정 형태 섹스에는 참여를 거부하거나 신체적 폭력을 사용하는 사람을 돌려보내거나 특정 보상 기준을 요구할 수 있었다는) 인상을 주는 것이다. 그러나 '위안부'로 불렸던 사람들은 거의 모두가 노예 취급을 받았다고 기억하며 이를 '성매매'와 연결 짓는 모든 표현을 강경히 거부하는 경향이 있다.[29]

현시점에서 '위안부' 정의 운동을 지지하는 인사나 학자, 활동가들은 거의 만장일치로 애스킨의 접근법을 받아들인다. 그러나 이런 시각은 '위안부' 제도의 역사와 '위안부' 생존자의 경험을 민간 성착취와 연결해 이해하는 것을 방해하는 한편, 여자가 민간 성착취 산업에서는 "보상이 될 만한 대가"를 "요구"할 수 있고 고객을 고르는 등의 행위를 할 수 있다고 가정하면서 민간 성착취 피해자가 상대적으로 "선택권"이 있다고 광고한다. 물론 다음 장에서 다루듯 일본군의 만행을 옹호하는 현시대 우익 세력의 활동이 진보 세력 사이에서 이런 반동적인 사고를 불러왔을 수 있다(예컨대 '보수 세력은 '위안부'가 매춘부일 뿐이었다고 주장하니, 우리는 아니었다고 해야 한다'라고 느끼는지 모른다). 그러나 이것만으로는 민간 성착취를 옹호하는 진보 세력의 경향성을 설명하기 어렵다. 우리가 '위안소' 제도의 역사를 다루면서 진정으로 생존자를 염두에 둔다면, "'위안부'로 불렸던 사람들은…이를 '성매매'와 연결 짓는 모든 표현을 강경히 거부하는 경향"이 있다는 애스킨의 주장을 어떻게 이해해야 할까? 이번 장을 열며 인용했던 시로타 스즈코를 비롯해 일본군 성노예제의 많은 생존자에게 성착취되는 계급으로 살았던 경험은 일본군 성노예 경험을 앞섰고, 그보다 더 많은 다른 생존자들은 일본군 성노예제 경험 이후에 성착취되는 계급으로 편입됐다. 현재 간과되고 있는 이 지점이 책 전체의 논의를 닻처럼 고정해 줄 것이다. 앞서 인용한 애스킨과 대비되는 스즈키 마사히로의 아랫글에 내가 펼 주장이 간결하게 정리되어 있다.

> 일본의 성착취 산업은 제도화된 성폭력으로서 역사적 기원이 깊다. 부모에 의해 성착취 산업에 팔린 여아들이 선택권을 행

사했다는 생각은 도저히 이해하기 어렵다…그건 성노예 제도
였다. 합법화된 민간 성착취 제도('공창제')와 '위안소' 제도의
차이를 구분하고자 한다면 먼저 민간 성착취의 노예제적인 성
격을 인정해야만 한다…그래도 두 제도가 서로 다르다고 주장
하려는 사람들은 강간/성착취를 용인하는 현시대 일본 문화
의 혜택을 받는 자들일 가능성이 크다. 전쟁 전 일본에 만연했
던 강간/성착취 문화와 민간 성착취 산업을 비판하는 시각에
서 '위안소' 제도를 재검토할 필요가 있다.[30]

근절주의적
개념어들

애스킨은 일본군 성노예제 피해자들이 "자기 몸에 대한 소
유권 일체 혹은 일부를 잃고, 가해자 혹은 책임 있는 당사자의 개
인적 소유물 취급을 받는 상황"이었다고 정의했지만, 이 책은 민
간 성착취냐 군 성착취냐를 가리지 않고 모든 성착취 피해자들
이 그런 상황이라고 바라볼 것이다. 즉 이 책은 군 성노예제와 민
간 성착취의 연결성을 끊어버리고 군 성노예제가 민간 성착취에
서 유래했다는 사실을 부정하려는 자유주의적 시도에 저항한다.
캐서린 매키넌은 1993년부터 두 제도의 연결성을 지적하는 글을

써왔다. 그에 따르면 군 성노예제는 "대량 강간인 동시에 연쇄 강간이라는 점에서 상업적 성착취와 구분이 불가능"하며 "상업적 성착취는 우리의 평시 일상 중에서 전시에 여자가 겪는 참혹한 사태와 가장 가까운 일"이다.[31] 이 책은 일본군 성노예제가 어떤 다양한 측면에서 민간 성착취와 연결되었는지를 부각할 것이며, 양쪽 제도 피해자들의 경험이 어떻게 공통적인지도 드러낼 것이다. 이러한 바탕에서 나는 '군 성노예제'라는 표현에 대응해 '민간 성노예제'라는 표현을 쓰기로 한다. 난 이 표현이 피해자들의 관점에서 상업적 성착취를 정확히 설명한다고 본다.

이 책의 목표는 유엔이 전시 성착취를 '군 성노예제'로 이해하듯이 우리가 평시의 상업적 성착취를 '민간 성노예제'로 이해하게 되는 것이다. 일본군 성노예제를 과거의 성착취 제도로 바라보는 과정에서 그 역으로 현대의 민간 성착취 역시 일종의 노예제라는 깨달음이 찾아오기를 바란다. 우리는 두 제도의 근본적인 유사성을 탐구하면서도 얼마든지 그 비대칭성은 잊지 않을 수 있다. 매키넌은 1990년대 유고슬라비아 전쟁 중 벌어진 성폭력에 대해 "이 전쟁과 일상적인 강간이 갖는 관계는 홀로코스트가 일상의 반유대주의와 맺는 관계와 같다. 일상이 없다면 참화도 존재할 수 없지만, 일상과 참화를 혼동해서도 안 된다"라고 설명한 바 있다.[32] 모리타 세이야도 '위안소' 제도가 "더 극단적이고, 더 대규모고, 더 모멸적이고, 더 폭넓은 여자를 겨냥했다"라는 이유로 평시의 성착취와 구분 짓기는 하지만, 매키넌의 설

명에 따라 둘을 근본적으로 같은 성격을 지니는 제도로 봐야 한다고 했다.[33]

　　이 책에서는 일본군 성노예제의 어떤 측면을 설명하면서 필요하다면 '업소'나 '집결지'처럼 민간 성착취를 설명할 때 흔히 쓰이는 표현을 썼다. 1990년대 중반부터 군 성착취를 성노예제라는 대체 표현으로 부르자는 움직임이 일기는 했으나, 이를 고려한다 해도 안타깝게도 민간 성노예제를 설명할 때 이런 완곡어법이 계속 통용되는 한 같은 표현이 군 성노예제를 설명할 때도 유용할 수밖에 없다. 나는 유엔이 1998년부터 전시 '위안소'를 강간 센터라고 불러왔듯이 민간 성착취 업소도 강간 센터로 불릴 날을 고대한다. 또 2012년 당시 미 국무장관이었던 힐러리 클린턴이 '위안부'라는 표현을 쓴 보좌관에게 강요된 성노예라고 해야 한다고 고쳐주었듯이[34] 비슷한 위치의 인사가 그런 감탄할 만한 과단성으로 '성매매 여성'이라는 표현을 민간 성노예라고 바로잡아 줄 날이 오기를 바란다.

　　이 책의 언어는 근절주의 페미니즘에서 길어 올린 것이다. 그리고 근절주의의 역사는 최소한 국제 연맹 시절까지 거슬러 올라간다. 근절주의는 최근 몇십 년간 침체기였지만 책을 쓰고 있는 지금 다시 부상하고 있다. 성착취남을 묘사한 수전 케이의 다음 글에는 근절주의의 핵심이 약간 거칠진 몰라도 분명하게 담겨 있다.

> 성착취남은 강간범처럼 여자의 필요나 욕구나 욕망에는 관
> 심이 없다. 성착취남은 여자를 인간처럼 대하지 않아도 된다.
> 여자는 마음껏 올라타서 그 위에 혹은 그 안에 대고 자위할
> 대상에 불과하니까. 이런 폭력의 실체를 직시한다면 여자를
> 희생양으로 만드는 데 돈을 좀 썼다뿐이지 결국 성착취남이
> 하는 섹스는 강간이다…[35]

점점 더 많은 국가가 상업적 성착취를 성폭력의 일종으로
보는 정책을 채택하고 있으며, 최근에는 이런 시각이 유럽의회
와 유럽 이사회의 지지를 받는 한편 영국 의회에서 범정당적 지
지를 받기도 했다. 대표적으로는 스웨덴, 한국, 노르웨이, 아이
슬란드, 캐나다, 리투아니아, 아일랜드, 북아일랜드 같은 국가가
이런 정책을 편다. 상업적 성착취가 여남평등 사회의 원칙에 반
하며, 근본적으로 여자의 인신매매를 조장하며, 그 자체가 여자
에 대한 폭력의 한 형태이며, 성착취가 존재하는 한 여남이 동등
한 사회적 관계를 맺을 수 없다는 태도를 보이는 것이다. 영국과
미국의 일부 지방 정부도 성착취 산업 피해자 처벌보다는 성착
취남과 포주의 처벌을 강화하는 추세다.

이 책이 근절주의 페미니즘의 언어와 사상을 채택해 일본
인 '위안부' 피해자의 역사를 논하는 이유가 있다. 바로 일본군
성노예제 연구 상당수가 이루어진 1990년대에는 존재하지 않았
으나 최근 들어 폭증한 여러 실증 연구 및 민간 성착취 생존자

들의 증언을, '위안소' 역사 연구와 융합하려는 것이다. 민간 성 노예제의 현실을 실증적, 일화적으로 기록한 최근 연구[36]를 보면 1990년대부터 수집된 한국, 필리핀, 대만, 중국의 전시 '위안소' 생존자 증언과 놀랍도록 겹쳐 보인다. 그런데도 '위안소' 제도 연구자들은 아직도 실질적 측면을 분석할 때(예를 들어 피해 정도를 다룰 때) 민간/군 구분을 고수하고 있다. 그러나 나는 그렇게 둘을 구분 지어 생각할 명분이 점점 흔들리고 있다고 믿는다. 아래 예시에서 보듯 현대 일본 민간 성착취 생존자들의 증언과 과거 일본군 '위안부' 제도 생존자들의 증언은 시대가 달라도 서로 강렬하게 공명한다. 앞으로 얼마나 더 민간/군 성착취 사이에 선을 그을 수 있을까 싶을 정도다. 향후 10년 동안 민간 성착취 생존자 단체는 더욱 성장할 테고 더 많은 국가가 스웨덴처럼 성착취를 인권 문제로 보는 정책을 펴게 될 것이다. 이에 따라 생존자 증언은 물론이고 민간 성착취의 해악을 밝히는 실증 연구도 급속도로 증가할 텐데, 그러면 '매춘'이나 '성매매'라고 불리는 산업이 세계사에 걸쳐 여자를 노예화해 온 '평시 성착취'에 불과하다는 사실과 마주하지 않을 수 없을 것이다. 이 순간에도 터져 나오고 있는 일본 민간 성착취 생존자들의 증언에서도 이런 사실이 엿보인다. 예를 들어 아래 사례를 보자.

교우노 마리나는 하드코어 포르노 출연자였다. 그는 생계를 위해 영상 속에서 모멸적인 상황에 부닥치고, 여러 사람에게 강간당하고, 남자들이 질 안에 사정하는 것을 견뎠다. 참기 힘든 경험이라도 돈을 잘 벌기라도 했다면, 저축이라도 좀 할 수 있었다면 또 모른다. 그러나 마리나는 빚을 진 상태로 포르노 산업을 나와야 했다. 그는 몸과 마음이 더는 버텨주지 못할 때까지 참고 또 참았다. 그저 다음 영상을 찍기 위해 손목을 긋는 데까지 나아갔다. 그러다 도저히 계속할 수 없는 시점이 왔다. 마리나는 은퇴 발표를 했지만, 포르노 제작사는 이미 하기로 예정됐던 영상을 못 하겠으면 손해배상을 하라며 쫓아왔다. 촬영으로 마리나의 정신을 산산이 부서트려놓고 뻔뻔히도 돈 내놓으라는 압박을 가한 것이다. 마리나는 억지로 세트장으로 끌려갔고 집으로 돌아가면 남자친구가 눈물을 흘리는 마리나를 폭행했다. 도망갈 곳이라고는 없었고 목숨을 끊기 일보 직전이었다. 마리나의 유일한 선택지는 모부에게 털어놓는 것뿐이었다. 모부는 친척에게 돈을 빌려 포르노 제작사에 손해배상을 했고 그제야 마리나는 탈출할 수 있었다…[37]

위의 설명은 1990년대 초 한 중국인 전시 성착취 생존자가 인터뷰에서 들려준 아래 이야기를 연상시키는 데가 있다.

'리'라는 생존자의 모부는…거액의 몸값을 지급하고도 리를 되찾는 데 실패했다. 리는 도저히 신체적으로 일본군 병사들을 받아낼 수 없는 지경이 되어서야 풀려났다. 일본군 병사들은 열다섯 살이었던 리를 리장 마을에서 납치했다. 리는 5개월간 수십 명의 일본군 병사들에게 매일 같이 강간당하고 폭행당했다. 리의 모부는 각고의 노력 끝에 은화 600냥을 빌려 몸값을 마련했다. 그러나 일본군은 몸값을 받아놓고도 리를 풀어주지 않았다. 비탄에 빠진 리의 어머니는 목숨을 끊었다. 부인은 죽고 딸은 붙잡힌 리의 아버지는 결국 정신을 잃고 미쳐버렸다.[38]

이런 식으로 군 성착취와 민간 성착취 피해를 입은 여자들의 경험을 비교해 보면 논리적으로 보나 실증적으로 보나 두 종류의 성착취가 역사 연구 등에서 근본적으로 따로 떼어볼 만큼의 차이가 있다고는 생각되지 않는다. 21세기가 시작된 지도 20년이 접어드는 지금, 나는 '위안소' 제도에 대한 논의에 근절주의 페미니즘적 언어와 사고를 적용해야 마땅하다고 본다. 민간 성착취와 군 성착취 두 문제가 평시/전시 성노예제로서 성노예제의 성격을 공유하는 이상, 효과적이고 정의롭고 손발이 맞는 연구 및 운동을 해 나가려면 이런 인식이 필수다. 1999년 고쿠가쿠인 대학의 모리타 세이야 교수가 이런 작업의 첫 삽을 떴으며, 이 책은 세이야의 선구적이고 획기적인 노력에 기대고 있다. 현재 세계 여기저기서 민간 성착취 생존자 단체가 등장하고 있다. 내가 이 책을 헌정한 한국의 뭉치도 그중 하나다. 이는 세계사에서 선례가 없는 변화이며, 일본군 '위안부' 제도 논의를 새로이 갱신해야만 하는 중요한 이유다. 한 해가 다르게 일본군 '위안부' 제도의 생존자 수가 줄어드는 상황에서, 이제는 그 배턴을 넘겨받을 수 있는 민간 성착취 생존자 운동이 세계적으로 조직되어 있다. 민간 성착취 생존자 운동은 현재 작동 중인 성착취 제도뿐 아니라 과거에 존재했던 성착취 제도에 대해서도 인권 피해를 대중에게 알리고 정부의 배상을 받아내는 노력을 이어갈 수 있을 것이다. 그러나 그런 '배턴 터치'가 가능해지려면 민간 성착취와 군 성착취 피해자의 경험이 근본적으로 유사하다는 사실이 인정받아야만 하고, 실제로 그렇게 인정받을 수 있으리라는 희망과 염원으로 나는 이 책을 썼다.

내가 이 책에서 사용하는 언어는 성착취 산업이 가해자와 피해자가 있는 성폭력이라는 현시대 민간 성착취 생존자들의 시각을 반영한다. 본 장을 열며 인용한 수키 팰컨버그의 증언에도 그런 생각이 반영되어 있다. 아일랜드에서 생존자 운동을 이끄는 레이철 모런도 저서 『페이드 포』*에서 비슷한 말을 한다. "성폭행처럼 아팠다. 성폭행처럼 날 망가트렸다. 성폭행처럼 모멸감이 들었다. 그건 성폭행이었다…상업적 성착취는 강간, 페이강간**이었다."[39] 이에 따라 이 책에서는 민간/군 성노예제 피

---

* 번역서 2019년 안홍사 출간

** 온라인 기반의 한국 페미니스트들이 만들어낸 용어로, 상업적 성착취는 돈을 주고 하는 강간이나 다름없다는 통찰이 담겨 있다.

해자 모두를 "성매매 여성prostitute"이라는 명사 대신 "성착취되는 prostituted"이라는 과거분사 형태를 써서 일컬을 예정이다. 이는 "성착취당하는 피해자를 '성매매 여성' 같은 명사로 부른다면 이들 개인이 어떤 사람인지와 이들이 견딘 피해가 같다는 모멸적인 오해를 불러일으킬 수" 있지만 "'성착취되는'처럼 과거분사로 표현할 때는 이들에게 가해지는 타인의 행동과 사회적 압력을 강조할 수 있다"[40]라는 매키넌의 충고를 따른 것이다.

근절주의 페미니즘 시각에서 성착취를 결정하는 건 피해자의 행위가 아니라 가해자의 행위이며, 성 산업 생존자를 존중하는 언어는 이런 시각 아래 만들어질 수 있다. 가해자의 행동은 피해자의 의지나 동의와 관계없이 일어나기 때문에, '상업적 성착취'에 대한 페미니즘적인 정의는 궁극적으로는 각 개인의 경험에 달려 있지 않다. 강간이나 가정 내 남성 폭력을 정의 내릴 때 개개인의 강간 피해 경험이나 가정 내 남성 폭력 피해 경험에 기대지 않는 것과 같다(예를 들어 피해자가 술에 취했거나 정신을 잃은 상태라고 해서 범죄의 심각성이 경감돼서는 안 된다). 이런 범죄들은 결국 가해자의 행동에 따라 정의되어야 한다. 상업적 성착취를 페미니스트로서 이해할 때도 피해자 개인의 경험(내가 '합의'했고 '선택'했다는 느낌 등)은 궁극적으로는 상업적 성착취의 정의에 영향을 끼치지 않는 것이 맞다. 가해자의 행동만이 변하지 않는 '팩트'이기 때문이다. 물론 성착취되는 여자들 개개인의 독특한 경험은 상업적 성착취라는 현상을 이해하는 데 중요하긴 하나, 그들의 자세한 사정이 어떻건 간에 피해자 탓을 하거나 피해자에게 책임을 돌려서는 안 된다. 매키넌은 근절주의적으로 그 이유를 설명한다.

> 우리는 성착취되는 사람들이 선택권이 배제되고, 선택지가 제한되고, 가능성이 거부당한 상황에서 성착취에 이르게 된다는 점을 확인한 바 있다. 온갖 변종을 가진 성착취 산업의 규모와 파급력이 규명되었다고 하기는 어렵지만, 나는 성 산업에 대한 상당한 정보를 검토한 후 이런 용어를 쓰기로 한 것이지 처음부터 대뜸 피해자 지위를 부여하고 시작한 것은 아니다. 관찰 결과 성착취는 선택권 없음의 결과이자, 가장 선택지가 빈약한 사람들, 다른 선택지가 다 실패해 어떤 선택지도 남지 않은 사람들이 마지막으로 향하게 되는 길이었다. 성착취라는 경제 부문은 여자에게 육체적으로, 혹은 다른 방식으로 강압을 가한 끝에 탄생해, 타인이 알짜배기 수익을 챙겨가는 산업이다. 이런 거래 과정에서 돈은 합의를 보장하는 것이 아니라 섹스를 강요하는 역할을 하며, 상업적 성착취는 연쇄 강간이라고 해도 과언이 아니다.[41]

상업적 성착취가 "연쇄 강간"이라는 주장은 일본 페미니즘 이론가 사이에서도 낯설지 않다. 스기타 사토시도 1999년 글에서 여자와 성행위를 할 때 돈 주고 합의를 산다는 것은 불가능하며, '성매수'라는 건 폭력일 수밖에 없다고 지적한다.

> '성 서비스'를 구매하는 과정에서 '구매자'는 성착취되는 여
> 자와의 삽입 섹스와 사정을 목표로 하며 자기 맘대로 여자의
> 몸을 이용한다. 그러나 애초에 여자의 동의가 존재하지 않았
> 기 때문에 삽입과 사정은 물론이고 여자와의 모든 의도적 신
> 체 접촉이 여자의 인권을 침해하는 행위라고 할 수 있다.[42]

후지노 유타카도 2001년 글에서 비슷한 주장을 편다.

> 상업적 성착취는 (남자가 대부분인) 사는 쪽에게 '성적 위안'을
> 주는지 모르지만, (여자가 대부분인) 팔리는 쪽에게는 모멸감을
> 준다…한쪽에게는 쾌락을, 다른 쪽에는 굴욕을 주는 모든 성
> 행위는 성폭력이 아닐 수 없다…상업적 성착취는 강간과 같
> 은 성격을 가지며…따라서 여자의 인권을 억압하는 성폭력
> 관습에 해당한다.[43]

현시대 한국 민간 성착취 생존자 증언에서도 스기타, 후지
노와 결이 같은 생각을 찾을 수 있다. 그러나 세계 곳곳에서 생
존자들이 조직되어 이런 입장을 직접 분명하게 선언하는 역사적
순간이 오기까지는 15년에 걸친 조직 구축과 의식 고양이 필요
했다. 한국 성착취 생존자 단체인 뭉치의 대구 자조 모임 예그리

나의 한 생존자가 하는 말을 들어보자.

> 성매매가 섹스를 하는 거라고 이야기한다면 정말 무식한 이야
> 기입니다. 365일 중 350일을 매일 애인과 섹스를 한다고 생각
> 해도 힘든데, 그것을 어떻게 섹스로만 이야기할 수 있겠습니
> 까? 취약한 여성들을 상대로 돈이라는 것을 뒤집어 씌워서 마
> 치 공정한 거래인 것처럼 그렇게 생각하게끔 만들어 버리는
> 것이 '성매매'입니다. 그리고는 마치 당연한 듯이 '성매매 여
> 성들'을 폭력을 당해도 되는 사람, 욕을 먹어도 되는 사람으로
> 만들어 버립니다. 지금 우리가 하는 이야기는 우리를 피해자
> 시켜 달라는 말이 아닙니다. '성매매 여성'을 따뜻한 눈길로
> 봐달라는 것도 아닙니다. 성매매를 여성의 문제로만 이야기해
> 서는 안 된다는 것, 그러면 끝이 없다는 것입니다.[44]

상업적 성착취가 인권 침해이자 남성 가해자의 잘못이라는
단호한 선언은 '위안부'나 '위안소' 같은 완곡 표현에 응축된 시
각과는 상당한 거리가 있다. 중일/태평양 전쟁 동안 일본 정부
의 승인 아래 일본군이 만들고, 개발하고, 운영했던 군 성노예제
는 '위안부'나 '위안소'처럼 에두르는 말 뒤에 숨곤 했다. 남자들
이 성노예제를 돌려 말하는 표현을 만들어온 건 하루 이틀 이야
기가 아니다. "독일군 병사들은 매일 오후 2시부터 성착취를 하
기 위해" 방문하는 곳을 "인형의 집"이라고 하는가 하면, 성착취

행위를 "쾌락 근무"라고 불렀다는 게 드워킨의 설명이다. 독일군 병사들은 "인형들"의 근무 평가를 제출했고, 부정적인 평가를 세 번 받으면 "인형"의 목숨이 날아갔다.[45]

성착취가 어떤 신체적/정신적 위무를 주는 듯한 이런 표현은 오직 남자가 경험하는 성착취에만 집중하고 있다. 다시 말해 '위안'이나 '쾌락' 같은 긍정적인 묘사에는 성착취되는 여자가 겪는 신체적/정신적 피해는 배제되어 있다(군 성착취가 전쟁으로 지친 일본군 병사들에게 긍정적인 영향을 주었다고 주장하는 구라시 마사나오가 짜증나리만큼 자주 사용하는 '리프레시(재충전)'라는 표현도 하나의 예가 될 것이다).[46] 안타깝게도 현시점에서 '위안'이 포함된 단어들은 대중적으로 통용되는 반면, 여자가 경험한 피해를 존중하기 위해 만들어진 '군 성노예제'나 '강간 센터' 같은 표현들은 아직 이를 대체하지 못하고 있다. 그러나 이 책에서 안타까운 마음으로 '위안부'와 '위안소' 같은 표현을 쓴 것은 책의 특수한 맥락에서 나름의 이유가 있었다. 역사적으로 볼 때 '위안'이 포함된 단어는 전시에 군 장병을 위해 아시아 태평양 전역에 세워진 성착취 시설에만 쓴 게 아니다. 5장에서 다루게 되듯 전쟁 후반부에 일본 본토의 공장 및 광산 노동자를 위해 세웠던 성착취 시설도 '위안 시설'이라고 불렀다. 더 나아가 전쟁이 끝난 후에도 일본을 점령한 연합군을 위해 '특수 위안 시설 협회'*를 세우기

＊   일본 패전 이후 일본 내무성이 연합군 남자들을 위해 도쿄에 세운 위안소를 말하며, 1945년부터 1946년까지 운영되면서 5만 명이 넘는 여자들이 성착취됐다.

도 했다. 이렇게 군 성노예제는 동시대 일본에서 운영 중이던 준 군사적/민간 성노예제와 역사 언어학적으로 이어져 있다. 이 책은 군 성노예제가 그 이전부터 성업 중이던 성착취 산업과 별개로 생겨난 것도, 독립적으로 운영된 것도 아니라고 주장하는 만큼, '위안'이라는 표현을 일부 맥락에서 쓰기도 했다. 이런 언어적 연결성은 일본군 성노예제가 전쟁과 전장의 독특한 산물이라는 환원주의자들의 주장에 의혹을 던진다.

일본군 성노예제('위안소' 제도)란 무엇인가?

이 책은 1937년부터 1945년까지 펼쳐진 중일/태평양 전쟁의 전장을 다루게 된다. 중일 전쟁이 시작한 해와 전쟁의 명칭을 두고 논쟁이 있기는 하지만, 나는 샌드라 윌슨의 충고를 따랐다.[47] '위안소' 제도가 공식적으로 시작된 연도는 1937년이라고 널리 받아들여진다. 공식 문서에 따르면 바로 이때부터 일본 육군과 해군은 중국 영사관의 도움을 받아 일본 여자를 '위안소'로 인신매매할 수 있었으며, '위안소' 치안 유지 등에서 영사관 경찰부의 도움을 받게 되었다. 그러나 3장에서 다루게 되듯이 이 기간 이전인 1904~1905년의 러일 전쟁도 군 성착취 관습 형성에 상당한 영향을 미쳤으며, 러일 전쟁이 끝난 후 평시 일본 사회에까지 영향이 이어졌다. 이후 1918년 일본의 시베리아 개입 역시 군 성노예제 형성사의 전환점이 되었다고 할 수 있다. 하야시 히로후미에 따르면 일본의 시베리아 개입 이전 만주지구 일본영사관 인사들은 외교부 직원들과 만나 해당 지역 일본군 장병 유입에 맞춰 일어날 것으로 보이는 일본 여자 인신매매 문제를 논의했다. 주의 깊게 살펴볼 점은 일본군도 이런 회의에 끼어 있었고, 인신매매로 인한 일본의 대외 이미지 손상을 걱정하는 영사관 측에 맞서 일본 여자 인신매매 규제에 반대했다는 사실이다. 일본군은 결국 인신매매가 허용되도록 하는 데 성공했고, 장병에게 성착취될 여자들의 성병 검사를 위한 군의관 배치에 착수했다.[48] 이 책은 군 성착취 현상에서 전환점 역할을 한 주요 사건을 바탕으로 일본 현대사 시기를 재구분하려는 목적은 아니지만, 다이쇼 시대(1912~1926년)가 군 성노예제라는 결과물을 발효시키는 과정이었다는 점을 부각하기는 한다. 2장에서 논하듯 일본 사회에서 성착취 산업이 주요 산업 분야로 부상하기 시작한 때가 바로 이 시기였다.

전쟁이 벌어진 1937년부터 1945년에 걸쳐 일본군은 직접, 혹은 허가받은 포주·소개업자·인신매매 업자의 손을 빌려서 성착취 업소를 세웠다. 이 중에는 육군이나 해군만 사용하는 업소가 있는가 하면, 민간인과 군인이 공동으로 사용하는 업소도, 군인 또는 군의 허가를 받은 남자들(예를 들어 취재 온 언론인, 회유

할 필요가 있는 현지 반체제 운동가, 군수 공장에서 일하는 노동자들)까지만 들어갈 수 있는 업소도 존재했다. '위안소' 혹은 '위안 시설'이라고 불렸던 군 성착취 업소는 일본 본토뿐 아니라 중국, 동남아시아, 태평양의 섬들, 한반도, 대만, 오키나와에도 세워졌다. 지역을 구체적으로 나열하자면 인도네시아에서는 암본섬, 팔렘방, 타라칸섬, 술라웨시섬, 수라바야, 쿠타라자, 폰티아낙, 버마에서는 몽나이, 펑지아, 랑군, 만달레이, 핀우린, 중국에서는 헝양, 주지, 상하이, 난징, 우후, 주장, 신양, 창사, 난닝, 뤄양, 친저우, 벙부, 창저우, 일본에서는 구시로, 지치섬, 기사라즈, 말레이시아에서는 조호르바루, 믈라카시, 피낭섬, 포트딕슨, 쿠알라룸푸르, 세렘반, 필리핀에서는 앙헬레스, 단살란, 카가얀, 부투안, 일로일로, 마스바테, 타클로반, 파푸아뉴기니에서는 라바울, 캐비엥과 코코포, 오키나와에서는 이에섬, 요미탄, 다마구스쿠에 '위안소'가 존재했다. 이외에도 괌, 니코바르 제도, 안다만 제도, 홍콩, 싱가포르, 트루크 제도, 쿠릴 열도에 '위안소'가 세워졌다.

　　군 성착취 제도는 전쟁 기간 중 어떤 시기, 어떤 지역인가에 따라 형태가 달랐다. 중국에서 일본군은 현지 여자를 납치해 동굴에 한 명씩 가둔 후 성착취에 이용했고 계급이 낮은 남자가 이 과정을 독자적으로 지휘했다. 변호사 가와구치 가즈코는 1941년부터 산시성에 배치된 일본군 병사들이 직접 동굴에 '위안소'를 만들어 중국 여자를 납치했으며, 피해자들은 완전한 어둠 속 "나무판자와 풀로 만들어진 침상" 위에서 병사들에게 연쇄 강간을 당했다고 적고 있다. 이들은 화장실에 갈 때만 동굴을 떠날 수 있었고 이때마저 감시받았다.[49] 한 여자는 40일 동안 이렇게 갇혀 있었다고 한다. 그러나 대부분의 '위안소'는 형태와 운영 방식이 일본 민간 성착취 업소와 똑같았다. '위안소'에도 장병이 낸 군표를 장부에 기록하는 등 요금 지급 제도가 존재했다. 또 일부 '위안소'가 억류된 여자들에게 성병 검사를 시행한 것도 당시 일본 성착취 업소와 비슷했다. 이렇게 업소와 유사한 '위안소'는 군이 직접 세우는 때도 있었지만, 위임을 받거나 공모한 성착취 업주들이 대신 세우기도 했으며 군이 기존의 민간 성착취 업소, 공공 건물, 민간 주택을 징발해 '위안소'로 바꿔놓기도 했다. 1944년 6월 일본군 병사들은 오키나와 주택들을 징발해 '위안소'로 활용했다. 이들은 주택에 침대를 줄지어 배치하고 천장에 천을 걸어 칸막이를 만든 후 그곳에서 여자를 성착취했다.[50] 이미 인신매매된 여자들을 전선이나 외곽 주둔지로 재인신매매해 이동식으로 성착취하는 '위안소' 형태도 있었다. 한국인 '위안부' 생존자 김연실은 본인이 매여 있던 '위안소'에서 일주일에 한 번 연락선을 타고 성착취당할 여자가 부족했던 근처 일본군 막사로 옮겨졌다고 회고한다.[51] 또한 일본군이 퇴각하는 와중에 이전 점령지의 '위안소'에 있던 여자를 납치해 와 끌고 다니며 성착취하는 일도 있었다. 시로타 스즈코는 트루크 제도에서 일본군이 미군 폭격으로 기지에서 후퇴하게 되자 일본군 병사들이 숲에서 목재를 훔쳐내 '위안소'를 지었다고 기억한다.[52]

　'위안소'로 인신매매된 여자들은 일본인, 한국인, 대만인, 중국인, 필리핀인, 인도네시아인, 베트남인, 말레이시아인, 태국인, 버마인, 인도인, 티모르인, 차모로인, 네덜란드인, 유라시아인 등의 국적/인종적 배경을 가졌다. 피해자 대부분이 한국인이었다는 인식이 존재하기는 하지만 하야시는 "그런 추정에 실증적 바탕이 있는지 의심스럽다…한국인 '위안부' 피해자 수가 많기는 했지만, 그 비율은 50% 이하였을 수밖에 없다…중국인이 한국인보다 많았을 가능성이 크다"라는 견해를 밝힌다.[53] 국적별 피해자 비율에 대해서는 논란이 있을지 몰라도 피해자가 대부분 여자 청소년이었다는 데는 의견이 일치하는 편이다. 필리핀 '위안소'에 억류됐던 여자들의 평균 연령은 17.6세였으며[54] '위안소'에는 이보다 어린 피해자들도 흔했다. 예를 들어 중국인 생존자 왕 아이파가 중국 북부의 한 '위안소'에 도착해 집단 강간을 당했을 때의 나이는 고작 열다섯이었다.[55] '위안소'를 벗어나지 못하고 수년간 휴식 없이 성착취당한 여자들도 존재했다. 예를 들어 한국인 생존자 이복녀는 중국 북부의 '위안소'에 8년간 잡혀 있었다.[56] 하야시는 여자들이 1) 소개업자를 통하거나 2) 일본군이 현지 동네 유지에게 부탁하거나 3) 일본군 관련인이 직접 납치하는 셋 중 한 가지 방법으로 인신매매되었다고 지적한다.[57] 그러나 하야시는 한 가지 방법을 빠트렸다. 바로 민간 성착취 업소의 '위안소' 전환이다. 이 경우 여자는 자연스럽게 민간 성착취 피해자에서 군 성착취 피해자가 됐다.

1993년 하야시는 일본 육군이 장병들에게 배포한 콘돔 숫자를 계산해서 전쟁 동안 전 세계 '위안소'로 인신매매된 여자들의 수를 파악하려고 시도했다. 하야시는 육군이 병사들에게 연평균 약 20개의 콘돔을 지급했다고 추산했지만, 실제로 이 콘돔이 전부 사용되지는 않았으리라고 본다. 반면 상하이처럼 대도시 근처에 배치된 병사들은 민간 업자들에게서 콘돔을 구매했을 수도 있다. 따라서 하야시는 병사들이 평균 몇 회 '위안소'를 방문했을지 보수적으로 추정한 다음, 이를 바탕으로 그들에게 성착취된 여자들의 숫자를 가늠했다. 이에 따르면 일본군 병사들의 총 '위안소' 방문 횟수는 1942년 3,210만 번에 달했을 것이고, 일일 평균 88,000명의 장병이 '위안소'를 방문했다는 뜻이 된다. 1942년 기준 해외에 파병된 일본군 장병은 170만 명이었다. 이런 수치를 바탕으로 보면 '위안소'에 억류됐던 여자들의 수는 "적어도 수만 명이었고 어쩌면 수십만 명에 달했을 수 있다."[58] 요시미 요시아키도 비슷하게 8년의 전쟁 동안 "5만 명에서 20만 명 사이"의 여자들이 '위안소'로 인신매매당했을 것으로 추정한다.[59] 이 책은 피해자 수 추정이 목적은 아니지만 나는 그래도 여러 추정치 중 높은 편인 하야시와 요시미 추정치가 설득력이 있다고 생각한다. 그 근거는 이렇다. 일본군 성노예제 피해자는 현재까지의 역사학 논의에서 소외되고 간과됐으며, 특히 성착취 선경험 피해자 희생양 삼기가 계속되면서 이들의 수가 과소평가되었을 것이고, '위안부' 제도가 군 성노예제라는 인식이 희박한 이상 민간 성착취 산업과 긴밀히 엮여서 운영됐던 군 성착취 업소가 누락되었을 가능성이 크기 때문이다.

왜 성착취 선경험 피해자에게 집중해야 했는가?

이 책은 여러 선진국에서 성착취 산업을 이해하고 대하는 방식에 중대한 변화의 바람이 불고 있는 시점에 쓰였다. 1980년 대 이후 호주, 뉴질랜드, 독일, 네덜란드 같은 나라는 입법 및 정책에서 상업적 성착취를 일종의 노동으로, 성 산업을 어엿한 산업 분야로 개념화했다. 역사적으로 보면 80년대 이전의 산업화 국가가 상업적 성착취를 대하는 방식은 둘 중 하나였다. 성착취는 남자들의 공공 보건 문제(여자들에게 성병 검사를 강요하는 식)이거나, 처벌과 배제가 이루어져야만 하는 여성 섹슈얼리티 문제(성착취되는 여자를 감옥에 가두는 식)였다. 1980년대 후반 이어서 대안으로 떠오른 '피해 최소화harm minimization' 접근법은 여자가 '성노동'에 접근할 권리와 남자가 '성 서비스'의 소비자가 될 권리를 존중하는 진보적인 정책으로 여겨졌다. 그러나 1999년 스웨덴 정부가 이와는 판이한 접근법을 들고나오며 극적인 전환이 일어났다. 스웨덴 정부는 상업적 성착취를 여남평등을 해치는 문제로 정의했다. 그러면서 성착취 산업을 불법화하고, 매수자를 처벌 및 재교육하고, 탈성착취 지원 사업으로 생존자의 회복과 사회 재편입을 돕는 입법·정책적 노력을 폈다. 21세기 들어서는 여러 국가가 스웨덴의 모범을 따라 성착취라는 인권 침해를 시민, 관료, 경찰, 사법, 군에 교육하는 사업을 제도화했고, 성착취남에게 본인 행동의 해악을 교육하는 '존스쿨john schools'을 도입하기도 했다.

이렇게 상업적 성착취를 성별화된 인권 침해로 보는 정책 틀이 세계적으로 퍼져 나가면서 다양한 역사적 맥락에서의 성착취를 새로운 눈으로 다시 연구하고 분석할 수 있는 학문적 환경도 갖춰졌다. 연구자들은 성착취를 (여자 개인의 악습이 아니라) 남자의 가해 행위로서, 더 나아가 역사적으로 남자 개인에게 성적·금전적으로 복무해 왔을 뿐 아니라 가부장 국가 형성이라는 남자들의 야심에도 부합한 일종의 제도로서 바라볼 수 있게 되었다. 상업적 성착취를 가부장 국가에 꼭 필요한 제도로 보는 시각은 일본어로 된 역사학 문헌이 영어로 된 문헌보다 앞서 있다. 후지노 유타카나 시모주 기요시 같은 학자의 작업이 예가 될 만하다. 일본의 전쟁 전 역사를 다룬 시모주의 2012년 저서는 일본이라는 국가는 노예 제도를 바탕으로 형성되었으며, 그중에서도 상업적 성착취라는 성노예 제도가 현대까지 살아남았다고 주장한다. 근대 일본의 정치적 형성 과정에서 봉건 시대부터 존재했던 남자의 노예 노동은 폐지되었지만, 상업적 성착취는 신가

부장 체제에 정치적으로 쓸모가 있던 덕분에 살아남았다는 것이다.[60] '위안부' 제도 역사 연구에서도 비슷하게 반가운 바람이 불어오고 있다. 근절주의 페미니즘 원칙에서 영향을 받은 연구가 부상하고 있으며, 도쿄 전쟁과 여성에 대한 폭력 리서치 액션 센터와 연을 맺은 페미니스트 역사학자들은 최근 몇 년 사이에 일본인 '위안부'의 역사를 탐구하는 선구적인 작업을 시작했다. 이들은 성착취 선경험 피해자는 물론이고 일본 본토 '위안소'와 오키나와 '위안소'의 역사에도 돋보기를 가져다 대는 중이다.

이처럼 국제적으로 성착취 산업에 대한 정책적·사상적 변화가 일어나는 동시에, '위안부' 정의 운동도 힘을 얻으며 영역을 넓혀가고 있다. '위안부' 정의 운동의 본산은 한국이지만, 일본과 대만, 중국에서도 뿌리를 내리는 중이다. 일본 정부가 과거 자행한 군 성노예제 범죄에 대해 행동을 취하고 피해를 복구해야 한다는 국제적인 압력도 커지고 있다. '위안부' 정의 운동은 1990년대에 첫발을 내디뎠지만 일본 정부가 우경화되며 한국, 중국과 외교 문제를 빚고 있는 지금 '위안부' 피해자의 역사는 종전 이후 그 어느 때보다 많은 국제적 관심과 갈등을 불러일으킨다 해도 과언이 아니다. 2014년 미국에서는 국무부가 일본 정부에 2007년 '위안부' 결의안 준수를 촉구하도록 하는 법안이 처음으로 상원을 통과했다. 이 법안은 행정부 통합세출법안의 일부로, 일본 정부가 '위안부' 역사를 책임지게 하는 게 목표였다.[61] 같은 해에는 '위안부' 피해자를 기리는 '평화의 소녀상'

이 처음으로 미국 정부 건물 앞에 세워지기도 했다. 역시 같은 해 한국의 여성가족부는 일본군 '위안부' 제도 관련 기록물의 유네스코 세계기록유산 등재 사업을 추진하기 시작했고, 중국 정부도 이후 합류했다.[62]

| 우리 시대 '위안부'

요약하자면 21세기 들어 두 가지 변화가 나타났다. 첫 번째로 평시 성착취를 성차별적 인권 침해로 바라보는 인식이 강화됐고, 두 번째로 '위안부' 생존자에게 정의를 되찾아 주기 위해 한국을 포함한 여러 정부와 시민 사회가 일본 정부에 점점 더 강한 압박을 가하고 있다. 그러나 오늘날 일본에서 확산을 멈추지 않는 민간 성노예제 문제가 얽히면 이 두 변화는 서로 충돌할 가능성이 크다. 지난 10년간 일본 성착취 산업으로 인신매매된 한국 여자의 수는 지속해서 증가해 왔으며, 현재 일본에서는 약 5만 명의 한국 여자가 상업적으로 성착취되고 있다.[63] 일본 극우 단체들은 일본 내 한국인을 추방하려는 혐한 운동을 위해 이들 피해자를 과녁으로 삼는다.[64] '위안소' 제도의 역사를 생각할 때 현존하는 인신매매 문제는 외교 갈등으로 비화할 수 있다. 특히 한국은 2004년 이후 성착취를 인권적 시각에서 접근하려는 노력을 펴는 상황이다. 반면 일본 정부는 그런 입장을 고려하는 것조차 거부하는 중이다.

일본은 아직도 성착취 문제 해결을 위한 유엔 팔레르모 의정서를 비준하지 않았으며, 미국 비정부 기구 셰어드 호프 인터내셔널은 일본이 "선진국 중 성착취 시장 규모가 가장 클 것"이라고 추정한다. 일본의 "성 산업은 국민총생산의 1~3% 규모로 일본 국방비 예산과 맞먹는다."[65] 일본 정부는 인신매매 문제에도 미적지근한 태도를 보여 국제적인 비난을 받아왔다. 미국 국무부는 2004년 일본을 "인신매매 관찰대상국 명단"에 올렸으며 2009년 인신매매 보고서에서는 "동아시아, 동남아시아, 동유럽, 러시아, 남아메리카, 라틴아메리카의 여자와 아동들이 인신매매되어" 일본으로 들어와 "상업적 성착취"를 당한다고도 명시했다.[66] 국무부는 같은 보고서에서 한발 더 나아가 "경찰이 온라인.기반 성착취 단속을 비롯해 성착취 업소 정기 단속"을 하는 것 외에는 "상업적 성착취 수요 감소를 위한 어떤 노력도" 펴지 않았다며 일본을 비판했다. 한국 포주들은 계속 일본을 사업하기 좋은 환경으로 보고 있으며, 일본의 정책 및 사업 환경은 일본 조직폭력배들이 대한 해협 너머의 한국 여자들을 인신매매해 오도록 하는 유입 요인이 되고 있다.

세계적으로는 근절주의 페미니즘 방향의 정책과 입법 노력이 펼쳐지고 있는 데다 한국 정부와 시민 사회는 '위안부' 생존자에게 정의를 되찾아 주기 위해 강한 의지를 보이는 상황이다. 한국인 인신매매 문제는 아직 반대 운동이 일어나지는 않고 있으나, 이런 독특한 사상적, 운동적 배경에서는 반대 운동이 형성될 가능성이 충분하다. 이 책의 목표는 이런 생각들을 연결하여 현대 민간 성노예제를 군 성노예제와 같은 틀에서 이해하고 해결해 나가도록 장려하는 것이다. 1990년대 이후 일부 부류의 군 성노예제 피해자들에게 공감과 연민을 느끼는 분위기가 성공적으로 형성되었듯, 다른 성착취 피해자들도 같은 대우를 받을 수 있기를 바란다. 안타깝게도 지금까지는 군 성착취와 민간 성착취를 연결하고 이를 기반으로 사회 변화 운동을 해 나갈 만한 지적, 운동적 환경이 거의 뿌리를 내리지 못하고 있다. 현시점까지 '위안소' 생존자들의 역사적 경험은 과거 및 현재의 민간 성착취에 반대하는 근절주의 페미니즘 운동과 격리되어 있다고 해도 과언이 아니다. 마치 이들의 경험은 상업적 성착취가 아니었다는 듯한 태도다. 이런 접근법이 1990년대 이후 '위안부' 정의 운동의 성과에 일정 부분 이바지했을지는 몰라도, 거의 유사한 경험을 견뎌낸 성착취 선경험 '위안부' 피해자나 현시대 일본 성착취 산업의 한국인 피해자가 공감이나 배상의 측면에서 그 성과를 함께 누릴 수 없다면 '위안부' 운동의 진정한 성공 여부를 되묻지 않을 수 없다. 다음 장은 '위안부' 정의 운동이 왜 성착취 선경험 피해자를 배제했는지, 그리고 이들을 배제하기로 한 선택이 현재·과거·미래를 통틀어 여자들이 겪은 군 혹은 전시 성착취 범죄를 바로잡으려는 노력에 어떤 영향을 미치는지를 살펴볼 것이다.

1장 ──────────── 희생양이 된 생존자

일본인 '위안부'와
현재의 '위안부' 운동

예외는 없다.

남자라는 지배 계층은 예외 없이 침해한다.

그리고 여자에게도 예외는 없다.

이런 이야기다.

"이 여자에게는 그런 짓을 하면 안 되지.

근데 저기 저 여자 보여?…

어, 괜찮아. 걔한테 해. 아무도 모를 걸."

우리가 안다! 우리는 그를 되찾고 싶다![1]

군 성노예제에 묶이기 전 상업적 성착취를 경험한 '위안소' 생존자는 독특하게 구분되는 피해자 집단이다. 일본 국적이라고 설명되곤 한다는 점에서 구분될 뿐만 아니라, 현대의 '위안부' 정의 운동과 이에 반발하는 운동에서 차지하는 위치, 역사 문헌에 등장하는 방식에서도 구분이 된다. 오늘날의 운동과 역사 문헌은 이들이 성착취 선경험이 있다는 이유로 성노예제 피해자 범주의 바깥에 있다고 간주한다. 그런 담론 안에서 이들은 피해자가 아닌 다른 무엇으로서 '위안소'에 들어왔으며, 이들에게는 전시 성착취가 성노예제가 아닌 다른 무언가였으리라고 여겨진다.

이 사실을 중점적으로 살피면서, 이번 장에서는 이 책이 그리는 일본군 성노예제의 역사가 왜 영어권, 일본어권의 기존 연구와는 너무도 달라 보이는지 설명하려 한다. 전반적으로 이 책은 일본군 성노예제에 대해 더 정확한 역사적 그림을 그려내기 위해서는 그동안 뒷전으로 밀렸던 성착취 선경험 '위안부' 피해자와 민간 성착취 관련 문헌을 다시 들춰야 한다는 주장을 편다. 나는 1990년대 이후의 '위안부' 정의 운동과 역사 문헌에서 성착취 선경험 피해자가 배제되면서, 일본군 성노예제와 그 기원에 대한 분석이 근본적으로 왜곡되는 결과를 낳았다고 본다. 성착취 선경험 피해자와 이들의 독특한 역사적 경험이 빠져버리자 성착취 산업과 그 인프라, 성착취 업자들을 역사적으로 조망하기 어려워졌으며, 가장 중요하게는 일본군이 일본군 성노예제를 만들 때 민간 성착취 제도에 기댔다는 사실을 놓치게 됐다. 그 결과 일본군 성노예제의 기원과 발생 원인에 대한 분석이 왜곡됐고, 왜곡된 분석이 모든 생존자에게 정의와 배상을 안겨주려는 노력의 발목을 잡고 있다는 게 내 주장이다.

현대 운동 지형에서 성착취 선경험 피해자는 보통 일본군의 만행을 옹호하는 우익 발언에서나 언급된다. '위안소'가 민간에서 운영됐고 여자들은 자기 의지로 들어와 돈도 잘 벌었으니 역사적 과오로서 특별한 주목을 받을 필요가 없다는 자신의 주장을 뒷받침하기 위해서다. 일례로 극우파 유력 정치 인사인 다모가미 도시오 전 일본 항공자위대 막료장은 최근 "'위안부'가 성노예였다는 말은 거짓말이다. 이들은 '매춘부'였고 군 장성과 비슷한 월급을 받았다"라고 주장했다.[2] 과거 군 성착취는 민간 성착취 산업에서 조달한 여자들로 구성되었기 때문에 딱히 인권 침해라고 볼 수 없다는 시각이다. 도시오에게 군 성착취가 당대 민간 성착취와 유사하다는 건 군 성착취가 용납되고 양해할 만한 문제라는 뜻이다. 평시 일본 성착취 산업은 이미 남자의 어떤 성적 행동이 사회적으로 용납 가능한지, 여자가 어떤 식으로 '고용'될 수 있는지 기준을 세워놓았고, 도시오의 발언에는 그런 사회적 기준이 깔려 있다.

이런 기준은 여자가 인신매매될 때조차 여지없이 적용되는 듯하다. 일례로 역사학자 하타 이쿠히코는 여자가 성착취당할 때의 피해가 운동선수가 겪는 피해보다 더 클 것도 없다는 걸 근거로 든다. "부모가 알선업자에게 팔아넘긴 여자들을 강압에 의한 피해자라고 해 보자. 그러면 선금을 받고 다른 팀으로 원치 않게 트레이드된 농구 선수도 강압에 의한 피해자라고 할 수 있는 거 아닌가?"[3] 현존하는 민간 성착취 제도와 인신매매를 근거로 군 성착취를 정당화하려는 시도는, 설득력이 있건 없건 간에 우익 담론장에서는 꽤 인기가 있다. 비슷한 맥락에서 다른 국적 남자의 전시 성착취 제도를 끌고 오기도 한다. 2014년 일본 공영방송 NHK 회장은 취임 기자회견에서 군 성착취가 "전시에는 어떤 나라나 흔하다"라면서 일본군 성노예제를 옹호하기도 했다.[4] 그러나 일본군 성노예제를 정당화하는 역사적 잣대로 가장 흔하게 쓰이는 건 일본에서 전쟁 전 운영됐던 '공창제'다. 예를 들어 마쓰무라 마사히로는 어떤 비판 의식도 없이 "그 여자들은 전쟁판 '공창'이었다"[5]라고 주장했다. 결국, 우익의 기준에서 민간에서 성착취당하던 여자가 '위안소'에 존재했다는 건 일본군 성노예제가 평시의 일본 남자들이 당연한 성적 권리처럼 누리는 성착취의 연장선이라는 뜻이 되고, 우익은 이를 전시 '위안부' 체제를 정당화하는 근거로 삼는다.

사람들은 여자가 제 발로 전시 '위안소'로 걸어 들어갔다는 우익 인사들의 이런 주장은 익히 알아도[6] 현대 '위안부' 정의 운동 좌파 지지자들의 일부 주장도 같은 바탕에서 나왔다는 점은 보통 잘 모른다. 성착취를 자유롭게 선택할 수 있다는 자유주의적인 생각은 전시 '위안부' 체제를 비판적으로 바라보는 역사 연구에조차 깊게 스며들어 이를 왜곡하고 있으며, 사실상 1990년대 초 '위안부' 정의 운동이 부상한 이후 쭉 그래왔다. 군인 남자가 돈 주고 여자와 섹스할 수 있도록 성착취할 여자를 데려온 '위안소' 운영 방식은 큰 문제가 없다고 느끼는 건 우파나 좌파나 같다. 양쪽 다 이런 체제 자체가 일본군 성노예제라는 범죄의 참모습이라고는 이해하지 않는다. 좌파는 군인이 여자 청소년을 납치했다든지 여자를 침대에 묶었다든지 하는 극단적인 사례들만 개인을 성노예화하는 부당한 행위로 본다. 다시 말해 이들은 '군 성노예제'라는 표어 아래 체제 자체가 아니라 이런 특수한 사례만을 문제시한다. 그 증거로 좌파는 일본군이 민간 성 산업에서 성착취되던 여자들을 '위안소'로 인신매매했던 역사에는 전혀 규탄의 목소리를 내지 않는다. '위안부' 정의 운동 활동가들마저 이런 식으로 성착취 선경험 '위안소' 피해자를 희생양으로 삼기도 한다. 특히 운동 초기에 나왔던 문헌에서 이런 경향이 두드러진다. 예를 들어 1992년 야스하라 게이코는 이렇게 썼다.

> 1937년 즈음에는 성착취 산업이 '위안부'의 주 공급처였다. 성착취 산업에 속한 여자들 사이에서는 '위안소' 진입이 꽤 짭짤한 일자리로 여겨졌기에 하겠다는 사람이 많았다. 이들은 단 6개월 만에 선불금을 다 갚을 수 있었고, 추가로 자기 사업을 차릴 만한 돈을 벌어 성착취 산업을 떠났다. 나는 여기서 성착취 산업에서 온 여자들은 돈을 저축해 빠르게 '위안소'를 떠날 수 있었다는 점을 강조하고자 한다. 이들은 민간 성착취 산업을 더 빠르게 탈출하기 위해 '위안소'에 들어가기로 선택하기도 했다.[7]

야스하라 같은 좌파 학자는 이들이 각을 세우는 우익 인사만큼이나 성착취 산업 피해자에게는 관심이 없다. 여기서 이들이 일본군 성노예제 비판을 쏟아내게 만드는 본령은 '위안소' 제도 자체는 아니라는 사실이 드러난다.

역사학자 니시노 루미코는 좌파의 접근법에나 우파의 접근법에나 스며들어 있는 이런 인식을 지적하면서, 성착취 선경험 '위안부' 피해자를 다른 피해자와 구분 지으려는 잘못된 시도를 네 가지로 분류한다. 니시노가 보기에 특히 일본인 피해자들에 관한 연구와 운동을 왜곡하는 편견은 다음과 같다.

1. [일본인 피해자] 대부분은 성착취 산업에서 인신매매됐기 때문에 '위안소' 제도의 피해자로 여겨지지 않는다.

2. 성착취되던 여자들은 결혼이나 성관계를 해 본 적 없는 여자들과 '위안소' 제도를 근본적으로 다르게 경험했다고 여겨진다.

3. 일본 여자는 다른 국적 여자보다 더 나은 대우를 받았다고 여겨진다. 이들은 가족이나 이전의 포주가 선불금을 덜 떼 갔다든지 계약 기간이 상대적으로 짧았다든지…장교 전용으로 착취당해 폭력에 적게 노출 당했다든지, 전쟁이 끝난 후 항공기로 이동할 수 있었다는 인식이 존재한다.

4. 일본 여자들은 국적이 같고, 국가를 위한 희생이라는 군국주의적 사고를 공유했으며, 전사할 경우 야스쿠니 신사에 병사들과 함께 합사될 수 있는 희망이 있었기 때문에, 군 장병들과 특별한 동질감을 느꼈다고 여겨진다.[8]

성착취 선경험 '위안부' 피해자를 이렇게 보는 건 특정 생존자 집단을 변호하기 위해 다른 생존자 집단을 밀어내고 깎아내리는 잘못된 시각이다. 이번 장에서는 이런 시각에 비판의 날을 세울 것이다. 우익의 주장은 이미 친숙하지만, 일부 진보 인사가 성착취 선경험 유무로 '위안소' 피해자를 구분 짓는 생각에 얼마나 사로잡혀 있는지는 덜 알려져 있다. 좌파 주도의 '위안부' 정의 운동은 생존자에 대한 국제적 연민과 배상을 확보해 온 영웅적이고 성공적인 운동으로 여겨지곤 하지만, 나는 '위안부' 정의 운동의 바탕에 깔린 일본군 성노예제에 대한 이해는 반대편 극우 세력이나 다름없다고 본다. 이는 치명적으로 잘못된 접근법이며, 그런 점에서 '위안부' 정의 운동은 대수선이 필요하다.

방법론적 틀 '희생양 삼기'

이번 장을 열면서 앤드리아 드워킨의 1991년 발언을 인용했다. 2000년 드워킨은 이 발언에 응축된 내용을 풀어내 『희생양: 유대인, 이스라엘, 그리고 여성해방』이라는 책으로 정리했다. 나는 방법론적으로는 드워킨이 주창한 '희생양 삼기scapegoating'가 현재 벌어지고 있다는 분석을 하려 한다. 드워킨이 말하는 희생양 삼기는 군 폭력 피해자를 향한 연민과 배상을 끌어내기 위해 성착취되는 여자와 대비해 피해자의 떳떳함을 호소하는 행위다. 드워킨은 제2차 세계 대전 중 유럽에서 성착취되던 여자들, 그중에서도 특히 유대인 여자들의 경험에 집중해 책을 풀어낸다.

책은 이들의 경험을 이해해야 사회적으로 경멸받는 집단을 만들어 이들을 신체적으로 파괴하는 과정을 이해할 수 있다고 말한다. 드워킨의 설명을 직접 들어보자.

성착취되던 여자들은 나치 이야기에서 큰 부분을 차지한다. 히틀러가 이들을 사회적 희생양으로 모는 수사적 표현을 활용했기 때문만은 아니다. 나치는 이들을 신체적으로 이용하고 벌하기도 했다…성착취 산업에 묶인 여자들은 유대인보다도 먼저 더럽고 쓰다 버릴 존재로, 인간이 아닌 무언가로 여겨지고 있었고, 유대인을 '창녀' 수준으로 격하시키는 게 히틀러의 목표였다…나치가 세웠던 성착취 업소는 업소에 매인 여자가 유대인보다 아래인 성적 파시즘을 구현했다. 그리고 유대인 남자들은 분명 여기에 동의했다. 홀로코스트가 벌어지기 전에도, 벌어지는 도중에도, 벌어진 후에도 성착취된 유대인 여자와 연대하려는 움직임은 없었다.[9]

이 책은 드워킨의 주장을 다른 군 성착취 사례에 적용해 보는 첫 시도지만, 비슷한 논지를 펴는 든든한 페미니즘 연구가 존재하지 않는 것은 아니다. 군사주의에만 한정된 건 아니긴 해도 1992년 마거릿 볼드윈은 긴 지면을 할애해 성착취되는 여자들이 페미니즘 분석에서 배제되어 있다고 지적한다. "우리의 개혁운동은 성착취 산업에 매인 여자들의 안전이나 가시성에는 거의 이바지하지 못했다. 아니, 우리 운동은 그들에게 적대적이기까지 했다."[10] 볼드윈은 페미니스트들이 여자를 '창녀'나 '매춘부'로 구성하는 사회를 다소 성급하게 비판하다 보니 성착취 피해에 대한 부인으로 이어졌다면서, 이는 피해자를 주변화하고 배제했을 뿐만 아니라, 다른 형태의 남성 성폭력으로부터 여자를 지킨다는 명목으로 이들을 방어막으로 쓰는 결과를 낳았다고 지적한다.

> 극도의 확신에 차서, 아니면 벼랑 끝에서 도움과 정의를 내놓으라고 격노하면서 내뱉는 '아무도 창녀가 아니다'라는 말, 그 말이 이런 이야기를 하나로 엮는 테마다. 어쩌면 그게 성착취 이야기의 본질일지도 모르겠다. 한 여자가, 같은 확신과 분노에 차서, 자기는 '창녀'가 아니라고, 자기 목줄을 쥔 타인의 비위를 맞춰야 하는 존재가 아니라고 선언하는 것 말이다.[11]

볼드윈은 성착취 피해자와 "일반 여자"를 가르는 "분리 전략"이 큰 실수라고 본다. 그에 따르면 페미니스트들이 여자를 두고 이렇게 "흥정"을 하게 되면 "여자 중 일부가 변화 가능성을 얻게 될 때마다…항상 성착취 피해자를 내던지는, 즉 그의 희생을 발디딤 삼아 이득을 얻는 대가를 치러야 한다."[12] 볼드윈은 아래와 같이 직설적으로 규탄한다.

그런 흥정을 받아들이는 여자들을 부르는 용어가 있다. 이들은 포주의 '밑천 아가씨bottom women'다. 포주한테 이쁨받는 게 너무도 중요한 이들은 가끔은 길거리에 혼자 나갈 기회를 얻기도 하지만, 그러기 위해선 자기보다 운이 좋지 않은 다른 '아가씨'를 통제하는 일을 도와야 한다. 이런 흥정이 벌어지도록 판을 까는 행동을 일컫는 용어도 있다. 이건 포주 짓, 뺄 것도 보탤 것도 없이 포주 짓 그 자체다.[13]

이 책은 드워킨과 볼드윈의 이론적 통찰에 뿌리를 박고서 특정 부류의 '위안부' 피해자를 팔아넘기는 "포주 짓"에 반기를 들고자 한다. 현재까지의 일본군 성노예제 논의는 특정 부류 피해자의 "희생을 발디딤 삼아" 일부 '위안부' 피해자에게 이득이 돌아가게 하는 식이었다. 모리타 세이야는 1999년 이미 이런 작업에 착수했으며, 이번 장은 10년도 전 나온 세이야의 탁월한 분석 위에 서 있다.

'위안부' 제도를 보는 우파와 좌파의 시각은 단순히 수사의 구조만 비슷한 것이 아니다. 파고 들어가 보면 이쪽이나 저쪽이나 남자가 여자를 성착취하는 행위를 정당화하는 시각을 택한다…문제시되는 건 '위안부' 제도의 존재가 아니라, 일본군이 어떻게 '위안부' 제도를 운용했느냐다…'강압'은 매우 좁게 이해되며, 자유주의자들은 이런 '강압'이 없는 곳에서 자유 의지와 선택을 본다. 우익 보수 논객들도 정확히 같은 주장을 편다. 이들도 매우 좁게 해석된 '강압'이 없는 한 자유 의지와 선택이 작동했다고, 그러니 아무런 해악도 문제도 없다고 말한다.[14]

아래에서 더 자세히 설명하겠지만, 나는 진보와 보수의 분석이 이렇듯 한 점으로 모여들도록 조장한 게 1990년대 '위안부' 정의 운동이 형성되던 때 같이 부상한 '성노동권' 운동이라고 본다. '성노동권' 운동은 성착취되는 피해자가 주도적으로 자기 운명을 결정했다는 시각에 불을 지폈다. 그 이후 일본 우익 단체가 '위안소' 생존자를 '매춘부'로 가정하며 비방 세례를 퍼붓는 동안 생존자 편에서 운동하던 진보 세력은 허겁지겁 '진짜' 피해자는 '매춘부'가 아니라고 강조하기 바빴다. 예를 들어 역사학자 다나카 유키가 보기에 '진짜' 피해자는 일본 여자가 아니라 "아시아 여자"였다. "장교 남자들만 사용할 수 있던 '위안소'는 대도시에 설치될 때가 많았다. 이런 '위안소'에 있던 여자들은 대부분 일본인이었다. 이 일본 여자들은 다른 아시아인 '위안부' 피해자보다 훨씬 더 나은 환경을 누렸던 듯 보인다."[15] 이런 식의 수사는 '위안부' 정의 운동에서 성착취 선경험 피해자를 계속 축출해 내고, '위안소'에 억류됐던 여자 중 상당 비중을 차지했던 일본인 여자 피해자를 지우는 역할을 해 왔다.

'위안부' 정의 운동의
근절주의 역사

현대 '위안부' 정의 운동과 근절주의 페미니즘 운동 사이에 깊은 역사적 연결성이 보이지 않는다는 사실이 의아하게 다가올지 모르겠다. 전후 아시아에서 반성착취와 생존자에 대한 연대를 바탕으로 하는 사회 운동이 활발했음을 기억해 볼 때, 군 성착취 범죄를 바로잡으려는 '위안부' 정의 운동이 근절주의 페미니즘과 연이 없다는 건 놀랍다. 예를 들어 캐서린 문은 전후 한국의 미군 기지 반대 운동이 처음에는 미군 남자들이 한국 여자를 성착취하는 현실에 대한 반대로 뭉치기 시작했다고 설명한다.

> 미군 장병들에게 성착취되는 한국 여자들이 겪는 폭력과 고통이 한국 미군 기지 반대 운동의 유일한 원인이라고는 할 수 없겠지만, 이들의 삶과 죽음은 대중의 눈길을 끌었고, 충격요법처럼 주한미군의 권력 남용과 특권(그게 실재하건 추측이건)에 대한 국민적 분노를 끌어냈다.[16]

캐서린 문이 설명하듯, '기지촌'에서 성착취되던 여자가 미군 병사 케네스 마클의 손에 살해당한 1992년 사건은 한국에서 사회적으로 미군 기지 반대 운동을 불러일으켰다. 게다가 한국은 그 이전에도 반성착취 사회 운동이 일어난 역사가 있다. 1973

년 페미니즘 활동가들과 기독교 단체들은 당시 '기생관광'으로 널리 알려졌던 일본인 남자들의 비즈니스 성착취 관광에 대항해 시위를 조직했다.[17] 마쓰이 야요리는 '기생관광' 반대 운동을 이렇게 설명한다.

> 한국 김포 공항에서 '기생관광'을 하려고 입국하는 일본인 남자들을 상대로 시위했으며…일본 텔레비전에서 서울에서 열린 '기생관광' 반대 시위 과정이 거의 생중계되다시피 했다.[18]

일본인 활동가들도 여기에 분노하며 싸우기 시작했다. 마쓰이는 이렇게 설명한다.

> 1973년 12월 도쿄에서는 '기생관광에 반대하는 여성 모임'이 결성됐다. 성탄절 당일 도쿄 하네다 공항에서 일본 여자들이 시위를 벌였다. 학생, 주부, 노동자를 포함한 전 연령대의 여자 50명이 강령이 새겨진 조끼를 입은 채 '기생관광'을 떠나는 일본인 남자 관광객에게 팸플릿을 건넨 것이다.[19]

이렇게 일본 남자의 성착취 관광에 반대하는 범국가적 운동은 한국만 놓고 보면 1970년대와 1980년대의 엄혹한 군사독재 한가운데서도 수년간 계속됐다. 정치적 환경이 완화되고 1988 서울 하계 올림픽이 열리기 직전 1988년 4월 제주도에

서 한국교회여성연합회(이하 한교여연)가 「여성과 관광 문화」라
는 국제 세미나를 개최하면서 운동은 정점을 찍었다. 한교여연은
수년간 '기생관광' 반대 운동에 몸담아 온 단체였다. 세미나에는
진보 여성단체 연합체인 한국여성단체연합의 활동가들 외에도
일본, 미국, 영국 등의 국가에서 온 약 120명의 여성들이 참석했
다. '기생관광' 반대 운동의 이런 약진은 당시 아시아 다른 지역,
특히 필리핀과 오키나와에서 펼쳐지던 반성착취 운동의 지지를
받았다. 오키나와에서는 미국의 군사주의와 사실상의 미군 점령
에 반대하는 움직임 속에서 근절주의 페미니즘 운동이 재부흥하
면서 1988년 7월 오키나와 나하시에서 '기지촌' 성착취를 주제
로 한 국제 콘퍼런스가 개최되기도 했다.[20]

　　제주에서 열린 「여성과 관광 문화」 세미나는 역사적으로
한국 '위안부' 정의 운동이 태동하는 데 큰 영향을 미쳤으며, 연
결고리가 약할지언정 '위안부' 정의 운동은 이런 근절주의적 기
원을 가진다고 할 수 있다. 윤방순에 의하면 이 세미나는 "'위안
부' 피해자들에게 제한적이지만 긍정적인 정치적 성과"를 안겨
주었다.[21] 이런 값진 결과를 끌어낸 주역은 사회학자 이현숙과
윤정옥 이화여대 교수였다. 이현숙은 세미나에서 "'기생' 관광
에 참여하는 일본인 관광객은 정신대를 위해 여자를 사냥하던
식민 시대 군국주의자들의 후손"이라고 선언했다.[22] 그리고 윤
정옥은 '위안부' 문제를 다룬 사상 최초의 보고서를 발표했으며,
이 보고서에서 '기생관광'을 "신정신대"의 한 형태라고 설명했

다.[23] 윤정옥은 1980년대 초부터 태국과 파푸아뉴기니, 일본으로 건너가 '위안소'에 억류됐던 한국인 피해자들을 인터뷰한 연구자이자 활동가다. 1988년 7월에는 한교여연 내에 정신대문제연구위원회가 설치됐으며, 이는 1990년 11월 18개 사회단체 및 여성단체가 모인 한국정신대문제대책협의회(이하 정대협) 구성으로 이어졌다. 이후 이들 단체는 한국을 바탕으로 일본, 미국, 동남아시아 국가들로 뻗어 나가는 세계적인 '위안부' 정의 운동을 주도했다. 제주 「여성과 관광 문화」 세미나의 직접적인 결과물은 또 있다. 바로 1992년 출범한 일본군 '위안부' 문제 해결 아시아 연대회의다.[24]

일본의 전쟁 책임 자료 센터와 전쟁과 여성에 대한 폭력 반대 네트워크(현재는 전쟁과 여성에 대한 폭력 리서치 액션 센터로 명칭 변경) 같은 일본의 연구 및 활동 단체는 그 직후 신속하고 성실하게 '위안소' 생존자를 위한 싸움에 뛰어들었지만, 일본에서의 '위안부' 정의 운동은 자국인 피해자가 아니라 외국인(주로 한국인) 피해자를 지원하는 데 초점을 맞췄다는 점에서 한국 운동과는 구분됐다. 1989년 나온 스즈키 히로코의 서술에는 이런 사실이 잘 드러나 있다.

일본군이 만주에서 대규모 작전을 시작했을 때 기뻐 날뛴 건 군수품 업자와 성착취 업자였다. 그러나 성착취 업자들이 일본군에게 내놓은 건 한국 여성 청소년과 여성 청년이었다. 일본 여자들은 나라의 꽃 취급을 받았고 가족 친지를 돌보며 남자에게 복무하라는 기대를 받았다. 그래서 일본 여자들을 징용해 갔다간 군 사기가 떨어질 거 같으니, 끌려간 일본 여자는 이미 성착취 산업에 있던 여자에 국한됐다.[25]

일본에서 '위안부' 정의 운동이 막 움트던 1990년대에도 일본인 생존자를 부정하고 적대하는 문화가 이미 자리 잡고 있었음을 확인할 수 있다. 이런 역사는 '기생관광' 반대 운동 시기까지 거슬러 올라간다.

어쩌면 일본의 상황이 한국과 달랐던 부분은 '기생관광' 반대 운동이 펼쳐지던 1970년대에도 일본 내에서는 '위안소' 제도와 그 피해자에 대한 정보가 상대적으로 풍부했고 공공연한 발언도 흔했다는 사실이다. 이 중 일부는 성착취 선경험 '위안부' 피해자에게 우호적이었다. 1973년 다카하시 기쿠에는 일본 반성착취 단체 매매춘 문제에 맞서는 모임売買春問題ととりくむ会의 회장으로서 일본군 성노예제의 역사를 '기생관광'과 비유하며 비판했고, 이 주제에 대해 한일 저자의 글을 엮어 책을 내기도 했다.[26] 일본인 피해자 시로타 스즈코의 자서전도 1971년 출간됐다. 그러나 1970년대와 1980년대 일본어로 나온 대부분의 언론 보도, 학술서, 소설, 자서전 등은 (성착취 선경험) 일본인 피해자에게는 연민을 보이지 않았다. 여기에는 1976년 출간된 김일면의 '위안부' 역사서와 다수의 참전 군인 자서전이 포함됐다. 이런 담론 환

경은 자국 생존자를 무시하는 분위기를 만들었고, 활동가들 사이에서도 납치나 '처녀성' 상실, 신체적 폭력, 생식 능력 상실처럼 성착취에 있어 부수적인 피해에 집중하는 경향이 생겼다. 따라서 일본의 '위안부' 정의 운동은 어쩌면 한국에서보다도 더 근절주의 페미니즘과의 연결고리가 약했고, 전시 '위안소' 체제를 비판할 때 여자를 성착취하는 구조였다는 것 외의 부가적인 요인을 규탄하는 쪽을 선호해 왔다.

기노시타 나오코는 '기생관광' 반대 운동이 이루어지던 1970년대 일본에서 전시 '위안소' 제도의 역사에 대해 "극도의 연민과 지지"를 보냈던 래디컬 페미니스트들마저 자국민 '위안소' 생존자를 돌아보는 데는 실패했다고 적는다. 기노시타에 따르면 이들은 "일본인 '위안소' 피해자를 인지하고 있다는 표시, 혹은 연민과 지지를 전혀 표시하지" 않았으며 "한국의 부인들과 딸들만을 피해자로 지목"했다. 전쟁 동안 일본인 '위안부' 피해자들은 한국인 피해자에게 우월감을 느꼈고 일본인 피해자들은 본인들이 어디로 가게 되는지를 알았다는 게(그래서 피해자 자격이 없다는 게) 페미니스트들의 인식이었던 것으로 보인다.[27] 여기 담긴 여성혐오는 차치하고서 기노시타는 이런 반응이 1970년대 초 '위안부' 문제에 대한 언론 보도에 강한 영향을 받았을 것이라고 인정한다. 당시 보도는 "일본 여자들은 성폭력 피해자가 아니라 '위안소'를 통해 자기 몸을 판 행위 주체"라는 기조였기 때문이다.[28] 1970년대 초 대중 매체는 일본인 "매춘부"와 한국인

"처녀"를 극명하게 대비시켰고, 일본 여자들은 "성병이 득실득실했다"라고 묘사했다.[29] 1970년대 후반이 되자 일본인 생존자의 경험을 포르노적으로 묘사한 일화들이 튀어나왔다.[30] 기노시타는 그런 시점에 일본인 생존자 본인이 앞으로 나서기는 어려웠을 것이라고 지적한다. 추잡한 일화가 주위를 뒤덮고 있는 데다가, 한국인 피해자가 받은 악랄한 대우에 비교할 때 일본인 피해자의 경험은 상대적으로 트라우마가 덜했다는 잘못된 인식 때문에 공개적으로 생존자로서 발언하면 이들에게 모욕이 될까 봐 우려했으리라는 것이다.[31]

1970년대 '기생관광' 반대 운동은 한국에서는 결국 1988년 제주 세미나 이후 '위안부' 정의 운동의 발전에 이바지했지만, 1990년대 일본의 '위안부' 정의 운동은 앞서 수십 년에 걸친 대중 매체 보도로 인해 일본인 생존자에게 적대적이었던 환경에서 싹이 튼 셈이다. 오늘날 니시노 루미코, 후지노 유타카, 이케다 에리코, 오노자와 아카네 같은 권위 있는 역사학자들은 어떻게 일본의 '위안부' 정의 운동에서 성착취 선경험 '위안부' 피해자, 그중에서도 일본인 피해자들이 배제되다시피 하는 현 상황에 이르게 되었을까 하는 질문을 던진다.[32] 예를 들어 니시노의 글을 보자.

오랫동안 일본인 '위안부' 피해자들은 이 문제에 대한 대중적 관심의 끄트머리에 있었다. 이는 우리가 '위안부' 제도 안에서 일본인 여자가 받은 피해를 부정해 왔다는 것으로 읽히며, 어쩌다 그렇게 되었는지 탐구해 볼 필요가 있다.[33]

오노자와 아카네는 한 발 더 나가 왜 상황이 최근 더 나빠졌을까를 묻는다.

일본 여자들은 자기 발로 '위안부'가 되기로 선택한 '매춘부'였으니 별문제가 아니라는 주장은 현재 그 어느 때보다도 우렁차고 뻔뻔하게 울려 퍼지고 있다. 왜 이런 일이 일어나는지, 일본에서 이렇게 인권에 대한 이해가 낮은 근본 원인은 무엇인지 묻지 않을 수 없다.[34]

일본의 '위안부' 정의 운동이 근절주의 페미니즘과 큰 연관 없이 자리 잡았던 게 이 질문에 답이 될지도 모른다. 역사적으로 일본의 '위안부' 정의 운동은 형성 과정에서 반성착취적 시각이 빠져 있다시피 했다. 그 결과 21세기에 들어와 우익 세력이 '위안부' 생존자가 그저 '매춘부'에 불과하기에 별문제가 없다는 주장에 불을 지피자 좌파 활동가들은 아무런 대비가 되어 있지 않았다. 안타깝게도 일본 좌파의 대응은 드워킨의 희생양 이론을 보여주는 전형적인 사례라 해도 과언이 아니었다. 히라이 가즈코는 이렇게 지적한다. "우리가 '위안부'에 대해 고정적인 상을 갖게 된 이유는 다른 무엇도 아닌 바로 우리가 충분히 시간을 들여 일본인 '위안부' 피해 생존자의 경험에 귀를 기울이지 않았기 때문이다."[35] 진보 역사학자와 활동가가 어떻게 피해자의 성착취 선경험 유무를 갖고 잘못된 선을 그어왔는지 아래에서 더 자세한 예시를 살펴볼 예정이다. 이들의 이야기가 '위안부' 제도에 관한 전형적인 우익 쪽 표현과 얼마나 유사한지 직접 확인할 수 있을 것이다.

성착취 선경험 피해자와 우익 발언

'위안부' 제도를 보는 일본 우익의 입장 중 글을 쓰는 지금 시점에 가장 잘 알려진 건 오사카 시장 겸 유신당 공동대표 하시모토 도루의 발언이다. 2013년 하시모토는 "포화 한가운데서 목숨 걸고 싸우며 신경이 곤두선 장병들에게 어떤 식으로든 휴식을 줘야 하니 '위안부' 제도는 당연히 필요했다"라고 주장했다.[36] 이 발언으로 볼 때 하시모토는 환경적 스트레스를 받는 남자들에게는 여자에게 성적으로 접근할 수 있는 권리를 조직적으로 제공해 "휴식"을 보장해야 하며, 성적 접근권 제공으로 제도적 이득을 얻을 수 있다는 견해를 신봉하는 듯하다. 하시모토는 "세계 각국이 장병의 성적 에너지를 해소할 수 있는 메커니즘을 개발해야만 했다"라는 주장을 펴기도 했다.[37] 같은 맥락에서 오키나와에 주둔 중인 미군에게 현지 성착취 산업을 이용할 것을 권하기까지 한다. 그러면 "현지 여자들이 겪는 성범죄 건수를 줄일 수 있다"라는 것이다.[38] 하시모토는 미 해병대가 주둔 중인 오키나와 후텐마 항공 기지를 방문한 후 미군 사령부가 장병들의 "성적 에너지"를 부적절하게 관리하고 있다며 이런 발언을 했다. 한 미군 지휘관과 얼굴을 맞댄 자리에서 하시모토는 미국 측에 성착취에 대한 "건전론"을 버리고 장병들의 성착취 산업 이용을 풀어줘야 한다고 촉구했다. "모든 사람이 건전론 뒤에 숨는다면 어떤 문제도 해결되지 않을 것"이라는 주장이었다.[39] 미군은 2005년 11월 성착취 산업이 합법화된 주둔지/방문지를 포함하여 세계 어떤 지역에서도 장병들이 상업적 성착취를 하지 못하도록 금하는 정책을 도입했는데, 여기서 하시모토가 말하는 "건전론"은 이 정책일 가능성이 크다. 하시모토는 오키나와 방문 직후 이런 미군 정책이 "자유 의지로 성착취 산업에 들어온 여자들을 차별한다"라는 의견을 본인의 트위터 계정에 게시한 바 있다.[40] 따라서 하시모토는 성착취 산업이 완전히 긍정적이라는 시각을 받든다. 상업적 성착취, 특히 '기지촌' 성착취가 가해자뿐 아니라 피해자에게도 이득을 가져다준다는 것이다. 하시모토의 발언을 파내려가 보면 여자에게 성적으로 접근할 권리가 남자의 인권이라는 사고가 나온다. 하시모토는 전쟁처럼 남성 집단이 여성 인구와 사실상 격리되어 살아가는 상황에서조차 성적 접근권의 보장을 요구하고 있다. 남자의 "성적 에너지"를 운운하는 수사법으로 감추어도 핵심은 분명하다. 바로 군대 같은 제도는 전시 '위안소' 설치처럼 직접적으로건, 아니면 주둔지/점령지 민간 성착취 허용처럼 간접적으로건 여자에 대한 성적 접근권을 남자에게 보장할 의무가 있다는 것이다.

하시모토의 발언은 여자가 선천적으로 '성적 서비스'에 적성이 맞고 이를 선호한다는 고정관념에 기댄다는 점에서 다른 우익 인사들의 '위안부' 제도 옹호 의견과 대체로 궤를 같이한다.[41] 좀 다른 데가 있다면 '위안부' 제도를 오늘날의 민간 성착취 산업(미군을 대상으로 하는 성착취 산업이긴 하나)과 연결한다는 정도다. 어쩌면 이런 미묘한 차이는 하시모토의 변호사 시절 경험에서 나오는지도 모른다. 하시모토는 한때 오사카 포주 단체 토비타 신치 요리 조합을 변호했으며, 이런 배경 때문에 군 성착취를 민간 성착취 산업의 연장선으로 보는 시각에 좀 더 민감해졌을 수도 있다.[42] 다른 우익 발언은 대부분 역사적 '위안부' 제도와 현시대 민간 성착취 산업을 이 정도로 직접 연결 짓지는 않지만, 이를 제외하면 하시모토의 시각은 '위안부' 제도의 책임을 민간 성착취 업주들의 사업 운영과 이들에게 성착취되는 여자들의 이윤 추구 탓으로 모는 우익 인사들과 판에서 찍어낸 듯 같다. 우파로 기우는 공인들과 학자들은 성착취를 남자가 당연히 누려야 할 권리로 바라본다. 니시노 루미코는 일본군 성노예제에 대한 이런 입장을 "가해자"의 시각이라고 규정한다.

성착취 선경험이 있냐 없냐, '위안소'에 들어올 때 돈을 고려했냐 아니냐를 두고 개인의 피해자성을 판단하다니 가해자의 시각으로 보겠다는 것이다. '위안소' 제도에 책임을 져야 할 자들이 흡족해 할 만한 기준을 세우겠다는 것이나 다름없다.[43]

일본군의 '위안소' 제도 운용을 옹호하는 우익들은 현재 일본 사회와 일본의 '위안부' 정의 운동가들에게 상당한 영향을 미치고 있다. 특히 최근 들어 '위안부' 정의 운동 쪽에 선 사람들은 우익의 활동에 반응해야 한다는 압박을 지속해서 받는다. 테사 모리스 스즈키가 설명하는 2012년 사건이 한 가지 예다.

'위안부' 문제에 관한 하시모토 시장의 트위터 발언에 반발하여 오사카 시민들은 86세 한국인 '위안부' 피해자 김복동을 초청했다. 김복동 운동가는 대중 앞에서 본인의 경험을 나눴다. 이 행사는 (자리에 참석한 내 친구의 말에 따르면) "고약한" 인상의 남자 여럿이 나타나…건물 정문 근처에 서서 들어가는 사람들에게 위협적인 눈빛을 보낸 것 외에는 큰 소란 없이 진행되었다. 경찰관도 몇 명 와서 행사 장소 바깥을 지켰다.

그로부터 4개월 이상이 지난 후에야 (그리고 일본 총선으로부터

약 2개월이 지난 후에야) 한 재특회* 회원은 '위안부' 활동가들에게 "폭행" 당했다고 주장하며 경찰에 신고했다. 이 회원은 2012년 9월에 있었던 행사에서 입장이 거부당한 자였다. 이렇게 신고가 늦었음에도 경찰은 민첩하게 반응했다. 혐의를 입증할 만한 증거를 찾아 '위안부' 활동가들의 자택과 사무실을 뒤졌고, 지지 단체가 비공식 모임을 열었던 찻집을 수색하기까지 했다.[44]

일본의 '위안부' 활동가들은 우익의 트집에 이런 식으로 시간과 에너지를 뺏기고 있을뿐더러 일본의 현 보수 내각의 교묘한 술수에도 발목이 잡히고 있다. 2014년 아베 신조 내각의 주도로 고노 담화 검증팀에 의해 발표된 보고서가 한 가지 예다. 검증팀은 "미야자와 기이치 내각에서 고노 담화가 발표된 과정을…검토"하기 위해 설치됐다.[45] 검증팀은 전시 군 성착취라는 역사에 대해 사과하고 책임을 일부 인정했던 1993년 고노 담화가 나오기까지의 한일 외교 교섭 과정을 검토한 보고서를 내놓았다. 검증팀에는 위에서 언급한 우익 학자 하타 이쿠히코가 포함되어 있었고, 보고서에는 '위안부' 문제에 제대로 대응하지 않고 있는 일본을 비판하기 위해 국제적 활동에 박차를 가하던 한국 정부를 비판하려는 수사적 의도가 담겨 있었다. 보고서는 도입부에서 "당시 일본 정부의 좋은 의도가 인정받고 있지 못하다"라고

* 재일 특권을 허용하지 않는 시민 모임의 줄임말로, 재일 한국인 혐오 성향의 일본 단체다.

주장하면서, 고노 담화 이전의 자세한 한일 외교 교섭 과정을 실었다.[46] 이 내용은 고노 담화 발표 당시 한일 양쪽 정부가 공개하지 않기로 합의한 내용이었다.

우익 활동을 두 가지만 예로 들었지만, 이는 최근 일어난 수많은 사건 중 빙산의 일각에 불과하다. 이 두 사례처럼 지난 25년간 '위안소' 생존자를 위해 싸워 얻어낸, 작지만 소중한 성과에 조직적 '백래시(반발)'가 일고 있다. 살아갈 날이 얼마 남지 않은 생존자들을 존중하지 않는다는 점에서 추접스럽기 그지없는 짓이며, 피해자들에게, 그리고 피해자를 지지하는 전 세계 사람들에게 이런 만행이 얼마나 유해한지는 아무리 강조해도 지나치지 않다. 그러나 다음 꼭지에서 다루듯 나는 반생존자 프로파간다와 반생존자 활동이 곰팡이처럼 번져나가는 정치적 환경이 조성된 건 진보 인사들이 성착취 선경험 피해자를 부인해 온 결과라고 본다. 니시노는 현재의 문제 상황을 이렇게 관찰한다.

> ['위안소' 제도를 옹호하는 우익들은] '위안소'에 억류됐던 여자들이 금전적 이득을 얻은 '매춘부'였다는 주장으로 책임을 회피하는 전술을 써왔다. 우리['위안소' 제도를 비판하는 진보 쪽]의 반응은 여자들이 강제로 끌려왔고 금전적으로 연루되지 않았다는 입장에 얽매여 있었다. 그러나 이런 입장에는 한계가 존재한다. '위안소'에 억류된 여자들에게 돈이 지급되었다고 해서 이걸 상업 활동으로 볼 수 있을지, 성착취 선경험

이 있는 여자가 '위안소'에 억류되었다고 하면 그건 문제가 없는 것인지 묻지 않을 수가 없기 때문이다.[47]

다음 꼭지에서는 니시노가 비판한 대로 좌파가 어떤 입장에 "얽매여" 있는지 예시를 들면서, 좌파의 전략이 어떤 측면에서 우익의 희생양 삼기 전략과 같은지를 지적할 것이다.

좌파의 성착취 선경험 피해자 희생양 삼기

현시점에서 '위안부' 정의 운동 지지층은 대부분 근절주의적 입장에서 '위안부' 피해자를 옹호하지는 못하고 있다. 그러면 반대편 진영의 수사와 비슷한 색을 띠게 되는데도 말이다. 일본의 진보 세력은 언뜻 '위안부' 제도가 민간 성착취와 달라 보이는 부분을 강조함으로써 '위안부' 제도가 성노예제라고 주장한다. 모리타가 지적하듯 이들의 일본군 성노예제 비판은 민간 성착취에서 세운 기준을 지키지 않는다는 면에만 머문다. "성적 자유주의자들의 입장은 '위안부' 제도의 근간을 뒤흔들 여지를 남기지 않는다. 제도의 운용 방식에만 시비를 걸 수 있을 뿐"이라는 것이다.[48] 이런 경향을 가장 분명히, 가장 빈번하게 드러내 온

게 소정희의 글이다. 자격 있는 피해자와 자격 없는 피해자를 가르는 진보 쪽 주장을 대표할 만한 그의 글을 인용하도록 하겠다. 이런 주장은 일본뿐 아니라 다른 곳에서도 보편적으로 찾아볼 수 있다. 소정희의 의견이 특히 주목할 만한 이유는 소정희가 이 주제에 대해 상당히 많은 글을 썼으며, 이 분야에 크게 이바지한 학자 대우를 받기 때문이다. 소정희는 본인을 한국 출신 "이민자이자 미국 교육 기관에 소속된 문화 인류학자"로 소개한다.[49] 그는 '위안부' 문제를 두고 350페이지에 달하는 책을 출간했을 뿐 아니라 십여 개의 학술 논문을 쓰고 여러 책에 필진으로 참여하기도 했다. '위안부' 문제 권위자로 알려진 그의 글은 영어권은 물론 한일 학계에 큰 영향을 미치며, 널리 자주 인용된다. 그러나 내가 볼 때 지금부터 설명할 그의 시각에서는 드워킨이 말한 희생양 삼기의 특징이 뚜렷하게 드러난다.

1990년대 이후 소정희는 여러 연구에서 반복적으로 성착취 선경험이 있는 여자, 특히 일본인 피해자가 덜한 피해자라는 의견을 표출해 왔다. 그는 어떤 "종류"의 '위안소'에 억류되었는가에 따라 여자가 경험한 피해의 등급이 다르다는 믿음을 반영해 "외주 '위안소'concessionary types of ianjo"라는 용어를 만들기도 했다. 더 나아가 "'위안부' 피해자가 감내해야 했던 성폭력과 학대의 정도는 개개인의 출신 민족은 물론 지리적, 시기적 요인에 따라 격차를 보였다"라고 주장하기도 했다. 소정희는 성착취 선경험 없이 끌려온 '위안부' 피해자들은 "자율성"이 없었던 반면 성착취를 경험하다 끌려온 피해자들은 "어느 정도의 선택권"을 누렸다고 본다. 그리고 바로 이 점이 "성노예였던 '위안부'와 '성노동자'를 가르는 근본적인 차이"라고 분석한다.[50] 그는 이런 이유로 "일본군 '위안부'의 삶은…'성매매'가 아닌 성노예제라고 봐야 한다"[51]라고 주장한다. 여기서 "성노동자"는 대체로 일본 국적의 여자를 가리키는 듯하다. 그는 "일본 여자들은 다른 여자들보다 돈도 더 많이 벌 수 있었고 생활 조건도 더 나았다"라고 표현한다. 더 나아가 장부에 적힌 금액도 피해자를 두 부류로 나누는 근거로 삼았다. "'위안부' 피해자는 자기 몸을 이용하는 병사들에게 아무런 돈도 받지 못했기 때문에 '사업'으로 하는 '매춘부'의 경험과는 다르다"라는 주장을 하는 것이다. 결론적으로 소정희는 "'위안부' 피해자의 경험은 서로 상당한 차이를 보이며, 피해와 착취로만 납작하게 귀결될 수 없다"라고 정리한다.[52]

"여자의 '위안소' 경험이 좋았냐 나빴냐는 여자 개인의 과거 경험과 개인적 민감성에 달려 있었을 것이다"라는 서술에서 보듯, 그는 성착취 선경험이 피해와 착취를 줄일 수도 있다는 시각을 보인다.[53] 여기서 "과거 경험"은 성착취 선경험, 즉 피해자가 성착취 업소에서 '위안소'로 인신매매되었는가를 의미한다고 이해할 수 있다. 소정희는 업소에서의 성착취 경험이 대체 어떻게 '위안소'에서의 성착취 경험을 견딜 만하게 만드는지는 전혀 설명하지 않는다. 그러나 최신 사회 과학 연구를 보면 성착취를 경험하는 여자는 시간이 갈수록 사회적·정신적·신체적 피해가 계속 누적되어 점점 힘들어질 뿐임을 알 수 있다.[54] 소정희가 거의 모든 저술에서 주장하는 바는 일본군 '위안소' 제도는 상대적인 기준에서만 비판할 수 있으며, '위안소' 제도의 인권 침해 여부는 피해자의 성착취 선경험 혹은 "개인적 민감성"을 고려하고 난 이후에야 결정할 수 있다는 것이다.

소정희는 '위안소'에 억류되었던 여자들을 두 부류로 가를 뿐더러, 이들을 성착취한 군인들도 구분하려 든다. 소정희는 2008년 '위안부' 피해자 관련 책을 펴낸 "목적"을 이렇게 설명한다.

> 널리 퍼져 있는 단순화된 이미지와 특수한 개인의 사례를 대비시킴으로써 복잡한 그림을 보여주고 싶었다. 그래서 한국인 '위안부'와 일본인 병사가 서로 인류애를 나누었다는 사실을 엿보게 해 주고, 폭력적·군사적·과잉 남성적 성애라는 찍어낸 듯 뻔한 이야기를 더 풍부하게 만들고 싶었다.[55]

소정희가 뒤집으려는 "뻔한 이야기"는 일본군 장병들이 '위안소'를 통해 여자를 성착취한 범죄자였다는 사실이다. 다시 말해 장병 개인에게 꼭 전시 성노예제를 지지하고 유지한 책임을 물을 수는 없다는 의견인 것이다. 흔히들 일본인 병사들에게 전우의 괴롭힘 때문에 어쩔 수 없이 여자를 성착취했다는 역사적 면죄부를 주곤 하는데, 소정희는 거기서 나아가 '위안소' 성착취 행위에 인도주의적인 이유를 추가한다.

> 젊은 병사 중 일부는 공식적으로 허가된 '위안소' 방문과 그
> 곳에서의 공개적 성행위에 좀 더 긍정적인 시야를 품게 된 듯
> 보인다. 이들은 '위안부'를 같은 인간으로 의식한 채 성관계
> 에 임함으로써 개인적 존엄을 지켰던 듯하다…[56]

소정희는 '위안소'에 억류된 여자가 아니라 이들을 성착취
한 남자의 "개인적 존엄"을 걱정하면서도, 어떻게 이들이 여자
를 "같은 인간으로 의식한 채" 성착취할 수 있었는지를 설명하
지는 않는다. 그는 이런 서사를 구축하면서 상업적 성착취가 여
자가 존재만으로 가치 있는 개인으로 대우받지 못하도록 한다고
는 보지 않는 듯하다. 그는 성착취 피해를 상대적으로만 가늠하
며, 남자가 어떤 "시야"를 갖고 착취에 임하냐에 따라 피해 정도
가 달라질 수 있다고 여긴다. 이런 식의 분석을 비판한 모리타의
글을 보도록 하자.

> 일본군이 같은 시기 세계 어느 군대와 비교해 얼마나 억압적
> 이었는가와는 관계없이, 폭력적 군 체계 내에서 병사들이 얼
> 마나 인간 취급을 못 받았는지와도 관계없이, 전쟁터와 '위안
> 소'에서 여자들에게 가해진 극도의 성폭력은, 그리고 당시 이
> 런 범죄가 너무도 너그럽게 받아들여졌다는 사실은 이런 성

폭력 체계를 낳은 주위 환경을 증언할 뿐이다.[57]

병사들이 '위안소'에 억류된 여자들을 여자친구처럼 대했다는 소정희의 주장은 군 성노예제에 대한 우파 세력의 발언과 겹쳐 보인다. 소정희의 다른 여러 주장도 마찬가지다. 특히 소정희는 "병사 개인은 집에서 멀리 떨어진 곳에서 작전에 참여하는 동안 여자가 관습적으로 제공하는 돌봄 노동―성적인 형태나 그렇지 않은 형태나―을 박탈당했을 것이고, 이들이 돌봄 노동에 대한 필요와 갈구를 '위안부'에 기대 채웠을 것이라고 상상할 수 있다"라고 말한다.[58] 이런 서술에 담긴 정서는 전쟁터에서 장병이 휴식을 취하려면 '위안소' 제도가 필요하다고 한 하시모토 도루 같은 우파 인사의 발언과 다를 바가 없다. 소정희는 얼핏 적처럼 보이는 우파 인사들과 근본적으로는 유사하게 성 정치학에 접근하고 있다. 그가 쓴 "박탈"이라는 표현에는 남자는 여자에게 성적으로 접근할 권리가 있고, 그 권리를 억울하게 빼앗길 수도 있다는 믿음이 담겨 있다. 아마 하시모토 같은 남자들이 왜 장병들이 여자를 성착취하면 안 되는지 도저히 이해하지 못하는 이유도 비슷할 것이다. 소정희는 남자의 건강과 활력을 위해서 여자에 대한 성적 접근권이 꼭 필요하다는 생각에는 어떤 비판적 시각도 내보이지 않는다. 이런 생각이 남자의 성애에는 근본적으로 여자라는 배출구가 필요하다고 전제하는 데도 말이다. 여성주의적 접근법을 취하는 진보 사학자라면 인간의 성애는 상대적이고 사회적 맥락 안에서 구성된다는 대안적 시각을 내세우리라는 우리의 기대를 소정희는 그렇게 저버린다.

지금까지 '위안소' 제도에 대한 소정희의 의견은 어떠한 비판도 받지 않았던 것으로 보인다. 그의 입장이 한국은 물론이고 일본에서도 학자와 활동가들이 상당한 비판을 가했던 박유하의 책 『제국의 '위안부'』에 담긴 주장과 유사하다는 점을 생각하면 이상한 일이다. 2013년 한국어로 출간되고 2014년 일본어로 번역된 『제국의 '위안부'』는 소정희의 주장과 거의 골자가 같다. 즉, 여러 다른 "종류"의 '위안소'가 존재했으며, 피해자의 경험이 동일하지 않았다고, 그러니 전시 성노예제 전체를 싸잡아 규탄해서는 안 된다고 말한다. 어떻게 그런 결론으로 이어지는지는 이해가 가지 않지만, 박유하는 이어서 여자가 '위안소'에 억류되었다고 해서 꼭 성노예가 되었다고는 할 수 없으며 한국 여자 개개인이 "일본제국의 일원"이라는 정체성을 유지했다면서 피해자 위치에 의문을 품는다. 박유하가 보기에는 피해자가 전쟁 중 본인이 피해를 보고 있다는 사실을 인지하지 못하는 때도 있었다는 게 의구심을 갖기 충분한 이유다. 다시 말해 '위안소'에 억류되어 있던 한국 여자 개인이 피해자로서의 자각이 없었다면, 이들을 피해자로 분류해서는 안 된다는 것이다.[59] 일본인 남자가 전시에 여자를 성노예화했던 행동을 무조건 덮어놓고 규탄하지 말자고 한다는 점에서 박유하의 이런 주장이나 소정희의 주장이나 결국은 대동소이하다.

박유하와 소정희의 분석은 성착취를 옹호하는 우파 인사들의 입장과 찍어낸 듯 같을 때가 많지만, 그래도 표현하는 방식은 좀 다르다. 소정희는 특히 완전히 다른 정치적 이데올로기에서 나온 언어와 사상을 활용한다고 할 수 있다. 그는 1980년대 후반 미국에서 개발되어, 1990년대 세계 다른 곳으로 퍼져 나간 소위 '성노동론' 진영의 생각에 영향을 받은 듯 보인다. 소정희는 모든 저술에서 상업적 성착취를 "공공 성노동public-sex work"이라는 용어로 일컫는다. 이는 '위안소'에 억류됐던 여자들이 "트랜스 내셔널 성노동의 역사적 요소"를 갖추고 있다는 카멀라 켐파두의 발언을 연상시킨다.[60] 요크 대학 교수인 켐파두는 영어권에서 '성노동론'의 선구자로 가장 잘 알려진 학자다. '성노동론'이라는 자유주의적 접근법은 상업적 성착취를 '선택'하는 여자가 달리 어쩔 수 없었다는 건 인정하면서도, 동시에 이들이 개인의 '주체성'을 발휘한 것이라며 성착취를 노동법으로 보호받아야 할 일종의 '노동'으로 대한다. 보통 '성노동론'은 과연 남자가 상업적 성착취 제도를 통해 여자에게 성적으로 접근할 권리를 보장받아야만 하느냐는 문제에서는 침묵한다. 그런 면에서 '성노동론'은 성착취를 여자에 대한 남자의 폭력으로 보는 근절주의 페미니즘과 대척점에 선다.

다음 꼭지에서는 미국에서 시작된 '성노동권' 이데올로기가 1990년대 일본 학계에서 어떤 식으로 유통되고 있었는지를 짧게 논의해 보려 한다. '위안부' 정의 운동이 일본에서 형태를 갖춰나

가던 시기에 좌파의 사상적 분위기가 어땠는지를 전달하기 위해 서다. 1970년대부터 성착취 선경험 '위안부' 피해자는, 그중에서 도 특히 일본인 국적의 피해자는 진정한 피해자가 아니라는 편견 이 뿌리내리고 있었지만, 일본의 '위안부' 정의 운동은 이런 편견 에 제대로 맞서지 못했다. 나는 당시 학계에서 돌고 있던 성착취 가 '선택'이자 '노동'이라는 생각이 이를 초래했다고 본다.

1990년대 일본의 '성노동론'

전후부터 현재에 이르기까지 일본 사회가 상업적 성착취 와 성 산업에 엄청난 관용을 베풀어왔다는 사실은 잘 알려져 있 다.[61] 특히 일본의 경제 부흥기였던 1980년대는 성착취 산업을 통한 사업 방식과 문화가 일본에 발판을 마련한 시대였다.[62] 따 라서 1990년대에 와서 이미 성착취의 정상화가 완료된 일본은 미국식 '성노동론'이 스며들기 좋은 토양이었다. 일본 '성노동권' 운동의 출발점은 1993년 『성노동: 성산업에 속한 여자들의 수 기Sex work: writings by women in the sex industry』가 일본어로 번역 출간된 시 점이라고 할 수 있다. 이 책은 "성노동자"가 직접 상업적 성착취 를 옹호한 "진정성 있는" 의견인 양 행세하며 도덕적 우위를 점

했지만, 이후 실제로는 성착취 경험이 없는 저자가 대부분이었다는 사실이 밝혀졌다.[63] 출간 1년 후인 1994년 일본에서 가장 잘 알려진 리버럴 페미니스트 우에노 지즈코는 '성노동론' 입장에서 『성애론: 대화편性愛論: 対話篇』이라는 제목의 책을 냈으며, 그이후에는 1997년 『팔 수 있는 몸, 살 수 있는 몸売る身体·買う身体』이라는 논문 선집을 비롯해 비슷한 종류의 문헌이 일본어로 쏟아져 나왔다.

쓰쿠바 대학 교수 지모토 히데키는 『팔 수 있는 몸, 살 수 있는 몸』의 한 장을 맡아 성착취를 '노동'으로 인정해야 한다는 주장을 편다. 지모토의 글은 '성노동론' 입장의 글 중에서도 투박하고 조악한 편이지만, '위안부' 정의 운동이 일본에서 형태를 갖추기 시작한 1990년대에 일본 학계에서 돌던 시각이 분명히 드러나 있다는 점에서 들여다볼 가치가 있다. '위안부' 정의 운동은 성착취 선경험 '위안부' 피해자의 역사적 경험을 바라볼 때 '성노동론'이라는 자유주의적인 시각에 영향을 받지 않을 수 없었을 것이다.

지모토는 상업적 성착취를 "의사, 간호사, 의료인, 가사 도우미, 교사…대기업 경리 여직원, 스튜어디스, 백화점 '엘리베이터 걸', '카페 여급', 여자 바텐더…"와 비슷한 맥락의 서비스직으로 봐야한다는 전형적인 주장으로 포문을 연다. 이런 직종은 "상품 생산과는 관련 없지만, 개인이 실적을 낸다"라는 이유다. "이런 모든 직업에서 남자는 여자의 개인적 정체성이 드러나는 형태로 여자와 소통하고 같은 공간에 있기를 요구한다"라는 것도 공통점으로 꼽는다. 따라서 성착취는 남자에게 서비스하는 게 주 목적인 여러 형태의 여성 노동과 같다는 논리다. 지모토는 "직장 에서 차를 타 동료들에게 기쁨을 주면서 봉급을 받는 경리 여직 원이 고객을 '테크닉'으로 만족시켜 돈을 버는 '성 산업 노동자' 와 아무런 차이가 없다"라고 한다. 남성 가해자의 시각으로 보지 않으면 이런 식으로 성착취를 다른 직업과 동일시할 수는 없다. 여자의 시각에서는 남자에게 성착취당하는 것과 남자에게 차를 타주는 것 사이에는 이루 말할 수 없는 차이가 있다. 일본을 포함 한 전 세계 선진국에서 페미니스트들이 직장 내 성폭력 금지법 을 도입하려고 끝없이 투쟁해 온 역사가 그 증거다.

지모토는 성착취 산업에서 여자가 '자유로운 선택'을 하지 못하도록 막는 빈곤 같은 구조적 장애물이 존재한다고 인정하면 서도, 남자조차 노동 환경에서 완전한 선택의 자유를 누리지 못 한다고 주장한다. 모든 형태의 고용에 구조적 요인이 작용하니 성착취에 동반되는 사회적 강압을 무시하고 성착취에 노동의 지 위를 부여해야 한다는 게 글의 골자다. 지모토는 다음과 같이 유 독 초점이 나간 비유를 든다.

도쿄대 법대를 졸업하고 재무성이나 대기업에 취직한 사람의 예를 들어봐도⋯지난 생애에서 약간의 틀어짐만 있었어도, 가 족에게 무슨 일만 생겼어도 이런 결과에 차이가 있었을 것이며 미래의 기회가 크게 제한됐을 것이다. 이렇게 최상위 직위로 가도 제약을 겪을 수밖에 없다는 점을 생각해 보면 '선택' 혹은 '강압'을 기준으로 '성매매'를 판단할 수는 없다.[64]

그러나 남자가 삶이나 직업에서 처한 상황 때문에 아무리 자유로운 선택이 제한되더라도, 성착취 피해에 취약해질 가능성은 거의 없다는 사실이 눈에 들어올지 모르겠다. 반면 여자는, 특히 노동 계층이나 차별받는 인종인 여자는[65] 성착취의 위협에 지속해서 노출된다. 여자가 구할 수 있는 일자리는 보통 임금도 지위도 낮은데, 삐끗해서 그런 일자리를 유지하지 못하게 되면 성착취로 굴러떨어지게 된다. 지모토가 엘리트 남자 노동자라는 어울리지 않는 예를 든 데서 어쩔 수 없이 드러나는 사실이 있다. 바로 남자가 일자리를 유지하는 데 실패하면 임금이나 지위가 낮아지지만, 이미 고용의 피라미드 맨 밑에 있는 여자에게는 똑같은 실패가 일생에 걸쳐 신체적, 심리적 손해를 입히는 상업적 성착취라는 완전히 다른 여파를 미친다는 점이다.

상업적 성착취를 성노예제가 아니라 노동으로 바라보는 '성노동론' 측의 주장은 1990년대 서구 전역에서 주류 담론이었으며, 독일과 일본, 호주 같은 나라에서는 오늘날까지도 그렇다. 이런 주장은 당시 여러 국가의 정책 수립에 막대한 영향을 미쳤으며, 같은 시기 세계 여러 곳에서 성착취를 노동의 한 형태로 규정하는 법안이 등장하기도 했다. 다수의 유엔 산하 기구는 물론 국제노동기구와 같은 국제단체들은 성착취가 노동이라는 시각을 받아들인 정책 제안을 내놓았다. 1995년 베이징 선언을 비롯한 여성주의적 국제 조약마저 성착취는 "강요"된 형태의 성착취만 규탄했다. 1990년대에는 다수 서구 국가에서 산업 박람회, 증권 시장 상장, 사업 제휴 같은 경로로 성 산업이 주류 경제에 편입됐다. 이런 분위기 속에서 싹튼 일본의 '위안부' 정의 운동이 기존의 보수적인 시각에는 딴지를 걸지 못했다는 사실은 어쩌면 놀랄 일은 아닐지도 모르겠다. 성착취 선경험 '위안부' 피해자는 군 성착취를 소득을 발생시키는 '노동'으로 택해 자기 발로 '위안소'로 걸어 들어갔다는 시각은 1970년대부터 이미 대중화되어 있었다. 1990년대 일본 학계에서 퍼져나가기 시작한 '성노동론'은 이를 강화했을 뿐이다.

일본인 '위안부' 피해자를 둘러싼 편견

이번 장을 열며 언급했듯, 니시노는 성착취 산업에서 '위안소'로 유입된 일본 여자들이 다른 '위안소' 피해자들과 다르다는 편견을 네 가지로 분류했다. 이 편견은 일본 여자를 일본군 성노예제의 피해자가 아닌 자발적 참여자로 봐야한다는 주장의 근거이기도 하다. 니시노는 이런 편견이 1990년대 '성노동권' 운동에 이념적 영향을 받았다는 말은 하지 않았지만, 내가 보기에 진보 인사들이 성착취 선경험 피해자를 논할 때는 '성노동론'의 언어와 생각을 취하는 경향이 있다. 지금부터는 일본인 '위안소' 피해자가 피해가 덜했다는 오해를 살펴볼 것인데, 그 기저에는 성착취가 일종의 '노동'이 될 수 있고 꼭 여자에게 해를 끼치지만은 않는다는 인식이 깔려 있음을 짚고 넘어가고 싶다. 이런 인식은 '성노동권' 입장의 이념적 뿌리이기도 하며, 진보 세력이 1990년대 이후 일본에서 '진짜' 성노예 생존자를 위한다며 성착취 선경험 '위안부' 피해자를 희생양으로 삼아 운동을 전개해 온 바탕이기도 하다.

'위안소' 제도를 비판하는 역사학 문헌에서조차 흔히 보이는 주장이 일본 여자들은 군 장교용 '위안소'에 억류되어 있어 때로 몰려오는 병사들에게 성착취당할 필요가 없었고, 다른 국적의 여자들보다 피해가 덜했다는 것이다. 이런 주장을 내세운 예로는 김일면과 미국 역사학자 로라 하인이 있다. 김일면은 1992년 책에서 "일본인 '위안부'는 높은 계층이라 대부분은 부사관이나 병사를 '상대'하지 않아도 됐다. 이들은 자기가 '상대'할 남자를 고르고 선택할 수 있었으며 노동 조건도 직접 정했다"[66]라고 했으며, 하인은 1999년 논문에서 "장교들은…일본 여자를 자기 몫으로 챙겨둔 채 가치가 덜하다고 여겨지는 인종의 여자들을 하급 병에게 배분했다"[67]라고 적었다. 성착취가 상대적으로만 해롭다고, '노동 조건' 같은 요소에 따라 피해의 성격과 정도가 달라진다고 보지 않으면 일본 여자들의 역사적인 경험을 이렇게 서술할 수 없을 것이다. 즉 이들은 받는 돈에 정비례하여, 혹은 둘러싼 물리적 요건에 정비례하여 성착취되는 여자의 신체적·정신적 피해가 줄어든다고 가정하고 있으며, 드워킨은 이미 이런 가정을 비판한 바 있다. 드워킨은 "타인은 그 일이 플라자 호텔에서 일어났는지 허름한 뒷골목에서 일어났는지를 구분하려 들겠지만, 성착취당하는 여자, 혹은 성착취당한 적 있는 여자의 시각에서는 그게 중요한 구분이 아니다"라고 한다. 그가 보기에 핵심은 남자가 성적 만족을 위해 돈을 내고 여자의 "입, 질, 항문"을 사용한다는 사실뿐이다. "성착취를 둘러싼 상황은 성착취의 본질을 완화하거나 조정하지 못한다"[68]라는 게 드워킨의 지적이다.

과연 일본 여자들이 소위 "장교 클럽"에서만 성착취당했다는 게 정확한 사실인지는 실증적으로 논란의 여지가 있으며, 5장에서는 일본 여자들도 병사용 '위안소'에서 다른 국적의 여자들과 함께 성착취당했다는 증거를 제시하게 될 것이다. 여기서는 1939년 7월 만주 한커우에서 13km 북쪽으로 떨어진 일본군 기지에 방문했던 한 『요미우리 신문』 기자의 증언을 살펴보고 지나가도록 하자(이 증언은 다카사키 류지의 1994년 모음집에 실렸다). 이 기자는 군 '위안소' 10곳이 설치된 구역에 들렀는데, 이 '위안소'들은 "드물게도" 거의 일본 여자들로만 채워져 있었다. 이 기자에 따르면 일본 여자들은 낮에는 병사들에게, 밤에는 장교들에게 성착취당하고 있었다.[69] 1939년 중국 대륙에서라면 확실히 일본 여자만 억류된 ‘위안소’가 드물었을 수 있으나, 그래도 일본인 생존자들의 증언만 해도 이들이 다른 국적의 여자들과 같이 병사들에게 성착취당했다고 판단하기에 충분하다. 실제로 한국인 생존자들의 증언 역시 이런 편견을 뒷받침하지 않는다. 1996년 라디카 쿠마라스와미 유엔 보고서에 인용된 한국인 생존자도 모든 국적의 여자들이 ‘위안소’로 인신매매된 직후에는 장교들에게 성착취되고, 이후 병사들에게 넘겨졌다고 증언한다. 한 한국인 생존자의 말을 직접 들어보자. “첫해에는 함께 갔던 다른 한국 여자들과 마찬가지로 계급이 높은 군인들을 상대하라는 명령을 받았지만, 시간이 지나고 우리가 점점 ‘헌 것’이 되어갈수록 낮은 계급의 군인들을 상대하게 되었다.”[70]

더 나아가 도저히 설명하기 어려운 일이지만, 많은 역사 문헌에서는 일본 여자가 ‘위안소’에서 성착취됐다는 사실 자체를 부정하기도 한다. 역사학자들은 피해자의 국적을 나열하면서 일본 여자를 빠트리는가 하면, 일본 여자 피해자의 수가 무시해도 좋을 정도로 적었다고 시사하기도 한다. 예를 들어 어떤 문헌은 “극도로 적은 수의 일본인 성착취 피해자만이 ‘위안부’로 끌려갔다”라고 서술한다.[71] 그게 아니면 일본 여자는 민간 성 산업에서 포주에게 ‘가치’가 있었기 때문에 ‘위안소’ 인신매매의 표적이 되지 않았다면서 적극적으로 피해를 부정하기도 한다. 일례로 윤영구의 서술을 보자.

> 인신매매 업자는 한꺼번에 많은 수의 일본 여자를 보내기를
> 꺼렸기 때문에, 또 성착취 산업에서 끌고 온 일본 여자와 병
> 사들 사이에서 성병이 빠르게 퍼졌기 때문에, 한국 여성 청
> 소년과 청년들이 '위안소'로 끌려가게 되었다. 한국 여자들은
> 외부와의 접촉이 적고, 유교적 정조 관념에 엄격하게 매여 있
> 다고 알려져 있었다.[72]

　　일본 여자들이 성착취 업소에서 '위안소'로 인신매매됐다
는 사실을 인정하는 역사학자들도 가끔 있지만, 이들은 성착취
선경험 피해자를 '일본 여자'의 분류에서 제외하면서 일본의 일
반 여성 인구와 별개인 변종 취급을 하는 경향이 있었다.(이들은
그 변종에 마음속으로 '성노동자'라는 이름을 붙인 것은 아닐까?)
　　또 다른 경우의 수도 있다. '위안소'에도 '일본 여자'가 있었
다고 인정하긴 하지만, 일본 여자는 그저 한국 여자가 왜 훨씬 인
신매매에 취약했는지를 설명하기 위해 비교용으로 끌려 나오는
경우다. 예를 들어 문승숙은 이런 주장을 한다.

> 일본군은 일본인 '성노동자'의 대체재로 17세에서 20세의 한
> 국 여자에게로 관심을 돌렸다. 한국이 유교 사회다 보니 여자
> 들이 정조를 높게 치는 교육을 받았다는 사실을 알고 있던 일

> 본군은 일본인 '성노동자'를 한국의 여성 청소년과 청년으로 대체했다. 이렇게 끌려온 한국 여자는 성병이 없을 만큼 순결했고, 성병이 생기더라도 살아남을 만큼 어렸다.[73]

니시노가 지적한 대로, 이런 식의 설명은 일본인 '성노동자'가 성병으로 들끓어 군 성노예에 적합하지 않았다는 생각이 없으면 성립하지 않는다. 그러나 이런 주장을 하는 역사학자들은 휙 지나갈 뿐이지 그 근거가 얼마나 얼토당토않은지에는 주의를 기울이지 않는 듯하다. 실제로 한국인 피해자가 성병 없이 '위안소'로 끌려왔다고 해도, 이들도 일본 여자를 성착취하던 같은 남자에게 성착취당했을 테고 안타깝게도 감염되는 건 시간문제였을 것이다. 다음은 윤정옥의 글에서 한 부분을 발췌한 것인데, 역사 문헌에 전형적으로 등장하는 주장을 보여준다.

> 일본군은 처음에는 일본 여자를 모집해 '위안소'로 끌고 갔지만, 점차 장병들 사이에 성병이 퍼졌고, 이후 장병들이 점령지의 중국 여자들을 강간하고 윤간하면서 현지인 사이에도 성병이 돌기 시작했다. 또 중국 여자 중에 밀정이 섞여 있다는[그래서 '위안소'에 억류할 경우 위협이 될 수 있다는] 의심도 있었다. 그러나 일본군은 그렇다고 해서 성착취를 당한 적 없는 일본 여자를 중국 대륙 '위안소'로 인신매매해야겠다고는 생각하지 않았다. 일본군은 대신 한국의 유교 문화와 '정조'

에 목매는 환경 속에서 자라난 결혼하지 않은 한국 여자를 끌고 오기로 했다.[74]

이런 식의 설명은 성착취를 당했던 일본 여자에게 한국 자매의 인신매매를 초래한 책임을 묻는 것이나 다름없다(그리고 한국 여자는 성착취 산업에서 인신매매되지 않았다고 가정하고 있는데, 5장에서는 그런 가정에 의문을 제기할 것이다). 이런 말 뒤에는 성착취를 당하지 않은 일본 여자는 국적 덕에 한국 여자를 희생시켜 어느 정도 보호와 특권을 누렸다는 주장이 이어질 때가 많다. 예를 들어 미카나기 유미코는 아래와 같이 쓴다.

일본 여자의 몸과 재생산 능력은 국가 정책 아래 미래의 군인을 낳을 포궁으로서 보호받았다. 그 자체가 일본 여자를 인간 개인으로 존중하지 않는다는 뜻이기는 하나, 이들의 몸이 국가로부터 보호받았다는 사실을 간과해서는 안 된다. 이와 대조적으로 한국 여자는(그리고 대만 여자 역시) 성적 대상물로만 비쳤다. 그 결과 많은 수의 한국 여자가 일본군 성노예로 끌려갔고, 평생 광범위한 심리적·신체적 피해를 견뎌내야 했다.[75]

이 난잡한 논증은 왜 한국 여자를 유독 표적으로 삼아 '위안소'로 인신매매했는지에 대해 모순과 역설로 가득한 설명을 한다. 한편으로는 일본 여자는 지나치게 고상하고, 어머니상에 가깝고, 성착취 산업에 쓸모가 있어서 역사 문헌에 등장하는 '위안소'의 진정한 참상을 경험하지 못했을 것처럼 그린다. 그러나 다른 한편으로는 일본 여자는 일본군이 활용하기에는 '성노동자'로서 돈 벌 욕심이 너무 강하거나, 성병이 들끓었다고도 주장한다. 한국 여자는 이를 뒤집어서, 정조와 순결 때문에 인신매매 표적이 되었다면서도 지저분한 '위안소'에서 싼 가격에 여러 남자에게 돌아가며 성착취되었다고도 한다.

어떤 차이점을 조합해 한국인 피해자와 일본인 피해자를 가르냐를 일단 무시해 본다면, 이렇게 근시안적으로 '위안소' 피해자의 국적에 집중하는 학계 연구들이 여자에 대한 민족별 고정관념에 사로잡혀 있다는 사실이 보일 것이다. 이런 연구는 지독히 혼란스러운 표현을 사용해 일본인 피해자와 한국인 피해자를 싸움 붙이는 격이다. 우에노 지즈코는 "강압과 자발의 구분은 한국인 '위안부'를 일본인 '위안부'와 맞붙게 하는 것이나 다름없으며, 국적을 바탕으로 서로를 분열시키는 결과를 낳는다"라며 이를 비판하기도 했다.[76] 지금까지 언급한 식의 피해자 편 가르기는 단순히 우익 인사뿐 아니라 자칭 '위안부' 피해자 편이라는 진보 세력도 자유롭지 못하다는 점을 지적해 둘 필요가 있겠다. 더 나아가서 피해자를 양분하는 선은 정확히는 국적이 아니라 성착취 선경험을 기준으로 그어지고 있다는 점도 짚고 싶다. 이는 우에노도 지적한 바다. 내가 보기에 '위안부' 제도를 이런 식으로 비판하는 역사 문헌들은 '위안소' 분석에서 민족적 역학관계를 우선시해야 한다는 진보적 허울 아래 드워킨식 '희생양 삼기' 전략을 쓰고 있다. 물론 '위안소' 제도의 역사를 분석할 때 민족적 역학관계에 초점을 맞출 수야 있겠지만, 난 위에서 인용한 예시는 전혀 유용한 분석 도구가 되지 못한다고 본다. 실제로 많은 경우 성착취 선경험 피해자 희생양 삼기는 민족차별 타파라는 탈을 쓰고 온다.

래디컬한 역사 비판

다행히 최근 일본의 권위 있는 역사학자들 사이에서는 대안적인 접근법이 싹트고 있다. 피해자의 국적과 인신매매 방식을 막론하고 모든 일본군 성착취를 성노예제로 분석하는 진정으로 래디컬한 접근법이다. 성착취를 경험하지 않았고 '위안소'로 끌려가지도 않았던 일본 여자들이 군인을 낳는 '포궁'으로서 가치가 있다는 이유로 국가의 보호를 받았다는 미카나기의 주장을 조금 앞서 소개했다. 같은 주제에 대해 최근 등장한 분석을 보면, 두 입장이 어떻게 근본적으로 다른지 확연히 드러날 것이다. 위에서 설명했듯 미카나기는 이 역사적 현상을 해석하면서 일본 여자 전반이 한국 여자와 대만 여자의 희생을 바탕으로 전시에 혜택을 누렸다고 암시한다. 그러나 히라이 가즈코는 일본제국이 전쟁을 일으키기 전 이미 광범위한 민간 성착취 제도를 구축함으로써 여자 시민 일부를 성적 대상화와 성노예제 용도로 구분했으며, 전쟁이 벌어지는 중에도 일본 여자 중 특정 인구가 남자의 '성적 만족'을 위해 억류되는 상황은 여전했으며, 그 결과 이들이 해외 '위안소'로 인신매매되는 일이 생겼다고 분석한다. 이런 분석에 따르면 성착취 경험이 없는 일본 여자들이 '포궁'의 쓸모 때문에 어느 정도 보호를 받은 건 사실이지만, 그 과정에서 희생된 건 한국 여자와 대만 여자만이 아니라 성착취당하던 일본 여자도 마찬가지였다. 히라이의 설명은 이렇다.

> [전쟁 전] 빈곤한 여성 아동과 청소년을 인신매매하고 착취했던 민간 성착취 제도에 내재한 구조적 폭력을 인지하지 않으면 안 된다. '위안부' 제도는 '공창제'라는 합법화된 민간 성착취 제도의 연장선이었다. 일본군과 일본제국은 여자를 '아이를 볼 여자'와 '재미를 볼 여자'라는 두 부류로 나눴다. 그리고 후자로 분류된 여자를 노려 '위안소'로 인신매매했다.[77]

여기서 중요한 지점은 히라이가 '위안소'로 끌려갔던 한국 여자와 대만 여자가 겪은 역사적 고통을 군 성착취 업소와 민간 성착취 업소에 억류됐던 일본 여자의 고통과 연결한다는 것이다. 히라이의 분석은 성착취 선경험 피해자의 경험에 중점을 둔다는 면에서 기존에 일본군 성노예제의 성격을 분석하던 방식과는 확연히 다르다.

니시노와 요시미도 비슷하게 래디컬한 입장이다. 최근 둘은 '위안부' 피해자 편이라는 진보 세력이 역사적으로 수많은 여자를 일본군 성노예제로 흘러 들어가게 했던 과거의 사회 구조에 대한 이해를 운동에 반영하지 못하고 있다고 비판한 바 있다. 민간 성착취 산업에 매인 여자들은 굳이 인신매매 업자가 납치나 위력 행사를 할 필요도 없는 손쉬운 먹잇감이었다. 니시노는 성착취 선경험 피해자가 배제되지 않도록 '위안부' 정의 운동이 '위력'을 이해하는 방식을 바꿔야 한다고 촉구한다. "'인신매매된 피해자'냐 아니면 '제 발로 걸어 들어간 참여자'냐로 나누는 틀을 벗어나 '위안부'가 구성된 과정을 재검토하려면 우리는 사회적인 틀 안에서 '위력'을 이해할 필요가 있다"라는 것이다.[78] 비슷하게 요시미도 진보 사학자들에게 피해자 가르기를 멈추라고 촉구한다. 피해자 가르기는 반대편에게 일부 여자가 자발적으로 피해자가 되었다는 주장을 할 여지를 줘서, 일본군과 이들의 만행을 용인한 일본제국의 역사적 책임을 가볍게 하는 원치 않은 결과를 낳는다는 것이다. 요시미는 이렇게 설명한다.

일본군 '위안부' 제도는 여자 개인을 억지로 '위안소'로 끌고 갔다는 점에서만 문제시됐다. 그러나 여자가 어떻게 '위안소'

에 들어왔냐는 관계없는 일이다. 호화 유람선으로 바다를 건너 고급 리무진을 타고 '위안소'에 도착했다 한들, 여자가 그 모든 과정에 동의했다 한들, 군이 '위안소'에서 장병들에게 성착취당하도록 강제했다면 일본군은 책임을 회피하지 못한다…'위안부' 제도가 성노예제라고 목소리를 높이면서, 같은 입으로 여자가 장병들에게 성착취당하는 과정에서 선택권을 행사했다고 말할 수는 없다.[79]

일본의 대표적인 역사학자들이 이런 분석을 내놓은 건 얼마 되지 않았지만, 그 권위와 깊이로 볼 때 향후 '위안부' 정의 운동의 방향 설정에 큰 영향을 미칠 거라고 예상한다. 이런 분석에는 근절주의 페미니즘의 시각이 녹아 있으며, 군 성착취 피해자의 경험을 두고 선택 운운하는 것을 거부한다는 면에서 1990년대 부상해 일본 내 '위안부' 정의 운동을 비롯해 세계적으로 영향을 끼친 '성노동론'을 정조준하기도 한다. 성착취당하다 '위안소'로 끌려간 일본군 성노예제 피해자들도 다른 피해자들과 마찬가지로 공감과 배상을 받아 마땅하다고 보는 연구의 새 물결로 인해 '위안부' 정의 운동을 이끄는 진보 세력의 정치적 위치 선정에도 변화가 생길 것으로 보인다. 현재 일본 학계에서 이런 분석을 발전시키고 있는 학자로는 모리타 세이야, 니시노 루미코, 오노자와 아카네, 이케다 에리코, 김부자, 요시미 요시아키가 있으며, 나는 이들의 연구를 길잡이 삼아 책의 나머지 부분을 썼다.

성착취를 평등화하다

남자의 자유는 종종 성적 자유로 이해되고,
성착취되는 여자를 비롯한 여자에게
자유롭게 접근할 권리를 내포할 때가 많다.
따라서 남자의 자유는 여자의 성착취를 수반하는 반면,
여자에게 성착취는 모든 의미에서 자유의 상실이다.[1]

…늑대의 자유는 양의 죽음을 수반한다.
포주와 성착취남을 용인한다는 건,
그들이 한껏 자유를 누리게 놔둔다는 건
여자가 성착취 산업에 묶여 노예 대우를 받고
강간당하는 참상을 두고 보겠다는 뜻이다.
우리는 이를 용인해서는 안 된다.
가해자에게까지 자유주의적인 태도를 보여서는 안 된다.[2]

보통 1920년대는 일본 사회가 자유화·평등화를 거친 시기라고들 설명한다. 이 시기에는 대중 운동·노동 운동·학생 운동이 성장했고, 모든 성인 남자가 투표권을 얻었으며, 임금과 노동 시간을 규제하는 공장법이 도입됐고, 문화적 신문물과 신매체가 퍼지는 등 사회가 발전했다고 이야기한다. 찰스 셍킹 같은 역사학자들은 1923년 간토 대지진 이후 공공복지 시설이 등장했고, 사회 정책 수립과 도시 계획에서 관료들의 역할이 커졌다고 설명한다.[3] 다이쇼 천황의 짧은 재위 기간인 1912년에서 1926년 사이 정당이 확립되고 의회 정치가 발전했다는 의미로 역사학자들은 '다이쇼 데모크라시'라는 표현을 쓰기도 한다. 일본사 학자 윌리엄 비즐리에 따르면 14년에 걸친 평등화는 세계 1차 대전 중 유럽 기업이 아시아에서 후퇴하면서 일본으로 흘러들어 온 자본의 영향을 받았으며, 때마침 도시화와 산업화 속에서 인력이 도시로 이동해 이런 변화를 뒷받침했다. 비즐리는 그 결과 일본 사회가 현대적 겉모습을 갖추게 되었다고 설명한다.

> 도심에는 길이 닦이고, 가로등이 놓였으며, 은행과 사무실과 백화점이 서구식 건물로 세워졌다. 현대적 교통수단 덕에 상품 운송이 편해졌다. 사람들은 석유램프 같은 생활용품과 다양한 식료품을 더 쉽게 구할 수 있게 됐다. 또 교통이 발전하면서 일본 대다수 지역에서 여행에 열을 올리는 일본인들이 늘었다.[4]

이렇게 1920년대 들어 일본 사회에서 소비주의적·자본주의적 신문물이 퍼졌다고는 하나 비즐리 본인을 포함한 역사학자들은 당시 일본에서 민주적 제도와 절차가 얼마나 뿌리를 내렸는지에는 의문을 제기한다. 비즐리는 비판적인 어조로 이 시기에 "기업인들이 정부 경제 정책에 입김을 행사하게" 되었으며 "이들은 사회주의와 노동조합에 적대적이고, 정부 지출을 줄이려 하고, 사유 재산과 법치주의를 신봉하는 정치적 압력 집단을 형성했다"라고 설명한다.[5] 앤드루 고든에 따르면 그 결과 "전후 유럽의 경쟁국들이 아시아로 복귀"한 와중에 일본 경제는 1920년대에 걸쳐 "고장난 엔진처럼 위기에서 위기로 털털거리며 굴러갔다."[6] 시간이 지날수록 "일본의 제도와 기관은 군을 빼놓고는 제대로 돌아가는 곳이 없게 됐다…전쟁 전의 일본 관료들은 흔히 생각하는 것만큼 자율성과 영향력을 발휘하지 못했다."[7] 나지타 데쓰오도 이 시기를 비슷하게 비관주의적인 색채로 요약한다.

> 일본 사회는 과도한 압력에 신음하고 있었다. 인구가 두 배로 늘었고, 산업 혁명은 고삐를 늦추지 않고 달렸고, 제조업이 농업을 확실히 앞질렀으며(이로 인해 농촌 지역의 인구나 문화적 저력이 도시 지역 대비 꾸준히 감소하게 됐다), 도시 사회 전반에 대중문화와 현대적 형태의 쾌락주의가 빠르게 번지는 와중에 일본 지식인의 눈에는 일본의 의회 정치가 답 없이 부패한 걸로만 보였다.[8]

다이쇼 시대 진보적 변화의 범위와 한계는 역사학자들 사이에서 잘 알려진 논쟁거리다. 재닛 헌터는 "다이쇼 시대의 소위 '데모크라시'는 쇼와 시대(1926~1989년)의 '파시즘'과 대비되곤 하지만, 이 두 현상이 맺는 관계의 성격은 아직도 역사적 논쟁거리"라고 정리한다.[9] 실제로 군국주의와 국가 총동원령이 나라를 휩쓸기 직전의 10년이 얼마나 자유로웠는지를 강조하는 건 좀 비뚤어진 데가 있다고 느껴진다. 엘리스 팁턴은 어떻게든 민주주의의 징후를 긁어모으는 대신 다이쇼 시기를 읽는 대안적인 접근법을 제시한다(그러나 실제로 이런 접근법을 취하지는 않는다).

바로 당대의 "'에로 그로 난센스'*" 유행을 다이쇼 시대 후반으로 접어들수록 일본이 "음침한 골짜기"로 내려가고 있었다는 신호로 보는 것이다.[10]

역사학자들은 1920년대 일본의 사회·경제·정치를 뜯어보며 금융 시장과 노동 시장, 교역 조건, 기술 발전, 정치 제도, 정당 정치, 문화 상품, 교육, 농촌 생활에 이르기까지 전부 "음침한 골짜기"를 예견하고 있었다는 근거를 찾아내곤 한다. 캐럴 글루크가 "역사를 쓸 때는 역산逆算주의invertibilism를 조심해야 한다"라고 비판하기는 하지만[11] 1930년대 일본 파시즘의 기원을 다이쇼 시대에서 찾는 건 흔하고도 보편적인 행태다. 글루크는 1930년대 파시즘이 대두한 원인을 다이쇼 시대에서 찾다 보면 순환 논리적 역사 분석에 이르게 된다고 말한다. 자기실현적 예언이나 다름없다는 것이다. 그런데 "역산주의" 역사 연구가 다이쇼 시대를 샅샅이 뒤지는 와중에도 눈길을 주지 않은 구석이 딱 하나 있다. 바로 이 책의 시각과 궤를 같이하는, 민간 성착취 산업 연구다. 나는 전시 제도와 관행의 기원을 평시 사회에서 찾는 건, 군사 문화와 군의 처신은 전쟁과 함께 즉흥적으로 개발되는 게 아니라 기존에 존재하던 여러 민간 체계가 만들고 뒷받침한다는 어쩌면 당연한 인식에서 나온다고 본다.

방법론적으로는 나와 의견이 갈리지만, 글루크도 어쩌면

---

* '에로틱' '그로테스크' '난센스'를 일본식으로 발음한 조어로, 일본 쇼와 시대에 유행했던 선정적이고 기괴하고 터무니없는 문화적 분위기를 말한다.

역산주의 학자들이 수십 년간 다이쇼 시대를 파헤쳐 왔음에도 1920년대 일본 사회에서 건드리지 못한 영역이 있다는 걸 알면 기뻐할지도 모르겠다. "음침한 골짜기"를 초래한 원인으로 지목되지 않을 뿐더러, 아예 역사학자들 사이에서 '다이쇼 데모크라시'의 진보적 영광을 보여주는 사례로 주목받는 영역이 존재한다. 바로 일본의 1920년대 성착취 산업인데, 성 산업이 일본의 전시 파시즘을 예견하고 있었다고 말하는 학자는 거의 찾아보기 힘들다. 실제로 많은 학자는 다이쇼 시대의 성착취에서 여성해방의 징후를 읽어내기까지 한다. 이번 장에서는 여태까지의 다이쇼 시대 일본 사회 분석은 이 시기가 성착취 산업이 커지고 남자들의 성착취 수요가 확대되는 시기였다는 사실을 간과하거나 그 의미를 축소했다고 비판할 것이다. 나는 다이쇼 시대에 성 정치가 진일보했다는 널리 퍼진 인식이 '위안소' 제도의 기원과 원인 분석마저 왜곡하고 있다고 보기 때문이다. 이번 장은 다이쇼 시대 성착취 산업의 성장과 확산을 자세히 들여다보면서, 당시 민간 성착취 산업에 억류됐던 일본 여자의 삶을 설명할 것이다. 이들의 삶이 뒤이어 등장할 군 '위안소'에 억류됐던 여자들의 삶과 상당히 유사하다는 점을 주의 깊게 봐주기를 바란다.

일본의
'신여성'

1920년대 일본의 사회, 경제, 정치 체계에서 파시스트적 성
정치의 징후를 탐색하는 학자는 찾아보기 어렵다. 오히려 당시
는 '성 풍속'이 개방되기 시작한 시기라면서 이 시기의 여남 권
력 관계 변화를 찬양하기까지 한다. '성 풍속' 완화는 여자에게
좋은 일이었을 뿐더러 여자의 사회적 약진을 보여주는 신호라고
주장하는 것이다.[12] 바브라 사토의 2003년 책은 「주체성의 등
장」이라는 장을 할애해 1920년대를 사회적 진보가 이루어진 시
기로 그린다. 그는 여자들의 소비주의적·성적 개인주의가 억압
적인 국가에 맞선 결과 다이쇼 시대에 '신여성'이라는 역사적으
로 독특한 사회적 분류의 여자들이 등장했다고 주장한다. 신여성
은 "국가 내부의 여러 전통적인 영향력에 지속해서 위협"을 받았
지만, 그래도 계속 고투를 벌이면서 "젠더 의식"과 "새로운 주체
적 위치"라는 의미가 모호한 것들을 획득했다는 게 사토의 말이
다.[13] 당시는 여성 운동 조직도, 여자들의 정치적 저항도 존재하
지 않았고, 유급 노동에 진입하는 장벽이 확 낮춰지지도 않았는
데도 사토는 아랑곳하지 않는다. 헌터의 말대로 "[1920~1930년 사
이 일본에서] 남자의 노동 시장 참여율은 소폭 하락했지만 같은 기
간 여자의 노동 시장 참여율은 세 배 이상 떨어졌다."[14] 무타 가즈
에도 이렇게 단언한다. "일본의 신여성 현상은 여성 참정권 운동

및 여성 인권 관련 활동과는 아무런 연관이 없었던 듯 보인다…
일본의 신여성은 정치적 지렛대 없이 홀로 등장했다."[15] 위에서
본 사토의 묘사에서는 여성 인권 진전의 주 장애물을 남성 시민
전반의 차별 의식과 폭력이 아닌 국가로 두는 좌파 진영의 경향
이 드러난다.[16] 그렇기에 여자의 삶에서 국가가 물러서면 자동으
로 '주체성'을 획득한다고 여기는 것이고, 그 자체를 사회적 진보
의 증거로 보는 것이다. 물론 다이쇼 시대에 일본 남자는 투표권
을 획득하는 등 국가에 대해 승리를 거두기는 했으나, 이런 승리
가 여남평등에까지 낙수효과가 있었다는 주장은 지나친 비약이
다. 페미니스트 사학자들은 남자의 사회적 약진이 자동으로 여성
인권 상승으로 이어진다는 생각을 비판한다. 조앤 켈리에 따르면
"자유주의적 역사 관점에서는 여자가 남자와 동등한 진전을 누
린다"라고 하지만, "페미니즘적 역사 관점은 남성적 역사관에서
진전이 있었다고 주장하는 바로 그 같은 시기에 여자의 지위가
하락했다는 사실을 폭로한다."[17] 쉴라 제프리스 역시 '자유'로워
졌다고들 하는 영국의 전간기를 이렇게 비판한다.

> 1840년대 중후반부터 세계 1차 대전 발발 전까지 페미니즘
> 적 비판은 힘을 얻고 있었고, 남자는 '아내'의 헌신이라는 대
> 용물을 약속받지도 못한 채 여자를 성착취할 권리를 빼앗길
> 위기였다. 성착취 감소에는 대가가 따랐다. 1920년대는 여자
> 의 '저항'이라는 문제를 때려잡기 위해 맹렬한 합공이 퍼부

어진 시기였다.[18]

이와 비슷하게 전간기 일본에서도 남자가 당연하게 누리고 있던 성적 권리에 위협이 찾아왔다. 이와타 시게노리는 1920년대에 일본 여자들이 (실패하기는 했으나) 성병 감염이 확인된 남자의 결혼을 금지하는 법을 통과시키려고 했다고 지적한다. 당시 일본의 성병 감염률은 결핵 감염률에 육박했고, 여성 모임들은 성병에 걸린 남자와 결혼한 여자가 겪을 생식 문제와 건강 문제를 우려하며 여자를 보호하려 했다.[19] 이 과정에서 이들은 남자들이 공유하는 성 문화의 핵심 원칙에 도전했다고 볼 수 있다. 이와타는 나가사키 한 마을의 남자들은 성병에 걸리는 걸 남자됨의 상징이자 사회적 독립의 신호('일 인분의 인간')로 여겼다는 1935년 인류학 연구를 인용한다. 1920년대 여성 모임은 또 성 착취 산업, 알코올 판매, 축첩제도, 중매결혼에도 제한을 두려고 했다.[20] 이들이 이런 과감한 운동을 펼치기는 했지만, 사토 같은 저자들이 찬양한 '주체적'인 신여성은 이들이 아니었다. 버네사 워드의 관찰처럼, 다이쇼 시대에 이런 노력을 한 여자들은 "보수적"이었다거나 "기독교인"이었다거나 억압적인 국가에 충성했다는 식으로 '임파워링'된 신여성과는 극명히 대비되는 존재로 묘사되곤 한다.

성착취라는
음침한 골짜기

다이쇼 시대에 성적으로 개방적인 신여성이 '주체성'을 찾았다는 자유주의적 역사 서술은, 당시 일본 사회에서 가장 핍박받았고 극심한 성폭력에 노출됐던 계층인 성착취 피해자를 다룰 때조차 빠지지 않는다. 역사학자들은 다이쇼 시대에 여자가 더 확고한 경제적·사회적 지위를 누릴 수 있었다는 그릇된 전제 아래 성착취 산업이 여자에게 기회였다고까지 설명한다. 예를 들어 마크 램지어 하버드대 교수는 1920년대 '공창'이라는 이름의 합법 성착취 업소에 묶여 있던 여자들의 계약 조건을 뜯어본다. 램지어는 합리적 선택 이론을 활용해 '공창' 계약을 분석한 후 이런 계약 노예 제도에 대해 놀랍도록 낙관적인 태도를 보인다. 램지어는 여자들이 포주, 인신매매 업자, 혹은 아버지의 착취와 속임수에 당한 결과 합법 성착취 업소에 묶였다기보다는 본인의 조건을 따져보고 본인의 금전적 이해에 가장 부합하는 합리적 결정을 내렸을 것이라고 시사한다. 램지어의 설명은 이렇다.

여자가 성착취 산업에 진입하면 상당한 오명을 뒤집어쓰는 이상, 많은 여자는 다른 곳에서 벌 수 있는 돈보다 더 높은 소득이 어느 정도 보장되지 않으면 성착취 업소에서 일하기를 망설였다. (많은 모부가 딸을 성착취 업소에 보내기를 꺼리기도 했

다.)…그리고 계약은 그들에게 그런 확신을 주었다.[21]

램지어는 여자들이 선불금을 받을 수 있을 뿐 아니라 "합리적인 수준의 고임금을 벌었다"라며 독자를 안심시킨다. 그러면서 "당시는 빈곤층에 속한 여자들이 많았다. 어떤 여자들은 돈벌이가 짭짤하다는 단순한 이유로 성 산업에서 일하기로 독립적으로 결정했다"라고 서술한다.[22] 더 나아가 계약 노예가 된 여자들은 포주에게 해고당할 리도 없었으며("성착취 업소가 여자에게 수년 치 임금을 선지급하면 여자는 이후 자기 몫을 챙길 수 있는 유리한 위치가 됐다"[23]) 무엇보다도 "여자 대부분은 숙박비와 식비를 내지 않아도 됐다"라는 주장을 한다.[24]

셸던 개런 프린스턴대 교수도 비슷하게 1920년대 일본의 합법/허가 성착취 업소를 분석한 후 성착취가 얼마나 여자에게 좋은 기회였는지를 과장되게 늘어놓는다. 개런은 "'공창'이 빈곤한 가족이 팔아넘긴 수동적인 피해자였다는 묘사에 의문을 제기할 만한 근거"로 "1920년대 중순 도쿄에서 '공창'으로 새로 등록된 여자 중 가족과 막 떨어진 신규 유입자는 상대적으로 적었다"라는 점을 든다. "대부분은 이전에 술집 '작부'로, '게이샤'로, 혹은 다른 업소의 '공창'으로 일한 경험이 있었다"라는 것이다.[25] 개런은 "다른 여러 국가의 일반적인 사례와 비교할 때 일본의 '공창'은 먹고, 마시고, 고객들과 노닥거리며 보내는 시간이 더 많았다"라는 게 이들이 피해자라는 주장을 약화한다고 믿는 듯하다.[26] 그러나 개런도 한 가지는 우려하긴 한다. 바로 다이쇼 시대 일본이라는 국가가 성착취 합법화를 통해 "사람들의 성애를 통제"하려 했고 "효율적인 규제를 위해 '공창'의 자유를 제한"했기에 성착취 피해자들이 본인의 주체성을 100% 실현할 수 없었다는 걱정이다.[27] 사토와 마찬가지로 개런도 국가의 개입을 여성 평등을 막는 걸림돌로 보기에, 1920년대 '공창' 업소로 등록되지 않은 업소들이 늘어나면서 국가 규제를 받지 않는 성착취 산업이 몸집을 불렸던 역사를 긍정적으로 평가한다. "이런 긴자* 식 '카페'는 많은 수가…에로틱한 환경을 조성"했고 그래서 "여급의 성애를 쉽게 통제"할 수 없었으며 정부 규제에서 벗어난 "에로틱한 분위기"가 여자들에게도 이득이었다는 식이다. "여급은 남자 행인을 유혹하고, 키스를 팔고, 근무 시간 후엔 고객들과 자라는 압박을 받았다"라고 인정하면서도 말이다.[28] 엘리스 팁턴도 비슷한 의견이지만 표현만 조금 완곡하다. '카페'가 여자들에게 "어느 정도의 금전적 독립"을 주는 동시에 "본인의 성애를 전시하고 표현하도록 허가하고 장려했다"라는 것이다.[29] 이런 식으로 역사학자들은 포주들이 여자들에게 압력을 행사했다고 인정은 하면서도, 다이쇼 시대 비규제 성 산업의 확장이 여자에게 진전이었다고 해석한다.

미리엄 실버버그는 이런 입장을 더 강하게 밀어붙인다. 여

---

*　일본 도쿄의 번화가로 1930년대 '카페' 업소 유행의 진원지였다. 이 책에서 언급되는 '카페'는 전부 성착취 업소이며 커피 전문점café과 구분하기 위해 '카페kafe'로 표기되어 있다.

자가 억압적인 국가에 저항하여 본인의 섹슈얼리티를 새로운 형태로, 예컨대 마조히즘적인 방식으로, 행사하게 되면서 등장한 게 '카페' 사업이라고 하는 것이다. 그는 "'여급'은 '카페' 안과 밖에서 에로틱한 관계에 참여했다"라면서 '여급'이 "성 역할이 분명한 타인을 지배하거나 그 타인에게 지배당하려는 욕망"을 표현하기도 했다고 말한다.[30] 실버버그가 관찰한, '카페'를 매개로한 성적 지배는 구체적으로 어떤 형태였을까? 팁턴이 '카페'에서 성행했다고 설명한 '오르간' 관습이나 '지하철' 관습이 아마 그 예가 될 것이다. '오르간'은 '여급'이 성착취남의 무릎에 가로로 건반처럼 누워 남자가 "몸의 서로 다른 부위를 만질 때마다 다른음을 내는" 관습이었다. 그리고 '지하철'이라 함은 성착취남이 "치마 옆트임으로 손을 집어넣어 '여급'의 몸을 만지작거리는"행위를 뜻했다.[31] 실버버그는 '카페'가 여자를 어떻게 성착취 산업으로 끌어들였는지는 물론이고 '카페'가 운영된 상업적인 바탕을 교묘하게 회피하면서 '카페'를 설명한다. 그는 '카페'가 일종의 이성애 짝짓기 중개소처럼 운영됐다고 여기는 듯하다. "여자가 에로틱한 욕망을 솔직히 표현할 수 있게 된 시대, 근대 일본의 '카페'에서는 여남 쌍방향으로 유혹이 오갔다…근대는 여자나 남자나 에로스의 권력을 인지하게 되는 문화적 결과를 낳았다"라는 말에서 이런 인식이 드러난다.[32]

이런 낭만적인 묘사는 실제 '카페'를 경험한 여자들의 회고와는 도저히 어울리지 않는다. 1980년대 초 다니카와 미쓰에가 만난 71세 여자 면담자는 1929년에서 1933년 사이 16세부터 20세까지 '카페 여급'으로 고용됐었다. 그의 경험은 이번 장 끝에서 다룰, 같은 시기 성착취 업소에 억류됐던 여자들의 경험과 구분하기 어려울 정도로 유사하다. 그가 있었던 '카페' 업소는 성착취 집결지 근처에 있었고, 27명에서 30명의 '여급'이 붙잡혀 있었다. 2층에는 '여급'이 성착취당하는 방이 여러 개 있었다. 집결지 '공창' 업소와 다를 바 없이 '여급'은 자유롭게 '카페'를 나가거나 들어올 수 없었고, 그와 함께 있던 '여급' 중 선불금을 받고 '카페'로 인신매매되지 않은 '여급'은 단 한 명도 없었다.[33] '카페'가 성착취 업소와는 질적으로 다르다는 주장은 당시 '카페' 업소의 법적 지위만 봐도 설득력이 없다. 하야카와 노리요의 1997년 논문에 따르면 다이쇼 시대 성착취 업소는 일본의 '공창' 집결지 안에 있건 밖에 있건 거의 같은 규제가 적용됐다. '카페' 업소의 법적 정의가 '공창' 업소와 같지는 않았지만, 지자체 조례에 따라 '카페'도 등록제로 운영되었으며 '여급'의 성병 검사도 의무였다.[34] 후지노 유타카에 따르면 1927년 '등록' 업소('게이샤' 업소와 '카페' 등)에 속한 여자들의 성병 검사를 의무화하는 법안이 통과되었으며, 1928년부터는 내무성이 성병 검사에 정부 보조금을 지급하기 시작했다.[35] '카페'가 다이쇼 시대 성착취 산업의 타 업소와 그리 구분되지 않았다는 사실은 릿쿄대 오노자와 아카네 교수의 2010년 책에서도 드러난다. 그는 이렇게 명료한 언어로 설명한다. "'카페'의 등장은 그저 포주들의 업종 전환을 반영할 뿐이었다…1920년대 말과 1930년대 초에는 '공창' 업소 감소와 '카페' 업소 증가가 나란히 일어났다."[36] 이 시기에 성착취 사업 모델이 '공창제'라는 이름의 '합법' 성착취에서 '카페' 업소나 '요리점' 업소에서의 성착취로 변화했다고 지적하는 것이다. 그는 포주들이 "식음료점" 등록이 가능한 '카페' 등의 업소로 선제적 업종 전환을 했다는 여러 근거를 댄다.[37] 오노자와는 이런 업종 전환이 1927년 쇼와 공황 시기에 이루어졌다고 시사하지만, 1926년 정부 의뢰로 대대적인 도쿄 성착취 산업 조사를 벌인 후쿠미 다카오는 적어도 도쿄에서는 1923년 간토 대지진 이후 '카페' 성착취 업소가 부상하기 시작했다고 본다.[38] 정확한 역사적 시기를 차치하고 보자면, 오노자와는 1920년대 다양한 측면에서 사업 모델이 위협받던 포주들이 대안으로 생각해 낸 업소가 '카페'라고 역설한다.[39] 포주들이 받고 있던 압박 중에는 근절주의 페미니스트들이 제한적이나마 정부를 움직여 성착취 산업에 조치를 취하게 만든 것과 국제 연맹의 한 위원회가 일본이 '공창제'를 폐지하고 일본 여자의 국제적 인신매매를 억제하도록 일본 외교 관료들을 설득하는 등 적극적으로 개입한 것이 있었다. 업소를 '카페'로 전환하면 포주들은 자기들에게 불리한 이런 변화로부터 사업적 이익을 어느 정도 지킬 수 있었고, '공창제'라는 이름의 '합법' 성착취 규제도 피할 수 있었다. '카페' 업소는 세금이라든지 미성년자 고용 제한 같은 규칙을 따를 필요가 없었기 때문이다.[40]

성착취가 해방이라는
이데올로기

역사적으로 다이쇼 시대 일본 성착취 산업의 타 업소와 '카페'의 구분이 무의미했다면, 각종 문헌에 장황하게 서술된 '카페'의 매력은 대체 어디서 나온 걸까? 우리가 다음 장에서 살펴볼 것처럼 일본의 전쟁 전 성착취 산업에서 '카페'와 유사 업소가 상당 부분을 차지했다면, 그리고 이후 등장한 전시 '위안소' 제도도 전쟁 전 성착취와 밀접한 관련이 있다면, 이는 중요한 질문이 아닐 수 없다. 우리가 중일/태평양 전쟁 이전 일본 성착취 산업의 전체 그림을 파악하지 못할 때 민간 성착취 제도와 전시 성노예제의 연결고리를 이해하는 데에도 브레이크가 걸릴 수밖에 없다. 또한, 두 제도 사이에서 성착취 및 인신매매당했던 피해자들의 경험을 제대로 이해할 수도 없다. 특히 역사적 근거로 뒷받침되다시피 일본 여자들이 '카페' 업소에서 성착취당하다 '위안소'로 인신매매되기도 했다는 사실을 고려하면 더욱더 그렇다.[41] 자유를 즐기는 일본의 신여성이 '평시' 성착취 산업을 조장했다는 식의 이데올로기적 성착취 분석—아니면 여성 섹슈얼리티에 대한 왜곡된 생각에 영향을 받은 다른 분석들—은 일종의 틀이 되어 전시 성착취 분석에 투사되는데, 이는 당연히 전시 성착취를 이해하는 데 도움이 되지 않는다. 이전 장에서 언급했듯 역사학자들이 일본 여자들은 '위안소'에서 다른 국적 여자들만큼 성노예 취급을 받지 않았다고 설명을 하는 것도 이런 이념의 영향일 수 있다. 어쩌면 이들은 다이쇼 시대 신여성이 존재했다는 뿌리 깊은 믿음과 그 직후 군 성착취 업소에서 일본 여자들이 성노예화되었을 가능성을 조화시킬 방법을 찾지 못하고 있는지도 모른다.

위에서 인용한 역사학자 4명이 전부 미국 대학에서 교육을 받았고, 1970년 케이트 밀릿이 지적했던 대로 "생각 없이 성적 자유를 성적 착취와 동일시하느라" 상업적 성착취가 무엇인지 "혼동"이 왔던 때 성장기를 보냈던 건 어쩌면 우연이 아닐 수 있다.[42] 밀릿은 이런 "혼동"이 정치적으로 의도된 바라고 밝힌다. "구식 가부장제는 지금 보기엔 당혹스러울 정도로 대놓고 여자를 노예화했기에, 여자의 체념한 복종을 충분히 끌어내는 데 실패했다. 순수히 강요로 움직이는 사람은 그리 비참하지 않으며, 그저 시키는 대로 할 뿐이다."[43] 앤드리아 드워킨은 1981년 저서 『포르노그래피』에서 "좌파 이데올로기"가 가부장제의 이런 약점을 극복해냈다고 관찰한다. 1960년대 들어 '성적 자유'라는 이데올로기가 등장했다. 이 이데올로기는 "남자가 여자를 제한 없이, 즉 공용 천연자원처럼 쓸 수 있을 것, 한 남자가 여자를 소유해 사유화하는 게 아니라 많은 남자가 여자를 함께 사용할 것"을 기치로 했다.[44] 동시에 "여자의 섹슈얼리티는 현실에서 드러날 때 '창녀'의 섹슈얼리티나 다름없다"라는 가정 아래 여자가 이처럼 제한 없이 남자에게 사용되는 걸 여자의 의지로 돌렸다.[45] 성착취를 "여자의 정치적 의지인 동시에 성적인 의지, 즉 여자에게 해방"이라고 취급할 정도로 남자에게 사용당하는 게 모든 여자에게 도움이 되는 양 포장했다.[46] 다시 말해 1960년대의 '성 혁명'에서 여자의 성적 자유와 성착취를 동일시하는 사고 체계가 자라났고, 이런 사고 체계는 여자에게서 과거의 "순수히 강요로 움직이는" 종속보다 더 효과적인 "체념한 복종"을 끌어낼 수 있었다.

물론 '성적 자유' 이데올로기는 1920년대에는 그리 힘을 얻지 못했지만[47] 위에서 인용했던 저자들은 다이쇼 시대, 그중에서도 특히 '카페'라는 업소를 뒤돌아 보며 '성적 자유' 이데올로기를 소급 적용하고 있다. 이들의 글에는 '카페 여급'이 성착취라는 형태로 섹슈얼리티를 주체적으로 행사했고, '카페' 성착취가 일본 신여성을 자유롭게 해방했다는 주장이 암묵적으로 깔려있다. 역사학자들은 '카페'가 "에로틱한" 분위기를 품고 있었다고, 혹은 여자가 새로이 발견한 섹슈얼리티를 "실현"하면서 생겨난 사업이라고 말하면서 여자가 성착취되기를 "욕망"한다고 암시한다. '카페' 업소에 감도는 "에로틱한 공기"는 남자에게 공짜로, 풍부한 성적 서비스를 제공하는 데 맞춰져 있었을 뿐인데도 말이다. 내가 보기에 일본 다이쇼 시대 역사를 이렇게 이해하는 건 전쟁 전 일본의 민간 성착취 산업과 바로 뒤이어 등장한 쇼와 시대 군 성노예제의 연관성을 탐구할 때 그리 도움이 되지 않는다. 다시 말해 현존하는 (적어도 영어로 된) 다이쇼 시대 연구는 1930년대와 1940년대 들어 대규모 여성 성노예제가 부상하는 데 한 몫했을, 1920년대 평시에 내재했던 조건을 생산적으로 들여다

보지 못하도록 하는 걸림돌이 되고 있다.

　1920년대를 일본군 성노예제가 발생할 조건을 품은 시기로 바라보지 못하게 방해하고 있는 연구 분야가 또 있다. 바로 전근대(1868년 메이지 유신 이전) 일본의 성착취 산업을 다룬 역사·인류학 문헌이다. 영어 문헌에서는 특히 '요시와라', '게이샤', '유녀' 등의 표제를 달고 있는 경우가 많다.[48] 이런 연구는 일본에서 15세기 이후 조직적인 성착취 산업이 얼마나 만연했고 명맥을 끈질기게 이어왔는지를 강조한다는 면에서는 옳다. 실제로 세계 어디에도 일본만큼 성착취 제도가 준 규제된 상태로 오래 운영되어 온 나라는 없을 것이다.[49] 일본은 봉건 시대부터 지역 및 국가 차원에서 과세 제도와 여자의 이동성 제한, 성병 검사 등의 규제를 도입해 왔고, 소네 히로미와 시모주 기요시 등의 역사학자들은 이런 극악한 역사를 놀라운 솜씨로 기록한 바 있다.[50] 그러나 메이지 시대 이전의 성착취를 다룬 다량의 문헌들은 일본의 봉건 시대 성착취가 상대적으로 범위가 좁았고, 가족 경영이었고, 엘리트 계층 남자에 집중되었던 반면, 메이지 유신 이후 일본의 성착취 산업은 '평등화'와 '산업화'가 이루어졌다는 차이를 포착하지 못한다. 새로 등장한 성착취 산업은 조직적 인신매매를 자행했고, 상행위로서 수익 발생에 초점을 맞췄으며, 형태가 다변화했다. 다시 말해 활발하게 이루어지고 있는 일본 에도 시대 성착취 연구는, 어쩌면 의도치 않게, 다이쇼 시대의 성착취 산업 발달이 역사적 필연인 것처럼 포장하는 역할을 해 왔는지도 모른

다. 실제로 메이지 시대와 그 이전에 초석이 놓이기는 했어도, 일
본 근대의 성착취 산업은 그 규모에서나 산업화와 다변화된 성
격에서나 선례가 없었다고 해도 좋다.

다이쇼 시대의
성착취 호황

다이쇼 시대가 되자 엄청난 수의 남자들과 어마어마한 돈
이 도시로 유입됐다. 성착취 업자들은 소비자 기반 확대를 기회
삼아 한몫 잡을 준비가 되어있었지만, 그러기 위해서는 더 유연
한 사업 운영 방식이 필요했고 성착취를 상업적 주류로 편입시
켜야만 했다(즉 "노골적인 매매춘의 발전"이 필요했다).[51] 결국 기존
의 '공창' 업소 모델은 새로 나타난 '카페'에 인기가 밀렸다. '카
페' 업소는 운영하기에도, 이용하기에도 훨씬 쌌기 때문이다.[52]
후지노는 '카페 여급' 고용에는 나이 제한이 없었기 때문에 포
주들이 미성년자 성착취로 돈을 두둑이 벌 수 있었다는 점을 지
적한다(다이쇼 시대 중후반에 가서 여러 일본 지자체가 미성년자 성착
취를 금지하는 조례를 통과시키기는 했다).[53] 주로 이런 이유로 다이
쇼 시대 일본의 성착취 산업은 '게이샤' 업소, '카페' 업소, '요리
점'('인쇼쿠텐飮食店') 업소, 온천 지역의 '여관'('료칸旅館') 업소, '당

구장' 업소와 '댄스홀' 업소를 포함해 다양한 업종으로 다변화를 이룩했다.[54]

이해할 수 없지만, 역사학자들은 이런 성착취 산업 다변화를 보면서 여자가 더 나은 조건에서 성착취당하게 되었다든지, 아니면 다이쇼 시대에 덜 해로운 성착취가 개발되었다고 해석한다. 이런 분석은 성착취의 해악이 성착취 관습 그 자체가 아니라 성착취를 둘러싼 환경에서 나온다고 여기는 자유주의적 편향으로도 이해할 수 있다. 물론 세계적으로 성착취 피해자는 참전 용사보다도 외상 후 스트레스 장애(PTSD) 경험률이 높으며, 심지어 피해자가 이전에 경험한 아동기 성폭력이라는 변수의 영향을 제외하더라도 결과는 마찬가지다.[55] 다이쇼 시대 성착취 산업 다변화를 진전으로 보고 미화할 것이 아니라, 이를 성착취 산업의 확장과 남자의 성착취 수요 폭증을 보여주는 증거로 이해하는 게 더 정확할 것이다. 역사학자들은 일반적으로 다이쇼 시대 성착취 산업이 폭발적으로 성장했다는 사실은 논의하지 않는다. 이미 '카페' 등 '다변화'된 성착취 업소는 여자의 성착취를 중개하지는 않았다는 고정관념에 사로잡혀 있기 때문인지도 모른다.

실제로 남성 성착취 수요 폭증에 맞추기 위해 이 시기 일본 성착취 산업은 경영 개편에 돌입했고, 1920년대가 되면 잘 조직되어 자원 공급이 순조롭게 이루어지게 됐다. 물론 성착취 산업은 20세기 초입부터도 일본에 확실히 자리를 잡은 상태였다. 1900년 전국적인 규정인 「창기취체규칙娼妓取締規則」이 도입되

면서 '합법' 성착취 업소인 '공창'이 운영됐고, 19세기 중반부터
는 일본 여자를 아시아·태평양 전역 성착취 업소로 인신매매하
는 네트워크가 조직됐으며(4장 참고), 20세기 초에는 벌써 성착
취가 사회 지도층 남자들의 사업적, 정치적, 군사적 거래에 깊게
스며들어 사회적으로 용인됐다. 역사학자 나카무라 자부로는 그
래도 일본 역사상 다이쇼 시대만큼 "저속한" 시기는 없었다고 말
한다.[56] 다이쇼 시대 초반에는 '공창'이 아닌 비전형적 성착취 집
결지가 일본 전역에 700곳에 달했고[57] 1924년 기준 도쿄에만 '카
페' 등 유사 업소가 24,589곳이었다. 이는 바로 전해 간토 대지
진으로 업소 대부분이 불에 타 무너졌다는 사실에 비춰볼 때 놀
라운 숫자가 아닐 수 없다.[58] 고작 3년 후인 1927년 '공창' 성착
취 업소에 억류된 여자는 50,056명, '게이샤' 업소에 억류된 여
자는 80,086명, '카페', '요리점' 등 유사 업소에서 성착취당하는
여자는 101,032명에 달했다.[59] 1925년 일본 인구는 총 5,900만
명, 그중 49%가 여자인 와중에 전국적으로 23만 명의 여자가 성
착취당한 것이다. 따라서 1924년 일본에서 남자 599명당 여자
1명이 성착취당했으며, 여자 593명 중 1명꼴로 성착취 피해자가
되었다는 게 후쿠미의 계산이다.[60]

일본 다이쇼 시대 성착취 산업 다변화와 확장을 생각하면,
당시 '공창'이라는 이름의 '합법' 성착취 업소에 속했던 여자들이
이전에 다른 종류의 업소 경험이 있는 경우가 많아 "가족과 막
떨어진 신규 유입자"는 적었다는 셸던 개런의 함축적인 주장은

틀리지 않을 것이다. 구사마 야스오는 1921~1922년 시행한 연구를 인용하는데, 이 연구에 따르면 요시와라 '합법' 성착취 집결지로 팔려 온 여자 681명 중 91명이 '게이샤' 업소 출신이었다. 그중 301명은 '카페' 등 유사 업소에서, 131명은 '불법' 업소에서 팔려 왔다.[61] 전체적으로 볼 때 조사에 참여한 여자 중 76% 이상이 '카페' 업소 혹은 '게이샤' 업소에서 성착취당한 경험이 있었다. 개런은 이런 수치가 여자의 힘 키우기와 주체성을 드러내 준다고 믿는 듯하지만, 구사마에 따르면 여자들을 '공창' 성착취 업소로 밀어 넣은 건 주로 다른 종류의 업소에서 쌓인 빚이었다.[62] '공창' 업소건 '게이샤' 업소건 '카페' 업소건 똑같이 선불금이 여자를 덫처럼 옭아맸다는 사실은 구사마의 다음 서술을 통해 확인할 수 있다. "'공창'이 아닌 업소의 여자들도 똑같이 '게이샤' 업소에서 흔히 보이는 구식 체계에서 빠져나가지 못했다…'합법' 성착취 업소는 [여자들이 빚을 갚고 나가도록 하는 면에서] 아직도 개선이 이루어지지 않았다."[63] 다이쇼 시대 성착취 산업의 가파른 성장을 떠받치려면 선불금 같은 장치로 여자를 옭아매지 않을 수 없었다. 충분한 숫자의 여자를 안정적으로 조직해 성착취 체계를 굴리지 않았다간 일본 남자들 사이에서 빠르게 확산 중이던 성착취 수요를 놓쳐버리는 격이었다. 그러나 그보다도 전에, 여자를, 심지어 여자 청소년을 인신매매해 이곳저곳으로 옮기고 필요한 곳에 공급하는 체계가 개발되어야만 했다. 인신매매 공급사슬은 성착취 산업의 토대였다.

인신매매:
다이쇼 시대의 성착취 공급사슬

인신매매가 "성착취 공급 사슬"에 필수라고 했던 쉴라 제 프리스의 지적을 따른다면, 다양한 성착취 업소에 그렇게 많은 수의 여자를 공급하고 조직했던 다이쇼 시대 일본에는 고도의 인신매매망이 존재했을 가능성이 크다.[64] 그리고 당시 활발했던 인신매매 활동에서, 여자를 어릴 때부터 '카페' 같은 성착취 업소로 유입되게 만드는 단단한 산업적 기반이 갖춰져 있었음을 읽을 수 있다. 이런 산업적 기반으로 미뤄볼 때, 많은 역사 문헌이 은근히 암시하는 것처럼 여자 개인의 섹슈얼리티가 성착취 거래의 원동력이었다는 주장은 설득력이 떨어진다. 실제로 다이쇼 시대 일본의 일부 지자체는 여자를 '게이샤' 업소로 인신매매하는 '중개' 산업을 합법화했는데, 구사마 야스오에 따르면 1930년 기준 '합법' 소개업자가 3,000명에 달했다. 구사마는 이들 손에 매년 최소 4만 명의 여자가 성착취 산업으로 인신매매됐다고 전한다.[65] 그러나 이런 엄청난 공급량조차 수요를 따라가지 못했다. 포주("번화가의 자본가")가 요청하는 인신매매 수는 매년 7만 건을 상회했기 때문이다.[66] 이에 더해 구사마는 이런 수치는 '합법' 소개업에 국한되어 '불법' 소개업자가 주도한 인신매매가 빠져 있다는 점을 분명히 한다.[67] 후지노에 따르면 1930년이 되자 전 세계적 공황이 일본을 덮치면서 일본 북부 지방에서 여성 청년과 청소년의 인신매매 비율이 높아졌고, 이들 대부분은 '공창'이라는 이름의 '합법' 성착취 업소가 아니라 '게이샤' 업소와 '술집' 업소 등으로 향했다. 당시 일본 내무성은 인신매매가 벌어지고 있음을 알았고 소개업자들이 빈곤한 농촌 지역을 돌며 여자를 모집하고 있다는 사실도 인지했지만, 지자체가 알아서 직접 해결할 것으로 믿고 아무런 조치를 취하지 않았다.[68]

일본 경찰 관료 출신인 요시다 히데히로는 1999년 글에서 불법 소개업 활동에 관련된 경험을 묘사했다. 글에 따르면 1920년대 도쿄에는 농촌에서 막 상경한 여자 청소년들을 불법 성착취 업소로 끌어들이는 역할을 하는 인력거꾼이 1,000여 명에 달했다. 인력거꾼들은 특히 우에노역 주변에 진을 치고 있다가, 농촌 출신처럼 보이는 여자 청소년을 발견하면 저렴한 숙소로 안내해 주겠다고 꼬드겼다. 그리고 나서 이들을 교묘하게 속여 기모노를 사게 해 빚을 지게 하거나, 고향에 계신 부모에게 딸 된 도리로 돈을 부치려면 성착취 업소에 들어가야 한다고 권했다.[69] 어떤 소개업자들은 직접 농촌으로 가서 공장 일을 소개해 준다며 여자 청소년들을 모집해 도쿄로 데려온 후, 이들을 불법 성착취 업소로 팔아넘길 다른 소개업자에게 넘겼다. 요시다는 특히 다이쇼 시대 도쿄 성착취 집결지인 다마노이와 가메이도에서 성착취되던 여자들 대부분이 이런 방식으로 속아 들어왔다고 적고 있다. 그러면서 1923년 도쿄의 한 신문에 실린 우에노역 근무자의 편지를 인용한다. 이 편지는 우에노역에서는 남자 두세 명이

15~20세인 여자 청소년 15~16명을 데리고 열차에서 내리는 모습을 "매일 같이" 볼 수 있다고 고발한다. 편지 작성자는 이 남자들이 철도회사의 "고객"이기 때문에 자신이 취할 수 있는 조치가 없지만, 그래도 "이들이 나쁜 일을 하고 있다고 생각한다"라고 한탄한다.[70] 김일면은 소개업자들이 회중시계 여러 개를 코트에 건 채 농촌을 방문해 시계장수나 약장수 행세를 했다고 설명한다.[71] 1929년 경제 위기가 닥쳐오고 1934년 일본 북부지방에 대흉작이 들면서, 여자들은 인신매매 업자와 소개업자가 벌이는 수작에 한층 더 취약한 상태가 되었다. 농민 운동가 아오키 게이치로는 370가구가 사는 아키타현의 한 산골 마을을 방문했을 때 이미 200명의 여자아이와 청소년들이 소개업자에게 팔린 상태였다고 말한다. 개중에는 고작 10살밖에 되지 않은 아이들도 있었다.[72]

다이쇼 시대 후반으로 접어들면서, 특히 경제 대공황 시기에 성착취 피해자를 성공적으로 공급한 장치가 바로 딸을 계약 노예로 넘기는 대가로 가족에게 돈을 빌려주는 것이었다. 램지어는 이 과정이 법적 계약을 통해 생산적으로 이루어졌다고 평가하지만, 많은 부모가 돈을 추가로 빌려 딸이 성착취당하는 계약 기간을 늘렸으며, 딸을 아예 포주에게 팔아넘겨 버리는 부모도 있었다는 사실은 언급하지 않는다.[73] 딸의 계약 만료 기간이 다가오면 직접 포주를 찾아가 돈을 더 빌리는 부모까지도 존재했다.[74] 1980년대 초 다니카와가 면담한 다이쇼 시대의 한 포주는 25세 나이로 자살한 성착취 피해자의 사례를 기억한다. 이 피해자의 아버지는 성착취 업소로 찾아와 딸 이름으로 돈을 더 타간 후 그 돈으로 곧장 가까운 업소로 가서 다른 여자를 성착취했다고 한다.[75] 이처럼 빚은 다이쇼 시대 성착취 산업에 여자를 묶어 두는 데 꼭 필요한 도구였으며, 일본 여성 인구의 상당 부분을 '공창' 업소, '카페' 업소 등 민간 성착취 산업을 구성하는 여러 업소로 유입시키는 인신매매 제도의 핵심이었다.

하야카와 노리요의 설명에 따르면 포주가 높은 이율을 적용하고 각종 명목으로 비용과 벌금을 물리다 보니 피해자는 흔히 계약 시작 시점보다 더 많은 빚을 진 채 계약이 만료되곤 했다.[76] 온갖 행동에 벌금을 물렸고(예를 들어 성착취남과 있다가 잠이 들면 벌금이었다), 하늘 아래 모든 게 다 비용이었다(일례로 사계절마다 옷 입는 스타일을 바꿔야 한다고 복장비를 걷었다).[77] 구사마는 기존 빚에 더해지는 비용으로 복장비, 화장품비, 결근비, 병원비, 문구비, 가구비, 침구비를 나열한다.[78] 다니카와는 당시 성착취 집결지 근처에서 전당포를 운영했던 사람과도 면담했는데, 전당포 주인은 여자들이 모르핀을 사려고 돈을 빌리곤 했다며 "중독자가 많았다"라고 기억한다.[79] 이 역시 피해자들에게 상당한 비용으로 다가왔을 것이다. 후쿠미 다카오는 1920년대 말 일본 성착취 산업 전 부문에 걸쳐 억류된 5,000명 이상의 여자들을 조사한 결과 대다수가 포주에게 빚으로 묶여 있음을 확인했다.[80] 이에 더해 후쿠미는 빚이 여자가 성착취 산업을 나가지 못하도록 묶어 두는 주요한 요인이었다고 피력하면서, 노예 계약에 기한이 있었다고 한들 포주가 "각종 방법을 동원해 상환을 늦췄기" 때문에 기한이 지켜지지 않았다고 지적한다.[81] 모두 램지어의 분석과는 상충하는 지점이다. 구사마의 글에 등장하는 사례를 보자. 1915년 요시와라 집결지에 들어와 3년 10개월을 보낸 피해자는 계약 기간이 끝나도록 선불금의 14%밖에 갚지 못했으며, 1916년 요시와라 집결지에 들어와 3년 1개월을 보낸 피해자도 선불금 28% 상환에 그쳤다.[82]

| 미성년자 성착취

노예 계약은 일본 다이쇼 시대 성착취 산업으로 인신매매된 피해자 중 미성년자 비율을 높이는 데 크게 기여한 공급 전략이었다. 미성년자 피해자들은 주로 '공창' 업소보다는 상대적으로 규제가 덜한 '카페' 업소, '게이샤' 업소 등으로 유입됐다. 1926년 기준 도쿄도 '요리점' 업소에서 성착취되던 피해자 중 53%가 18세 이하였고, 그중 5%는 14세 이하였다.[83] 구사마가 인용한 1927년 일본 내무성 조사에 따르면 도쿄 '게이샤' 업소에 억류된 여자 중 14세~17세 사이가 17%였으며[84] '카페' 업소 성착취 피해자도 미성년자 비율이 비슷했다. 1926년 오사카와 도쿄에서 '카페 여급' 2,585명을 조사한 결과 그중 18세가 13%, 17세가 8%, 16세가 3%, 14세가 4%였다.[85] 구사마는 일본 성착취 산업에서 미성년자 비율이 이렇게 높았던 이유를 두 가지로 추정한다. 첫째로는 일본 지자체가 열여섯 살만 넘으면 '카페' 업소에서 일할 수 있도록 허가했던 것, 둘째로는 '게이샤' 업소가 예술 '수련'이라는 핑계로 합법적으로 미성년자를 받을 수 있었다는 것이다.[86]

중일/태평양 전쟁 전 일본의 민간 성착취 산업이 여자 청소년을 인신매매해 굴려갔다는 역사적 사실은 이후 '위안부' 제도의 발달과 무관하다고만은 할 수 없다. 4장에서 다루듯, '위안소'로 인신매매됐던 일본 여자 대다수는 이미 성인이 된 상태였지만 이들은 거의 예외 없이 아동·청소년기부터 민간 성착취 산업에서 성착취되어 온 경험이 있었다. 특히나 '게이샤' 업소에서 '위안소'로 인신매매된 여자의 경우 백발백중이었다. '게이샤' 업소는 입적이라는 제도를 피해자 모집의 중심축으로 삼았기 때문에 미성년자 성착취가 특히 극심했고, '위안소'로 인신매매된 일본 여자가 성착취를 처음 겪은 곳도 '게이샤' 업소일 때가 많았다.

'게이샤' 업소(그리고 일부 '카페' 업소나 '공창' 업소)[87]는 부모들에게 딸을 빼앗아와 업주의 호적에 올리곤 했다. 이때 부모는 보통 딸이 수년간 예술적, 문화적 수련을 받게 된다는 소개업자의 꼬임에 넘어가 딸을 넘겼다. 간자키의 설명에 따르면 '게이샤'

숙소, 소위 '오키야置屋'의 업주는 부모나 소개업자에게 돈을 지급하고 여자 아동 또는 청소년을 입적할 권리를 사는 식으로 이들을 인신매매했다. 아동은 보통 '오키야'에서 잡일을 하며 지내다가 열네 살쯤 되면 그때부터 '요정' 같은 외부 장소로 불려 나가 남자 옆에서 시중들며 성착취당했다. 간자키는 '요정'을 "만찬 시설을 보유한 성착취 숙박업소"라고 설명한다.[88] '게이샤' 피해자들은 '오키야'에서 업주('오카미女将')의 통제 아래 살아야 했으며, 이들이 인정사정없이 감시자 역할을 했다는 증언도 상당하다. 입적 제도 덕분에 '게이샤' 업주들은 '공창' 업소나 '카페' 업소보다도 더 어린 나이의 아동을 모집할 수 있었으며, 빚을 통한 노예 계약이나 인신매매를 금지하는 법도 회피할 수 있었다. 간자키의 설명에 따르면 입적이라는 피해자 모집 도구로 인해 '게이샤' 업소의 여자 청소년들은 "법적 보호자인 업주의 손아귀에 꽉 잡혀 상상할 수 없는 인권 침해"를 감내해야만 했다.[89]

나중에 전쟁이 일어났을 때 '위안소'를 채운 성인 일본 여자가 바로 이들이기도 하다. 아동기부터 수년간 성폭력에 노출되어 온 이들의 취약성과 순응성이 어쩌면 전시 성노예 제도를 개발하던 일본군에게 쓸모가 있었을지 모를 일이다. 현대 의학 문헌에서 아동 성착취 피해자가 겪는다고 설명하는 피해를 이들은 이미 겪은 상태였다.

예를 들어 이들은 "골절과 멍, 생식 기능 이상, 간염, 성 전파성 질환…우울증, PTSD, 자살 사고, 자해, 강한 죄책감과 수

치심을 포함한 심리적 고통"을 겪었다.[90] 이들은 '위안소'에서
1년만 있으면 민간 성착취 산업에서 쌓은 빚을 탕감받을 수 있다
는 사탕발림에 속아 인신매매된 경우가 많았다.[91] 군 성착취 업
소에서 조금만 지내면 아동기에 들어온 성착취라는 세계를 완전
히 탈출할 수 있으리라고 이들을 속인 것이다. 니시노 루미코는
일본군이 이런 수작에 핵심적인 역할을 했다고 지적한다.

> 가해자들이 책임을 회피하는 수법 중에는 성착취 피해자들
> 이 '위안소'로 가기로 '선택'했으니 이들을 '위안소'에 억류해
> 도 아무런 문제가 없었다고 시사하는 것이 있다. 그러나 일본
> 군이 노예 계약 빚 탕감이나 선불금 지급에 필요한 자금을 지
> 원한 만큼 여자를 성착취 산업에서 '위안소'로 인신매매하는
> 과정에서 일본군의 책임은 더없이 명확하다.[92]

군 업소 성착취 경험을 통해 민간 성착취 산업을 탈출한 일
본 여자가 없지는 않았고[93] 이에 따라 '위안소'에서의 경험을 상
대적으로 긍정적으로 평가하는 일본인 생존자도 두엇 존재한다.
예를 들어 시로타 스즈코는 1980년대 인터뷰에서 전시 군 성착
취 경험이 그렇게 나쁘지 않았다고 묘사한 바 있다.[94] 그러나 히
라이 가즈코의 아래 지적처럼, 이들이 정말 그렇게 느꼈다면 '위
안소'로 가기 전 일본 민간 성착취 산업에서 대체 어떤 경험을 했
던 건지 곰곰이 생각해 봐야만 할 것이다.

어떤 여자들은 '위안소'에서 보낸 시간을 긍정적으로 평가하는데, 살면서 처음으로 어떤 식으로건 '특별' 대우를 받게 됐다는 이유에서다. 여기에서 '특별' 대우는 다른 여자들이 병사에게 성착취당하는 동안 장교용으로 따로 떼어졌다는 정도다. 전쟁 전 민간 성착취 산업에서 이들의 삶이 얼마나 참담했을지 엿보이는 대목이 아닐 수 없다.[95]

만일 '위안소'가 일본 여자들에게 일종의 피난처로 다가왔다면, 이들이 도망쳐 나온 세계가 어떤 식이었을지 상상이 되지 않는가? 니시노는 더 나아가 어디서 인신매매되었느냐는 관계없이 여자들이 '위안소' 억류 중 겪은 피해에 관심을 집중해야 한다고 설명한다.

가난 때문이건, 가부장제 때문이건, 국가가 허가한 '합법' 성착취 제도 때문이건, 이들 피해자는 자유로운 선택을 할 능력을 탈취당했고, 이들에게 '위안소'는 민간 성착취 제도의 연장선이었다. 따라서 우리는 '위안소' 제도에서 갈려 나간 여자들의 '피해자성'을 평가하려 들 것이 아니라 '위안소' 제도가 이들에게 가한 폭력과 인권 침해, 모멸을 따져 물어야 할 것이다.[96]

| '게이샤' 업소의
| 성착취

다이쇼 시대 사회주의나 기독교를 바탕으로 사회 운동을 편소수의 운동가는 여자가 성착취되는 환경에 대해 잘 이해했고, '게이샤' 업소에 관련해서도 이들의 통찰은 빛났다. 이들은 '게이샤' 산업이 엘리트 예술과 관련되어 있다는 이유로 부당하게 이데올로기적 보호를 누리고 있다고 생각했다. 1915년 마스토미 마사스케는 "현재 '게이샤' 제도에 매인 여자들이 시라뵤시[일본 중세의 여성 무용수]의 후예라고 포장하며 이들이 처한 환경을 미화하는" 자들을 비판했다.[97] 마스토미는 이런 "'게이샤' 필요론자"는 그저 남성 엘리트 계층용 성착취 제도로서 '게이샤' 산업을 보호하려고 "찬미론"을 펼 뿐이라고 봤다.[98] 그러면서 '게이샤' 제도에 묶인 일부 여자들이 기예를 선보일지는 몰라도 "오늘날의 '게이샤'는 일반적으로 '공창' 피해자가 그저 이름만 바꾼 것"이며 "이들은 메이지 시대[1868~1912] 시작 전에는 소위 '홍등가'라는 이름의 성착취 집결지에 매여 있었다"라고 주장한다.[99] 마스토미는 "'홍등가' 방문이 낯부끄러워진" 일본 남성 지도층이 '공창' 피해자가 '게이샤' 업소로 옮겨지도록 조장했다고 본다.[100] 마스토미가 언급하는 "낯부끄러움"은 다이쇼 시대 들어 일본 남자의 성착취 행위를 비판하는 압력이 강해졌다는 사실을 말하는 듯하다. 예를 들어 국제 연맹의 한 위원회는 일본의 성착취 업소가 여자를 노예 삼고 있다고 비판을 가했다. 반면 '게이샤' 산업은 성착취남의 철저한 사생활 보호로 악명이 높았다.

이 책 개요에서 설명했던 일본인 '위안소' 생존자 시로타 스즈코의 1971년 전기에서는 그가 17세였던 1938년 '게이샤' 업소에서 성착취당한 경험이 괴롭도록 생생하게 그려진다. 그날은 시로타가 성착취당한 첫 밤이었다. 성착취남은 시로타가 아직 남자에게 삽입당한 적이 없다는 이유로('처녀'라는 이유로) '게이샤' 업주에게 추가금을 얹어줬다. 성착취남은 60세의 의료 기기 제조사 회장으로, 사업 상대를 접대하는 연회가 끝난 후 연회에 참석했던 시로타를 '게이샤 요정'의 뒷방에서 성착취했다. 시로타는 성착취남이 돈을 주고 그를 착취할 권리를 샀다는 사실을 몰랐고, 성착취남이 무슨 짓을 할지도 이해하지 못했던 것으로 보인다. 성착취남이 그에게 옷을 벗으라고 하자 그는 거부하면서 가고 싶다고 말했다. 그는 실제로 방을 떠나려고 해 봤지만, 문은 잠겨 있었다. 성착취남은 결국 의도했던 대로 시로타를 강간했고, 그 과정은 지독히 폭력적이었던 듯하다. 그는 기모노가 "갈기갈기 찢겼다"라고 적었으며 질에서 피가 너무 많이 나서 성착취남은 '요정' 주인을 불러 방을 치우라고 할 수밖에 없었다. 그렇게 달려온 '요정' 주인은 성착취남이 지나치게 폭력적이었던 걸 시로타 탓으로 돌리며 훈계했다. 시로타는 그날 밤 강간으로 인해 성병에 걸려 몇 달간 병상 신세를 져야 했다. 그리고 시로타가 회복하자마자 오키야의 업주는 시로타를 '공창' 업

소로 팔아넘겼다.[101]

영어로도 번역된 마스다 사요의 자서전 『'게이샤', 고투의 반생애苦鬪の半生涯』에서도 2차 세계 대전 이전 '오키야'로 인신매매됐던 여자아이의 삶이 비슷하게 그려진다. 마스다는 전쟁 전 12세의 나이로 '오키야'로 팔렸고, 20대 중반에 이를 때까지 '오키야' 안팎에서 성착취당했다.[102] 마스다는 성착취당하는 동시에 심각하게 다치기도 했다. 그는 같은 '오키야'에 묶였던 여자가 시름시름 앓다가 죽는 것도, 친구가 자살로 생을 마감하는 것도 직접 목격했다. 그는 친구가 목숨을 끊도록 몰아간 성착취남에게 분노에 차서 이렇게 쓴다. "'게이샤'도 칼에 베이면 아프다. 붉은 피가 나온다. '게이샤'라고 냉혈동물이 아니다. 저 남자는 우리가 원해서 '게이샤'가 됐다고 생각하나? 우리가 좋아서 이 짓을 하는 줄 아나?"[103] 마스다는 자서전 여러 곳에서 '게이샤' 업소에 묶인 여자에게 남자가 가한 폭력을 기록해 놓았다. 아래의 묘사는 그중 하나로, '요정'으로 파견된 '게이샤' 피해자들이 일상적으로 겪는 상황이었다.

남자 무리, 예를 들어 젊은 남자 세 명이 '게이샤'를 부른다고 하자. "전시회 날이다!" 아니면 "산부인과 놀이 하자!"라고 하면서 손으로 둥둥 북을 치며 '게이샤'의 오비를 푸르기 시작한다. 세 명이 전부 그에게 달려들어 움직이지 못하게 잡아 누른다. 그러곤 그중 한 명이 '게이샤'에게 극도로 수치스러운 짓

을 하려 한다. '게이샤'는 도와달라고 비명을 지른다.[104]

이런 식으로 다이쇼 시대 일본 성착취 산업의 한 축이었던 '게이샤' 업소에서 여자들이 겪은 성폭력을 까발리는 글은 사실 찾기가 그리 쉽지 않다. 역사 문헌, 특히 영어로 된 역사 문헌은 '게이샤'를 낭만화하는 경향이 있기 때문이다. 제한적이기는 하나 위에 인용된 일화들은 일본인 피해자들이 '위안소'로 인신매매되기 전 어떤 참혹한 세계에서 성착취당했는지를 엿보게 해준다. 이어서 '공창'이라는 이름의 '합법' 성착취 업소에서 벌어진 일화를 살펴볼 것인데, 민간 성착취라는 세계를 들여다볼수록 이후 나타난 전시 군 성노예제와 그 극악무도함이 별반 다르지 않다는 점이 분명해질 것이다.

다이쇼 시대 '공창' 피해자의 경험

일본이 전쟁을 일으키기 직전의 성착취 산업을 가장 포괄적으로 다룬 기록은 역사학자 다니카와 미쓰에의 책이다. 다니카와는 1980년 처음으로 삿포로의 '합법' 성착취 집결지에서 피해 입은 여자들을 조사하기 시작했다. 성착취 집결지에서 피해자들과 일했던 미용사를 면담하고 나서였다. 다니카와가 '공창' 집결지에 대한 정보를 접한 건 순전한 우연이었다. 전쟁 전 홋카이도의 전통식 머리 손질 산업을 조사하려고 만난 미용사와 면담을 하다가, 미용사가 들려준 이야기에 큰 충격을 받아 이 문제에 관심을 두게 됐다. 이후 다니카와는 4년에 걸쳐 전쟁 전의 '공창' 집결지와 관련된 인물 25명을 면담했다. 여기에는 성착취 피해자뿐만 아니라 포주와 성착취남도 포함되어 있었다. 그는 1984년 출간된 책에 이 인터뷰를 수정이나 가감 없이 실었으며, 이는 다이쇼 시대 일본의 '공창' 업소에서 여자들이 어떤 취급을 받았는지 알려주는 보기 드물 정도로 자세한 기록이다. 조사 주 대상이 된 '공창' 성착취 집결지는 1869년 홋카이도에 정착하러 온 이주민을 위해 문을 연 곳이다. 당시 이주민은 대부분 남자였다. 이 집결지는 50년간 성행했다. 1872년 기준 삿포로 인구는 916명에 불과했는데도 30개 업소가 300명의 여자를 억류하고 있었고, 업소 수는 1940년대까지 유지됐다. '공창' 업소에 억류된 여자들은 대부분 북방의 가난한 농어촌 마을 출신이었다. 당시 일본의 모든 '공창' 집결지에서 그랬듯, 여자들은 집결지를 자유롭게 벗어날 수 없었다.[105]

이번 장의 나머지 부분에서는 다이쇼 시대 삿포로 집결지 관련인들이 다니카와와 인터뷰하며 들려준 증언을 바탕으로 '공창' 집결지에서 여자들이 어떤 삶을 살았는지 자세히 전달하려 한다. 다니카와의 책에 실린 많은 증언 중에서도 14년에 걸친 다이쇼 시대와 전쟁이 시작된 쇼와 시대 초에 국한된 증언을 선별해 소개할 것이다. 나는 증언을 거의 편집하지 않고 요약만 해서 실었다. 『강제로 끌려간 조선인 군위안부들』이나 『중국인 '위안부': 일제 성노예의 증언Chinese comfort women: Testimonies from imperial Japan's sex slaves』 같은 일본군 '위안소' 증언집을 읽을 때처럼 이 일화들을 읽어나가기를 바라는 마음에서였다.[106] 과거의 일이건 현대의 일이건 민간 성착취 피해자의 증언에는 '위안소' 피해자 증언집이 쌓아 올린 피해자를 존중하는 읽기 방식이 허락되지 않을 때가 많다. 필자나 다니카와 같은 개인은 이들의 이야기를 마주하고 기록하며 참담함이 일지 않을 수 없는 데도 말이다. 다니카와가 이들의 이야기를 접하고 연구를 시작했듯, 이 책도 사실은 다니카와가 전달한 증언에서부터 출발했다. 따라서 그 무게와 중요성이 이 책을 읽는 독자들에게도 비슷하게 전달되기를 깊이 염원할 뿐이다. 다니카와의 작업은 민간 성착취에 묶인 여자들의 삶을 기록했다는 점에서 흔치 않은 성과다. 1920년대까지 거슬러 올라가 봐도 특정 시기에 대한 성착취 피해자 증언집은 영어로나 일본어로나 찾아보기 힘들다. 그의 작업을 좋은 선례로 삼아, 앞으로 세계 전역에서 지금껏 '위안부' 정의 운동이 해온 것과 비슷한 방식으로 민간 성노예제에 묶였던 여자들의 삶을 탐구하는 생존자 증언 연구가 활발해지기를 바란다.

다이쇼 시대
민간 성노예제 생존자의 증언

성착취 집결지로 들어오는 입구 바로 옆에는 경찰서가 있었고, 여자들은 경찰의 허가가 떨어져야 입구를 통과할 수 있었다. 자신을 억류하고 있는 포주의 사전 허가가 필요함은 물론이었다. 탈출 시도는 극심한 구타로 이어졌고, 경찰이 업주를 대신해 탈출을 감행한 여자를 잡아다 주곤 했다.[107] 집결지 근처에 살았던 한 여자는 다니카와에게 "절대 잊을 수 없는" 기억을 털어놓는다. 1931년이나 1932년이었는데, 24~25세쯤 되어 보이는 여자가 맨발로 대낮의 공공 도로를 황급히 뛰어오고 있었다. 손에는 나막신을 들고 계속 어깨너머로 뒤를 돌아보는 채였다. 머리와 기모노는 풀어 헤쳐져 있었다. 그리고 전통 복식을 한 50대 남자가 그 뒤에서 "천천히 걸어오고" 있었다. 포주인 듯했다. 증언자는 남자가 "쥐를 잡으러 온 고양이" 같았다고 기억한다. "너무 무서워서 한 걸음도 뗄 수 없었습니다." "여자는 마을을 나가려고 북쪽으로 도망가고 있었지만, 어떻게 됐는지는 모르겠습니다⋯집결지 쪽에서 왔으니 성착취 피해자였을 것으로 추측합니다."[108] 다니카와의 책에는 다른 비슷한 증언도 실려 있다. 50년간 집결지 근처에서 살아온 여자 증언자는 본인이 국민학교 1학년이었던 1940년 두 명의 여자가 맨발로 자기 집 뒷마당 오솔길을 따라 달려오고 있는 모습을 봤다고 했다. 증언자는 그중 한 명이 업주에게 붙

잡혔고 도와달라고 소리를 질렀다고 회고한다.[109]

집결지 경찰서에서 3년간 순사로 근무한 남자는 다니카와에게 포주들이 "지독했다"라고 설명하면서, 포주들이 미성년자 피해자를 "입적"시키기도 했다고 기억했다.[110] 남자에 따르면 삿포로 출신 피해자는 거의 없었고, 대부분이 청어가 더는 잡히지 않게 된 북방 어촌 출신이었다.[111] 이 증언자는 매주 있는 성병 검사에 참석할 때도 있었다(맡겨진 임무는 아니었지만, 가끔 위생국이 참석을 요청하기도 했다고 한다). 성병 검사에는 간호사는 없었고 의사 한 명과 결과를 받아 적는 사람이 다였다.[112] 남자는 다니카와에게 병원에서 봤던 많은 여자의 참혹한 건강 상태를 동정 어린 말투로 묘사한다. "어떤 여자들은 너무 많은 남자에게 당하느라 생식기 주변이 '보라색'으로 변해 '진물'이 났다." "한 여자는 하룻밤에 남자 30명에게 당하고 다음 날 걷지도 못했다." "의사가 여자에게 괜찮겠냐고 묻자, 여자는 그저 빚을 갚고 싶을 뿐이라고 답했다." 여자들은 성착취남이 나간 후 감염과 임신을 막기 위해 이산화망간 액을 질에 뿌리곤 했다.[113] 당시 일본의 '공창' 성착취 업소에서 남자들은 콘돔 착용 의무가 없었다.[114] 순사였던 증언자는 매독이 뇌까지 침범해 정신병에 걸린 여자도 있었다고 기억한다. 여자는 입원했지만, 당시 일본에서는 매독 치료제인 페니실린이 사용되지 않았기 때문에 병원에서 죽었을 가능성이 크다.[115] '공창' 집결지에 묶인 여자들은 성병이 심각하게 진행되는 경우가 많았는데, 성병으로 의무 입원 조치가 떨어지면 일을 할 수 없고 그러면 빚이 늘어나니까 감염을 숨기려고 기를 썼기 때문이었다. 증언자는 다니카와에게 여자들이 병원 의자에 한 줄로 앉아 검사를 기다리며 감염 사실이 조금이라도 감춰지기를 바라며 서로의 생식기를 천으로 닦아주는 광경이 "메스꺼웠다"라고 술회한다. 성병을 견뎌야 할지 아니면 입원해서 빚을 쌓아야 할지 딜레마에 빠진 여자들을 보며 안타까웠다고도 한다.[116] 증언자가 집결지 파출소에 근무한 3년간 제 손으로 목숨을 끊은 여자만 10명이었다.[117]

　다니카와는 해당 집결지 포주 조합의 행정 직원도 인터뷰했다. 이 증언자는 여자들이 전입 신고할 때(즉 처음 집결지 업소로 인신매매됐을 때) 경찰에 서류를 제출하는 일을 맡았기 때문에 성착취 피해자들의 인생에 관해 자세히 기억했다. 행정 직원은 이렇게 증언한다. "여자들은 대부분 국민학교를 졸업한 게 다였고 글을 쓸 줄 몰랐다. 이름만 겨우 썼다." "빚 없이 성착취 산업에 들어온 여자는 눈을 씻고 찾아봐도 없었다." "여자가 포주와 직접 고용 계약을 맺은 사례도 없었다고 단언할 수 있다. 전부 중개소를 통해 들어온 여자들이었다."[118] 이 증언자에 따르면 집결지로 오게 된 여자들은 전부 부모에 의해 팔렸지만, 집결지 업소에 직접 팔린 건 아니었다. '카페' 같은 다른 업소를 전전하며 빚이 감당할 수 없을 정도가 돼서 집결지로 인신매매된 것이었다. 다이쇼 시대 삿포로 집결지에는 300~340명 정도의 여자들이 붙잡혀 있었으나, 이중 삿포로 출신은 단 7명이었고 삿포로에서 태어

난 여자조차 도쿄나 오사카의 성착취 업소에서 있다가 다시 삿포로로 인신매매됐다.[119]

다니카와가 인터뷰한 한 삿포로 집결지 생존자는 1937년 18세의 나이로 집결지 업소에 발을 들여놓게 되었다고 한다. 어머니와 아버지 두 분 다 돌아가신 상태였다. 그는 그때쯤 군인들이 삿포로로 쏟아져 들어오기 시작했다고 회상한다. 다니카와 인터뷰에 따르면 이 생존자는 다른 업소를 거치지 않고 '공창' 집결지로 바로 인신매매된 듯 보이나, 그렇다면 그의 사례는 극히 드문 경우라 할 수 있다. 그를 처음으로 성착취한 남자는 다른 업소 포주였다.[120] 이후 그는 같은 업소에 묶인 다른 여자들로부터 성착취남을 대하는 방식을 "배우게" 됐는데, 그저 성착취남이 원하는 대로("손님 뜻대로") 해 주라는 가르침에 불과했다.[121] 그는 다니카와에게 본인의 경험을 말하면서 처벌이 두려워 어떤 성착취남도 거절할 수 없다는 데서 온 혐오감을 강조했다.[122] 그는 업소 "에이스"는 아니었는데도, 바쁜 토요일이면 17~18명의 남자에게 당해야 했다.[123] 이런 생활이 9년간 이어졌다. 그러던 중 그는 몸이 아파졌고 생식 능력을 상실했으며 임질로 세 차례 입원했다. 그중 한 번은 무려 한 달 반이나 병원 신세를 져야 했다.

1936년부터 집결지에서 목욕탕을 운영했던 여자는 다니카와와 인터뷰하면서 성병으로 죽은 성착취 피해자를 여럿 봤다며, 업소에서 충분한 식량을 제공하지 않은 게 한몫했으리라고 추측했다.[124] 실제로 다니카와가 만난 증언자 중 몇 명은 포주들이 성착취남을 충분히 끌지 못한 여자에게는 먹을 것을 주지 않았다고 기억했다. 다니카와가 만난 전 포주도 성착취남을 끄는 데 실패한 여자에게는 난방을 넣어주지 않는 게 자기 전략이라고 했다.[125] 홋카이도의 혹한을 생각할 때 이는 피해자들의 건강에 너무도 위험한 일이었을 것이다. 삿포로 집결지에 아직도 업소가 15~16개는 남아있었던 1949년부터 구내식당에서 일한 직원은 그 전날 성착취남을 전혀 끌지 못한 여자들이 찾아오곤 했다고 기억한다. 이들은 외상으로 식사를 했지만 거의 예외 없이 모두가 외상 빚을 갚기 어려워했다.[126]

| 결론

다이쇼 시대의 정치·경제·문화적 '자유주의'는 전쟁 직전 일본 사회에 여성 인권을 포함한 여러 측면에서 진보적 변화를 불러왔다고 널리 해석되곤 한다. 역사학자 프레더릭 디킨슨은 전쟁이 잠시 멎었던 이 시기에 "평화적 문화의 활성화"가 이루어졌다고 설명한다.[127] 역사학자들은 다이쇼 시대 일본 '신여성'의 부상도 침을 튀겨가며 예찬한다. 성적으로 자유롭고, 남자와 '에로틱'한 관계 맺기를 주저하지 않으며, 적극적으로 그 관계에서 수익을 추구하는, 완전히 새로운 종류의 여자들이 나타났다는 식이다. 그러나 이들이 언급하지 않고 넘어가는 것은 같은 시대 일본 남자들의 성착취 구매율이 증가하고 성착취 산업이 더 높은 수익을 올리게 됐다는 사실이다. 혹은 이 사실을 언급하더라도 일본 여남 권력 관계에 '음침한 골짜기'가 생겨나고 있었다는 근거로서 인용하는 것이 아니라, 여자의 성적 해방 또는 '도시 문화' 같은 것에 이바지했다고 해석하곤 한다. 즉 성착취 산업을 여자의 의지와 자유 행사로 보지, 다이쇼 시대 일본 남자들이 성적 파시즘을 다진 발판으로 보지 않는다. 다이쇼 시대 일본 남자들이 진정 평화에 대한 의지를 품고 있었다고 해 보자. 그렇다 쳐도 이 평화는 이들이 여자 및 아동과 맺는 관계에까지는 적용되지 않은 것으로 보인다. 다이쇼 시대는 인신매매 업자, 소개업자, 포주, 업주 등이 여자를 성착취하려는 남자들의 수요를 충족시키기 위해 광범위한 연결망을 구축한 시대였다. 이렇게 성착취의 산업화가 이루어진 '저속한' 다이쇼 시대는 다른 역사적 시기와 비교해도 단연 여자에게는 평화롭지 않은 시대였으며, 남자들의 적대성과 폭력성을 부채질했기에 이후 쇼와 시대의 참사는 예견된 것이나 다름없었다.

　위와 같이 다이쇼 시대의 성 정치를 명확히 풀어내고 보면, 1930년대 '위안소' 제도가 개발된 역사적 과정에도 빛이 비친다. 다이쇼 시대는 여자가 힘을 키운 시기가 아닌, 일본 남자가 성적 권리와 자격 의식을 지독히 키워나간 시기라고 보는 게 더 정확

하다. 이 시기에는 여자를 성착취할 권리가 '평등화democratized'*
되었다. 마쓰구 미호가 처음으로 쓴 표현인데, 그는 다이쇼 시기
일본 중산층 남자들의 눈에 "'게이샤'를 하룻밤 성착취할 수 있다
는 건 평등화와 현대화를 상징하는 행위"[128]였다고 했다. "대량
생산"된 '게이샤'는 "사회적 불평등과 가부장적 성차별의 산물"
이지만 "남자들에게 평등이라는 환상을 제공"했다는 것이다. 다
음 장에서는 일본군이 민간 성착취 산업과 결탁해 성착취할 일본
여자를 동원하면서 이런 평등화 추세가 1930년대까지 이어졌다
고 주장하려 한다. 역사학자들은 전쟁 동안 일본 남자의 권리가
후퇴했다고 보지만, 다음 장은 다이쇼 시대 남자들의 성적 권리가
전쟁과 군국주의가 부상한 쇼와 시대 초기를 거치며 군 성착취의
형태로 강화 및 확대되었다는 점을 드러낼 것이다.

---

* 보통 '민주화'로 번역되는 용어지만 이 책에서는 성착취할 권리를 남자들 사이에서 "차별
없이 고르고 한결같이 되게 한다"라는 맥락에서 '평등화'의 사전 뜻에 가깝다.

민간 성착취의
군사화

오늘은 일요일이라 아침부터 병사들을 받느라고 바빴다.

어젯밤도 바빠 한숨도 자지 못했는데 오늘도 바빴다.

그러니까 24시간 동안 잠을 못 잔 거다. 너무 지친다.

이제야 찾아오는 병사 수가 줄고 있어서

방을 치우고 화장을 고쳐야 한다.

거울을 보면 귀신과 마주 본 듯하다. 계속 아프다.

그런데도 ['손님'을 맞으러] 가게 앞쪽으로 다시 나가야 한다.

선택권이 없다.

제대로 잠자리에 드는 건 내일 정오는 되어야겠지.

그럼 40시간 연속으로 일한 걸 텐데.

-1930년대 일본 민간 성착취 업소에 매여 있던 여자의 일기[1]

1920년대와 1930년대 일본 사회에 군국주의적 사고와 관습이 엄습한 과정은 잘 기록되어 있다. 일본은 1940년대 초는 되어야 완연한 국가 총동원 태세에 접어들었지만, 역사학자들은 그 이전부터도 일본군이 다양한 방식으로 일본 사회와 경제에 영향을 미치기 시작했다고 지적해 왔다. 대부분은 광범위하고 추상적인 영향—예를 들어 학교 교육이 점차 군국주의화 되었다든지—을 언급하지만, 일본군이 일본 사회의 여러 제도, 기관, 문화 관습을 탈취한 구체적인 사례도 존재한다. 이번 장 전반부에서는 이런 사례를 짚고 넘어갈 것이다.

그러나 1920년대와 1930년대 일본군의 민간 성착취 산업 장악은 영어로도 일본어로도 영 언급되지 않는다. 1930년대 민간 성착취 업소들은 장병 외출이 허락된 일요일마다 군인 요금 할인을 제공했다.[2] 이번 장을 연 인용문에서 보듯 업소가 장병들로 북적거렸는데도 말이다. 외출한 병사들은 민간 성착취 업소에서 차례를 기다리며 줄을 섰다. 한 병사는 당시 "공중변소를 이용하듯 줄을 섰다"라고 묘사하는데, 이런 풍경은 이후 일본군이 '위안소'를 이용할 때와 별반 다르지 않았다.[3] 스즈키 유코는 일본이 역사 깊은 '합법' 성착취 산업에서 얻은 "노하우"를 "백 퍼센트" 활용해 '위안소' 제도의 "정책과 구조"를 세웠을 거라고 본다. 그는 그러면서 군은 민간 성착취 업자들을 "최대한 활용했다"라고 덧붙인다.[4] 오노자와 아카네는 1938년 초부터 소개업자들이 군마, 야마가타, 고치, 와카야마, 이바라키, 미야기현에서 성착취 업소를 돌며 상하이 해군 '위안소'로 보낼 여자들을 찾기 시작했다고 쓴다. 일본 해군은 그런 방식으로 여자 3,000명을 구해달라고 요청한 상태였다.[5] 개전하고 몇 년이 지나 성착취 수요가 증가하자, 군은 일본 본토의 기존 민간 성착취 업소를 징발하는가 하면 일본에 민간 운영 '위안소' 건설을 지시하고 '게이샤' 업소를 군 전용 업소로 변경하도록 명령했다. 이번 장 후반부는 이렇게 일본 본토의 성착취 산업이 전시 '위안소' 제도가 운용되기 전은 물론이고 한창 운용되던 시점에도 일본군과 협조했다는 사실을 들여다볼 것이다.

이번 장은 민간 성착취와 일본 본토의 '평시' 성착취 산업이 전시 성노예제 설립에 얼마나 이바지했는지를 밝힐 것이다. 민간 성착취 산업의 역할은 단순히 나중에 입대하게 될 남자들 사이에서 성착취에 관대한 태도를 부채질하는 데서 그치지 않았다(물론 전쟁 전 성착취 산업의 확산과 정상화는 실제로 이런 결과를 낳았으며, 이 역시 이번 장에서 다룰 것이다). 요시미 요시아키의 아래 인용문에서 보듯 민간 성착취 산업은 '위안소'를 세우고, 운영하고, 이용하는 방식에 막대한 영향을 끼치기도 했지만, 이 역시 그 역할을 전부 담았다고는 할 수 없다.

> 군 '위안소'를 이용하는 병사들은 보통 비용을 치렀다. 그래서 병사들에게 군 '위안소' 방문은 일본이나 식민지의 민간 업소에서 여자를 성착취하는 것과 크게 다를 게 없었다.[6]

나는 민간 성착취 산업이 그보다도 더 구체적인 영향을 미쳤다고, 즉 일본군이 일본에서 시작해 해외에까지 '위안소'를 세울 수 있도록 기반시설과 운송망을 제공했다고 주장하려 한다. 민간 성착취와 전시 성착취의 이런 직접적인 연결고리는 '위안소' 제도를 다룬 그 어떤 글에도 거의 언급되지 않는다. 우리가 일본군 성노예제가 평시에 바탕을 뒀다는 전체 그림을 보지 못하는 것도, 일본 여자가 민간 성착취 산업에서, 그리고 이후 군 성착취 제도에서 겪었던 인권 침해를 이해하지 못하는 것도 나는 그 공백에서 나온다고 본다. 1930년대까지 일본이 이룩한 성착취 산업의 성장과 고도화가 전시 성노예제를 세우는 데 큰 도움이 되었다는 게, 다시 말해 다이쇼 시대 성착취가 '위안소' 건설에 단순히 이념적으로만 도움을 준 게 아니라 실질적이고 구체적 측면에서도 역할을 톡톡히 했다는 게 이번 장의 주장이다.

일본군의 민간 경제 및 사회 장악

일본군이 일본의 산업 통상 부문을 동원하기 시작한 건 러일 전쟁(1904~1905년) 때부터지만, 마이클 반하트는 1926년 일본 국회가 일본군의 내각 자원국 신설 요청을 승인한 것이 군이 국가를 장악하는 분수령이 됐다고 평가한다(내각 자원국은 "총동원 노력을 감독하는 임무를 맡은 첫 국가 기관"이었다).[7] 반하트는 내각 자원국이 "모든 주요 산업을 감독 및 통제하는 체제"를 만들었고 이런 산업 분야가 "언젠가는 일본 제국군의 관할 아래 복속될" 것임을 분명히 했다고 본다. 1930년대 후반 들어 일본은 전력 기업을 국유화하는 등 본격적으로 총동원에 나섰다. 1936년에는 국무대신의 전시 근무 체제를 의무화했으며, 국방비 예산을 33% 증액하기도 했다. 그러나 케리 스미스는 군사 동원이 "이미 1930년대 초부터 조용히 진행되고 있었다"라고 지적한다. "군과 민간의 지도자들은 법률과 규제를 도입하는 것은 물론 군 친화적 기업들을 밀어줘 국가와 산업이 긴밀히 결탁하는 근간을 놓았다"라는 것이다.[8] 역사학자들은 대개 1930년대 초부터 군 동원이 구체적인 조짐을 보였다는 의견이지만, 오리하라와 클랜시의 논문은 그보다 이른 1923년 간토 대지진이 군이 부상하는 계기가 되었다는 놀라운 분석을 내놓는다. 이 논문은 지진 발생 후의 상황을 이렇게 설명한다.

> '비상시국'이라는 게 강조됐던 건 일본군의 역할을 부각하기 위해서이기도 했지만, 다이쇼 시대 언론에서 엘리트주의적이며 불필요하다고까지 욕을 먹었던 군인들이 실제로는 국민의 편이라고 내보이려는 의도가 컸다…일본군은 본인들이 해외에서 제국을 확장하고 보호할 뿐 아니라 본토 국민의 안전과 치안을 지키는 역할도 한다고 강조하기 시작했다.[9]

리처드 스메서스트는 1974년부터 1930년대 일본군의 민간 농촌 단체 장악을 연구해 왔는데, 이 연구들을 보면 군이 일본 내 "안전과 치안"의 이름으로 민간 사회 제도를 도구로 삼았다는 의견에도 일리가 있어 보인다. 스메서스트에 따르면 "군은 [농촌의] '병사회' 결성을, 그리고 나중에는 '재향 군인단'이라는 예비군 단체 결성을…빠르게 지지 및 권유"하고 나섰으며, 이런 단체는 "애국, 구호, 군사, 지역사회 지원 임무를 수행했다." 남자로만 이루어진, 군대의 원형처럼 보이는 이들 단체는 광범위한 사회 활동에 참여했다. "황가에 존경을 표하거나, 전몰장병을 기리거나, 1890년과 1910년 사이 두 번의 전쟁에 참전한 아들을 둔 가족을 드높이는 행사"를 열기도 하고 "전사자 유족을 위해 돈과 노동을 기부하고, 전시 및 평시에 복무 중인 군인의 가족을 돕고, 여자들에게 애국 교육까지 제공했다." 더 본격적으로 군에 도움이 되기도 했다. "청소년들에게 전투적 사고를 함양하고 규율과 복종을 중시하는 군사 훈련을 시행했으며, 지역의 각종 건설 및 수리 사업과 재난 구호를 도맡은 것이다."[10] 이와타 시게노리는 여기 덧붙여 이들 단체가 전쟁 전 일본에서 남자의 성착취 산업 이용을 부채질하는 역할도 했다고 지적한다. 나이가 많은 단체 회원들이 어린 회원들을 성착취 업소로 끌고 가거나, 함께 온천으로 1박 2일 수련회 등을 가서 집단으로 성착취에 참여하기도 했다는 것이다.[11]

1920년대와 1930년대 군이 전쟁을 벌이느라 일본 경제와 일본 사회를 탈취하다시피 했다는 건 군이 민간 산업과 단체를 동원했던 위의 예시를 통해 확인했으리라 본다. 일본군이 공공 제도라고 가만히 놔뒀을 리가 없었고, 특히 1930년대 군이 학교 시설과 교육과정을 활용한 방식은 잘 기록되어 있다. 전쟁 전 일본군의 교육 제도 장악은 제국주의 사상이 천천히 수업에 스며들었던 것처럼 주로 이념적인 부분이 주목받곤 하지만, 맹건과 고마고메의 논문은 "1925년 일본의 모든 중고등학교가 교련을 교육과정에 포함하라는 명령"을 받았다는 구체적인 변화를 짚는다. 더 나아가 교련이 포함되기 전부터도 "예비역이 학생들에게 초급 군사 훈련을 지도하기도 했다." 교련이 의무 교육과정이 된 1925년부터는 "현역 장교가 교련 교사로 배치됐고…교련 수업에는 제식, 실탄 사격 연습, 현대 화기 및 군사 전략 설명이 포함됐다."[12] 요시미쓰 칸은 1938년부터 "학교에서…입대 적합성을 확인하는 정기적 신체검사가 의무화됐다"라고 덧붙인다.[13] 이렇듯 학교가 1930년대부터 군사 훈련소와 모병 대비소로 기능했던 건 일본군이 전쟁 전부터 사회 제도를 탈취해 작전 목적으로 활용하기 시작했다는 분명한 예시다.

1930년대 당시 문화적 산물과 관습은 당연히 실제 군사 작전을 돕기보다는 군의 이념적 의제를 뒷받침하는 데 주로 쓰였지만, 일본군이 문화의 힘을 빌린 상당히 구체적인 사례들도 존재한다. 일례로 제러미 필립스는 "박람회['무역 엑스포' 등]의 제국주의적 성격이…1930년대 들어 분명해졌다"라면서 그때부터 박람회가 "중국 침략을 정당화하기 위한 군 선전 도구로 쓰였다"라고 설명한다.[14] 필립스는 가나자와시의 한 정당이 "시 당국에 [예정된] 박람회의 명칭을 '산업 및 관광' 박람회에서 '산업 및 군사' 박람회로 바꾸자는 청원을 넣기까지 했다"라는 예를 든다. 이 청원은 결국 반려되기는 했지만, 필립스에 따르면 "언론은 군국주의를 박람회의 비공식적인 세 번째 주제로 받아들여 보도 상당 부분을 박람회의 군국주의·제국주의적 내용에 할애했다."[15] 당대의 문화 소비재 역시 군이 민간 사회 내에서 원하는 바를 달성하는 수단으로 활용됐다. 에밀리 호너에 따르면 "그림 연극이 등장한 1930년은 일본이 현대화, 군사화에 박차를 가하며 이웃한 아시아 국가들과 한바탕 제국주의적 전쟁을 벌이려 준비하던 해다."[16] 그림을 한 장씩 틀에 바꿔 끼우며 아이들에게 이야기를 들려주는 그림 연극은 "영화보다 제작비가 싸고, 라디오 방송보다 접근성이 좋고, 아동을 표적으로 삼았기" 때문에 "프로파간다와 세뇌의 주 도구"가 되었다. 호너는 그림 연극이 일본의 "무사도"를 가르칠 때가 많았다고 지적한다.[17]

민간 성착취,
남성 섹슈얼리티를 빚다

역사학자들은 이렇게 일본군이 1930년대 산업, 시민 단체, 사회 제도, 심지어 문화 상품까지도 노려 군사적 목적으로 활용하려 했다는 구체적인 실례를 여럿 들면서도, 막상 이런 분석을 성착취 산업에까지 확장하지는 않는다. 이전 장에서 설명했듯 당시 성착취 산업의 규모나 영향력, 침투력은 무시할 수 없는 수준이었는데도 말이다. 특히 일본군이 '위안소' 제도를 만들 때 성착취 산업이 구축해 놓은 업소, 인신매매망, 성병 검사 체제 등 구조적 요소를 기반으로 삼았다고 지적하는 글은 잘 찾아보기 힘들다. 전쟁 전의 민간 성착취 산업을 일본군 성노예제 개발의 전

단계로서 바라보는 스즈키 유코 같은 역사학자들조차 민간 성착취 산업이 전쟁 전 일본 남자의 성적 가치관과 관습 정도에만 영향을 미쳤다고 선을 긋는 경향이 있다.[18] 다시 말해 이들조차 민간 성착취가 미친 영향을 주로 이념적 기여에 국한해 설명한다. 민간 성착취를 통해 일본 남자들이 전시 '위안소' 제도를 만들고 이용해도 거리낌을 느끼지 않을 만한 성적 태도, 윤리관, 관습을 길렀다는 것이다. 그러나 민간 성착취는 더욱 실질적인 영향도 미쳤다. 민간 성착취 산업은 군에게 시설과 사업 노하우, 모집책, 소개업자, 공급망(인신매매망 등)을 제공했으며, 평시나 전시나 성착취할 여자들을 대거 확보하려면 꼭 필요한 폭력 행사 및 위협 방식을 알려줬다.[19]

물론 일본이 전쟁을 일으키기 전의 민간 성착취 산업과 뒤이어 나타난 전시 성착취 사이의 이념적, 행동적 연결고리도 평시의 민간 성착취를 이해하는 데 당연히 중요하고, 이에 따라 다음 꼭지에서 살펴볼 예정이다. 행동적 연결고리를 가장 포괄적으로 파헤친 학자는 이와타 시게노리 주오대 교수다. 이유를 알 수 없지만, 이와타의 작업은 영어 혹은 일본어로 이루어진 '위안소' 제도 논의에서 사실상 인용된 바 없다. 이와타가 1991년과 1998년 두 차례에 걸쳐 상당한 분량의 연구를 발표했다는 걸 생각할 때 의아한 일이다. 이와타의 연구를 참고하면 일본 민간 성착취 산업이 '위안소' 제도에 앞서 이념적, 행동적으로 길을 다져 놓았다는 사실이 분명해지며, 그런 이유로 여기서도 길게 인용할 예정이다. 그런 후 이번 장 후반에 가서 민간 성착취 산업의 인프라 기여로 되돌아가도록 하겠다.

성착취 섹슈얼리티의
탄생

이와타는 1910년대와 1920년대 일본 남자들의 성착취 행동이 언제, 왜 생겨났는지를 추적한다. 이와타는 이들이 어떤 성적 가치관과 관습을 가졌기에 거의 아무런 거리낌 없이 '위안소'에서 여자를 성착취할 수 있었는지를 이해하려 한다.(실제로 가노 미키요는 이렇게 쓴다. "1951년부터 가장 늦게는 1991년 8월까지 일본군으로 참전한 남자들이 출간한 20권이 넘는 회고록을 읽어본 결과, 이들 대부분은 강간이나 성착취를 했던 경험을 회고하면서 극도로 무심한 태도를 보였다."[20]) 이와타의 연구에는 다음과 같은 가정이 깔려있다.

군에서, 전장에서 일본 남자가 보인 섹슈얼리티는 그들이 일본의 민간 사회에서 일상을 보내며 키워온 섹슈얼리티와 완전히 무관하지 않다…우리는 일본군에게 '위안부' 피해자의 인권을 파괴하고 전장에서 암묵적으로 강간을 승인한 책임을 물어야 하지만, 한편으로 일본 남자가 이런 행위를 하며 왜 참

혹함과 죄책감을 느끼지 못했는지 의아해 할 수밖에 없다.[21]

이와타는 "난징 대학살 이후 대규모로 조직된 '위안소'를 일본 남자들이 별 거부 없이 받아들인 바탕에는, 결혼 여부나 나이에 관계없이 일본 남자들이 공유하던 성착취 섹슈얼리티買春の性を備える가 있었다"라고 부연해 설명한다.[22] "성착취 섹슈얼리티"라는 개념은 "여자를 성적 욕구를 만족시키는 미천한 대상으로만 바라보는 남자들의 빈곤한 섹슈얼리티"라고 정의되어 있지만, 이와타가 실제로 쓸 때는 성착취 산업 이용으로 배양되는 섹슈얼리티라는 구체적인 의미가 담겼다.[23] 이와타는 역사적으로 전쟁 발발 전 일본 남자들 사이에 '성착취 섹슈얼리티'가 어떻게, 그리고 왜 퍼지게 되었는지를 분석하기 위해 일본 농촌의 전통문화 관습으로 거슬러 올라간다. 일본 인구 대다수는 1930년대까지 농촌에 살았다.

1990년 말 나온 연구에서 이와타가 사용한 논쟁적인 표현, 그리고 이 연구에 담긴 일본 농촌 전통문화가 20세기 초 일본 남자의 성착취 버릇을 낳았다는 시각은 큰 논란을 빚었다. 일본에서 손꼽는 인류학자들마저 달려들어 비판할 정도였다. 인류학자들이 '요바이'*라고 부르는 이 풍습은 일본 농촌의 젊은 남자들이 여자를 성적으로 통제하는 수단이었다. 이와타는 '요바이'가 1910년대 일본 남자 청년들 사이에 정상화되어 널리 퍼진 성착

---

*   남자가 밤에 여자의 침실에 몰래 침입해 성관계를 갖자고 압박을 가하는 일본의 옛 풍습

취 행위의 역사적 토대가 되었다고 주장했다.[24] 이와타의 설명
을 직접 들어보자.

> 촌락에서 남자 청년이 여자 청년을 [성적으로] 통제하는 수단
> 이었던 요바이의 섹슈얼리티는 [20세기 초부터] 공적 영역으로
> 확대되면서, 성착취 섹슈얼리티로 발전해 나가 근대 일본이
> 라는 국가를 특징 짓는 데까지 이르렀다. 요바이가 쇠락한 건
> 남자 청년이 실행하는 섹슈얼리티의 성격이 근본적으로 변
> 했기 때문이 아니라, 성착취라는 드넓은 영역으로 무대를 옮
> 겼기 때문이다. 요바이라는 전통문화는 남자가 여자를 성적
> 으로 통제하는 기틀을 잡았으며, 이런 여성 통제가 이후 상업
> 적 성착취라는 새로운 형태를 취했을 뿐이다…돈은 [성적] 통
> 제를 굴리는 새로운 매개체에 불과했다.[25]

이와타는 다양한 일본 남자들이 전쟁 전 젊은 시절 본인이
행한 성적 관습을 구술 증언한 기록을 분석한 후 이런 결론을 내
렸다. 예를 들어 1925년 시즈오카현에서 출생한 한 남자는 같은
마을에 사는 남자 청년끼리 '청년단'을 조직해 마을의 어떤 여자
청년이 성관계 요구를 마지못해 허락할지, 그리고 그가 어디에
사는지를 "끝없이 얘기했다"라고 기억한다. 요바이 범죄를 기획
했을 뿐 아니라 '청년단' 단원들끼리 마을에서 걸어서 한 시간
걸리는 성착취 업소를 방문하기도 했다. 업소에 낼 돈은 자기 집

곳간에 보관된 쌀을 훔쳐 팔아 구했다. 지자체에서 야간 화재 단속 명목으로 '청년단'에 지급한 지원금을 유용해 성착취에 쓰기도 했다.[26] 요바이 전통과 상업적 성착취라는 여성 통제 관습은 이렇게 역사적으로 서로 포개어져 있다. 이와타는 또 다른 시즈오카현 출신 남자의 구술 증언에서도 이 점을 눈여겨본다. 전쟁 전 일본의 일부 농촌 지역에서는 남자 청년들끼리 한 집('야도')에 거주하는 전통이 있었는데, 이 남자도 젊은 시절 '야도'에서 살았다. 이 남자의 증언에 따르면 '야도'에 사는 남자 청년들은 축젯날이 오면 여자를 성착취할 돈을 받곤 했다. 이들은 밤에 둘씩, 셋씩 짝지어서 같은 마을 여자 청년에게 성적으로 접근하려는 친구가 여자 집에 몰래 침입하도록 돕기도 했다.[27] 1911년에 태어난 또 다른 시즈오카 출신 남자 증언자는 이와타에게 자기보다 10살 많은 형들은 성적 접근권을 동네 누나들의 집에 쳐들어가는 식으로 챙겼지만, 자기가 '청년단'에 가입할 만큼 나이가 들었을 때는 요바이 관습이 죽고 대신 동네 성착취 업소를 방문하곤 했다고 증언한다. 이 남자는 1934년 '청년단' 단원들과 함께 1박 2일 여행을 갔다가 관광객용 성착취 집결지를 방문했던 일도 기억했다.[28]

　위 증언들과 여기서는 언급하지 않을 여러 예시를 바탕으로 이와타는 요바이 섹슈얼리티가 이행기를 거쳐 다이쇼 시대 성착취 행위 확산과 사회적 용인으로 이어졌다고 분석한다. 그럼으로써 왜 1930년대 들어 일본의 기혼 남자들은 뻔질나게 도시의 '합법' 성착취 업소와 '게이샤' 업소를 찾고, 어려서 주머니가 가벼운 남자들은 '카페' 같이 좀 더 저렴한 업소를 들락거리게 되었는지 설명해 낸다. 이렇듯 성착취 구매 관습이 요바이 관습을 이어받는 이행기가 존재했다고 봄으로써 이와타는 현대 일본 사회에 널리 퍼진 성착취 관행에 문화 인류학적 토대를 부여한다(이런 시각은 현대 일본 사회에 성착취 산업이 만연한 이유가 '문화적' 토대가 존재하기 때문이라는 널리 퍼진 관점과는 큰 차이를 보인다).

　　1930년대가 남자의 성착취 산업 이용이 정상화되는 시기였던 동시에, 일본 남자 청년이 주로 행한 성적 관습이 동네의 여자 청년을 성착취하는 '요바이'에서 상업적 성착취로 대체된 시기였다는 이와타의 주장은 꽤 직관적이다. 이와타는 산업화와 도시화와 함께 날품팔이와 타향살이가 부상하면서 남자 청년 개인이 성착취에 쓸 돈을 갖게 되었다고 하는데[29] 이는 실증적인 자료로도 뒷받침된다. 1932년 기준 일본 남자의 성착취 거래는 연간 2,300만 건에 달했다.[30] 1928년에는 성착취 거래가 일일 61,000건 정도였으며(비교 대상을 제시하자면 현재 성착취가 '합법'인 호주 빅토리아주에서 한 주 동안의 총 성착취 업소 방문 수가 이 정도 된다)[31], 이를 연간으로 환산하면 22,273,849건이다. 단순 계산으로는 성착취 산업에 묶인 여자 한 명이 1년 동안 470명의 남자에게 당한다는 뜻이 되지만, 구사마 야스오는 피해자 중 10%는 결근 중이거나, 성병 등으로 병원에 입원하고 있거나, "사고"로 쉬고 있거나, "도주" 중이었을 것으로 추정한다.[32] 이를 계산에 넣으면 일본 전국적으로는 성착취 피해자 한 명이 498명의 성착취남에게, 도쿄에서는 피해자 한 명이 844명의 성착취남에게 당했다고 볼 수 있다.[33] 구사마는 1923년 간토 대지진 이후 도쿄에서 성착취 구매 건수가 늘었다면서, 이는 지진 복구를 위해 건설 및 설계 노동자가 도쿄로 유입됐기 때문이리라고 추측한다.[34]

이와타는 이어서 1930년대 말 참전한 일본 남자들 사이에서 '성착취 섹슈얼리티'가 어떻게 나타났는지를 탐구한다.[35] 이와타는 전장에 도착한 일본 남자들이 성적인 측면에서 극도의 자격 의식을 느꼈다고 강조한다.[36] 이와타는 이를 단적으로 보여주는 1938년의 사건을 예로 든다. 당시 일본이 상하이에서 운영한 야전 병원에는 성병을 앓는 '위안부' 피해자를 위한 별도의 병동이 있었다. 막 항구에 내린 병사들이 이 병동에 찾아왔고, 의료진은 성병에 걸릴 수도 있으니 입원 중인 여자들과는 성관계할 수 없다고 전했다. 그러자 이 병사들은 자기들은 상관없다며 어쨌든 병동의 여자들에게 성적으로 접근할 권한을 달라고 우겼다. 이와타는 1939년 일본 군의관이 쓴 일기를 다른 예로 든다. 이 일기에는 중국 현지인들이 일본군은 중국에 싸우러 온 거냐, 아니면 성착취를 하러 온 거냐는 농담을 했다는 내용이 적혀 있다. 일본군 병사들이 현지 사람들에게 농담으로 오르내릴 만큼이나 뻔뻔스럽고도 극성스럽게 성착취 업소를 이용했다는 뜻으로 읽힌다. 이와타는 두 예시가 당시 일본 남자의 섹슈얼리티가 얼마나 밑바닥으로 떨어졌는지를 보여준다고 여긴다.[37]

이와타의 시각을 뒷받침할 만한 다른 예시도 들려면 더 들수 있다. 한 역사학자에 따르면 1930년대 후반 일본 해군의 남자 병사들은 수요일, 금요일, 일요일마다 정박하는 한국의 항구에서 무려 1km를 뛰어가 가장 가까운 '위안소'를 방문했다고 한다.[38] 또 한 작가는 1944년 전함을 타고 만주국에서 출발해 오키나와에 막 내린 한 병사가 득의양양하게 "이번엔 오키나와 여자랑 사랑을 나누는 건가?"라고 외쳤다고 적는다.[39] 일본군은 병사들이 새로운 병영에 도착하자마자 성착취할 여자들이 준비된 상태로 기다리도록 미리 '위안소'를 설치하는 데 심혈을 기울였다. 다나카 유키는 일본군이 멀리는 최전방에까지, 늦게는 1944년 11월까지 여자를 인신매매해 들여왔다고 기록한다. 1944년 11월 일본군이 7명의 한국 여자를 "오키나와의 작은 외딴 섬 도카시키의 '위안소'로 보냈다"라는 것이다.[40] 태평양 전쟁이 막을 내리기 1년이 채 남지 않았던 때였고, 일본군은 전쟁 물자는 고사하고 병사를 수송할 배마저 씨가 마른 상태였다. 후지노 유타카는 전쟁이 끝을 향해 달려가며 미국이 폭격을 퍼붓던 시기에조차 일본 본토에서는 '위안소'가 계속 운영되었으며, 도쿄에서는 무려 1945년 5월 15일에도 헌병대를 위한 '위안소' 신설 허가가 떨어졌다고 지적한다.[41] 간자키 기요시에 따르면 미국의 1945년 3월 도쿄 대공습으로 요시와라 성착취 집결지에서 성착취 피해자 300명이 죽었다. 당시 해당 집결지에 억류됐던 여자 중 3분의 1이 희생당한 것이다.[42] 그런데도 요시와라 집결지는 단 3개월 후 7개 업소와 20명의 여자를 확보해 재개장했다.[43] 일본군은 1945년 8월 10일 건설 자재 무료 공급을 약속하면서 집결지 재건을 도왔다. 패전이 단 5일 남은 시점이었다.[44] 8월 15일 패전으로 일본군이 체결한 모든 계약은 무효가 되었으나, 간자키에 따르면 일본군은 도쿄 주택 잔해에서 구한 건설 자재를 운송해 와 이 계약만큼은 지켰다. 도쿄시 역시 성착취 집결지 재건에 매트리스 300개를 기부하기까지 했다는 게 이 이야기의 더없이 부조리한 결말이다.[45] 이런 조각을 합쳐볼 때 전시 일본 남자들이 가히 희극적일 만큼 성착취할 여자를 계속 공급받는 데 열중했다는 큰 그림이 그려진다.

일본군 남자들의 포르노 소비

오늘날 페미니즘 사회 과학 연구는 남자들의 포르노 소비가 성착취 구매와 양의 상관관계를 갖는다는 결과를 내놓고 있으며[46] 페미니스트 이론가들은 포르노가 성착취 행위를 촬영 및 기록한 것이니만큼 포르노를 성착취의 한 형태라고 이해한다.[47] 멀리사 팔리는 포르노가 "여자가 '창녀'라는 생각을 구체화한 문화적 프로파간다의 한 형태"라고 설명한다.[48] 포르노는 더 나아가 남자가 여자를 쉽게 성착취할 수 있는 사회적 조건을 반영하는 동시에 그런 조건을 촉진한다고도 보인다.[49] 캐서린 매키넌은 포르노 소비가 전쟁에서 가시적이고 구체적인 여파로 이어진다고 서술한다. "공산주의가 붕괴하면서 한때 유고슬라비아로 묶였던 지역에 포르노가 스며들기 시작했고…그 결과 여자를 고문 및 살해하며 성적 쾌감을 느낄 준비가 된 남자 집단이 생겨났다"라는 것이다.[50] 나는 중일/태평양 전쟁을 치르던 일본 남자들 사이에서도 같은 현상이 벌어졌다고 본다. 마크 드리스컬은 1930년대 일본에서 기지개를 켠 포르노 잡지 시장을 "아시아를 점령한 일본 군국주의의 특징이라 할 수 있는 에로화된 폭력의 중요한 대중 문화적 선례"라고 분석한다.[51] 나는 포르노가 전쟁 전 일본 남자들이 만끽하던 성착취 행위의 성격이 문화적으로 표출된 산물이며, 따라서 그들이 전시에 실행에 옮긴 섹슈얼리티의 전신이라는 드리스컬의 평가에 동의한다. 따라서 이번 꼭지에서는 쇼와 시대와 파시즘이 드리우기 전 일본의 포르노 생산 및 소비 개황을 짧게 제시하도록 하겠다.

마크 머크렐런드가 전쟁 직후 일본 남자 민간인(이 중 많은 수는 참전하고 돌아온 지 얼마 되지 않은 상태였다)의 포르노 소비를 연구하기는 했으나[52] 전쟁 전의 포르노 소비 연구는 주로 군사적 맥락에 국한되어 있다. 예를 들어 스튜어트 론은 1904년 러일 전쟁이 벌어지던 시기에 "불법 포르노 사진이 증가"했다면서 당시 일본에서 "이런 사진을 제작하고 유통하던 자들이 반복적으로 검거됐다"라는 사실을 근거로 든다. 론에 따르면 그런데도 "포르노 사진 제작은 계속되었으며, 기후 시에서 체포된 한 사진기사의 사례에서 보듯 대상 고객은 만주의 일본군이었다."[53] 이런 사진은 성착취 산업에 묶인 여자들을 이용해 제작된 것으로 보인다. 론은 이렇게 적는다. "마침내 정체가 밝혀져 경찰 조사를 받게 된 기후 시 사진 기사 일당 중 한 명은…최전선 병사들에게 기후 시에서 성착취되는 여자들의 불법 나체 사진이 수요가 있다고 답했다."[54] 러일 전쟁 중의 일본 사회를 연구한 시마즈 나오코도 일본군 병사들의 포르노 소비를 포착한 바 있다. 그는 다음과 같은 한 군의관의 글을 인용한다.

처음에는 '미인'이 담긴 엽서를 보는 데 열광하고, 풍만한 육체에서 어느 정도 욕구를 채우기는 했지만, '미인' 엽서는 충분하지 않았고 결국에는 포르노 사진('춘화')과 '미인'의 나체 사진이 유행하기 시작했다…사람들은 이런 사진을 얻으려고 경쟁했다…개중에 가장 인기 있는 건 적십자 간호 요원처럼 차려 입은 성착취 피해자나 누드모델을 찍은 사진이었다. 적십자 간호 요원은 러일 전쟁 중 일본 병사에게나 러시아 병사에게나 상징적인 이미지였다.[55]

20세기 말이 되자 일본에서는 성착취 산업에 묶인 여자들을 포르노 제작에 동원하는 사진 산업이 자리를 잡았다. 마키 후쿠오카는 역사적으로 이런 사진 산업이 도쿄 요시와라 성착취 집결지 근처인 아사쿠사에 밀집했다고 지적한다. 아사쿠사의 포르노 사진 산업은 "극장 거리와 성착취 집결지를 방문하는 행인들을 잠재 고객으로 삼을 수 있었다. [그래서] 19세기 아사쿠사의 사진관들은 유명 가부키 배우와 '게이샤'의 사진을 팔기 시작했다."[56] 포르노 상품 수요는 러일 전쟁 발발로 폭증했고, 일본이 태평양 전쟁을 치를 무렵에 일본 남자들은 포르노 소비를 성착취와 결합했던 듯하다. 『강제로 끌려간 조선인 군위안부들 1』에 실린 한국인 생존자 윤두리 증언에 따르면 일본군 병사들은 윤두리가 억류되어 있던 '위안소'에 당시 일본에 유행 중이던 『욘주핫타이48체體』 포르노 집을 가져와서 체위를 흉내 낼 것을 강요했다.[57] 한 일본인 생존자의 증언에 따르면 포주들은 포르노 사진을 새로 인신매매해 온 '위안부' 피해자 "교육용"으로 썼다. 포르노 사진을 보여주며 여자들에게 병사들이 쉽게 음경을 삽입할 수 있도록 "다리를 벌리고 엉덩이 위치를 잡는" 방법을 가르친 것이다.[58] 종전이 가까워질 무렵에는 일본군 남자들이 '위안소'에 억류된 여자들을 포르노 제작 목적으로 성착취하기도 했던 듯 보인다. 윤방순의 논문을 인용해 보겠다.

> 1945년 봄 미군은 오키나와 나하시의 슈리성에서 일본 육군 총사령부가 퇴각한 이후 일본군 병사와 어린 "동양계" 여자를 찍은 포르노 사진을 다량 발견했다. 이 여자들은 일본군이

퇴각하며 버리고 간 '위안부' 피해자가 분명했다.[59]

일본군 남자들이 포르노 제작 및 소비에 관여했다는 증거는 그리 많지 않지만, 나는 포르노 매체가 군인의 전시 성착취 행위를 촉진하는 역할을 했다고 여기며 일본군 성노예제의 문화적 전신을 파악하고자 한다면 우리가 특히 평시에 유통됐던 포르노 사진들을 간과해서는 안 된다고 본다.

민간 성착취 산업과
일본군의 결탁

1930년대 일본의 민간 성착취 산업은 날품팔이 인부가 됐건, 병사가 됐건, 군수 공장 노동자가 됐건 여자를 성적으로 이용하려는 남자들의 수요에 대응할 만반의 채비를 갖추고 있었다. 그 뿐만 아니라 일본군이 본토에서도 해외에서도 남자들에게 이런 성적 접근권을 보장할 수 있도록 운송적 협력을 아끼지 않았다. 1930년 일본 성착취 산업은 무수한 방식으로 군사화가 이루어졌고, 이런 역사는 '평시' 성착취 산업과 관련 업자들이 전시 성노예제 개발에 상당한 역할을 했음을 방증한다. 앞서 언급했듯 이 역할은 그저 이념적인 수준에 그치지 않았다. 일본에서 민간 성착취 산업이 군의 요구에 맞춰 운송망과 기반시설을 제공해 온 역사는 꽤 예전까지 거슬러 올라간다. 물론 세계 여러 지역에서 역사적으로 성착취 산업이 군 주둔지 주변에서 번성하기는 했지만,[60] 일본의 '기지촌' 성착취의 규모와 이른 발달을 볼 때 일본 성착취 산업과 군은 독특하리 만큼 오래도록 밀접한 관계를 맺어왔으며 특히나 남자가 여자에게 성적으로 접근할 권리를 보장하는 데 있어 긴밀히 협력해 왔다고 할 수 있다. 앞서 언급했듯 민간 성착취 업소가 군인 남자들에게 "요금 할인"을 해주거나 군의 접근성이 좋은 곳에 들어섰던 게 역사적 협력 사례다. 1981년 의사인 사가 준이치는 '게이샤' 피해 생존자 야마무라 쓰야와 이야기를 나눴다. 야마무라는 전쟁 직전 일본 해군 항공대 고위 장성들이 '게이샤 요정'을 이용하는 동안 부하들은 '공창' 업소를 방문했다고 기억했다. 그가 살았던 작은 마을에서는 편리하게도 '게이샤 요정'이 '공창' 업소를 마주 보고 길 건너편에 있었다.[61]

후지메 유키는 19세기 일본 여러 다른 지역에서 민간 성착취 산업이 군 주둔지 변경에 발 빠르게 대응한 사례를 든다. 그는 일본 내에서 부대 위치가 변경될 때마다 "새로운 성착취 집결지가 건설되고, 기존 집결지가 확대되고, 침체했던 집결지가 부활했다"라고 강조한다.[62]

후쿠치야마에서는 1897년 제6공병대대가 이전해 오고 이듬

해 제20보병연대가 들어오자 포주들이 큰 수익을 기대하며 빈 땅을 사들여 집결지를 확대해 나갔다. 메이지 유신 이후 내림세에 접어들었던 교토 후시미의 도키초 성착취 집결지도 제16사단을 위해 재건되었다. 러일 전쟁 종전 이후 제17사단이 오카야마에 도착하자, 업소 직원들과 성착취될 여자들의 수가 극적으로 증가했다.[63]

이마나카 야스코는 1800년대 후반부터 히로시마현 육군 및 해군 기지 근처에 성착취 집결지가 생겨나던 과정을 묘사하면서, 1920년대 중반이 되자 히로시마현에서 460명 가까운 성착취 업자가 여자 2,200~2,700명을 억류하게 됐다고 전한다. 그는 성착취 대부분은 부대가 몰려있는 구레시 등의 지역에서 이루어졌으며, 개전과 함께 성착취가 더 활발해졌다고 지적한다.[64] 시마즈 나오코도 히로시마현의 성착취 수요가 폭발적이었다고 시사한다. 그의 책에는 러일 전쟁 중 "최전선으로 보내지기를 기다리던 병사 수백 명이 [히로시마의] 성착취 집결지에서 소란을 일으켜, 업소 하나가 파괴되고 많은 업소가 손해를 입었다"라고 기록되어 있다.[65] 1920년대 기준 히로시마현은 인구로만 치면 일본 8위 규모였지만, 성착취 산업 규모는 일본 전체에서 6번째로 컸다.[66] 이마나카는 히로시마 경제가 군부대와 군수 공장에 의존했다고 묘사하면서, 성착취 산업이 특히나 히로시마 경제와 지역사회의 핵심이었다고 지적한다. 그는 그 예시로 1935년 히로시마현이 개최한 해군 제2함대 히로시마 입항 환영식을 든다. '카페' 업소 조합, '공창' 조합 등 성착취 업계 조합은 지역 신문, 정부 관료, 청년단 등과 함께 환영식 만찬을 열었다. 제2함대가 히로시마현에 머문 나흘 동안 1,500명 이상의 군인 남자가 성착취 업소를 이용했다.[67]

론은 전쟁 전 일본의 여러 지자체가 경제적 유입 효과를 노리고 군부대 유치 경쟁을 벌였다고 설명한다. 기대되는 이득 중에는 성착취 산업이 올릴 이윤도 있었다. 론은 러일 전쟁 이후 기후 시 가나즈에 육군 부대 설치가 발표됐을 때를 예로 든다. 가나즈 기업인 사이에서는 "군부대에서 나오는 돈의 실질적 수혜자는 가나즈 성착취 업소가 될 거라는 게…일반적인 예측"이었다. 수익에 대한 기대로 1907년 중반부터 "여러 업소가 새로 문을 열었고 성착취될 여자도 60~70명 추가로 인신매매됐다. 그 결과 허가받은 '공창' 피해자의 숫자가 약 350명까지 늘어났다(1906년 중반에는 290명이었다)." 론은 "새로 인신매매된 여자들 대부분은 저가 업소에 억류됐으며, 대상층이 일반 병사였다고 해석해 볼 수 있다"[68]라고 말한다. 실제로는 병사들의 성착취 업소 이용이 기대한 수준에 못 미쳤던 듯하나, 다른 사료를 보면 해군 병사들의 경우 이런 수요 부족은 없었다는 걸 알 수 있다. 시모카와 고시는 이렇게 서술한다. "1918년 교토 부의 류규 성착취 집결지에서 근처 해군 부대 병사들이 성착취 값이 너무 비싸다며 보이콧 시위를 벌였고 집결지 입구 바깥에서 다른 성착취남들을 가로막았다. 시위는 1918년 11월부터 1919년 2월까지 계속됐고, 마침내 이 집결지에 '군 할인 제도'가 도입되고 나서야 그쳤다."[69]

이 예에서 알 수 있는 건 군과 민간 포주가 협력해 최대한 성착취 값을 낮추려고는 하고 있었지만, 가격 장벽 때문에 1920년대 일본 남자의 여자 성착취 수요가 완전히 충족되지 못했다는 사실이다. 간자키의 책에는 이렇게 기록되어 있다. "해군은… 포주들에게 접근해 도움을 청했다. 특히 시바우라 해군 신병 교육대의 요청에 따라, 포주들은 신병에게 보통 30엔이었던 2시간짜리 성착취를 할인된 가격 20엔에 이용할 수 있는 표를 제공하기로 했다." 간자키는 포주들이 "열렬한 애국심" 때문에 할인에 합의했다고 말하지만[70] 역사적으로 성착취 산업과 군이 쌓아온 친밀한 관계도 일조했을 것으로 추측할 수 있다. 어린 시절부터 요시와라 집결지의 '게이샤' 업소에서 성착취당한 후쿠다 도시코는 1966년 회고록을 출간했는데, 이 책에서도 성착취 산업과 군의 끈끈한 관계가 드러난다. 후쿠다는 1930년대 요시와라 포주 연합 사무실 한편에는 일본군 헌병을 위한 방이 마련되어 있었다고 기억한다. 헌병이 성착취 업소를 방문하는 장병을 확인할 수 있도록 편의를 봐준 것이다.[71]

금전적으로 볼 때 성착취 산업은 이렇게 군과 협조할 이유가 충분했다. 전쟁이 진행될수록 '고객 풀'에서 군인 남자가 차지하는 비중이 커졌기 때문이다. 1970년대 초반 간자키는 전쟁이 벌어지던 와중과 종전 이후 요시와라 집결지에서 성착취당한 여섯 명의 여자를 면담했고, 이 중 한 명은 전쟁 중 업소를 찾았던 성착취남 대부분이 군인이었다고 증언했다.[72] 다른 증언자는 아버지의 폭력을 견디다 못해 17세 나이로 고향 어촌을 떠나 해군이 배치된 항구 마을에 발을 들여놓았다. 이 증언자는 간자키에게 전쟁 중 항구 마을의 모든 여자가 해군 남자한테 성착취당했다고 털어놓았다.[73] 후쿠다에 따르면 1938년이 되자 군인들은 일요일마다 정기적으로 성착취 업소를 찾았다.[74] 그 무렵이면 아버지가 징집 통지서를 받은 아들을 데리고 성착취 업소를 찾는가 하면, 군대 상관이 부하를 데리고 성착취하러 가기도 했다. 이들 중에는 미성년자 남자도 있었다.[75] 1980년대 초반 제25사단에 속했던 한 남자는 연구자인 다니카와 미쓰에게 21세 때 징집 통지서를 받고서 처음으로 성착취 업소를 방문했으며, 나이 많은 동기들이 데려가 줬다고 설명했다. 입대 후에는 성착취가 정기적인 일과가 됐다. 이 남자는 일요일마다 다른 병사들과 부대에서 5km 떨어진 업소를 걸어서 방문했다.[76] 군에서도 병사들이 매주 성착취 업소를 방문하도록 허가한 것으로 보인다. 1928년부터 1929년까지 같은 제25사단에서 복무한 남자는 다니카와에게 병사들은 콘돔을 소지하지 않으면 일요일에 외출할 수 없었다고 증언했기 때문이다.[77]

간자키는 병사들이 낮에는 1.5엔을 내고 일본 민간 성착취 산업에서 여자를 성착취했다고 말하며, 전쟁이 진행되면서 군이 '공창' 성착취 업소의 업주에게 직접 접근해 업소를 군 '위안소'

로 바꿀 것을 권했다고 적고 있다. 이는 그저 즉흥적인 제안이 아니었다. 1944년 11월 일본 군부 은상과에서 나온 한 공무원은 포주 조합 대표를 만나 군이 전장에서 장병들이 이용할 성착취 업소를 직접 관리하고자 하며, 요시와라 집결지의 "숙련된" 포주들이 도쿄를 근거지 삼아 전국적으로 이 일을 맡아 줬으면 좋겠다고 말했다. 해군은 애초에는 포주들에게 일본군이 베이징에서 징발해 이용 중이던 한 호텔로 여자 30~40명을 공급해 달라고 요청했으나, 전세가 기울어지면서 계획이 실현되지는 않았다. 그러나 간자키는 일본군이 경찰을 통해 요시와라 포주들에게 요청을 넣었던 또 다른 예를 든다. 일본 해군이 미군과 대치 중이던 일본 해안에서 좀 떨어진 섬에 '위안소'를 세워달라는 요청이었다. 1945년 2월 포주들은 이 요청에 응해 30명의 여자를 이부자리를 딸려 섬으로 보냈다. 끼니와 숙소는 군이 돈을 대고 포주는 면세 혜택을 받으며 '위안소' 수익을 가져가는 조건이었다. 전장으로 가는 만큼 여자들은 상당한 위험을 감수해야 하리라고 예상됐고, 그래서 이들로 올리는 수익 중 40%를 분배해 주기로 결정됐다. 간자키는 이들이 살면서 성착취당하며 올린 수익 중 그렇게 큰 몫을 가져갈 수 있었던 건 처음일 거라고 적는다.[78] 여자들이 이런저런 위험에도 포주와 인신매매 업자의 권유를 받아들였을 법한 이유를 요시다는 아래와 같이 설명한다.

　　여자 대부분은 '위안소'에 200~300엔 정도의 빚으로만 묶였고, 몇 달이 지나면 빚을 다 갚고 어쩌면 돈을 모을 수도 있었다. 이에 비해 일본 본토 민간 성착취 산업에 묶인 여자들은 대부분 수년간 계속해서 업소에서 착취당해야 했다.[79]

전쟁이 진행되면서 일본 본토에 남은 군인 남자는 점점 줄어들었고, 이들의 성착취 행위는 점점 해외 성착취 산업으로, 그리고 결국에는 군이 세운 '위안소'로 옮겨가게 됐다(그런 변화는 4장에서 차차 설명할 것이다). 비슷하게 일본의 민간 성착취 산업에 매인 여자의 수도 감소했다. 이들이 대거 일본군 성노예제로 편입됐기 때문이다. 히라이 가즈코는 이렇게 설명한다. "군과 포주, 인신매매 업자가 공조해 성착취 산업에 묶인 여자들을 '위안소'로 인신매매했다. 이들은 거액의 선불금을 제안하거나 계약 기간 만료 후 민간 성착취 산업을 탈출할 기회를 미끼로 삼았다."[80] 오노자와도 비슷하게 서술한다. "중일 전쟁 때부터 일본군은 '위안소'에 억류할 여자를 '사올' 때 민간 성착취 산업의 흔한 수법인 '선불금' 체계를 이용해 여자를 빚으로 옭아맸고 정부 기관들은 이에 협력했다."[81]

비숙련 노동과 공장 노동을 하기 위해 일본에 끌려온 남자를 비롯해 일본에 남겨진 남자들조차 여자를 성적으로 이용할 권리를 계속해서 보장받았다. 바로 공적으로 뒷받침되는 전국적인 '위안 시설'을 통해서였다. 역사학자 오기노 후지오는 성착취가 정치적으로 유용하다는 일제와 군부의 믿음을 생생히 그려내는 예를 하나 든다. 오기노는 남자에게 성적 접근권을 보장해야 전쟁에 유리하다는 게 전쟁 전과 전쟁 중 일본 정부의 "통상 의식"이었다고 주장한다. 오기노에 따르면 1943년 일본의 한 고위 기관은 중국에서 끌고 온 도야마현 탄광 강제동원 노동자를 위해 '위안부'를 공급하기도 했다. 빚으로 옭아매 끔찍한 환경에서 일하도록 끌고 온 남자 노동자들의 생산성을 높이기 위해 여자를 인신매매해 온 것이며, 일본 정부는 성착취할 여자를 공급하는 게 노동 효율을 높인다고 판단했던 것이다.[82] 도야마현 탄광 '위안소'는 "시범 사업"으로 잠시 운영되다 중단됐지만, 오기노는 이런 역사가 일제와 일본군이 성착취의 효율성을 믿고 있었음을 단적으로 보여준다고 여긴다.[83]

1940년대에는 일본 전역의 산업 지대 주변에 '위안소'가 설치됐다. 다음 꼭지에서는 일본 내무성이 민간 성착취 업자들과 끈끈히 결탁해 본토에 이런 위안 시설을 세웠던 역사를 들여다보려 한다. 곧 알게 되겠지만 1940년대 무렵 본토의 민간 성착취 산업은 군 성착취와 거의 한 몸이 되어버렸고 민간 성착취와 군 성노예제를 가르는 선이 있었다면 사실상 다 없어졌다고 해도 좋을 정도였다.

국가 총동원과
일본 민간 성착취 산업

오노자와 아카네는 2010년 책에서 1940년대 일본군, 일본의 전시 정부, 민간 성착취 산업의 결탁을 자세히 묘사한다. 특히 책에는 일본 내무성이 군과 경찰은 물론 민간 성착취 업자를 조율해 본토의 산업 지대에 '위안소' 건설을 추진한 과정이 담겨 있다. 이 기획은 1944년 출범해 일본 전역에 5,000개의 '위안소'를 설치하는 결과를 낳았다. 오노자와의 연구가 특별한 건 전시 '위안소' 제도가 본토 민간 성착취 산업 안에서 군 성착취로서 무르익을 만큼 무르익어, 전쟁 끝물로 가면서 단순히 장병만이 아닌 군사적 목적으로 동원된 모든 남자를 위해 운영되는 '위안 시설'의 형태로 일본에 다시 돌아오게 되었다는 시각을 제공한다는 점이다. '위안소' 제도를 이런 식으로 바라볼 때 우리는 성착취가 이루어지는 지역과 맥락이 어딘지, 어떤 남자가 성착취를 하는지, 어떤 여자가 억류되어 성착취되는지를 막론하고 군 성착취를 일종의 성노예 제도로서 이해할 수 있게 된다.

간자키와 후지노는 일본 산업 지대에 '위안소'가 세워진 동력이 공장에서 착취당하던 남자 노동자를 성적으로 달래기 위해서라고 분석하지만, 오노자와의 생각은 좀 다르다. 1940년대 한 포주 조합이 벌인 설문 조사를 보면 산업 지대 성착취 산업이 성장한 배경은 공장주들이 밀도급 업체의 다른 지역 이전을 방지하고 충성도를 높이기 위해 "접대"를 하면서였다는 것이다. 이 설문 조사에 따르면 일본 산업 지대 성착취 업소의 주 고객은 공장주와 기업 임원이었다.[84] 오노자와는 일본 전쟁 경제에서 돈을 만진 "신흥 졸부" 남자들이 성착취 수요를 견인했다고 주장한다. 이들은 자기 공장 직원들을 데리고 성착취 업소를 방문하기도 했다. 전쟁 전과 마찬가지로 일본 남자들이 방문하는 성착취 업소에는 여전히 계급 격차가 있었다. 부자 남자들은 '게이샤' 업소를 가고, 노동 계급 남자들은 '카페' 업소나 '공창' 업소, '술집' 업소를 갔다. 이를 산업 지대에 적용해 보면 술과 관련된 사업을 운영하는 여자, 그리고 산업 지대에 있는 여자 전반이 남자 노동자들의 성착취 요구로 압박을 받았을 것으로 보인다. 특히 전시 총동원을 위해 '풍속' 통제가 강화되면서 1942년 알코올 관련된 "유흥업소"가 공장 노동자용 숙소로 전환됐을 때 여자들이 느끼는 압박은 더욱 강해졌을 것이다. 이때부터 일본의 성착취 업소 수와 업소에 묶인 여자들의 수가 감소세를 탔다.[85] 일제는 1939~1941년에는 '유흥' 업소의 광고와 영업시간도 규제했다.[86] 이에 더해 전시 '풍속' 통제 강화로 1942년부터는 '게이샤' 업소 허가도 새로 내주지 않았다.[87] 내무성은 지역 당국에 공장 노동자 동원 목표를 이유로 성착취 업소에 진입하는 여자의 수도 제한하도록 지시했다.

그러나 오노자와는 전쟁이 전개되면서 당국이 산업 지대의 성착취 업소에 접근하는 방식이 변화했다고 말한다. 일제는 "고급"'게이샤' 업소는 폐쇄를 명령하는 한편 남자가 일하는 데 필요한 '위안'을 주는 "저급" 호스티스 업소는 영업을 재개하도록 추진했다. 왜 이런 변화가 일어났을까? 오노자와는 일제가 산업지대에 지장을 주지 않으려 했다며 두루뭉술하게만 설명한다. 그가 인용하는 1944년 3월 내무성 보고서에 따르면 내무성은 지역당국에 해당 지역의 "산업적 상황"과 "사회적 필요"에 따라 노동자에게 '위안'을 제공하는 "위안 시설" 건설을 장려하라는 지시를 내렸다.[88] '위안 시설'은 하류 계층용 성착취 업소였다. 그 결과 1945년 1월 경찰청 보고서에 따르면 1944년 2월 기준 총 177,001명의 여성 노동자가 '카페' 업소 및 '게이샤' 업소 등 성착취 산업으로 복귀하거나 유입됐고, 이 중 42,568명이 성착취 선경험이 있는 여자였으며, 그중 7,131명은 공식 지정 '위안 시설' 소속이었다. 당시 공식 지정 '위안 시설'은 총 4,842곳이었는데, 그중에는 이전까지 '게이샤' 숙소('오키야')였던 곳이 가장 많았고, 그다음은 '게이샤 요정'('마치아이待合'), 그리고 '요리점' 업소 순이었다.[89] 오노자와에 따르면 내무성은 '위안 시설'에서 이전 장소(예를 들어 '오키야')의 "여흥"은 유지되어도 좋으나 "철저히 간소화"되어야 한다는 의견이었다. 내무성은 '위안 시설'이 "일본 음식과 음료, 소통 및 성적 위안"을 제공할 것이라고 봤다.[90] 그러나 '위안 시설' 설립은 쉽지 않았다. 근거 법령이 없었고, 성착취할 여자 수가 부족했던 데다가, 업주들은 이전의 수익 모델에서 벗어나지 않으려는 경향이 있었다. 1941년부터 고급 업소가 폐쇄

되면서 '게이샤' 업소에 묶여 있던 4만 명 이상의 여자가 풀려났으며, 그 중 16,000명의 여자는 완전히 다른 산업으로 옮기거나 진정한 의미에서 성착취 산업을 탈출했다.[91] 1944년부터 민간인은 직장을 선택할 자유를 잃었다는 것도 성착취할 여자를 구하기 어렵게 만드는 요소였다.[92] 그 결과 문을 연 공식 '위안 시설'의 수는 "필요"보다 적었고 성착취남으로 넘쳐났다.[93]

오노자와는 각종 정부 보고서에 다급한 어조로 '위안 시설'의 필요성이 반복해서 강조됐다고 인용하면서, 전쟁이 막바지로 치닫는 와중에도 일본 남자들 사이에 성착취 수요가 엄청났다고 짚는다. 그는 일부 지역에서는 이런 수요를 맞추기 위해 계속해서 여자를 대거 동원했다고 설명한다. 예를 들어 1937년과 1940년 사이 군마현에서는 매년 약 20개의 업소가 새로 문을 열었고, 1937년과 1938년에만 30명의 여자를 추가로 확보했다.[94] 오노자와는 전시 총동원 시기 군마현에서 운영되는 업소 종류에는 변화가 일어났지만, 군마현 성착취 산업 자체는 규모가 줄어 성착취되는 여자의 수도 감소했다고 말한다. 군마현에서 새로이 부흥한 건 공장 노동자를 상대하는 '술집' 업소로[95] 오노자와는 산업 지대로 노동자들이 대거 유입되면서 군마현 성착취 수요가 증가했을 것으로 본다.[96]

그런데도 공식 '위안 시설'에 유입될 여자의 "공급 부족"으로 일본 대부분 지역에서는 '위안 시설'이 많이 세워지지 못했다. 오노자와는 이로 인해 당시 업소에 묶여 있던 여자들이 물밀

듯 몰려드는 남자들에게 성착취당하며 심각한 고통을 겪었을 뿐 아니라, 소개업자와 포주들의 각종 유인책이 여자들에게 엄청난 압박을 가했으리라고 추정한다. 1940년대 일본 전역이 식량난에 허덕이고 산업 지대에서 돈 좀 만진 남자들은 늘어난 상황에서 이전에 성착취당한 적이 있는 여자나 없는 여자나 압박감을 느끼지 않기는 힘들었을 것이다. 1940년대는 일본 경제가 붕괴하고 공중 질서마저 무너져가던 시대였고 여자들은 그런 요구에 극도로 취약한 상태가 됐다.[97] 더 나아가 오노자와는 내무성이 업주들(주로 '게이샤' 업소의 포주들)에게 문을 닫고 즉각 새 업소를 세우라고 지시한 만큼, 업주들이 아마 이전에 업소에 묶어 뒀던 여자들을 선불금 명목으로 계속 성착취라는 덫에 가둬두려 했으리라고 추정한다. 업주들이 그럴 수 있었던 이유는 담보 노동*이 금지되지 않아 선불금 명목으로 여자를 압박해 '위안 시설'에 옭아매는 게 법적으로 가능했기 때문이라고 오노자와는 설명한다. 이런 법적 허점이 없었다면 전 '게이샤' 업주가 여자를 충분히 확보할 수 없어 내무성의 지원이 있어도 '위안 시설' 업주로 변신할 수는 없었을 거라는 시각이다.[98]

　　2003년 윤정옥은 나가노현의 마쓰시로 대본영** 근처에

* 담보노동debt bondage은 유엔이 "현대판 노예제"라고 부르는 관습으로, 빚을 내준 후 터무니없는 이율을 붙이는 등의 수법으로 상대를 무기한 노예처럼 부리는 것을 말한다. 1956년 유엔총회에서 채택된 노예제 폐지 보충 협약에서 금지됐다. 책의 다른 곳에서는 좀 더 친숙하고 광범위한 개념인 '노예 계약'으로 번역했다.
** 대본영大本營은 태평양 전쟁 시절 일본군 최고 통수 기관을 말하며, 일본은 본토 결전을 대비해 극비리에 대본영을 옮길 갱도를 파기 시작했으나 완성되기 전 전쟁에 패했다.

서 대규모 '위안소'를 운영했던 전 업주를 만난 후 인터뷰를 바탕으로 논문을 냈는데, 이 논문에서 공식 '위안 시설'의 모습을 엿볼 수 있다. 마쓰시로 대본영은 1944년 11월 첫 삽을 떴고, 건설에는 주로 한국인 노동자가 동원됐다. 공사판 근처에 세워진 약 660㎡(200평) 규모의 '위안 시설'에는 한국인 여자만 억류됐다. 인터뷰 당시 83세였던 업주에 따르면 이 업소를 이용한 건 주로 일본군 소속 남자였지만 한국인 노동자도 찾긴 했으며, 업소의 분위기는 "야단법석"이 따로 없었다. 업주는 일본 경찰의 지시를 받아 업소를 세웠다고 진술했다. 업소 관리자는 한국인이었고, 업소에 억류할 20대 초반 여자 네 명을 한국에서 인신매매해 온 사람이었다. 여자들은 도착 이후 한 번도 업소를 벗어나지 못했고, 도착했을 때는 농촌 일을 도울 때 입을 법한 복장에 보자기를 쓰고 있었다고 한다.[99]

| 결론

1930년부터 일본 본토의 성착취 산업이 전시 동원됐던 건 역사적으로 포주와 일본군이 긴밀한 관계를 맺어왔기에 가능했다. 둘은 러일 전쟁 때부터 일본 역사의 흐름을 따라 관계를 다져갔다. '기지촌' 성착취 집결지가 세워졌고, 남자들로 이루어진

'청년단'은 민간 성착취 업소를 이용했고, 군인들에게 배포할 포르노가 제작됐고, 징집병은 쉬는 날마다 업소를 방문했다. 나중에는 일본군이 포주 조합과 공조하여 장병들의 민간 성착취 업소 방문을 감독했고, 협상을 통해 가격 할인을 끌어냈고, 민간 업소를 징발해 본토의 남자 공장 노동자를 위한 '위안 시설'을 세우게 되었다. 이를 다 합쳐보면 일본군은 쇼와 시대 초반만 해도 남자가 여자를 성적으로 이용할 권리를 보장하는 일을 민간에 위탁했지만, 전쟁이 깊어지며 민간 성착취 산업으로부터 운송망, 기반시설, 사업 노하우를 받아 직접 '위안소'를 세우고 운영하게 됐다는 큰 그림이 그려진다. 일본 본토에서 '위안 시설'이 운영됐던 1940년대 역사에서 드러나듯, 전쟁 발발부터 종전까지 민간과 군의 행위자들은 힘을 합쳐 성착취를 조직하기를 멈추지 않았다. 6장에서는 전쟁이 끝나는 순간까지 군과 민간 성착취 산업이 협력했던 오키나와의 현장을 포착할 것이다. 둘은 인신매매를 할 때도 서로를 도왔다. 다음 장에서는 군이 인신매매 업자와 어떤 식으로 협력해 본토와 해외의 민간 성착취 산업에 묶여 있던 일본 여자들을 재인신매매해 왔는지를 자세히 들여다보게 된다. 군이 민간 포주와 인신매매 업자의 전문성을 빌리지 않았다면 1930년대와 1940년대 아시아 태평양 지역으로 일본 남자들이 대거 진출하며 우후죽순으로 솟아난 전장의 성착취 업소를 채울 만큼 많은 수의 여자를 구해 올 방도가 없었을 것이라는 게 나의 주장이다.

모든 남자에게
평등한 성착취

정말 여자들이 전쟁 한복판에서 땀 냄새 나는 짐승 같은 남자들이 여자 몸의 한계를 밀어붙이며 고문하는 걸 즐겼다고 생각하나? 우리는 모두 가난했고 먹을 게 없었다. 돈이 필요했다. 그래서 이를 갈며 견뎠을 거라는 생각이 안 드나?…여자의 몸은 실제 피와 살로 이루어져 있다. 기계가 아니란 말이다. 남자 50명, 100명이 차례로 달려든다고 할 때 여자의 실제 육신에는 무슨 일이 일어날지 상상해 봐라. 시뻘겋게 붓고 어디하나 멀쩡한 구석이 없게 된다. 다리를 닫을 수도 없어서 게처럼 걷는다. 그런 상태가되고서도 다음 날에도 남자를 봐야 한다. 내가 할 수 있는 거라곤 온몸에 최대한 찬물을 많이 끼얹고 눈이 붓도록 우는 것뿐이었다.

-라바울에서 성착취당했던 일본인 생존자의 증언[1]

[총] 35명의…병사와 나는 각자 도시락을 두 개씩 싸서 떠났다. 흙바닥에 멍석이 깔린헛간 일곱 채가 나왔다. 점심을 먹고 나서 병사들은 장막 앞에 소대별로 줄을 섰다. 병사당 평균 5분이 걸렸다. 마치 공중변소에서 줄을 서는 것 같았지만 모든 병사가 만족한 채 기지로 돌아갔다.[2]

하루는 대대장님이 '위안소'를 세우라는 명령을 내리셨다. 나는 같이 주둔 중이던 의무대의 군의관과 얘기를 나눈 후 '위안소' 건설에 돌입했다. 위치는 빨리 결정됐다. 네덜란드인이 남기고 간 관광객용 호텔을 쓰기로 했다. 호텔에는 서양식으로 꾸며진 방이 일곱 개 있었고, '위안소'로 쓰기에는 지나치게 호화로울 정도였다. 이제 여자를 구할 차례였다. 큰 문제는 없었다. 네덜란드군이 근처 마을에 '밤일'하는 여자를 여럿 두고 갔기 때문이다. 하지만 이들이 성병이 있다면 큰일이므로 군의관이 여럿을 검진했고 검사를 통과한 4명을 호텔로 데려가 '위안부'로 삼았다.

-1942년 서 수마트라에 주둔했던 일본 퇴역 군인이 1978년 출간한 수기에서[3]

일본에서 여자를 인신매매해 중국을 비롯한 아시아 태평양 등지의 성착취 업소로 넘겼던 역사는 19세기 중반으로 거슬러 올라간다. 인신매매는 주로 일본 남자의 성착취 수요를 만족시키기 위해 행해졌으며[4] 주로 일본인 포주와 소개업자의 손에 이루어졌다.[5] 성착취남 중에는 장병도 있었으나 기업인, 관료는 물론 노동자들도 포함됐다. 이들은 일본의 식민 정착지에서도, 중국 동북부의 댐이나 철도 건설 현장에서도, 일본 자본 투자가들이 진출했던 영국령 말라야나 네덜란드령 동인도에서도 여자를 성착취했다. 일본 식민지였던 한국과 대만의 '공창' 집결지도 일본 여자를 인신매매해 와 일본인 남자들의 성착취 수요를 채웠지만, 이는 다음 장에서 따로 다루도록 하겠다. 역사적으로 볼 때 전쟁이 일어나기 전 일본인 남자들의 해외 진출 시도와 이들의 포주 짓을 떼어놓고 생각하기는 쉽지 않다. 반성착취 입장의 마스토미 마사스케가 1907년 구세군으로 중국 동북부 지방으로 갔을 때, 중국 현지인들은 일장기가 성착취 업소를 나타내는 상징이라고 오해하고 있었다고 한다. 그 지역의 성착취 업소가 전부 앞에 일장기를 내걸고 있었기 때문이다.[6] 20세기가 문을 열 때쯤에는 일본 남자들이 해외에서 하고 다니는 짓 때문에 세계가 일본 하면 바로 떠올리는 이미지가 성착취가 됐다 해도 과언이 아니다. 아마 노예 노동, 마약 밀수, 전쟁 정도를 제외하면 말이다.

역사학자들은 전쟁 전부터 아시아 태평양 지역으로 인신매매되어 성착취됐던 일본 여자들을 '가라유키상'이라는 페티쉬적 표제 아래 자세히 논해 왔으며, 그 피해자는 총 10만 명에 이를 것으로 추산된다.[7] 구라하시 마사나오가 말하듯 19세기 인신매매는 여자 10명 정도에 남자 선원 4~5명만 태울 수 있는 고깃배를 이용했고, 나가사키항에서 블라디보스토크항으로 가는 데만 70일 이상이 걸렸다는 점을 고려해 보면 엄청난 피해자 수가 아닐 수 없다.[8] 이런 조건 아래서도 포주와 소개업자, 인신매매업자는 일본 남자의 발이 닿은 곳이라면 거의 세계 어디든 일본 여자를 실어 보내는 데 성공했고, 구라하시의 설명대로 이로 인해 해외 거주 일본인의 인구 구성도 왜곡됐다. 예를 들어 1902년 하얼빈에 거주하던 일본 여자 인구 74%가 성착취되는 여자였고[9] 1903년 포트아서(뤼순항) 기준으로는 이 수치가 77%로 오른다.[10] 1907년 선양에 살던 일본 여자 중에는 59%가 성착취당했다.[11] 1916년 무렵이 되면 아시아 태평양 지역에서 성착취되는 여자가 10,500명에 육박했다. 그러나 구라하시의 경고대로 실제로는 이보다도 더 많은 수가 성착취당했을 가능성이 크다. 여자들은 피해 사실을 밝히기를 꺼렸을 것이고, 영사관도 정확한 데이터를 취합하는 데 어려움을 겪었을 것이기 때문이다.[12] 식민지에서도 많은 한국 여자와 중국 여자가 성착취를 당한 것은 사실이나, 적어도 19세기까지는 일본 본토 및 해외의 상업적 성착취는 일본 여자들을 더 많이, 더 조직적으로 겨냥했다.

20세기 들어 이런 인신매매 산업을 두고 국제 연맹의 한 위원회가 비판의 목소리를 높이는 등 일본 정부는 국제적인 비판에 직면했고, 결국 1920년 이런 식의 인신매매를 금지하게 됐다. 그러나 스테퍼니 리몬첼리가 시사하듯, 금지 조치에도 불구하고 해외에 진출한 일본 남자들은 계속해서 일본 여자를 이용해 성착취 욕구를 채웠다. 리몬첼리는 어떤 비판적 어조도 없이 담담하게 이렇게 기술한다. "1921년 초입에 일본은 이런 여자들을 일본 남자에게 쓸모를 다할 집결지에만 남겨두고 이들을 다시 일본으로 데려오기 시작했다."[13] 여기서 말하는 일본 남자들은 군이 파견한 군인들로, 점점 수가 불어나고 있었다. 예를 들어 일본은 중국 동북부에 꼭두각시로 삼을 만주국을 세운 후 많은 일본 남자들을 보냈다. 구라하시는 시베리아에서 성착취당하던 일본 여자들이 1932년 이후 여러 일본군 점령지로 옮겨졌다고 주장한다.[14] 지금부터 나눌 논의도 전쟁 전 일본에서 중국 대륙으로 인신매매당했던 여자들이 군 '위안소'를 통해 조직된 성노예 제의 초기 피해자가 되었다는 사실을 뒷받침한다. 일본 남자들은 이들이 해외로 인신매매되기 전에도 본토에서 이들을 성착취했고, 일부 경우에는 태평양 전쟁이 끝나고 본토로 송환된 이들을 다시 성착취하기까지 했다.

『산다칸 8번 창관サンダカン八番娼館』 같은 인기도서나 「가라유키상」 같은 다큐멘터리 영화를 보면 나가사키현과 구마모토현에서 암약하던 소개업자들이 궁핍한 부모들에게 돈을 빌려줘 해외 업소에 여자들을 공급했다는 사실을 알 수 있다. 전쟁 전 인신매매는 흔히 그렇게 이루어졌다. 2장에서 이미 다뤘듯 부모에게 돈을 빌려줘 딸 이름으로 빚지게 하는 건 일본 소개업자들 사이에서 전해 내려온 전략으로, 일본 내에서 여자를 이리저리 옮길 때도 사용됐다. 그러나 전쟁 전 일본 민간 성착취 산업에서 해외의 성착취 업소로 인신매매된 여자도 많다는 사실은 여태 별 주목을 받지 못해 왔다. '위안부' 역사와 마찬가지로 전쟁 전 인신매매된 일본 여자들을 기록한 '가라유키상'의 역사에서도 성착취 선경험 피해자가 지워져 있는 것이다. 다음 두 인용문처럼 일본이 전쟁을 벌이기 전 일본 본토에서 성착취되던 여자들이 해외로 인신매매되었다고 구체적으로 언급하는 기록이 적지 않은데도 말이다.

1911년 항만 당국이 적발하고 언론이 보도한 한 인신매매 사

례에서는 성인 여자 두 명과 여자 청소년 한 명(24, 21, 16세)
이 요코하마 항에서 인신매매됐다. 모두가 인신매매 업자에
게 빚을 지고 있었고, 업자들은 기후현 성착취 집결지에 있
는 업소에 돈을 주고 이들을 사서 2~3년간 노예 계약을 맺
은 상태였다.[15]

1932년 한 소개업자가 여자 27~28명을 끌고 [인터뷰 참여자가
일하던] 신발가게를 방문했다. 소개업자가 여자들에게 신발을
사게 만드는 동안, 신발가게 주인은 소개업자에게 어떻게 그
렇게 많은 여자를 거둬들였냐고 물었다. 소개업자는 이미 각
자 2만 엔 정도의 빚을 져 성착취 업소에 묶여 있던 여자들이
라며 만주로 보낼 거라고 말했다. 인터뷰 참여자는 나중에
6년간 만주에서 지내면서 성착취되는 일본 여자를 많이 목
격했다고도 했다. 일본 여자들은 참여자에게 매일 아침 8시
부터 오후 4시까지 25명 정도의 일본인 병사에게 당하곤 한
다고 털어놨다. 당시는 1941년이었다.[16]

이번 장에서는 성착취되던 여자들의 재인신매매라는 전쟁
전의 사회 문제가 1930년대 후반 일본군의 성노예 제도 개발에
중대한 배경으로 작용했다고 논할 것이다. 20세기 군사·사업적
목적으로 해외로 나간 일본 남자들은 단순히 아무 여자나 성착
취할 권리를 요구한 것이 아니었다. 그들은 매우 구체적으로 본

토 성착취 산업의 관습과 조건을 빼닮은 환경에서, 일본 여자를 성착취할 권리를 취하려 들었다.[17] 나는 바로 이게 재인신매매 문제가 불거진 배경이라고 본다. 일본인 포주들은 이런 수요를 만족시키기 위해 대규모 인신매매망을 조직했고, 일본군은 나중에 이 인신매매망을 유용하게 써먹었다. 물론 일본 탄광촌에서 성착취되다 해외로 재인신매매된 한국인 여자들도 있었고[18] 성착취를 경험하지 않은 상태로 일본에서 해외로 인신매매된 여자들도 있었으며[19] 1930년대 이후로는 아시아 내에서 수없이 많은 한국, 중국, 그 외 국적의 여자들이 인신매매되어 일본 남자에게 성착취당한 것도 사실이다. 이번 장은 이들 피해자에게 초점을 맞추지는 않지만, 일본인 여자보다도 많은 수의 피해자들이 긴 기간 성착취됐던 건 어쩌면 '평시' 일본에서 일본인 여자를 성착취하며 길러진 수요가 불러온 예상할 만한 참사였다고도 할 수 있다.

'위안소' 제도를 낳은 전쟁 전의 배경은 하나 더 있다. 바로 지배 계층 일본 남자들이 부채질하고 퍼트린 성착취 수요다. 나는 일본 본토와 해외에서 활동하던 군 지도층 남자들이 역사적으로 '위안소'라는 성노예 제도가 탄생하기까지 빠질 수 없는 역할을 했다고 본다. 난 이들의 역할을 '일본군의 성착취 평등화 military democratization of prostitution'라는 틀 안에서 설명할 것이다. 군 지도층 남자들은 전쟁에 나서고 군사 작전을 개시하는 동시에 민간 성착취를 '평등화'했다는 게 나의 주장이다. 미군 성착취 피해자 수키 팰컨버그의 말에도 이런 시각이 함축되어 있다. "남자들은 전쟁으로 득을 본다. 그들은 강간의 즐거움을 누린다. 굶주리는 여자 위에 올라타, '헐값'에 '창녀'를 이용하면서 쾌락을 취한다…"[20] 이번 장은 전쟁이 남자들의 성적 목적을 충족시킨다는 시각을 반영해, 군사 행위가 더 넓은 층의 남자 국민에게까지 성착취 권리를 확대 제공하는 수단이며, 그렇게 강화된 성착취 권리는 근본적으로 민간 성착취와 같다고 제시할 것이다. 나는 전시 성착취 제도 개발의 원동력이 되는 건 평시에 남자 전반을 통제하려는 엘리트 남자들의 속셈이라고 본다. 즉 지배 계층 남자들은 군사 행위를 통해 폭넓은 남자 시민에게 성착취적 관념과 행동을 심음으로써, 이후 '평시' 사회가 재개됐을 때 이득을 거둔다. 성적 뇌물을 받은 남자 시민들은 '평시' 사회에서 순순히 착취당하는 등 통제가 쉬워진다.

누가 '가라유키상'을 불렀는가: 전쟁 전 해외 인신매매

우리 시대 연구자들은 "성적 서비스에 대한 남자의 수요는 도무지 포화 상태에 이를 수 없는 시장이다"[21]라고 지적한다. 이를 더없이 생생하게 증명하는 게 일본 남자들이 전쟁을 일으키기 전 했던 행동이다. 일본 남자들의 성착취 수요는 이들이 해외로 진출하자 일본에서 여자를 인신매매해 올 정도였다. 사료에 따르면 일본은 1933년부터 남자들이 술을 마시며 성착취를 했던 공간인 '특수음식점' 단속을 시작했고, 1935년부터 '특수음식점' 수가 급감했지만, 송연옥은 해당 종류 업소에 억류되어 있던 여자 중 반은 만주로 인신매매됐다고 설명한다(나머지 반은 본토의 '게이샤' 업소로 옮겨갔다).[22] 구라하시 마사나오와 마크 드리스컬은 전쟁 전 일본인 성착취 업자들이 성착취 업소 운영으로 종잣돈을 마련했다고 주장한다. 이들은 인신매매한 일본 여자를 이용해 해외에 업소를 차려 돈을 번 후 그 돈으로 다른 사업을 시작했다는 것이다. 구라하시는 『북쪽의 가라유키상』에서 이렇게 적는다. "20세기 초 시베리아와 중국 동부에서 성착취 업소를 제외하고 일본인들이 벌인 사업에는 세탁소, 사진 현상소, 식당이 있었지만, 이런 사업도 여자를 성착취해서 모은 자금으로 세워졌다. 따라서 일본의 해외 진출 뒤에는 성착취라는 오싹한 이야기가 존재한다."[23] 드리스컬의 책에도 "아시아 태평양 지역에서 사업을 크게 벌이는 일본인 거물 기업인의 3분의 2는 밑바닥 인신매매 업자로 일을 시작했다"라는 내용이 있다.[24] 그러나 전쟁 전의 일본 여자 인신매매 행위를 비판적으로 바라보는 이런 문헌조차 포주가 아닌 '소비자'로서 여자 성착취 수요를 견인했을 일본 남자들은 일절 언급하지 않는다. 다시 말해 일본인 포주들이 해외에서 성착취 업소를 차려 종잣돈을 긁어모을 수 있었던 건 전부 군인으로서, 노동자로서, 혹은 어부로서 해외로 이주했던 일본 남자들의 성착취 수요 때문이다. 구라하시가 지적하듯, 일본인이 해외에 세운 성착취 업소를 현지 남자들도 이용했다는 근거는 찾아보기 어렵다.[25] 20세기가 흘러가면서 일본인 해외 성착취는 점점 일본 군인 중심이 되었다. 김일면에 따르면 1931년 만주사변 이후로 일본제국 관동군은 일본 성착취 업자들에게 만주에 장교용 업소 등 성착취 업소와 '게이샤' 업소를 세우라고 권하게 됐다. 그때쯤이면 일본인 포주들은 이미 일본, 한국, 대만, 싱가포르, 상하이에 상당한 사업 기반을 구축하고 있었다는 게 김일면의 주장이다.[26]

이렇게 전쟁 전 해외 성착취 수요를 충족시키느라 만들어진 인신매매 관습과 인신매매망은 이후 일본군이 '위안소'를 만들 때도 역할을 톡톡히 했다. 오노자와 아카네는 "그렇게 많은 수의 여자를 '위안소'에 입소시킬 수 있었던 건 일본 민간 성착취 산업에서 여자를 빼내는 인신매매 행위가 아무런 감시 없이 이루어졌기 때문"이라고 설명한다. 그러면서 여러 근거를 바탕으로 일본군이 오사카와 고베의 업주들에게 만주로 여자를 인신매매해 '위안소'를 설치하라고 명했고, 이렇게 만들어진 '위안소'는 군의 지시와 감시 아래 포주들이 운영했다고 주장한다. 그는 또 다음과 같은 중요한 지적을 한다. "일본 국내 성착취 산업 안에서 활용되던 인신매매의 관례는 여자를 해외 '위안소'로 인신매매할 때도 활용됐다. 군은 본토 '게이샤' 업주들에게 여자들이 진 빚을 갚아주는 식으로 여자를 인신매매했다."[27] 니시노 루미코는 '위안소'로 인신매매된 일본 여자들 대부분은 규슈 온카가와의 성착취 산업, 오사카의 마쓰시마와 토비타 성착취 집결지, 고베 후쿠하라 성착취 집결지에서 모집됐다고 말한다.[28] 한국 '위안부' 피해 생존자 증언을 검토한 한 연구에 따르면 이들 중 40%는 1938년과 1940년 사이 '위안소'로 잡혀갔지만 1941년과 1943년 사이 입소한 비율이 45%로 더 높았다.[29] 일본에서 인신매매된 여자들이 그 비는 기간을 채웠을 가능성이 커 보인다. 하타 이쿠히코는 일본군이 '위안소' 제도를 본격적으로 추진하기 시작한 1937년과 그로부터 4년 후를 비교해 보면 일본 성착취 산업에 억류된 여자의 숫자가 4만 명 이상 줄었다고 지적한다.[30] 그런데도 인신매매는 전쟁 전체에 걸쳐 계속됐다. 민간 성착취 생존자 후쿠다 도시코는 1941년 일본군이 포주 조합에 '위안소'로 보낼 여자 모집을 직접 요청한 이후 요시와라 집결지에서 알았던 여자 여럿이 '위안소'로 가게 되었다고 기억한다.[31] 이제는 세상을 떠난 후쿠다는 1958년까지 양어머니로부터 물려받은 요시와라 '게이샤 요정'을 운영한 포주이기도 했다. 후쿠다는 1923년 3살의 나이로 포주에게 입적됐다. 그는 1966년 본인이 성착취 산업에서 겪은 일을 기록했으며, 이 회고록은 1986년 출간됐다.

전쟁이 햇수를 더해가면서 식민지의 여자들, 특히 이미 성착취되던 여자들이 '위안소' 인신매매 피해자가 되는 경우가 많아졌지만[32] 일본군이 전쟁을 벌이는 내내 일본에서 여자를 인신매매해 오려는 의지를 끝끝내 버리지 않았다는 건 중요한 지점이 아닐 수 없다. 다른 국적의 여자들을 대거 끌고 오는 동안에도, 일본군은 계속 호시탐탐 일본 여자를 (성착취 선경험자건 아니건) 인신매매하려고 노렸다. 그런 사실은 후쿠오카의 한 여성단체가 시행한 비범한 연구에서 드러난다. 이 여성단체는 1937년부터 1945년 사이의 지역 신문을 뒤져 해외 '위안소'로 인신매매된 여자들에 대한 정보를 찾았다(전시 일본의 인신매매 업자들은 주로 후쿠오카 인근 항구를 이용했다). 그리고 그 결과 전쟁의 처음부터 끝까지 계속 일본에서 여자들이 인신매매됐다는 상당한 증거를 발견했다. 예를 들어 1938년의 한 신문 기사는 후쿠오카현 모지항 당국이 인신매매 피해자로 의심되는 여자를 하루 평균 5~6명 잡아낸다고 보도했다.[33] 1939년의 다른 기사는 일반적으로 나가사키-다롄 연락선에 오르는 전 승객의 절반이 중국 대륙으로 일본군을 따라가는 "종군 여성"이라고 추정했다.[34] 연구자들은 신문 광고 중 상당수가 주소란에 지역 모텔 주소를 쓴 채 다양한 거짓 명목으로 중국 대륙으로 갈 여자를 구하고 있었다면서 이런 추정치가 정확할 것으로 평가했다. 광고는 때때로 본 목적을 숨기려는 노력도 별로 하지 않았다. 일례로 1940년 한 후쿠오카 신문에 실린 광고는 "21세에서 40세 사이"의 "예쁘고" "건강한" 여자를 찾으면서 중국의 군 "회관"에서 일해도 좋다는 보호자의 허락이 필요하다고 적었다. 같은 연구에 따르면 이와 비슷한 시기인 1941년 여러 달에 걸쳐 "군 위문단"에서 나왔다는 알선업자들이 '카페' 업소 등 일본 성착취 산업에 매인 여자들을 중국 대륙으로 재인신매매하기 위해 후쿠오카 성착취 업자들에게 접촉하기도 했다.[35]

그러나 일본군은 자국민 여자를 성적으로 이용할 권리를 모든 일본 남자에게 평등하게 제공하지는 않았다. 계급이 낮은 군인들은 기모노를 억지로 입고서 일본 여자 이름을 가명으로 쓰고, 일본 국가인 기미가요를 부르고, 자기 나라말을 쓰지 않으려고 조심하는 한국, 중국 등에서 온 여자에 만족해야 했다.[36] 조슈아 필처가 묘사하듯 한국 여자들은 일본 남자에게 일본 '게이샤'를 투사한 이미지를 주기 위해 "노래하고 춤추고 바이올린을 연주"해야 했다. 필처는 한국인 생존자 문옥주가 "1940년 일본군 관계자에게 납치되어 만주로 보내진 후 하루에 군인 20~30명에게 성착취당했으며…장교 만찬과 송별회에서 일본인 '게이샤' 옆에 끼어 노래를 부르라는 호출을 받곤 했다"라고 기록한다.[37] 일본군 성노예제의 모델과 청사진은 일본의 민간 성착취 산업과 거기 억류됐던 일본 여자이기는 했지만, 그래도 현실 세계의 벽에 부딪혀 어느 정도 타협이 이루어질 수밖에 없었던 것이다. 요시미 요시아키는 전쟁이 후반으로 접어들며 운송 및 인프라의 한계가 일본 여자를 '위안소'로 인신매매하는 데 현실적인 장벽이 됐다고 지적한다. 요시미는 이렇게 적는다. "군은 일본제국 신민(일본인, 한국인, 대만인)을 '위안부'로 쓰기를 원했지만, 여자를 충분히 구할 수 없었고 일본, 한국, 대만에서 여자를 인신매매해 오는 데는 시간과 노력이 들었다. 그래서 군은 빠르게 여자를 현지 조달하는 쪽으로 태도를 바꿨다."[38]

그래도 일본 현지 성착취 산업과 일본인 피해자는 전쟁이 끝나는 날까지 '위안소' 제도 개발과 운영의 지향점으로 남았다. 물론 그 지향점을 끝까지 밀고 나가지 못하도록 막는 현실적 장벽도 계속 유지됐다. '위안소' 제도는 일본 민간 성착취 산업에서 여러 요소와 관례를 가져왔다. 예를 들어 '위안소'에서 남자들은 다른 국적의 여자가 아닌 자국민 여자를 성착취하기 위해 추가금을 지급했으며, 일본 여자는 장교만 이용할 수 있도록 따로 격리되기도 했다. 일본군 장교들은 돈을 더 내고 본토 '게이샤' 업소나 '카페' 업소를 흉내 낸 장소('장교 클럽' 등)에서 여자를 성착취하는 특권을 누렸다.[39] 이들에게는 또 '위안소'로 막 끌려온 젊은 '처녀'를 병사들에게 넘겨주기 전에 성착취할 수 있는 특권도 있었다. 이건 일본 본토에서 '게이샤' 업소가 운영되던 방식과도 비슷했다. 성착취남들은 끌려온 지 몇 달 안 된 여자 청소년을 성착취하려고 돈을 더 냈다. 한국인 생존자 황금주는 이렇게 증언한다. "장교들은 첫 2주간 우리를 하루에 서너번은 불러냈다. 새로 온 아이들은 '처녀'였기 때문에 장교에게 당하게 되어 있었다. 장교들은 콘돔을 쓰지 않았기 때문에 우리 중 상당수가 꽤 초기에 임신하게 되었다."[40] 조슈아 필처의 글도 '위안소'가 일본 민간 성착취 산업의 문화적 관습을 직수입했다고 묘사한다. "'위안부' 제도는 일본 및 식민지 한반도의 성착취 산업과 유흥산업을 전쟁이라는 이름으로 극단으로 밀어붙인 것이기에, 여자들은 평시 성착취 산업에서 그랬듯 성적으로 착취당할 뿐 아니라 노래하고 춤추고 여타 공연을 선보여야 하는 경우가 많았다."[41]

일본군은 장병들이 고향에서 이용하던 성착취 업소를 본떠 '위안소'를 만들었다. 만주의 한 '위안소'는 병사들이 대기하는 통로에 '위안부' 사진을 전시했는데, 이는 일반적으로 응접실 벽에 억류된 여자들의 얼굴 사진을 걸어두던 일본 민간 성착취 업소의 관행을 따라 한 것이다. 한 군인은 '위안소'의 내부 설계나 배치도 "고향의 요시와라 '유곽'"을 그대로 가져온 듯했다고까지 말한다.[42] 일본군을 위해 '위안소'를 세우고 관리한 포주들이 일본 본토에서 성착취 업소를 운영했던 바로 그 포주라는 사실을 고려하면 그리 놀라운 일은 아니다.[43] 같은 여자 개인이 민간 업소와 '위안소'에서 성착취되었을 뿐만 아니라, 피해자의 전반적인 인구 구성도 본토나 해외나 비슷했다. 일본에서 민간 성착취를 경험한 후 사이판 '위안소'를 거친 한 일본인 생존자는 "고향 일본의 업소"에서와 마찬가지로 '위안소'에도 "부모가 팔아넘긴 북쪽 지방 출신 젊은 여자들"이 있었다고 기억한다.[44] '위안소'의 성병 검사 체계도 민간 성착취 산업의 관습을 베낀 듯 비슷했다. '위안소'에 억류된 여자들은 매주, 심지어 일주일에 두 번까지도 성병 검사를 받았으며, '위안소' 포주들도 민간 포주들이 썼던 전략대로[45] 검사받으라고 보내기 전에 여자들을 직접 확인했다. 성기 주변의 염증과 붓기를 줄이는 연고를 바르는 등 미리 손을 써 당국의 구류 처분을 막으려는 것이었다.[46] 1944년의 도카시키섬 '위안소' 운영 기록을 보면 종전 때까지도 '위안소'는 민간 업소와 비슷한 방식으로 돌아갔다. 이 '위안소'를 방문하는 군인들은 먼저 '접수계'에 가서 대기 번호 적힌 표를 돈 내고 샀고, '위안소' 옆에 있는 집에서 자기 번호가 불릴 때까지 기다렸다. 그리고 여자를 성착취하기 전 여자에게 이 표를 건넸다. 일과가 끝나면 '위안소' 관리자는 여자들이 각자 표를 몇 개나 받았나 정산하고 이를 기반으로 수익을 분배했다. 민간 업소에서와 마찬가지로 이 수익은 여자가 지고 있는 빚을 까는 식으로 처리됐다. 본인이 한국에서 도카시키로 인신매매될 때 들어간 '비용'(대만을 거칠 때가 많았다) 뿐만 아니라 '생활비', '의복비', 거기에 이렇게 진 빚에 대한 이자까지도 고스란히 빚이 됐다.[47] 다시 말해 온갖 이자, 비용, 요금이 붙어 절대 줄지 않는 가상의 빚을 구실로 여자를 매어둔다는 점에서, '위안소'는 민간 성착취 업소와 전혀 다를 바가 없었다.

일본 본토의 성착취 산업은 해외로 진출한 일본 남자의 성착취 행위를 인도하는 청사진이자 기준점이었고, 이들의 성착취 수요가 일본에서 여자를 인신매매해 오도록 부추겼다. 인신매매를 담당한 건 일본 내에서 민간 성착취 산업을 굴리던 바로 그 포주들과 소개업자들이었다. 그리고 같은 작자들이 군의 전시 '위안소' 제도 창설을 도왔다. 군 성노예제가 시기와 전쟁 지역에 따라 민간 성노예제의 특성을 많이 띠거나 적게 띠거나 한 것은 사실이다.(일례로 1941년 중국에서 일본군은 현지 여자 청소년을 납치해 헛간에 함께 가둬 놓은 후 빈 쌀 포대 위에서 이들을 연쇄적으로 강간했다. 여자들이 죽거나 가족이 뇌물을 주고 빼낼 때까지 강간이 이어졌다.[48] 그래도 '위안소' 제도의 역사적 기원과 논리적 기반이 민간 성노예제라는 건 그 초기 형태와 조직 방식에서 명확히 드러난다. 일본의 민간 성착취 산업에서 인신매매해 온 여자들로 초기 '위안소'가 세워졌다는 사실이 한 가지 예다. 위에서 설명했듯 민간 성착취 업소와 '위안소'는 조직, 운영, 관습, 외관에서 서로 중첩되는 부분이 많았고, 이는 역사적으로 민간 성착취 산업이 '위안소' 제도 개발에 핵심적인 역할을 했다는 증거다. 그리고 나는 이런 중첩이 1930년대 일본군이 민간 성착취 산업을 '평등화'한 과정을 보여준다고도 주장하려 한다. 전시에 일본 남자라면 누구나 여자를 성착취할 권리를 보장받게 됐던 과정을 오노자와 아카네는 "평준화"라는 말로 표현하기도 한다. 이번 장은 이런 시각을 주춧돌 삼아 주장을 개진할 것이다.

　　이번 장의 주장을 한 문장으로 요약하자면 이렇다. 다이쇼 시대에 시작된 성착취의 평등화는 1930년대 일본의 군사 활동으로 공고해졌고, 그 핵심에는 '위안소' 설치가 있다. 새로이 개발된 '위안소'는 훨씬 폭넓은 계층의 일본 남자들에게 여자를 성착취할 권리를 보장해 주었다. 역사학자들은 흔히 전시에 남자들 사이에서 사회경제적 계층과 위계가 더욱 공고해졌다고 강조하면서도(징집병과 장교 간의 갈등 등), '위안소' 제도 같은 군사적 기획으로 인해 남자들에게 성착취할 권리가 얼마나 평등하게 돌아가게 되었는지는 간과하곤 한다. 중일/태평양 전쟁이 벌어지는 동안 '위안소' 제도는 사회경제적 배경과 도시/농촌 출신, 나이를 막론하고 다양한 부류의 일본 남자에게 성적 보상을 전달했다. '위안소' 제도를 도입한 건 군 지도층 남자들이었다. 요시미 요시아키는 "'위안소' 설치에 책임이 있는 인물은 전부 군사 엘리트였다⋯전장의 부대가 자의적으로 '위안소' 설치를 결정하는 일은 없었다"라고 적었다.[49] 이렇게 군국주의를 매개로 일본 남자들의 사회적 관계가 '평준화'되면서, 아시아 태평양 지역의 여자들은 참극을 겪어야만 했다.

문제는 본토다: 인신매매망에 집중하면 놓치는 것

　역사적으로 일본군과 일본 기업인들은 이미 아시아 태평양 지역에서 여자를 직접 성착취하거나 포주 짓을 해 왔고, 전쟁 전부터 일본 남자들이 진출한 곳에는 일본 여자들도 인신매매되었기 때문에, 일본 남자가 전쟁 전 해외에서 했던 군/민간 성착취와 '위안소' 제도 사이에 분명하게 선을 긋기는 쉽지 않은 일이다. 그래도 둘을 구분해야 한다면 요시미 요시아키의 지적을 시작점으로 삼을 수 있겠다. 요시미는 외무성의 지원을 받아 군이 설치해 직접 관리하는 업소를 '위안소'라고 본다면 해군은 1932년부터, 육군은 1933년부터 '위안소'가 시작됐다고 한다. 상하이 성착취 집결지에 세워진 해군의 첫 '위안소'에 한국 여자는 29명이었던 반면 일본 여자는 102명 억류되어 있었다는 사실을 눈여겨볼 만하다. 이렇듯 '위안소' 설치 초기에는 억류된 여자 대다수가 일본인이었을 가능성이 크다.[50] 일본 본토의 정부 기관들도 군이 해외 '위안소'로 보낼 여자를 모집하도록 도왔다. 하야시 히로후미는 군의 요청에 따라 1938년 내무성 경보국이 각 지자체에 중국에 보낼 여자를 모아 달라고 명했다고 기록한다. 경보국은 심지어 이들이 해외로 문제없이 이동하도록 도항 관련 서류도 발급해 주었다.[51]

구라하시 마사나오, 다나카 유키, 하야시 히로후미 같은 학자들은 일본 여자의 해외 인신매매에 공적 부문이 이 정도까지 개입되었다는 게 전쟁 전 군 성착취를 위한 인신매매와 1930년대 개발된 '위안소' 제도를 구분 짓는 분명한 차이라고 주장한다. 물론 일본군이 이미 아시아에서 활동하고 있던 일본인 포주들의 도움을 받아 전쟁 전부터 이들이 구축해 둔 인신매매망에 의존하여 전시 '위안소' 제도를 개발하고 운영했다는 점도 중요하고, 더 연구해 볼 여지가 있다. 이에 더해 이번 장의 서두에서 언급했듯 하야시의 1999년 연구는 '위안소' 제도의 역사가 1918년 일본 시베리아 개입까지 거슬러 올라간다는 의미 깊은 지적을 했다.

이 연구에 따르면 만주 일본영사관 인사들은 일본군 출병 전 외교부 직원을 만나 해당 지역에 일본군 장병이 유입될 시 예상되는 일본 여자 인신매매 문제를 논의했다. 일본 육군은 이 논의에 끼어들어 해당 지역에 일본 여자를 인신매매해 오는 데 어떤 제한도 두지 않을 것을 강권했다. 영사관 측은 인신매매로 해외에서 일본의 이미지가 손상될 것을 우려했는데도 말이다.[52] 일본군은 무규제 입장을 밀어붙이는 데 성공했고, 장병들에게 이용될 여자들의 성병 검사를 위해 군의관을 배치하도록 조처했다.[53] 하야시는 이런 예를 들어 성착취를 수월하게 하려는 일본군의 의지가 초기 사료에서도 드러나며, 이런 의지가 향후 '위안소' 제도 운용에도 직접적으로 반영됐다고 강조한다.

이렇듯 전쟁 전 성착취될 일본 여자를 인신매매했던 역사와 이후 1930년대 '위안소'로 여자를 인신매매했던 역사가 당연히 겹쳐 보이기는 하나, '위안소'의 기원을 이런 식으로 이해하다 보면 성착취 목적의 해외 인신매매 현상을 일본군 성노예제의 역사적 원인으로서 지나치게 부각하게 된다. 그러다 보면 일본 본토에 존재했던 역사적 동력은 뒷전이 되기 십상이다. 다시 말해 일본군 성노예제의 역사적 기원을 논할 때 일본 남자의 성착취 수요, 그리고 일본 본토에서 자국 여자를 성착취한 역사는 간과되고, 전쟁 전 '가라유키상'이라는 명칭을 만들어낸 해외 인신매매망에만 초점이 맞춰진다. 앞선 장에서 설명했듯 1910년대와 1920년대 일본 남자들은 더 싼값에, 더 쉽게 성착취를 할 수 있게 되었으며, '카페' 같은 저렴한 업소는 당시 막 일본 도시로 쏟아져 나오던 노동 계급 남자들에게 여자를 성적으로 이용할 권리를 보장했다. 사회는 성착취를 묵인했고 문화는 성착취를 두 팔 벌려 환영했다. 내가 보기에 20세기가 되어 일본 남자들이 해외로 진출하게 되자 일본 여자들이 해외로 인신매매되었다는 사실, 그리고 군 엘리트 남자들이 인신매매를 적극적으로 지원했다는 사실은 1930년대 즈음에 일본 본토의 남자들 사이에서 성착취 수요가 얼마나 고조된 상태인지를 입증한다. 그리고 일본군은 중일 전쟁 때 '위안소'를 설치함으로써 상당히 폭넓은 남자 계층의 성착취 수요를 만족시키는 데 성공했다.

성착취를 평등화한 일본군

'저속한' 다이쇼 시대 때조차 일본 농촌 출신 젊은 남자는 입대한 후에도 여자를 성착취할 돈이나 기회가 없을 수가 있었다. 시마즈 나오코는 러일 전쟁 발발 즈음까지 일본 남자 대중 전반이 평등하게 성착취에 접근할 수 있는 건 아니었다고 다음과 같이 지적한다.

대규모 주둔지 인근에는 중국 여자와 일본 여자가 억류된 소규모 공인 '위안소'가 있었지만, 계급이 낮은 병사들은 비용을 감당할 수 없는 경우가 많았다. 선양을 방문 중이던 쓰치다 시로헤이 이병은 편지에 이렇게 썼다. "나는 일본 군부가 공인한 업소를 봤다. 한 번 방문할 때마다 최상급은 3엔, 중급은 2엔, 최하급은 1엔이었다. 업소는 급여가 높은 남자들로 넘쳐났지만, 우리 같은 남자들에게는 너무 비쌌다."[54]

그러나 중일 전쟁이 발발하고 일본군이 '위안소' 제도를 생각해내면서 이렇게 운 나쁜 남자들에게도 빛이 들기 시작했다. 가난한 농촌 출신 젊은 남자들도 문제없이, 자주, 저렴한 가격으로 성착취를 할 수 있게 된 것이다. 이들 앞에는 인신매매 업자가 될 가능성마저 펼쳐져 있었다. 하야카와 노리요의 지적대로 전쟁 후반부로 갈수록 '위안소' 설치는 군의 "일상" 업무가 되었으며, '위안소' 감독도 영사관 경찰부에서 군으로 넘어왔다.[55] 일본군은 신병들이 성착취할 권리를 편안하게 누릴 수 있도록 만전을 기했으며, '위안소' 감독을 위해 특수 보안 임무를 수행했으며, 게릴라가 침투해 무방비 상태의 장병들을 공격할까 봐 '위안소'에서 남자가 의무적으로 장부를 관리하도록 했다.[56] 전시에 '위안부'를 이용할 권리는 군인 남자들의 계급과 계층을 기반으로 만들어진 위계적 '특권'에 따라 차등이 있기는 했지만(예를 들어 고위 계급은 저녁에 성착취를 할 수 있었지만, 보병은 아침이나 오후에만 성착취가 가능한 식이었다), 중일 전쟁은 일본 역사상 최초로 남자가 입대만 하면 여자를 성착취할 권리를 사실상 보장받게 된 시기였다.

더 나아가 중산층 남자가 입대하면 비싼 술과 비싼 음식을 곁들인 '게이샤' 성착취처럼 보통 상류층 남자만 누리던 형태의 성착취를 할 수도 있었다. 일례로 오키나와 가데나의 '위안소'는 밤늦게까지 샤미센* 연주와 노래를 들으며 술을 마시는 '게이샤 요정'처럼 운영됐다. 장교뿐 아니라 병사도 이용할 수 있었으며, 이 '위안소'는 오키나와 현지의 민간 성착취 산업에서 여자를 재인신매매해 썼다.[57]

많은 경우 장교와 병사는 같은 '위안소'를 이용했다. '위안소' 설치 및 운영에서 병사보다는 장교가 우선시된 것이 사실이며 장교의 성적 접근권이 더 중시되기는 했지만(예를 들어 장교는 하루 중 '위안소' 방문이 가능한 시간대가 더 길었으며, 성착취 1회당 제한시간도 더 길었고, 장교만 이용할 수 있도록 할당된 여자가 있기도 했다), 그래도 군 사령부는 밑바닥 계급의 병사들까지 '위안소' 방문이 가능하도록 세심한 노력을 기울였다. 군 사령부는 세부 사항까지 미리 계획해 상당한 군사적 자원을 투입했다. 경리장교로 복무하다 전후 산케이신문과 후지TV 사장직에 오른 한 인물은 일본군 '위안소' 설치 및 운영이 과학 실험에 가까울 정도로 정밀하게 진행됐다고 기억한다.

* 일본의 전통 현악기

['위안소'가 설치되던] 당시 우리는 현지에서 모집한 여자들의 예상 내구력과 마모 기간을 추산했다. 우리는 해당 지역의 어떤 여자가 강인한지 혹은 연약한지를 분석했고, 그다음에는 군인이 방을 들어간 시간부터 '여자를 얼마나 오래 이용할지'도 결정해야 했다. 장교는 몇 분, 부사관은 몇 분, 병사는 몇 분 이런 식으로…(웃음)[58]

1994년 하야시 히로후미는 참전했던 남자들의 회고록과 자서전에서 '위안소' 설치를 언급한 부분을 수집한 책을 출간했는데, 이를 보면 장교들이 이 업무에 극도로 헌신적이었음을 확인할 수 있다. 하야시가 책을 쓴 주목적은 일본군이 여자 인신매매에 직접적 책임이 있음을 보이기 위해서지만, 책에는 일본군이 장교뿐 아니라 졸병에게까지 여자를 구해다 주기 위해 어떤 장벽까지 극복해 나갔는지가 생생히 드러나기도 한다. 한 가지 예로 미야타니 시게오의 1985년 회고록을 보자. 미야타니는 "학창 시절 불법 행위에 가담했던 기억을 살려" 기발하게도 (중국 중부 일본군 점령지였던) 현지에서 징발한 주택을 "일본식" 업소화해서 장교용 '위안소'를 만들었고, 지휘관에게 칭찬을 받았다고 한다. 미야타니의 적극성을 알아본 장교들은 현지에서 성착취되던 여자들을 모집해 병사용 '위안소'도 건설하라고 명령했고, 미야타니는 아무 문제없이 이 일도 해냈다.[59] 전시 중국 북부에 배치됐던 히라하라 가즈오가 1991년 낸 회고록에서도 다른 예를 찾아볼 수 있다. 히라하라가 참석한 한 장교 회의는 일본군이 발행한 군표의 가치가 떨어져서 '위안부' 유지 비용을 감당하기 어려워진 문제를 논의하는 자리였다. 회의는 '위안부'에게 군표로 비용을 지급하는 대신 군이 직접 식량과 의복을 배급해야 한다는 결론에 도달했다(히라하라는 이를 현지 인구로부터 "징발"한 물자였다고 기억한다).[60]

이런 예시에서 전투와 궁핍과 운송적 한계라는 악조건 속에서도 군 성착취 업소를 운영해 나가려 했던 일본군의 엄청난 의지와 기발함이 드러난다. 하야시는 추가로 일본군의 전시 아시아 태평양 지역 부대에 대한 콘돔 배급량과 배급 시기를 계산한 연구도 내놨는데, 여기서도 전군의 놀라운 헌신이 확연하다. 하야시가 이 연구를 한 본 목적은 '위안소'에서 피해받은 여자들의 수를 가늠하고, '위안소'가 설치됐던 곳을 지리적으로 파악하려는 것이었다. 그러나 이 과정에서 엿보이는 병사들의 성착취 권리를 챙겨주려는 일본군의 의지는 가히 코미디다. 일본군은 전쟁이 처절한 막바지로 치닫는 포화 한가운데에서도 병사들의 성착취권을 알뜰살뜰 챙겼다. 하야시는 조금 믿기 힘들다는 듯이 1943년 미드웨이 해전으로 나가는 부대에도 콘돔이 배급됐고, 포트모르즈비와 과달카날로 향하는 부대에도 콘돔을 나눠줬다고 적고 있다.[61] 군 사령부는 심지어 콘돔 배포에 상당한 예산을 할당하기도 했다. 하야시에 따르면 1942년 육군성은 170만 병사에게 배포할 콘돔 1,900만 개를 예산 항목으로 잡아놓았는데, 이는 모든 병사가 한 달에 한 번 '위안소'에서 여자를 성착취한다는 가정을 바탕으로 나온 수치였다.[62] '위안부' 피해 생존자들은 배급이 부족해 콘돔을 씻어서 써야 했다고 증언한 바 있으며[63] 장병들이 콘돔을 쓰지 않았다는 증언(군의관의 보고에 따르면 평균적으로 '위안부' 10명당 2명은 성병을 앓는 상태였다고 한다)도 있으므로,[64] 일본군은 수하의 장병들이 성착취 권리를 누리는 빈도를 과소평가했던 듯하다. 실제로 1942년 싱가포르에서 장교로 참전했던 후사야마 다카오의 1983년 회고록에 따르면 일본군은 성착취가 권리라는 장병들의 의식 때문에 통제력을 잃는 일까지 있었다. 후사야마의 하급자는 이렇게 보고했다고 한다.

남자 네다섯 명에게 당하고 난 후 여자들은 완전히 미쳐가면서 통곡하기 시작했습니다. 남자를 밀쳐내고 더는 자기 몸을 취할 수 없다고 말했습니다. '위안소' 감독병은 거기 있던 장병들에게 돌아가라고 하면서 문 쪽으로 안내하려 했으나, 기다리던 군인들이 들고일어나 폭력을 행사하게 됐습니다. 감독병은 목숨이 두려웠는지 여자들의 팔다리를 침상에 묶고 다시 '위안소' 문을 열어 모든 장병이 '위안소'를 이용할 수 있도록 했습니다.[65]

일본군의
성착취 수요 수출

중일 전쟁에서 성착취 권리를 보장받는 남자의 분포가 확대된 것을 시작으로 전쟁 기간 전체에 걸쳐 일본 군인들이 중국과 한반도를 넘어 아시아 태평양 지역에 군홧발을 디디는 동안 해외로도 성착취 수요가 퍼져 나갔다. 1930년대와 1940년대의 이 현상은 베트남 전쟁 이후 미국에서 벌어진 포르노 확산 현상과도 비교해 볼 만하다. 캐서린 매키넌은 제국주의적 의도를 버리지 못한 미국 정부가 미국 포르노 산업의 해외 확산을 막는 데 실패했다고 지적한다. 매키넌은 "국제적으로 포르노 매매가 이루어진다는 건 포르노 이용을 통해 미국 여자가 침해, 고문, 착취된다는 말"이며 그 결과 "미국 스타일 여성혐오가 세계를 식민화"하게 됐다고 썼다.[66] 현재는 포르노를 통해 "미국만 갖고 있다고는 못해도 미국의 특성이라 할 수 있는 보편적이고 일상적인 성폭력과 인종주의"가 "전 세계에 성관계로 포장되어 전달"되고 있다는 통찰이다.[67] 매키넌은 특히 군대를 매개로 성적 가치관이 수출되는 제국주의적 현상을 이렇게 설명한다.

군인들이 본국으로 돌아올 때 이들은 전장에서 배우고 연습한 여자에 대한 차원 높은 공격을 본국 여자들에게 쏟아 붓는다…[베트남 전쟁 이후] 미국에서는 아시아 여자에 대한 상업적 성착취 및 포르노 형태의 성폭력이 급증했다. 미국 남자가 그곳에 있는 동안 아시아 여자를 침해하는 특수한 취향을 길러온 것이다.[68]

미국 남자들의 이런 행위는 그보다 전에 일본군이 자행한 행위와도 겹쳐 보이며, 이런 맥락에서 중일/태평양 전쟁 시기는 '일본 스타일 여성혐오가 아시아 태평양 지역을 식민화'한 시기라고도 볼 수 있을 것이다. 20세기에 '일본 스타일 여성혐오'를 전파한 매개체는 디지털 기술이 아니라 전장의 남성 신체였으며, 이와타 시게노리 같은 학자의 분석대로라면 '일본 스타일 여성혐오'의 중추는 성착취였다. 아래의 수치는 실제 파병된 남자의 숫자를 거칠게 추산한 것이나, 숫자만으로도 일본 남자가 해외에 미쳤던 파급력이 드러나며 전쟁 기간 아시아 태평양 지역에 물리적으로 성착취 수요가 전파된 정도를 관념적으로나마 헤아리게 해 준다.

- 1894년 청일전쟁 당시 17만 명 이상의 일본 남자가 한반도에 파병됐다.[69]
- 1895년에는 5만 명의 병사가 대만에 파병됐다.[70]
- 1895년 대만에 주둔 중인 일제 헌병은 1,880명이었다.[71]
- 1915년 일본 본토에 주둔 중이거나 한국, 대만, 중국, 만주 혹은 전장에 배치된 헌병은 총 9,612명이었다.[72]

- 러일 전쟁 기간(1904~1905년) 중국 북부에 파병된 일본군은 40만 명 이상이었다.[73]
- 러시아 혁명(1918~1922년) 때 시베리아 개입에 투입된 일본군은 7만 명이었다.[74]
- 1918년 한반도에 주둔 중이던 헌병은 약 8,000명이었고, 추가로 5,400명의 특별고등경찰도 배치되어 있었다.[75]
- 1906년 수만 명의 일본군 병사가 관동군으로 조직되었으며[76] 1941년이면 그 숫자가 70만 명에 달했다.[77]
- 1937년 발발한 중일 전쟁이 펼쳐지는 동안 총 100만 명의 일본군이 파병됐다.[78]
- 1941년까지 해외로 파병된 일본제국 육군은 총 210만 명이었으며, 기간을 1945년까지로 잡으면 숫자는 640만 명으로 올라간다.[79]

비어트리스 트레팔트의 책은 태평양 전쟁 발발부터 일본군이 뻗어 나간 지리적 범위를 잘 정리해 두었는데, 아래 인용문에서 1930년대 후반에서 1940년대 초반으로 연대가 바뀌는 동안 아시아 태평양 지역에서 일본 남자의 신체적 존재감이 눈덩이처럼 불어나는 과정을 확인할 수 있다.

북쪽과 서쪽으로는 당연히 한반도와 만주가, 그리고 1937년부터 일본제국 육군 대다수가 주둔하며 싸워온 중국 대륙의 상당 부분이 일본 손아귀였다. 서남쪽으로는 버마, 시암, 인도차이나, 말라야, 싱가포르 같은 이름으로 알려졌던 땅을 일부 집어삼켰다. 남쪽과 동남쪽으로 가면 식민지였던 대만을 제외하고라도 네덜란드령 동인도, 필리핀, 뉴기니, 뉴브리튼섬을 움켜쥐었다. 여기에 솔로몬 제도, 마셜 제도, 캐롤라인 제도, 마리아나 제도, 오가사와라 제도(이오섬 포함) 등 중부 태평양의 여러 섬도 추가됐다. 동북쪽으로는 알류샨 열도를 점령하기도 했다. 1942년부터 연합군이 약진하면서 일본 점령지는 축소됐지만, 일본군 병사들은 여전히 상당히 넓은 지역에 산개한 채였다…천황이 패전을 알리는 항복 선언을 신민들에게 전달하던 시점에 현역 일본제국 육군은 547만 명이었다. 그중 308만 5천 명은 해외에 있었다. 해군은 총 224만 1천 명이었으며, 그중 45만 명 가까이가 해외에서 활동 중이었다.[80]

나는 이렇듯 1930년대와 1940년대 일본 남성 인구 중 상당수가 해외로 나가면서, 20세기 일본 남자들이 쌓아 올린 '성착취 섹슈얼리티'가 물리적으로 수출될 수 있었다고 본다. 지난 장에서 논의한 얘기지만 이와타 시게노리 같은 학자는 일본 남자들은 1930년대가 되기 전 이미 '위안소' 설립을 가능하게 할 만한 섹슈얼리티를 기른 상태였다고 주장한다. 전쟁 중 일본군 사령부가 병력 이동을 어떻게 인식했는지를 보면 이 메커니즘이 구체적으로 작동한 방식을 알 수 있다. 요시미 요시아키가 인용하는 1938년 영사관 자료는 "급작스러운 상하이 사변으로 해당 지역 주둔 병력이 크게 늘면서 해군은 이들에게 '위안'을 주기 위해 해군 '위안소'를 설치했다"라고 기록한다.[81] 이를 보면 일본군 사령부는 병력 이동이 곧 성착취 수요 증가라고 보면서, 이에 따라 여자를 확보하려고 조처했던 듯하다. 요시미는 "지금까지 '위안소' 설치에 관여했다고 밝혀진 장교들의 면면을 보면 일본군 엘리트 구성원은 사실상 모두 포함됐다"라면서 군 수뇌부까지도 이 같은 시각을 가졌다고 시사한다.[82] 일본 정부는 민간인 남자에게 여자를 성적으로 이용할 권리를 보장하기 위해 1900년부터 전국적으로 대규모 성착취 집결지를 '공창'이라는 이름으로 합법화한 데 이어 1928년 '카페' 업소와 '게이샤' 업소를 합법화하기까지 했는데, 이런 기준으로 봐도 일본군은 남자의 성착취권을 보장하려고 기안, 계획, 자원 분배 단계에 이르기까지 온 힘을 바쳐 맡겨진 임무 이상을 해낸 것으로 보인다. 도저히 설명하기 힘든 일본군 사령부의 헌신을 이해하려면 그 지도자들이 자라난 민간 사회의 역사적 환경에 주의를 기울일 필요가 있다. 일본군 장교들에게 "돈을 내고 여자를 성적 대상으로 이용하는 건 아침 목욕보다 쉬운 일"이었다는 스즈키의 질책은 당시의 환경이 어땠는지를 가리키고 있다.[83]

'위안소' 제도: 성착취 접근성의 평등화

사학자들은 남자들의 '위안소' 이용에 적용된 각종 규칙과 의례에만 사로잡혀 '위안소'의 평등성은 놓치곤 한다. 물론 '위안소' 설치와 운영에 있어 남성 집단 내부의 사회적 위계(계층, 계급, 국적 같은 다양한 측면)가 강조되고 지켜진 것은 사실이다. 어떤 경우 성착취되는 여자의 국적에 따라 남자의 성적 접근권이 달리 구성되어, 일본 여자가 장교용으로 할당되는 한편 한국 여자와 중국 여자는 병사가 이용하는 다른 업소에 억류되기도 했다. 그러나 중일/태평양 전쟁 시기에 '위안소' 설치로 모든 계층의 남자가 여자 성착취에 더 자주, 더 흔히 접근할 수 있었다는 점을 고려해 보면, 이렇게 표면적으로 드러나는 남성 위계적 사회 구조의 흔적에만 지나치게 몰두해서는 안 된다. 수백만 명의 남자에게 평등하게 성착취 접근성을 보장하자는 원대한 기획에 비하자면 여태 역사학자들이 집중해 온 피상적인 남성 위계적 의례나 '위안소' 제도에 내재한 상명하복 문화는 상대적으로 빛을 잃는다.

사료를 살펴보면 군 성착취에서 남자의 계급과 계층을 가르는 의례가 얼마나 까다롭고도 널리 지켜졌는지 확인할 수 있기는 하다. 예를 들어 일본인 '위안소' 생존자 두 명의 증언에서도 일본군의 집착이 분명히 드러난다. 먼저 1931년 25세 나이로 일본 '게이샤' 업소에 붙잡혀 있다 포주에 의해 중국 동북부로 재인신매매된 구로스 가나(가명)의 이야기를 들어보자. 구로스를 묶어 두던 '게이샤' 업소 포주가 최전방에 장교용 성착취 업소를 열면서 구로스는 그곳에서 '게이샤' 식으로 악기를 연주하게 되었다. 그가 있었던 업소는 '장교 클럽'이라는 점에서 다른 '위안소'와 구분됐고, '장교 클럽'에는 "한국인과 만주인 거물 기업가"도 들어올 수 있었다. 무엇보다도 한국 여자를 억류한 근처 '위안소'는 병사들이 "우르르 성욕 처리"를 하러 간다는 게 차이점이었다.[84] 두 번째로 스즈키 후미(가명)라는 일본인 생존자는 어릴 때부터 묶여 있던 한 성착취 집결지에서 트루크 제도로 재인신매매됐다. 트루크 제도로 향하던 해군 군함에는 같은 성착취 집결지에 붙잡혀 있던 여자 40명 가까이가 함께 탔다. 그는 1년간 노예 계약으로 묶였으며 트루크 제도에서 병사들에게 연쇄 성착취당했으나, 같은 배에 탔던 여자 중 3명은 장교들에게만 성착취되도록 계획되어 있었다고 증언했다.[85]

다른 '위안소' 생존자들의 증언에도 군이 만든 계급에 기반한 규칙에 따른 다양한 구분 짓기 의식이 자주 등장한다. 이를테면 장교들은 '위안소'에 새로 들어온 여자들, 특히 여자 청소년들을 강간할 특권이 있었다.[86] 그러나 이런 규칙이 '위안소' 제도 전반에 적용됐던 것은 아니다. 일본인 여자들은 다른 국적의 여자들과 정확히 같은 방식으로 성착취되는 경우가 더 많았다. 일례로 위에서 언급한 구로스 가나도 나중에는 참혹한 환경에서 일반

병을 포함해 셀 수 없이 많은 남자에게 성착취당했다. 장교 남자들에게만 성착취당한 경우라도, 꼭 고통과 폭력을 피했다고는 볼 수 없었다. 자바의 군 병원에서 근무했던 일본인 간호사는 임질로 입원하는 장교들이 "적지 않게" 있었다며 아마 '위안부'도 임질을 앓았으리라고 추측한다. 그러나 '위안부'는 군 병원을 이용할 수 없었다. 장교는 병사보다 '위안부'에게 성 전파성 질환을 옮길 가능성이 컸는데, 근처 마을의 민간 성착취 업소를 자유롭게 방문할 수 있었기 때문이다.[87] 한국인 '위안부' 생존자 문필기는 장교들이 얼마나 잔혹하게 '위안부'를 성착취했는지에 대해 다음과 같이 증언하기도 했다. "특히 긴 밤 자는 장교들은 여러 번 접촉을 요구하며 아주 귀찮게 굴어 밤에 잠을 잘 수가 없었다. 또 긴 밤 자는 장교 중에는 술이 잔뜩 취해 들어와서는 밤새도록 다 토하고 잘 되지도 않으면서 접촉을 하려 하는 사람이 있었다. 그러면 나는 비위가 상해 참을 수가 없었다."[88] 심지어 장교들은 병사와는 달리 '위안소'에서 알코올 섭취가 허용돼 폭력을 쓸 위험성이 높아졌다. 특히 장교들은 '위안소'에서 장교끼리 새벽까지도 시간을 보낼 수 있었고, 현지 기업인이나 언론인, 일제 부역자, 정치인들과 먹고 마시기도 했으므로 더욱 위험했다.[89]

  중일/태평양 전쟁이 펼쳐지는 동안 일본군은 상당한 비용과 부담을 감수하면서까지 가장 계급이 낮은 병사마저도 여자를 성착취할 권리를 누리도록 했다는 사실을 그저 흘려보내서는 안 된다. 민간 사회는 남자들에게 평등하게 성착취 권리를 보장하는 데 한계가 있었고, 나는 군국주의가 경제적 계급으로 인한 장벽을 낮추는 역할을 해 성착취 권리의 더 완전한 평등화를 이룩했다고 본다. 일본 지배 계층 남자들은 군국주의와 전쟁을 통해 종속적인 남성 인구를 대거 거느릴 수 있었고, 이후 이 남성 인구는 집과 가족에서 분리돼 해외로 보내졌다. 이는 지배 계층 남자들에게는 기회였다. 그들은 무수한 일본 남성 시민에게 당시 지배 계층 남자들이 익히 해 온 성착취 행위와 습관을 비롯해 여타 성적 관습을 심어줄 수 있었다.

성착취의 평등화가 어찌나 잘 이루어졌던지 해외에서 개발된 '위안소' 제도가 일본으로 도로 유입되기도 했다. 본국을 방어하러 일본으로 돌아온 병사들을 위한 '위안소'가 세워진 것이다. 다나카 다미는 그런 '위안소'에서 성착취됐던 생존자다. 아버지는 1938년 11세에 불과했던 다나카를 도쿄 '게이샤' 숙소에 팔았고, 그는 20세까지 노예 계약으로 묶인 상태였다. 그러나 그는 지바현의 모바라 해군 항공 기지에 붙은 '위안소'로 재인신매매되었다. 그 경위는 이랬다. 모바라 기지가 세워지고 고작 1년이 지난 1944년 기지 인근에 여러 '위안소'가 들어서기 시작했고, 군이 '위안소' 건설을 맡긴 성착취 업자 중에는 다나카를 잡고 있던 포주도 있었다. 포주는 전에 운영하던 민간 업소와 같은 이름을 붙인 '위안소'에 다나카를 배치했다. 다나카에 따르면 해당 지역에 7곳의 '위안소'가 있었고, 업소마다 그와 나이대가 비슷한 여자가 6명 정도 묶여 있었으며, 이들은 모두 성착취 산업에서 재인신매매된 여자들이었다.[90] 따라서 전시 동안 확장된 성착취 접근성의 평등화는 해외에 있던 일본 남자뿐만 아니라 본국의 남자들에게도 적용됐다고 할 수 있다. 오노자와 아카네는 2010년 책에서 전쟁으로 돈을 버는 군수업자 남자뿐 아니라 공장 노동자들에게까지 부담 없고 접근성 좋은 본토 '위안소'를 제공하기 위한 일본 육군성의 노력을 설명한다. 그에 따르면 일본 정부는 (4장에서 논의한) 위안 시설 건설을 계획하면서 '평준화'에 기반해, 즉 평등하게 세워지도록 세심한 주의를 기울였다.[91] 배급이 잘 돌아가지 않게 된 1942년쯤에는 군 물자 제조로 벼락부자가 된 남자들의 수요로 암시장이 운영되고 있었고, 이들은 계속해서 고급 '게이샤' 업소를 이용했다.[92] 일본 정부가 '평준화'를 신경쓴 데에는 이런 배경이 있었다. 오노자와가 인용하는 당시의 내무성 경보국 보고서는 위안 시설을 설치하라는 명을 받은 전 '게이샤 요정' 업주들이 예전 버릇을 못 버리고 높은 이용료를 받고 있으며, 성착취남에게 많은 돈을 내면 특정 여자를 독점적으로 성착취할 권리를 주고 있다는 사실을 비판하기도 했다. 그 결과 정부 지원 아래 신설된 위안 시설이 대중들에게 배타적인 고급 업소로 인식되는 게 안타깝다는 어조였다. 오노자와는 본토 위안 시설은 전쟁 내내 부자 남자들만 접근할 수 있었고, 내무성이 바라는 만큼 '평등화'되지 못했다는 결론을 내린다.[93] 그럼에도 위안 시설이 공식적으로는 평등화를 목적으로 했다는 점은 의미가 깊다.

'배출구'가
필요했다는 거짓말

1930년대 일제 군국주의의 부상과 함께 일본 국내외에서 남자들의 성착취 접근성이 향상됐다고 해서 한국인, 대만인, 오키나와인 남자 징집병을 비롯해 어리고 못 배운 황군 강제 징집병들에게 가해진 잔혹 행위, 모욕, 신체적 고난의 역사가 당연히 없던 일이 되지는 않는다. 역사학자들은 이들의 고통을 크게 통탄하며, 실제로 많은 문헌이 가난하고 교육받지 못한 농촌 출신 일본 남자들이 일본군 엘리트가 원하는 대로 중일/태평양 전쟁을 지속하기 위해 '총알받이'가 되는 동시에 상관과 동료에게 무참한 폭력에 시달렸다는 점에 초점을 맞춘다. 이 사실을 부정할 수는 없다. 예를 들어 이에나가 사부로는 다음과 같이 기록한다.

> 일본군의 부조리는…폭압적인 권위주의의 형태로 나타났다. 장교들은 제약이 없지는 않았으나 장교-하사관-병사 계급 체계의 꼭대기에 있는 특권 계층이었다. 그 안에서의 계급 차이와 선임 존중을 제하고 본다면 장교 계급 전반은 봉건 영주의 지위와 권위를 누렸다. 병사들은, 특히 신병들은 그 피라미드의 처참한 밑바닥에 있었다. 그들에게는 인권이 없었다. 그들은 인간 취급을 못 받았다. 군사 교육, 훈련, 막사의 일과는 끊임없는 치욕과 가혹행위로 채워져 있었다.[94]

어쩌면 당연하게도 "인간 취급"을 못 받는 건 이들의 사회 경제적 배경과도 연결되어 있었다. 장교 계급으로 입대하려면 가난한 집안 출신 남자들은 받기 힘든 교육을 받아야 했기 때문이다.

> 양차 세계 대전 사이의 기간에 중등 교육은 선발제였다. 남학생 중 4분의 1만 엘리트 코스인 5년제 중학교로 진학했고, 절반은 초등 교육의 연장선인 고등소학교 혹은 직업 훈련을 제공하는 실업학교로 진학했다. 고등소학교나 실업학교는 보통 당시 초등학교에 해당하는 소학교에 붙어 있었다. 따라서 중학교 졸업생은 대부분 중산층이나 상류층 출신으로서 입대를 선택할 경우 복무 기간이 2년에서 1년으로 줄어드는 특권을 누렸다. 이에 더해 이들은 장교 후보로 여겨졌다. 중학교를 나오지 못한 다른 입대자들은 거의 모두가 병사가 될 운명이었다. 따라서 다른 경우나 마찬가지로 군 계급도 학력과 밀접한 관계를 맺었다.[95]

그러나 한 가지 안타까운 점은 역사학자들이 중일/태평양 전쟁 시기 일본군 내 가혹행위와 이로 인한 트라우마를 이들이 일본군 성노예제에 가담할 수밖에 없었던 이유로 삼고 있다는 사실이다. 다시 말해 역사학자들은 일본군이 일본 남자를 찍어 눌렀던 비극적이고 부당한 역사를 가져다, 같은 시기 일본 여자뿐 아니라 다른 나라의 여자들을 성적으로 탄압했던 비극적이고 부당한 역사를 합리화하는 데 사용하고 있다. 남자 군인 개개인이 어떻게 어떤 죄책감도 없이, 딱 보기에도 극악무도한 환경인 '위안소'에서 여자를 성착취할 수 있었는지 설명을 찾지 못해 그리로 고개를 돌린 듯하다. 여기서 잠시 논의를 멈추고, 실제로 '위안소'에서 여자들이 겪어야 했던 상황이 얼마나 명명백백하게 참혹했는지를 돌아볼 필요가 있다. 이들을 성착취했던 남자라면 누구라도 이들이 성노예라는 사실을 회피하려야 회피할 수 없었을 것이다. 예를 들어 '위안부' 피해 생존자 윤두리는 군인에게 "맞아서 푹 패인 엉치의 상처가 곪아서 열이 펄펄 나 똑바로 드러눕지도 못했다. 그런데도 군인들을 계속 받게 하였다"라고 기억한다.[96]

이렇게 전쟁을 치르며 '야만화'된 일본 남자가 여자의 성노예화에 가담했다는 설명은 '압력 밸브' 이론 혹은 '카타르시스' 이론으로 정리해 볼 수 있다. 다음과 같은 이에나가의 글이 이런 이론을 압축적으로 드러낸다. "인간에게 지속해서 압력이 가해진다면 폭발해서 비합리적이고 파괴적인 행동을 해버릴 수 있다. 본인의 존엄성과 인간성이 잔혹하게 침해된 개개인은 자기 통제 하에 놓인 무방비한 타인에게 똑같은 짓을 저지르지 않기 어려웠을 것이다."[97] 특히 '위안소' 제도의 맥락에서 성착취 행위는 단순히 남자들의 감정적 좌절의 '배출구'로서 이해될 뿐만 아니라, 돈을 별로 안 들이고 장병들에게 계속 복종을 끌어낼 수 있는 제도적

'뇌물'로 여겨지곤 한다. 스즈키 유코의 설명을 보자.

> 일본군의 성착취 전략은 장병의 불만을 해소하는 배출구로
> 서 극도로 유용했다. 군은 성착취뿐 아니라 동남아시아에서
> 장병들이 자행한 강간처럼 성폭력도 눈감아 주었다. 그 결과
> 병사 대다수는 군에 대한 불만을 취약한 여자들에게 풀어내
> 게 되었다.[98]

그러나 이런 이론은 다이쇼 시대의 병사들이 전장으로 보
내지기 전 일본 본토에서부터 여자를 성착취했고, 피해자에 대
해 별다른 죄책감도 비치지 않았던 역사를 간과하는 경향이 있
다. 다니카와 미쓰에가 1980년대 초 인터뷰했던 한 참전 군인은
어떠한 부끄럼도 없이 본인이 신병으로 훈련받던 1934~1938년
사이 삿포로의 성착취 집결지에서 콘돔도 쓰지 않고 여자를 성
착취했다고 회고했다. 이 군인에 따르면 업소 벽에는 그곳에 억
류된 여자들의 이름이 적혀 있었고, 돈을 주고 그들을 성착취한
남자들의 수가 이름 밑에 표시됐다.[99] 설사 한발 양보해 일본 국
내의 군사 훈련이 감정적 '배출구'가 필요할 정도로 신병에게 고
통을 주었다고 인정하더라도, 1920년대 일본 민간인 남자들 사
이에 성착취 행위가 만연했다는 사실은 또 어떻게 설명할 수 있
을까? 당시는 '자유주의적'이었다고 평가받고 도시 생활 환경이
상대적으로 평온했던 시대다. 앞서 2장에서 묘사했듯 전쟁이 일

어나기 전인 이 시대에 성착취 산업은 무럭무럭 자라났고 남자들은 술 마시는 곳, 식사하는 곳, 휴일에 친구들과 놀러 가는 곳에서 일종의 '여흥'으로 여자를 성착취하기 시작했다. 당시 남자들에게 '배출구'가 필요할 정도로 환경적 스트레스가 있었다고는 생각하기 힘들다. 예를 들어 남자들은 단체로 1박 2일 놀러 간 온천 인근의 업소에서도 여자를 성착취했다. 다니카와가 인터뷰한 다른 남자는 48년 전 소학교 친구를 잃은 슬픔을 토로한다. 친구는 여자로, 17세 나이로 성 전파성 질환으로 사망했다. 그는 학교에 다니다 삿포로 근처 한 온천 지역의 '카페' 업소로 인신매매됐다. 다이쇼 시대 남자들은 휴일이 되면 근심도 시름도 잊고 그를 성착취하러 왔고, 그는 3년 동안 고통당하다 병에 걸린 후 고향으로 돌아와 죽고 말았다.[100]

군 장교나 '위안부' 성병 검사를 맡았던 군의관조차[101] '위안소'에서 기꺼이 여자를 성착취했다고 유쾌한 말투로 회상하곤 한다. 이들은 전쟁통에도 상대적으로 고생을 덜 했을 것이며, 따라서 징집병만큼 감정적 고통에 취약한 상태도 아니었을 텐데도 말이다. 장교가 '위안부'에게 행한 폭력과 학대는 한국인 생존자와 중국인 생존자의 증언에서 반복적으로 등장한다. 생존자 김덕진은 '위안소'에 들어간 첫날 밤 "계급이 높은 군인에게로 끌려가서 강간을 당했다"라고 기억한다. 그런 후 그 군인은 "등을 두드려 주면서 아무 때 당해도 당하니까 그런 줄 알라며 달랬다. 몇 번만 참으면 곧 괜찮아진다고 말했다." 김덕진은 "우리 여자들은 매일 밤 계급이 높은 군인들의 방으로 이곳저곳 끌려가서 강간을 당했다"라고도 말한다.[102] 이와 비슷하게 일본인 생존자 증언에서도 위관급 남자들이 가한 폭력이 등장한다. 일본인 생존자는 장교들만 이용할 수 있도록 따로 억류되기도 했기 때문에, 이들의 이야기에서는 군 엘리트를 가까이서 감내한 경험이 두드러진다. 일본인 생존자 다카나시 다카의 예시를 보자. 다카나시는 1904년 시나가와에서 태어나 14세부터 28세가 될 때까지 일본 내에서 성착취당했고, 1931년부터 1939년까지 해외에서 성착취당하다 36세의 나이로 남태평양 지역의 장교 전용 성착취 업소로 인신매매됐다. 이 업소에서 그는 단 3명의 장교에게만 성착취당했다. 그러나 다카나시는 4~5개월간 그렇게 묶여 있다가 장교들의 "건방 떠는 꼴"을 견디다 못해 근처에 운영 중이던 병사 대상 '위안소'로 옮겼다고 말한다. 다카나시는 3명의 장교에게 어떤 대우를 받았는지 자세히 얘기하지는 않지만, 그가 사실상 다수의 남자에게 연쇄 강간을 당하는 쪽을 선호했다는 사실에서 말하지 않아도 전해지는 바가 있다.[103]

따라서 이 책은 널리 인정받는 '카타르시스' 이론을 택하는 대신 전시 일본 남자들 사이에서 만연했던 성착취 행위를 다른 방법으로 설명해 보려 한다. 바로 일본군 엘리트 남자들이 본보기를 세웠다는 측면에서 접근하는 것이다. 일본군 지도층은 자기 부하도 여자를 성착취할 기회가 충분하도록 각고의 노력을 기울였고, 그럼으로써 일본 남성 인구의 상당 부분을 자기와 닮은 꼴로 재창조했다. 이런 변화가 전쟁이 끝나고 '평시'가 도래한 후 일본의 지도 계층 남자들에게 큰 이득으로 돌아왔다.

'성착취 섹슈얼리티'의 군 내부 전파

쉴라 제프리스는 성착취가 어떻게 남자들의 "유대감 형성"을 돕는지 다음과 같이 구체적으로 서술한다.

> [남자들은] 여자를 공유함으로써 동성애적 유대감 형성을 즐긴다…이들은 상징적인 의미에서건 문자 그대로의 의미에서건 다른 남자의 정액을 받은 여자에 박는다. 이전 세대의 성착취 피해자들은 '공유된 여자common women'라고 불리기도 했는데, 공유지처럼 남자들이 함께 점하고 있다는 뜻이었다. 이런 공유 행위는 공유자들 사이에 통일감과 유대감이 형성되도록 돕는다.[104]

"다른 남자의 정액을 받은 여자에 박는다"라는 서술은 '위안소' 성착취의 핵심을 안타까우리만큼 적확하게 설명한다. 남자가 '윤간'(다수의 가해자가 있는 강간) 식으로 여자를 대거 성착취하도록 한 게 '위안소'의 가장 중요한 특징이다. 그리고 이런 특징은 생존자들의 증언에서 가히 냉엄하게 드러난다. 예를 들어 일본인 생존자 시마다 요시코(가명)는 1939년 만주로 인신매매되었을 때 소련 국경에 가까운 '얼어붙은 마을'의 '위안소'에 억류되었다고 말한다. 이 '위안소'는 민간 포주가 관리하고 있었으며 해당 지역에 주둔 중인 3,500명의 일본군을 담당하는 곳이었다. 그러나 '위안소'에는 단 16명의 여자가 붙잡혀 있을 뿐이었다. 시마다는 그런 환경에서 1년 반 가까이 보냈다.[105] 다른 일본인 생존자 스즈키 후미(가명)는 1942년 18세 나이로 '게이샤' 업소에 억류되어 있을 때 남태평양 '위안소'로 인신매매할 여자를 구하는 소개업자가 접근해 왔다고 말한다. 소개업자가 '게이샤' 업소에 진 빚을 다 갚아준 후 스즈키는 같은 집결지에 묶여 있던 여자 40여 명과 함께 트루크 제도로 향하는 해군 함선에 올랐다. 그는 트루크 제도에 발을 디딘 당일부터 군 업소에서 병사들에게 성착취당했으며, 병사들은 아침 10시부터 "줄줄이" 찾아왔다. 남자가 나가고 나면 고작 성기를 씻으러 대야로 달려갈 시간밖에 없었다. 씻고 오면 다음 남자가 그를 기다리고 있었다.[106] 세 번째 일본인 생존자 다카지마 준코는 1914년 야마가타현의 한 마을에서 태어나 1937년 11월 17세의 나이로 도쿄의 한 성착취 업소에 빚으로 매이게 되었다. 육군성이 그가 속한 포주 연합 대표를 불러다 여자를 인신매매해 상하이에 성착취 업소를 세우라고 명령한 후 그는 중국으로 재인신매매됐다. 그와 함께 이동한 여자들은 대부분 일본 동북부 지역 출신이었다. 그가 중국에서 머무르게 된 업소에는 방이 15개 있었는데, 여자들이 생활하는 방이 곧 성착취당하는 방이었다. 다카지마는 도착한 날 군의관에게 검진을 받았고, 바로 다음 날 아침 9시부터 그를 이용하려는 군인들이 업소 바깥에 줄을 섰다. 그는 정오에 한 시간 휴식 시간을 가졌고, 그 후 오후 다섯 시부터 일곱 시까지 쉬었다. 그러고 나서 일곱 시부터 아홉 시까지는 장교들이 그를 성착취했다. 하루 평균 15명의 남자가 그를 이용했다.[107]

성착취가 남자에게 자연스러운 행동도 불가피한 행동도 아니라고 본다면, 대체 어떻게 일본군은 어린 신병들까지도 한결같은 잔혹함으로 이런 특정 행동을 배우고 행하게 되었는지를 물어야만 한다. 제프리스가 말하듯 "남자가 낯선 여자의 몸을 사서 이용할 수 있다는 생각을 어떻게 하게 되었는지는, 그리고 그런 이용 과정에서 에로틱한 흥분을 느끼는 법을 어디서 배웠는지는 우리가 파헤쳐야 할 문제다."[108] 페미니스트 학자들은 어떠한 제도적 훈련과 뒷받침이 없다면 가해자 개인이 여자에 대한 특정 형태의 폭력을 이토록 베낀 듯 행할 수는 없을 거라고 오랜 기간 의구심을 품어왔다. 주디스 허먼 역시 다음과 같이 설명한다.

이론상으로는 가해자 각각이 즉흥적으로 피해자를 강압적으로 통제하는 기본 방식을 재발명하는 것도 가능하다. 그러나 계급과 문화권을 막론하고 이들의 행동이 일관적이고 획일적이라는 점을 볼 때 그럴 가능성은 작다. 남성 지배와 여성 폄하 이데올로기를 퍼트리는 여성 배제적 남성 집단 내에서 이런 지식이 전파될 가능성이 더 커 보인다…이런 집단 내에서는 여자를 교환하거나 함께 성착취 업소에 방문하는 행위가 남성 연대를 공고하게 하는 수단일 때가 많다. 이는 여자에게 섹스를 받아낼 권력을 과시하는 일종의 의식이며, 세계적으로 기업과 정치권은 물론이고 당연히 군대에서도 이런 관습이 흔하다. 그렇다면 사실상 모든 사회에서 성업 중인 성착취 산업이 강압적 통제법을 사회화하는 주 매개체이며, 포주는 가장 쉽게 찾아볼 수 있는 고문 기술 교육자라고 해도 과언이 아닐 것이다.[109]

'위안소' 제도의 맥락으로 돌아오자면, 일본 군인 사이에서 어떻게 성노예제에 가담하는 행위가 퍼져나갔는지를 이해하기 위해 2장에서 인용했던 이와타 시게노리의 인류학 연구를 다시 볼 필요가 있다. 이와타는 특히 기혼 군인의 전시 섹슈얼리티에 집중했는데, 나이가 있는 남자들의 성적 관습이 역할 모델로 영향을 끼쳤을 것이라는 판단 때문이었다. 이와타에 따르면 기혼 남자들은 후비역인 경우가 많았고 나이가 어릴수록 예비역에 속했다(1945년 이전 일본의 병사들은 먼저 육해공군에서 2년을 복무한 후 5년 4개월간 예비역이 됐고 그 후 40세가 되기 전까지는 후비역으로 여겨졌다). 후비역에 초점을 맞춘 이와타는 중국 전장에 도착한 군인들은 나이가 많을수록 성적인 사안에 관심이 많았고, 전투 직후 '위안소' 방문을 즐겼고, 집단이 아닌 개인으로도 '위안소'에 오곤 했다는 일화를 찾아 제시한다. 이와타는 이 일화를 1930년대 즈음에는 기혼 일본 남자의 섹슈얼리티에 이미 문제가 있었다는 근거로 본다. 그러면서 군인 중 나이가 많은 편에 속하는 연령대가 1920년대 성착취 산업 주 이용층이었다는 통계로 이를 뒷받침한다(전체 성착취남의 22%가 26~30살 사이였고, 이는 모든 연령대 중 가장 높은 수치였다).[110] 이와타는 이를 바탕으로 군 지도층이 평시에 형성된 '성착취 섹슈얼리티'에 강한 영향을 받아 '위안소' 제도에 가담하게 되었다는 주장을 전개한다. 이와타의 연구에서는 나이가 있는 편인 위관급 남자들이 '위안소' 제도를 건설하고 발전시켰을 가능성도 읽힌다. 이들은 군에서 중책을 맡게 됐을 것이고, 이들의 역할 모델은 징집병 사이에 '성착취 섹슈얼리티'를 퍼트리는 결과를 낳았을 수 있다.

군 성착취 제도가 제대로 운용되려면 장병 사이의 정보 공유가 필수적이었다. 그렇지 않으면 '위안소'에서의 올바른 처신은 물론이고 '위안소' 이용 관습을 알 방법이 없었다. 참전 후 경찰로 일하고 있던 한 일본 남자는 1990년대 초 연구자와의 인터뷰에서 오키나와에 주둔한 지 한 달도 되지 않아 계급이 높고 나이가 좀 있는 장교가 콘돔 이용법을 알려줬다고 증언했다.[111] 주목할 만한 건 그 이전까지만 해도 증언자는 '위안소'를 방문할 생각이 없었다는 사실이다. 전시 라바울에 배치됐던 다른 일본 남자는 연구자들에게 소대장이 억지로 '위안소'로 따라오도록 명했고, 방에서 도망치려고 하자 다시 안으로 밀어 넣었다고 술회했다.[112] 이런 증언이 여자를 성착취했던 이들 개인의 책임을 가볍게 해 주지는 않지만, 계급이 높은 남자들이 부하에게 성착취 관습을 심어줬다는 증거가 되기는 한다. 1980년 회고록을 출판한 한 참전 군인은 나이가 많고 성 경험이 있는 징집병의 비율이 높은 부대일수록 '위안소' 방문이 잦고 성폭력 범죄를 저지를 가능성이 컸다고 기억한다.[113] 많은 참전 군인이 '위안소'에서 여자를 성착취한 경험이 본인의 첫 성 경험이었다고 말한다.[114] 가사하라 도쿠시는 고연령 남자와 저연령 남자 사이의 정보 공유 과정이 일본군 문화의 뼈대였다고 본다. 가사하라의 글을 직접 읽어보자.

> 신병을 교육할 때는 나이가 많거나 계급이 높은 군인이 어린 신병을 현장으로 데리고 나가 '징발'이라는 이름으로 중국 농부들의 식량이나 물자를 약탈하는 법을 알려줬다. 현지 여자와 마주치게 되면 강간하는 동안 신병에게 망을 보게 하거나, 피해자가 못 움직이게 돕도록 하거나, 심지어 강간에 가담시키기도 했다. 일본군의 신병 교육에는 신병이 살인, 약탈, 파괴 기술을 익혀야 하며, 단순히 여자를 모욕하고 폄하하며 죄책감을 느끼지 않는 수준이 아니라 거기서 쾌락을 느끼기까

지 해야 한다는 생각이 깔려 있었다. 그런 단계에 이르지 못하면 성숙한 남자 혹은 함께 협력하는 구성원으로 인정받을 수가 없었다.[115]

정보 공유에서 또 중요한 점은 '위안소'에서 다양한 계급의 군인 남자들이 상관과 동료를 일종의 관객으로 둔 채 함께 일제히 성착취 권리를 누릴 수 있었다는 사실이다. 일본군은 특히 중일 전쟁 시기에 현지 여자들을 강간하는 것으로 악명이 높았는데, 스즈키 마사히로는 이런 강간마저 집단으로 이루어졌고 대체로 '윤간'(다수의 가해자가 있는 강간)의 형태였다고 지적한다. 스즈키는 이런 강간이 군 성착취 제도와 다를 것이 없다고 본다.[116] 해외에 남자로만 이루어진 병력이 파견된 상태에서 '위안소'가 운영되면서, 남자들은 '성착취 섹슈얼리티'의 특정 관습을 독특하리 만큼 가까이서 관찰하고 다양한 지식을 공유할 수 있게 됐다. 그 근접성과 공유되는 지식의 양은 일본의 민간 성착취 산업이나 일본 포르노물과 비교하더라도 월등했다. 고가 노리코가 인용한 오키나와 '위안소' 일화가 한 가지 예다. '위안소'의 각 칸 입구는 장막이 쳐 있었는데, 여자를 성착취하려고 줄 서서 기다리는 남자들이 자기 앞의 남자를 재촉하려고 "장난삼아" 장막을 걷곤 했다고 한다.[117] 1944년 라바울에 주둔했던 한 참전 군인은 '위안소'에 문 대신 "종잇장 같은" 장막이 걸려 있어서, 기다리고 있으면 먼저 온 전우들이 여자를 성착취하는 장면이 "죄다 보였다"라고 회고한다.[118] 어쩌면 규모는 좀 작을지 몰라도, 일본 남자들은 전쟁이 벌어지기 전부터도 이와 비슷한 경험을 즐겨왔다. 한 일본 민간 성착취 생존자는 이렇게 기억한다.

> 업소에는 혼자 온 손님이 쓸 수 있는 다다미 2첩짜리 방과 3첩짜리 방이 있었으나, 3첩 반짜리 방에는 (어떨 때는 심지어 3첩 방도) 칸막이를 쳐서 한 명 이상의 여자가 남자를 데리고 들어갈 수 있게 했다. 요즘 사람들은 믿기 어렵겠지만 당시 남자들은 이런 배치에 거리낌이 없었다. 사실 어떤 남자들은 그쪽이 흥분된다고 여겨 칸막이 친 방을 이용할 생각으로 업소를 방문하기도 했다.[119]

잠시 멈춰서 생각해 보면 전투와 굶주림, 신체적 고통에 시달리는 수백 수천의 남자들이, 자기와 아무런 연결고리가 없는 건 그렇다 쳐도 극단으로 내몰려 인간성마저 박탈당한 상태인 여자들에게 삽입할 수 있다는 생각에 흥분을 느꼈다니 아연하지 않을 수 없다. 당시 여자들이 어떤 상황이었는지는 잘 기록되어 있다.[120] 상업적 성착취를 항상 그 자체로 문제 삼아야 한다는 후지노 유타카의 지적[121]에는 동의하는 바지만, 그래도 '위안소'에서 여자를 성착취하기로 한 일본 남자 개인의 경악스러운 무감각함을 잠시 같이 확인해 봐도 좋을 것이다. 예를 들어 그들은 임신한 여자를 성착취할 때도 거리낌이 없었다.

김연실은 러시아 국경 근처 '위안소'에 있을 때 임신 막달에 다다른 친구를 성착취하려고 일본 군인들이 계속 줄을 섰다고 기억하며[122] 손신도는 16세 나이로 중국 북부 '위안소'로 인신매매된 후 아이를 두 명 낳았다고 한다.[123]

딱 보기에도 심각하게 다친 여자라도 마찬가지였다.

박영심은 난징 '위안소'에서 너무 아파서 "한 장교의 요구에 반응을 않자" 장교가 그의 목을 칼로 그었고 "피가 나와 온몸을 적셨다"라고 기억한다. 장교는 그러고 난 후 계속 그를 성착취했다.[124]

말이 통하지 않아도 상관없었다.

이복녀는 중국 북부의 한 '위안소'에서 8년간 있었음에도 자길 성착취한 남자 중 고작 두 명의 이름만을 기억할 뿐이었다.[125]

비인도적인 환경에서 생활한대도 개의치 않았다.

강덕경은 도야마현 산 중턱에 천막을 치고 살았고 야외에서 성착취당했다.[126] 한반도 북부에 있었던 한 '위안소'에서 여자들의 방은 너비 260cm, 폭 180cm에 불과해, 겨우 한 사람이 움직일 수 있을 정도였다.[127] 1944년 6월 일본군 병사들은 오키나와 주택들을 징발해 '위안소'로 활용했다. 이 '위안소'는 여자들이 성착취당할 침대를 한 줄로 배치한 후 천장에 시트를 걸어 칸막이를 친 게 전부였다.[128]

나는 전시 일본 남자들의 이런 성적 무감각을 설명하기 위해 추상적이거나 복잡한 이유를 갖다 댈 필요가 없다고 생각한다. 전장의 환경이 녹록지 않았고 일본의 '군사 문화'가 나빴던 것도 사실이지만, 이런 전시 상황을 장병들의 성적 행위와 연관 짓는 어떤 화려한 이론도 다이쇼 시대 역사 앞에서는 할 말을 잃기 마련이다. 간단히 말해 일본 남자들은 평시에도 이미 같은 식의 섹슈얼리티를 행하고 있었고, 전쟁 전 민간 성착취에서도 일본 남자가 비슷한 무감각함을 보인 예시가 차고 넘친다. 예를 들어 1980년대 초 다니카와가 인터뷰한 포주였던 남자는 자기 업소에 묶여 있던 여자들이 임신 8개월째까지도 성착취당했다고 기억한다(남자에 따르면 이 중 낳은 아이를 기르기로 한 여자는 없었다).[129]

윤정옥은 1920년대 초의 하코다테 지역 신문을 뒤져서 한국인 성착취 피해자가 자살지로 악명 높은 절벽인 다치마치 곶에서 투신자살했다고 보도한 기사를 "상당수" 찾아냈다. 그중 하나는 일본 성착취남의 학대를 거부하려 한 한국인 여자아이를 포주가 발가벗겨 곳 너머로 던져버렸다고 보도했다.[130] 1980년 대 다니카와가 인터뷰한 전직 포주 남자는 자기 업소에서 "잘 팔리는" 여자는 하루에 "손님" 10명을 받았다고 말했다.[131] 전쟁이 펼쳐지면서 무감각하고 잔혹한 행위가 더 빈번하게, 더 널리 행해지게 되었는지는 몰라도, 이마저 혹독한 전장의 환경이 만들어낸 특수한 대중 심리를 동원할 필요 없이 여자에 대한 성적 접근성이 확대되면서 생긴 결과라고 설명할 수 있을 것이다.

| 결론

20세기 일본 남자들의 '성착취 섹슈얼리티'가 운송적 한계까지 극복하고 실질적으로 평등화된 건 일본군이 '위안소' 제도를 개발하면서였다. 중일 전쟁은 남자들이 도시를 점령하고 제 세상으로 만든 다이쇼 시대까지도 혜택을 보지 못했던 어린 남자들과 농촌 출신 남자들에게도 성착취 권리를 허락했다. 그러나 전쟁 혹은 군국주의에 내재한 어떤 것이 이들을 성착취남으로 만들었다고 오판해서는 안 된다. 이번 장에서 주장했듯 군 지도부는 전쟁이 시작하기도 전부터 성착취 산업, 그리고 그 안의 관습과 이데올로기를 열렬히 떠받드는 신자에 가까웠고, 중일 전쟁이라는 기회가 생기자 자신의 성적 가치관을 본뜬 제도를 만들어 복음을 전파하려 했다. 이들의 전도 노력은 어쩌면 페미니스트 학자 메리 데일리가 관찰했던 대로 가부장 사회 제도가 번식하며 그 유전자를 유지하는 전형적인 방식일지 모른다. 나이든 남자가 어린 남자를, 엘리트 남자가 하층민 남자를 가르치는 것 말이다.[132] 엘리트 군인 남자들은 일본 본토의 성착취 산업을 이데아 삼아 '위안소'를 만들고 일본인 여자를 이용하면서, 무수한 장병들에게 일제히 성착취 섹슈얼리티의 관습을 가르치고 훈련할 수 있는 제도를 만드는 데 성공했다. 이들의 성착취 훈련은 광범위하고도 밀도 높았으며 매우 조직적이었다. 이들은 '위안소'라는 이름의 성착취 훈련 시설을 세우기 위해 어떤 어려움이라도 감수했고 돈도 아끼지 않았다. 당시 군 복무한 일본 남자 수백만 명이 여자를 성착취하겠다는 불가해한 결정을 내린 것만 봐도 알 수 있듯, 일본군 성노예제는 성착취 섹슈얼리티를 주입하고 전파하는 극도로 효율적이고 효과적인 수단이었다. 일본군 성노예제는 일본 성착취 산업의 해악을 국제적으로 전파하는 매개이기도 했다. 업소 안에서 벌어지는 성착취뿐 아니라 여자를 구하고, 인신매매해, 노예 계약으로 옭아매는 수법까지 '위안소' 제도를 타고 멀리 퍼져나갔다. 전쟁이 햇수를 더해가면서 결국 아시아 태평양 지역의 여자들까지도 수십 년간 일본인 자매들이 일본은 물론 식민지 한반도와 대만에서 겪어온 고통스러운 경험에 발을 들여놓게 되었다. 다음 장인 5장에서는 일본 식민지 여자들의 경험을 다룰 것이다.

성착취의 제국주의

일본 정부는 강제로 끌려온 여자와
성착취당하기로 '선택'한 여자를 구분하는
'합법' 성착취 제도를 만들어
아시아 여자를 그 안에 '심어' 놓았기 때문에,
나중에 이들을 군 성착취로 징용하면서도
사람들의 눈길을 피할 수 있었다.[1]

중일/태평양 전쟁이 벌어지는 동안 왜 유독 한국 여자들이 '위안소' 인신매매의 표적이 되었을까? 학자들과 활동가들 사이에서 많이 논의된 질문이다. 일반적으로 한국 여자가 일본군 성노예제 피해자 중 80%를 차지했다고들 한다. 그게 정확한 수치인지, 중국 여자 피해자 수가 더 많았는지는[2] 다퉈볼 여지가 있어도, 한국 여자가 일본제국 내 인구 비율을 훨씬 웃도는 비율로 피해를 받았다는 사실에는 의심의 여지가 없다. 한국 여자는 일본의 다른 식민지와 점령지 여자들에 비교해서도 유독 피해의 표적이 되었을 뿐 아니라, 한반도에서 1944년부터 실시되어 '위안소' 인신매매에 활용된 여자 정신대도 다른 나라에선 찾아볼 수 없었다.

왜 일본군 성노예제 피해자 중 한국 여자가 이렇게 많은지는 다양한 설명이 넘쳐난다. 일각에서는 앞서 언급한 여자 정신대가 한국 여자를 제도적 인신매매에 취약한 상태로 몰아넣었다고 본다. 한국 여자가 일본제국 내에 잘 동화된 상태였기 때문에 일본 남자에게 성적으로 매력적이었다는 이론도 있다. 이런 이론을 주장하는 사람 중에는 우에노 지즈코도 있는데, 그는 아래와 같이 말하면서도 동화와 성적 매력이 무슨 상관이 있는지는 딱히 설명하지 않고 넘어간다.

> 한국인을 황국신민으로 바꿔놓으려는 동화 정책 아래, '위안부' 피해자들은 공식적으로는 일본 이름으로 불렸을 것이고, 유카타(면 기모노)를 입어야만 했을 것이고, 일본 여자의 외양을 갖췄을 것이다. 한국인 '위안부' 피해자는 일본 여자처럼 행동할 수 있다는 바로 그 이유로 군인들에게 환영받았다.[3]

스즈키 히로코는 여기서 한 발 더 나가서 일본군이 일본 여자보다 한국 여자를 선호했다는 주장을 펴는데, '위안소'에 일본 여자를 억류하면 군 사기가 떨어졌을 것이고, 전쟁 전 일본 사회에 강하게 뿌리내린 '현모양처' 이데올로기에 따라 일본 여자를 생식의 도구로 보존하려 했을 것이라는 이유다. 그의 설명은 이렇다. "일본군은 '순결한' 일본 여자 대신에 젊은 한국 여자와 성착취되던 일본 여자를 '위안소'로 인신매매했다. '순결한' 일본 여자는 일본군 장병들에게 가족과 친지를 떠올리게 할 가능성이 커 '천황 폐하를 위해 싸운다'라는 군인들의 정신에 파괴적 효과를 낳을 수 있었기 때문이다."[4] 요시미 요시아키조차 초기 연구에서는 군 사기를 위해 일본 여자를 '위안소'로 인신매매하지 않고 남겨놨다는 전시 일본군의 대외적 메시지를 수용하고 있는 듯 보인다. 요시미는 자신의 책에 이렇게 썼다.

> '성매매 여성'이 아닌 일본 여자가 일본에서 중국으로 '위안부'가 되도록 보내졌다면, 일본 시민들에게, 특히 아들이 해외에 주둔 중인 가족들에게 심각한 악영향을 줬을 것이다. 또 파병된 군인들의 누이나 아내, 여성 지인이 전장에 '위안부'로 왔다면 병사들이 품고 있던 국가 혹은 군에 대한 신뢰가 깨져버렸을 것이다…따라서 일본에서의 '위안부' 동원은 극도로 제한적으로 이루어졌다.[5]

스즈키는 한국 여자가 성착취에 적합하다는 일본군의 판단 뒤에는 민족차별이 있었으며, 한국 여자가 대거 '위안소'로 인신매매된 것은 생식 기능에 대한 공격에 해당하므로 이는 사실상 한국인에 대한 점진적 인종 말살 정책이었다고 주장한다. "일본에서 성착취되던 여자도 소수 '위안소'로 인신매매되기는 했으나, 일본군은 본토의 인구 재생산 문제를 우려했기에 일본 여자를 인신매매 표적으로 삼지 않았다"라는 게 그의 말이다. 스즈키에 따르면 일본군은 한국인의 인구 재생산에는 관심이 없었고 어쩌면 적대적이기까지 했기에, 아무런 거리낌 없이 한국 여자를 죽어 나가거나, 임신 능력을 잃거나, 한국 사회에서 아내 혹은 엄마가 되지 못할 만큼 낙인이 찍힐 수도 있는 성노예제의 주 대상으로 삼았던 것이다.[6]

역사학 연구에서 흔히 보이는 설명 중에는 또 점령지 여자를 납치해 성노예로 삼으면 현지 인구의 분노를 살까 봐 대신 한국 여자를 '위안소'로 인신매매했다는 것이 있다. 스즈키는 한반도가 1910년부터 일본제국 일부였고 전쟁이 터지자 동원령 아래 있었기 때문에 일본군이 '위안부' 인신매매 대상으로 삼기에는 한국 여자가 상대적으로 안전했으리라는 주장을 편다.[7] 그러면서 한반도에서 멀리 떨어진 곳에서 대부분의 군 성착취가 발생해 현지 인구의 눈길과 보복을 피할 수 있어 더욱 안전했던 것처럼 말한다.

문승숙은 한국 여자를 주로 노린 또 다른 이유를 하나 제시한다. 성착취 경험이 없는 한국 여자를 납치하고 속여서 '위안소'로 인신매매한 것은 일본군이 "한국이 유교 사회다 보니 여자들이 정조를 높게 치는 교육을 받았다"라는 사실을 알았기 때문이라는 것이다. "[일본군은] '성노동자'의 대체재로 17~20세 한국 여자에게 눈을 돌리게 되었다…이들은 성병이 없을 만큼 '순결'했고, 성병이 생기더라도 살아남을 만큼 어렸다"라는 게 그의 서술이다.[8] 그의 시각에 따르면 일본군이 한국 여자를 특히 노린 건 바로 "성노동자"가 아니라는 이유에서였다. 일본군은 장병들 사이의 성병 전파를 최소화하는 전시 성착취 제도를 만들고자 했다는 것인데, 성착취 산업에서 '위안소'로 인신매매되는 여자들이 병사들에게는 없는 성병을 가지고 들어와 전파하리라는 추측이 깔려 있다. 미국 역사학자 로라 하인은 1999년 글에서 이런 주장을 되풀이한다. 일본군이 "성병 감염을 낮추기 위해 이미 '성매매 여성'으로 일하던 여자가 아니라 일반 인구 중에서 결혼하지 않은 여자를 노렸다"라는 것이다.[9]

왜 한국인 '위안부' 피해자가 많았는지 설명하려 한 많고도 다양한 시도를 이렇게 살펴봤다. 이 중에는 일본군이 전시에 자기 잇속을 차리느라 내놓았던 대외적 메시지에 바탕을 둔 설명도 있고, 한국인 민족주의자들의 역사관에 영향을 받은 설명도 있다. 그러나 그 안에 담긴 논리적 모순과 여성혐오는 굳이 지적하지 않는다 해도(일본 성착취 산업에서 '위안소'로 인신매매된 여자들이 장병들에게 성병을 퍼트렸다는 주장이 그중 하나다) 뿌리가 되는 역사적 사실부터가 의심스러운 데가 있다. 이를테면 한국 여자가 일본제국에 잘 동화되어 있어 일본 남자 눈에 자국민 여자의 성적 대체재로서 매력이 있었다는 우에노의 주장을 보자. 사료에 따르면 전시 한국 여성 인구의 초등 교육 기관 입학률은 너무 낮아서 이들은 사실상 일본어를 못하다시피 했을 텐데 얼마나 "동화"가 가능했을지 의문스럽다.[10] 실제로 한국인 생존자의 증언을 보면 피해자들이 대체로 일본어를 알아듣지 못했다는 것을 확인할 수 있다.[11] 그러나 이보다 더 심각한 오류가 있다. 최근 후지나가 다케시, 하야카와 노리요, 야마시타 영애, 저우 데란(일본어 표기 슈 도쿠란), 송연옥 같은 역사학자들의 연구는 한국이나 대만의 성착취 산업에 매여 있던 한국인 여자들이 특히 중일 전쟁 기간 '위안소'로 대거 인신매매됐다는 역사적 사실을 가리킨다. 그렇다면 위의 여러 설명은 뿌리부터 흔들리게 된다. 이번 장에서는 이들의 연구를 빌려와서 일본군 성노예제는 한국인 여성 인구 중 성착취 선경험자에게 피해가 집중된 역사적 범죄이며, '위안소' 피해자 중 한국 여자 비율이 높았던 건 식민지 한반도에서 일본 남자를 주축으로 오랜 기간 민간 성착취 산업이 운영된 역사에서 비롯됐다고 주장할 것이다.

강제로 끌려온 여자, 성착취를 '선택'한 여자

한국 여자는 일본 여자와 달리 성착취 산업이 아닌 다른 경로를 통해 '위안소'로 인신매매되었다는 게 '위안소' 역사에 대해 흔히 퍼진 속설이다. 한국 여자는 일본군의 명을 받은 일반 직업 알선업자가 취업 사기를 쳤든지, 길거리에서 납치당했든지, 촌장이 가족을 구워삶았든지 해서 '위안소'로 왔다는 것이다. 이런 속설은 현재까지도 이어지고 있다. 예를 들어 한국 여성가족부도 최근 연 일본군 '위안부' 피해자 e-역사관이라는 온라인 페이지에서 일본군이 위협이나 폭력을 가하거나 납치하거나 직업을 약속해 한국 여자를 '위안부'로 동원했다고 주장한다. 이들은 "공장 일자리"라고 속아서, "돈을 많이 벌 수 있다"라는 말에 사기를 당해서 '위안소'로 가게 되었다는 것이다.[12]

물론 실제로 한국 여자를 모집할 때 이런 방법도 쓰였으며, 성착취 경험이 없는 한국 여자들도 특히 태평양 전쟁 때가 돼서는 인신매매의 표적이 되었다. 이는 생존자 증언과 역사 연구를 통해 확실히 입증된 사실이다. 그러나 이번 장 뒤에서 설명하듯, 20세기 초 일본이 식민지 사냥에 나섰을 때부터 한반도와 대만에서도 성착취가 어엿한 산업이 되었고, 이들 식민지의 성착취 업소에서 한국 여자가(물론 일본 여자와 대만 여자도) '위안소'로 대거 인신매매되었으며, 이런 사실도 역사적 근거로 뒷받침된다.

일본은 대만과 한반도, 사할린, 중국 동북부의 만주 괴뢰국, 랴오둥반도, 남만주철도주식회사가 쥐고 있던 중국 지역들을 포함하여 전쟁 전부터 전쟁이 끝나기까지 시기별로 다양한 조차지와 식민지를 두었다. 일본 남자들은 본국에서 운영되던 '공창제'라는 이름의 '합법' 성착취를 이 지역에 수출했다. 성착취 산업은 대만에서는 1906년, 남사할린에서는 1907년,[13] 한반도에서는 1916년 합법화됐으며, 일본 조차지였던 다롄의 성착취 산업도 구라하시 마사나오의 설명에 따르면 일본 본토 성착취 산업의 "관행과 미학"을 판에 박은 듯했다.[14] 하타 이쿠히코에 따르면 1932년 만주국 설립 이후 만주로도 일본의 '공창제'가 "통째로 수출됐다."[15]

중일 전쟁이 일어날 즈음에는 이 중 일부 식민지 및 점령지의 성착취 산업이 일본인 성착취 업자의 노력으로 상당히 성장하고 고도화된 상태였고, 현지나 일본제국 내에서 인신매매된 한국인, 대만인, 일본인 여자를 억류하고 있었다. 이 여자들은 일본군 성노예제로 투입할 준비가 된 대기 인력 취급을 받았다. 밑에서 설명하겠지만 일본군은 전쟁 전부터 민간 '게이샤' 업소를 들락날락했던 장교들과 성착취 업자 사이의 인간관계를 발판으로 삼았다. 미리 맺어둔 관계 덕분에 일본군은 (주로 식민지에서 오래 산 일본 남자인) 포주와 인신매매 업자의 도움을 받아 여자를 성착취 업소에서 해외의 '위안소'로 바로 보낼 수 있었다. 따라서 일본군은 한국과 대만 등 식민지의 민간 성착취 산업, 그리고 그 산업을 일군 일본인 성착취 업자들에게 의존해 일본군 성노예제를 개발했다고 할 수 있다. 나는 '위안소'에 왜 한국 여자가 많았는지에 대한 답은 여기 있다고 생각한다. '위안소' 피해자 중 성착취당하다 재인신매매된 한국인 여자 비율이 유독 높았던 건 일본 식민지의 민간 성착취 산업이 여자를 '위안소'로 대량 인신매매하도록 도왔기 때문이라는 게 나의 주장이다.

앞서 언급한 후지나가 다케시 같은 역사학자의 연구를 제외하면 한국인 성노예제 생존자의 경험은 성착취 혹은 일본 식민지에서의 성착취 산업을 배제하고 묘사된다. 불쾌한 것을 페인트로 가려버리듯 여자의 성착취 피해 경험을 지우는 데 가담하고 있는 건 한국 연구자나 일본 연구자나 마찬가지다. 성균관대 동아시아 역사 연구소의 한혜인 연구원이 2013년 10월 내놓은 논문은 '위안소'에 한국 여자를 동원한 방식과 일본 여자를 동원한 방식이 차이가 있었다는 주장을 편다. 그에 따르면 일본 여자들은 일본 본토의 직업소개법에 따라 일본군의 허가를 받은 소개업자에 의해 모집됐지만, 한국 여자들은 조선직업소개령에 따라 간호사 등을 모집하는 소개업자가 겸업으로 모을 수 있었다. 한혜인이 보기에는 일본인 '위안부'는 국가 지원을 받은 '공창제' 틀 안에서 고용됐지만, 한국의 '위안부' 모집은 직업소개업자에 의해 사회적 수준에서 이루어졌다.[16] 요시미조차 한국인 여자의 '위안소' 유입은 성착취 산업과 전혀 관련이 없었다는 비슷한 주장을 펴고 있다.

> '공창' 운영은 [한반도의] 업주들에게 중요한 수입원이었다. 따라서 업주들이 '성매매 여성'을 데리고 전장으로 가는 사례가 있긴 했어도, 보통은 자기 수하의 '성매매 여성'과 떨어지기는 싫어했다. '공창' 허가를 받지 못한 '성매매 여성'이 '위안부'가 되는 일이 없었다고는 할 수 없지만, 이들은 너무 많은 수가 성 전파성 질환에 걸려 있었기 때문에 아마 그런 일은 드물었을 것이다.[17]

이번 장에서는 전쟁 전 한반도와 대만에서 성착취 산업이 융성했던 역사, 그리고 일본군이 현지의 (일본인) 포주와 소개업자와 결탁하여 '위안소'로 인신매매할 여자를 구하게 된 과정을 묘사하면서 한혜인과 요시미의 시각에 반기를 들려 한다. 하타는 1940년 전시 '풍속' 통제 강화로 한국에서 성착취당하던 여자들이 대거 해외 '위안소'로 인신매매되면서 한국 성착취 산업의 수익이 급감했다고 주장하기는 하나[18] 이번 장은 그보다 더 이르게, 중일 전쟁이 막 발발했을 때부터 일본군이 식민지의 민간 성착취 산업에 의존해 '위안소' 제도를 설치 운영했음을 보일 것이다. 일본 제국주의의 역사는 '위안소' 제도의 기원 및 창설과 밀접하게 연결되어 있지만, 식민지 성착취 산업의 성장이라는 변수가 둘을 연결하는 중요한 역할을 했다는 게 이번 장 전반의 주장이다.

하타 이쿠히코처럼 일본군의 만행을 옹호하는 우파 인사는 '위안소'에 억류할 여자를 구하고 인신매매하는 일에 한국인 포주가 가담했다고 힘주어 강조한다(이는 '진보적인' 입장이라는 박유하 같은 학자도 마찬가지다). 그러나 이번 장 도입부에서 나열한 역사학자들은 '위안부' 인신매매에 한국인의 비중이 크지 않았다고, 아니면 적어도 일본인 포주보다는 역할이 덜했다고 말하는 경향이 있다. 2007년 일본의 우파 의원 45명은 『워싱턴포스트』에 일본군이 전쟁 동안 여자가 자기 의사에 반해 '위안소'로 인신매매되지 않도록 노력을 했다며 일본군의 만행을 옹호하는 광고를 걸었다. 그래서 역사적 과오는 전부 불량 성착취 업자들, 특히 한국인 업자들의 책임이라는 주장을 펴는 광고였다. 이번 장은 한국인(아니면 대만인 혹은 중국인)[19] 포주가 인신매매에 절대 가담하지 않았다고 주장하려는 것은 아니나, 그래도 식민지에서 활동했던 일본인 성착취 업자, 그리고 이들이 일본군과 맺은 관계에 초점을 맞출 것이다. 그 이유는 일본군 성노예제를 시초부터 든든히 받쳐줬던 구조적 요인을 강조하기 위함이다. 아시아 태평양을 아우르는 막대한 규모의 '위안소' 제도를 만들고 운영하려면 운송적 기반이 뒷받침되어야만 했다. 그리고 식민지에서 민간 성착취 산업을 굴렸던 일본 남자가 일본군 남자들과 맺었던 끈끈한 관계가. 또 이런 포주남들과 (역시 일본 남자인) 식민지 관료들의 유대가 그 운송적 기반을 제공했다는 게 이번 장의 시각이다.

식민지 한반도 성착취 산업과 일본의 역할

지난 20여 년간 후지나가 다케시 같은 역사학자들은 일제강점기 한반도 성착취 산업의 성장에 일본이 어떤 식으로 연루되어 있는지 연구해 왔다. 이 역사를 이후 일본군 성노예제 창설 및 운영과 연결해 보려는 시도였다. 20세기 초부터 한반도에서 식민지적 성착취 산업이 커지면서 전쟁이 일어날 즈음에는 성착취와 인신매매의 촘촘한 그물망이 일본군이 활용하기 딱 좋은 상태가 되었다는 게 후지나가의 주장이다.[20] 이번 꼭지에서는 일본의 식민지 성착취 산업을 연구해 온 역사학자들의 작업을 개괄하려 한다. 한반도와 대만에서의 성착취 산업은 초기에는 일본에서 성착취당하던 여자를 재인신매매해서 개발됐으며, 이렇게 들어온 일본 여자들은 이후 차례차례 성착취 산업에 묶이게 된 한국인 혹은 대만인 여자들과 함께 전시 성노예제로 끌고 가기 만만한 대상이었다.

성착취 업소에서 '위안소'로 재인신매매된 한국인 피해자 비율은 역사학 문헌에서 추정치를 찾을 수 없다. 그 이유는 아마 2장에서 얘기한 일본인 피해자 비율 추정치를 찾기 힘든 이유와 비슷할 것이다. 우에노 지즈코는 일본군 성노예제 한국인 생존자가 성착취 선경험이 없었다는 점을 강조하기 위해 부단한 노력이 이루어졌다고 지적하면서, 이는 생존자가 돈을 벌려고 자기 의지로 '위안소'로 들어갔다며 '매춘부' 딱지를 붙이는 우파 프로파간다를 우려했기 때문으로 추측한다.[21] 스즈키는 일본군 만행을 옹호하는 우파 세력이 "'위안부' 문제를 '매춘' 문제 안에 위치시키려는" 노력을 기울이고 있다며, 이는 생존자를 성착취와 결부시켜 "개인의 존재를 깎아내리고 입막음하려는" 목적이라고 시사한다. 그는 이런 전략이 성착취에 대한 대중적 포용을 성공적으로 활용하고 있으며, "생존자에게 '매춘부' 딱지가 얼마나 상처가 될지" 잘 알면서 한 행위라고 본다.[22]

그러나 일본군이 특히 중일 전쟁 동안 '위안소'에 묶어 둘 여자를 구한 주된 방법이 한반도와 대만의 '공창' 산업에서 성착취당하던 한국 여자들을 재인신매매하는 것이었다는 사실은 다수의 역사학 문헌에서 분명히 나타난다. 후지나가 다케시는 식민지 한반도의 '공창제'가 '위안부' 제도의 "물적 근간"이 되었으며[23] 일본 '공창' 정책의 한반도 도입이 '위안부' 제도의 역사적 뿌리이고, 한국 여자의 '위안소' 인신매매가 주로 성착취 산업 피해자 모집을 통해 이루어졌다고[24] 분명히 밝힌다. 후지나가는 특히 1938년부터 일본군이 군사 작전을 펴던 중국 남부에 '위안소' 연결망이 구축될 수 있었던 건 기본적으로 대만 땅에서 이미 많은 수의 여자들이 성착취되고 있었기 때문이었고, 이들 중에는 한반도나 일본에서 인신매매된 여자가 상당했다고 짚는다.[25] 송연옥도 그렇게 많은 수의 한국 여자를 '위안소' 인신매매에 동원한 역사는 이미 1916년부터 한반도에서 '공창제'가 구축되고, 이에 따라 인신매매망이 자리 잡은 상태가 아니었다면 불가능했을 것이라고 동의한다.[26]

현시대 '위안부' 생존자 정의 운동 측은 이런 역사적 배경을 강조하는 게 불필요하다거나 운동의 목적을 해친다고 느낄지 모르겠다. 아니면 앞서 논의했듯 성착취 업자가 '위안소' 제도에 어떤 식으로든 개입했다고 시사하면 일본군 만행을 옹호하는 우파 세력이 더 날뛰어서, 생존자와 그 가족들에게 불편과 고통을 줄 수 있다고 걱정할 수도 있겠다. 우파 세력은 성착취 업자가 개입됐다면 일본군의 역사적 책임 없어진다고 여기니까 말이다. 일례로 하타 이쿠히코는 "한반도에 거주하던 어떤 일본인도 한국 여자를 속일 만큼의 한국어 능력은 없었다"라면서 "여자들은 한국인들에게, 자기 동포에게 속았다"라고 역설한다.[27] 하타의 말에 은근히 깔린 건 '위안소' 피해자 동원에 민간 소개업자와 인신매매 업자가 연루되어 있다면 일본군의 역사적 책임이 가벼워진다는 인식인데, 테사 모리스 스즈키는 여기에 정면으로 맞선다. "여자가 제삼자에 의해 모집된 경우라도, 소개업자들은 일본군을 대신해 일한 것이므로 일본군의 책임은 한 터럭도 줄지 않는다."[28] 나는 여기서 한 발 더 나가 민간 성착취 업자의 관여는 일본군의 역사적 책임을 가볍게 하는 게 아니라 더 무겁게 한다고 믿는다. 상당수의 여자가 군 성착취 업소뿐 아니라 민간 성착취 업소에서도 성노예로서 고통받았으며, 일본군이 이를 이용했다는 뜻이 되기 때문이다.

결국, 이들이 민간 성착취 산업에서나 이후 '위안소'에서나 성노예 피해를 입은 데는 식민지적 성착취 산업의 성장이 결정적인 역할을 했다. 일본인이 한반도에 지어놓은 소위 '홍등가'가 태평양 전쟁이 끝난 후에도 끈질기게 살아남았던 걸 생각하면, 한국인 '위안소' 생존자가 전후 민간 성착취 업소로 재인신매매된 것조차 식민지적 성착취 산업이 남긴 크나큰 상흔이라고 할 수 있다. 예를 들어 춘천시 성착취 집결지 '난초촌'은 2013년 8월에 와서야 폐쇄됐다. 민간 성착취 업자는 일본군과 조력해 '위안소' 제도 내에서 여자를 성노예화했을 뿐더러, 민간 성착취 업소에서도 셀 수 없이 많은 피해자를 양산했고, 이를 통해 수익을 올린 자들이다. 따라서 일본군과 식민당국이 이들의 뒷배가 되어주고 이들과 협력했다는 사실은 '위안소' 제도를 창설하고 개발한 역사적 책임을 더더욱 무겁게 하지 않을 수 없다. 전시 일본군 남자들의 만행을 총체적으로 그린다면, 그 그림에서 '위안소' 제도 확립 및 운영에 필수적이었던 민간 포주 및 인신매매 업자와의 공모가 빠져서는 안 될 것이다. 수많은 역사적 과오 중에서도 전쟁 전과 전쟁 중 군사·산업·행정 분야의 일본인 남자들이 서로와 결탁하여 여자 수만 명을 일본군 성노예화했던 일은 그 착안, 계획, 공조 과정의 끔찍함만으로도 주목받아 마땅하다. 그리고 그 심각성을 더욱 가중하는 것은 일본이 8년에 걸친 중일/태평양 전쟁보다 훨씬 앞서 식민지적 성착취 산업을 육성한 역사다.

　　일본 포주들이 한반도에서 본격적으로 성착취 산업을 일구기 시작한 건 러일 전쟁(1904~1905년) 시기 일본인 여자를 서울로 인신매매하면서부터였다.[29] 러일 전쟁으로 인해 일본군 장병들이 식민지에 배치되면서 군의 성착취 수요가 활성화됐고, 이는 일본의 '합법' 성착취 정책 모델이 한반도와 대만에 수출되도록 영향을 미쳤다.[30] 일본 본토에서는 1900년 전국적으로 성착취를 합법화하는 '공창제'가 도입되었으며 '공창제'는 일본제국 전역에 걸쳐 성착취 정책의 청사진이 되었다.[31] 일본은 1876년 한반도 항구 지역에서의 치외법권을 획득하였으며, 1890년대에 양국 간 항로를 다수 개설해 일본 여자를 한반도로 인신매매해 오기 쉽게 하였다.[32] 인신매매의 초기 목적은 1894~1895년 청일 전쟁 이후 일본이 한반도에 부대를 주둔시키면서 발생한 군 성착취 수요를 만족시키기 위해서였다.[33] 그 결과 1904년 일본영사관은 부산과 인천의 일본인 거류지 내에서 성착취를 관리하는 여러 규칙을 도입했다. 야마시타 영애는 초기에 이런 규제가 도입된 이유는 주로 거류지 공동체의 재원 마련이었다고 말한다.[34] 1916년 이런 규칙을 하나로 통합해 성착취를 합법화하는 단속규칙이 반포되었고[35] 이 규칙은 처음에는 일본인 거류지에만 적용되었지만 1919년 한반도 전체로 확대됐다.[36] 한반도로 인신매매되는 일본 여자 수는 러일 전쟁 발발과 1905년 을사조약 체결과 함께 고점을 찍었고[37] 1908년이 되자 한반도에서 성착취되는 일본 여자는 2,839명에 달했다.[38] 1920년대 즈음에는 한반도에서 성착취되는 모든 여자 중 절반이 일본인이었다.[39] 송연옥은 일본 여자를 인신매매해 온 이유 중 하나가 한반도 성착취 업소의 나이 제한이 더 낮았기 때문이라고 추측한다(당시 한반도에서는 여자가 17세, 일본에서는 여자가 18세가 되어야 '합법적'으로 업소에 묶일 수 있었다). 그래서 포주로서는 일본에서 여자 청소년을 인신매매해 오는 게 경제적으로 이득이었다.[40] 이렇게 한반도로 온 여자들 대부분은 일본 성착취 산업에서 바로 재인신매매된 피해자였다.

하타에 따르면 1920년대 한반도에서 성착취되던 일본인 여자의 60%는 성착취 선경험이 있었던 반면, 성착취되던 한국인 여자의 50%는 성착취 산업이 아닌 다른 곳으로부터 유입됐다.[41] 그러나 이런 경향은 시간이 지나며 서서히 뒤집혔다. 농촌 상황이 나빠지고 굶주리는 가구가 늘어나면서 농촌 여자들이 도시 성착취 산업으로의 인신매매에 취약해졌다. 결국, 1929년에는 성착취되는 한국 여자의 수가 일본 여자를 넘어서게 됐다.[42]

'공창제' 도입 후부터 중일 전쟁 전까지 한반도에는 한국인이 운영하는 업소가 일본인이 운영하는 업소보다 많았지만, 일본인 운영 업소가 훨씬 높은 수익을 올렸고 업소 규모도 훨씬 컸다. 전쟁 전 한반도에서 일본인 성착취 업자는 거류지 사회의 중요한 일원이었고, 러일 전쟁 참전 경험이 있는 경우도 많았다. 송연옥은 이들이 군대 경험 덕분에 인근 헌병대에 연줄을 댈 수 있어서 대규모 성착취 사업을 벌이기 수월했을 것으로 추측한다. 이들은 일본 여자뿐 아니라 한국 여자를 이용해서도 포주 짓을 했지만, 한국 여자는 일본 이름을 붙여서 팔았다.[43] 이런 관행은 이전 장에서 다뤘듯 일본군 '위안소'를 운영할 때도 이어졌다. 성착취남은 주로 일본인 남자였다. 이들은 전쟁 전 서울에서 총 성착취 이용자의 80%를 차지했으며, 이들의 성착취 거래 수를 한국 남자와 단순 비교하면 12배 많았다. 1929년 한반도 남성 인구 비율을 반영해 다시 계산해 보면 일본 남자의 성착취 거래는 한국 남자보다 57배 많았으며, 1927년 한 해에만 백만 건 이상의 거래를 했을 정도였다.[44] 송연옥은 일본 남자는 주로 일본 여자에 대한 성적 접근권을 요구하긴 했지만[45] 이들의 폭력은 성착취 산업에 있는 모든 여자에게 미쳤다고 지적한다. 1920년대 신문에는 일본 남자가 한국 여자를 공격한 사건이 흔히 실렸다. 일본 남자들이 본토에서라면 감히 생각도 못 했을 일들을 한국 여자에게는 해도 된다는 자격 의식을 느꼈을 거라는 게 송연옥의 설명이다.[46]

한국 여자들이 성착취 업소에 대거 유입된 시기는 1920년대 중반이었고, 주로 군과 재계, 정부의 일본 남자들이 이들을 이용했다.[47] 마쓰오카 노부오에 따르면 그 결과 1910년부터 1937년 사이에 한반도에서 성착취되는 여자 수는 거의 10배가 늘었다.[48] 후지나가 다케시는 더 구체적으로 1915~1925년이 한반도에서 성착취되는 한국 여자 수뿐만 아니라 일본 여자 수도 증가한 시기라고 특정한다.[49] 성착취 피해자 수가 늘어난 건 일본 남자가 식민지배를 강화하는 과정에서 성착취 "수요 확대"가 일어난 탓이라는 게 후지나가의 생각이다.[50] 야마시타는 1916년부터 1920년 사이 성착취되는 한국인 여자 수가 5배 증가했다고 주장하며[51] 하타는 1920년대 한국 여자 3만 명이 소개업자한테 팔렸고 이들 중 많은 수가 한반도 바깥으로 인신매매되었을 것으로 추정한다.[52] 송연옥은 (2장에서 설명한) 일본의 1920년대 유행을 좇아 1930년대 한반도에서도 '카페' 업소*가 우후죽순 등장하기 시작했다고 말한다. 일본 남자들이 규제가 닿지 않는 업소에서 성착취하는 쪽으로 선호도가 바뀌면서 생긴 변화였다. 그 당시 한반도 농촌에서 도시로 인신매매된 여자 청소년들은 주로 '카페'에 묶이게 되었다는 점은 주목할 만하다.[53] 송연옥은 '카페' 업소는 규제가 없어서 인신매매가 쉬웠다고 보는데, 한반도에서 '카페' 성착취를 제한하는 정책적 조치는 1934년이 되어서야 도입됐다.[54] 비슷한 시기 한반도에서 '게이샤' 업소를 운영하는 일본인 포주의 수는 물론, '게이샤' 업소로 인신매매되는 한국 여자 청소년의 수도 증가했다.[55] 그 결과 1939년 한반도에서 성착취되는 성인 혹은 미성년 여자의 수는 총 18,000명으로 정점을 찍었다(당시 인구는 대략 2,400만 명 정도였다).[56] 1937년 성착취되는 여자 수가 21만 명에 달하며 정점을 찍은 일본과 비교하면 적어 보여도(당시 일본 인구는 대략 7,000만 명 정도였다)[57] 일본 침략 전에는 한반도에 산업화한 형태의 성착취가 존재하지 않았음을 고려하면 상당한 숫자다. 그 이전까지는 한국 양반 남자들이 '기생'이라는 이름으로 여자를 거래하는 것으로 악명 높기는 했지만, 이런 문화는 규모가 제한적이었다.

---

* 1930년대 한반도에서 '카페'는 술을 팔며 여급이 손님의 팁에 의존해야 하는 본격적인 성착취 업소였고 다방은 여급을 성적 대상화할지는 몰라도 기본적으로는 차를 파는 장소였다. 그러나 1960년대 이후 카페는 음료를 파는 공간을 가리키게 된 반면 출장 성착취 업소 '티켓다방'이 번성하면서 현재는 '다방' 쪽이 성착취를 연상시키는 단어가 되었다. (장유정 저 『다방과 까페, 모던보이의 아지트』 참고)

  실제로 일본 남자들은 한국을 식민지화하면서 이전에 고위
계층의 전유물이었던 '기생' 성착취를 합법화된 '공창' 성착취 산
업 안으로 편입시키기까지 했다. '공창제'의 일부로 '기생'도 허
가제가 되었고, '권번'이 조직되어 한국 여자 청소년들을 데려다
어린 나이부터 전통예술을 가르쳤다. 그러나 동시대 일본의 '게
이샤' 숙소 '오키야'와 마찬가지로 이런 '기생 학교'는 입적이라
는 이름으로 미성년 여자가 성착취되도록 인신매매하는 장소였
다.[58] 호세이대학의 가와무라 미나토 교수는 1999년 책의 한 장
에서 일제강점기에 제작된 한국인 '기생' 사진엽서를 다루면서[59]
학자들이 아무리 고대 한국 역사에서 '기생'의 역할을 종합 예술
인 등으로 부여해 본들 근현대에 들어와서의 '기생'은 일제강점
기에 한국식 '게이샤'를 원했던 일본인 남자들의 수요가 낳은 산
물이라고 주장한다.[60] 가와무라에 따르면 식민지 한반도를 방문
하면서 "모험심을 발휘"하고 "지적 호기심을 충족"할 수 있는 "현
장"을 기대했던 일본인 "관광객, 측량사, 학자, 예술가"가 쓴 글들
이 일본 남자가 '기생'을 '게이샤'처럼 성착취 대상으로 이용하도
록 부채질했다. 가와무라는 '기생'이 의무적으로 성병 검사를 받
게 된 건 1910년 일본 남자가 한반도를 식민 지배하게 된 이후라
고 지적한다. 1920년 일본인 '게이샤' 입국 금지가 풀리면서 한반
도로 인신매매된 '게이샤' 역시 성병 검사가 의무였다.[61]

한국 여자
인신매매의 시작

한국 여자들은 제1차 세계 대전 때부터 일본제국 내 다른 지역으로 인신매매되었다.[62] 한반도를 벗어나 1915년부터 만주로[63] 1920년대부터는 사할린과 대만으로도[64] 갔다. 송연옥은 1920년대 중반부터 연간 5,000여 명의 여자가 한반도에서 인신매매되었으며, 이 중 80%가 해외 성착취 산업으로 향했다고 추정한다.[65] 여기에는 중국 내 일본 점령지의 성착취 산업도 포함됐다. 한국 여자는 일본제국 내에서 반복적으로 이곳저곳으로 끌려 다녔다. 1931년에는 한국 여자 인신매매 사건이 1,173건 포착되었으며, 이들 중에는 다롄이나 칭다오 같은 중국 도시에서 상하이로 재인신매매된 여자들도 있었다.[66] 여자를 나라 바깥으로 빼내면 한반도에서 활동했던 소개업자에게 상당한 경제적 이득이 있었다. 송연옥의 계산대로라면 소개업자는 여자 2명만 인신매매해도 그 수당으로 두세 달을 먹고살 수 있었고, 여자를 해외로 인신매매하면 훨씬 더 오래 생활할 수 있는 수당이 떨어졌다.[67] 야마시타는 한국 여자는 상대적으로 적은 비용으로 노예 계약을 맺을 수 있었던 것도 소개업자에게 경제적 동기가 됐다고 아래처럼 지적한다.

일본인 '위안부'를 모집하다 한국 여자와 중국 여자를 모으

게 된 변화는 이런 시장 상황에서 발생했다. 다시 말해 일본 여자는 고위 장교에게 할당됐지만 한국 여자와 중국 여자는 계급이 낮은 병사에게 주어졌고, 성착취 가격도 이에 맞춰 조정됐다. 가격 차이는 민족차별 때문이 아니라 이런 '시장' 상황에서 한국 여자와 중국 여자를 데려오는 비용이 애초에 더 저렴했기 때문이었다.[68]

전쟁 전부터 일본 여자를 아시아 태평양 지역에 인신매매했던 역사는 '가라유키상'이라는 용어를 써서 잘 기록되어 있으며, 심지어 '위안소' 제도의 역사적 전신이라고 여겨지기도 한다(4장 참고). 그런데도 그보다 살짝 늦은 시기에 한국 여자를 일본제국 전역으로 인신매매한 역사는 '위안소' 제도의 효시로서 좀처럼 인정받지 못하고 있다. 한국 여자를 그렇게 인신매매한 기간은 '가라유키상'을 인신매매한 기간에 비해 상대적으로 짧았는데도 피해자 수는 엇비슷할 정도다. 전쟁이 벌어지는 동안 한국 여자의 '위안소' 인신매매를 다룬 대부분 글에는 이런 전쟁 전의 인신매매 역사가 빠져 있기 때문에, '위안부' 피해자 중 한국 여자 비율이 그토록 높은 이유가 불가사의하게 느껴지게 된다. 나는 일본제국 안에서의 인신매매가 '위안소' 연결망을 조직할 때 운송 수단 역할을 톡톡히 했다고 본다. 그리고 이런 조직방식은 전쟁 전부터 식민지 한반도에서(구체적으로는 한반도의 '공창' 성착취 업소에서) 한국 여자를 빼 와 타국에 업소를 차리는 과정에서 이미 확실히 검증된 상태였다.

초기에 인신매매된 한국 여자가 주로 보내진 곳은 일본 본토였다. 송연옥은 이르게는 1910년부터도 오사카 성착취 산업에 묶인 한국인 여자가 존재했다고 보고하면서[69] 한국 여자 청소년들이 공장 일을 할 수 있다는 말에 속아 15명 이상의 집단으로 인신매매되고 있다고 보도한 1920년대 신문 기사도 인용한다. 공장이라고 해서 가보면 일본 성착취 산업에 매이게 되는 경우가 많았으며[70] 실제 공장으로 가게 된들 공장에서 한국 여자 청소년을 인근 성착취 업소에 팔아넘기는 사례도 흔했다.[71] 예상할 수 있게도 1920년대 한국 여자를 대상으로 한 일자리 공고 중 극소수만이 공장 일이었다. 공공연하게 광고되는 일자리는 대부분 일본식 '술집' 업소, '요리점' 업소 등 성착취 관련 일이었다.[72] 특히 홋카이도나 규슈의 탄광촌 인근 업소가 많았다.[73] 윤정옥이 조사한 삿포로 지자체 고용 기록물에 따르면 1920년대부터도 삿포로 성착취 산업에 한국 여자가 묶여 있었으며, 윤정옥은 이들이 처음에는 그곳에 와서 일하던 한국 남자 인부들에게 성착취되었을 것이라고 말한다. 당시는 삿포로에 '조선요리점' 업소가 대여섯 곳에 불과했으나 1930년대 초 즈음에 현지 일본 남자들에게도 '조선요리점'이 인기를 끌게 되면서 한국 여자 인신매매 건수가 늘어났다는 게 윤정옥의 지적이다. 그는 1935년 기준 삿포로에 '조선요리점'이 67곳 영업 중이라는 같은 해 경찰 기록을 인용하면서, 실제로는 100곳 이상이 영업하고 있었을 것으로 추정한다.[74] 이렇게 일본 남자 사이에서 한국 여자를 성착취하려는 수요가 늘어난 건 일본 남자들이 해외에서, 주로 한반도에서 군인으로 주둔한 경험을 쌓게 되면서가 아닐까 추측해 볼 수 있다. 앞서 언급했듯 군인을 포함한 일본 남자는 러일 전쟁 시기부터 한반도 성착취 산업의 '주 고객'이 되었기 때문이다.

성착취남이 한국 남자든 일본 남자든 성착취되는 여자로서는 견딜 수 없는 경험이었을 것으로 보인다. 윤정옥은 1930년대 중반 한국 여자가 하코다테 지역의 절벽에서 자살하는 사건이 계속 일어났다고 설명한다. 이들은 현지 성착취 집결지에 매여 있던 여자였으며, 1935년의 한 신문 기사는 이들의 죽음은 "일본 사람" 손에 당한 폭력에 "저항"하기 위해서라고 보도한다. 여기서 "일본 사람"이란 이들을 인신매매한 업자들, 이들을 묶어둔 포주들, 업소에 와서 이들을 이용한 성착취남일 것이다. 1943년 지역 당국은 한국 여자의 자살을 보도하지 말라는 금지령을 내리기까지 했지만, 윤정옥에 따르면 그 전인 1940년 현지 신문에는 업소에서 도망친 한국 여자의 행방을 찾는 광고가 주기적으로 실렸다. 이 광고들은 여자의 머리 모양과 인상착의를 섬뜩할 정도로 집요하게 묘사한다. 태평양 전쟁 시기까지도 한국 여자는 계속해서 홋카이도로 인신매매됐다. 윤정옥은 한국 남자 노동자 704명이 일하던 홋카이도 탄광 인근에 성착취 업소를 차릴 포주를 구하는 1940년 1월 신문 광고를 보고하기도 한다.[75] 그 시기라면 이들 노동자 중 상당수가 전시 강제징용돼 왔을 가능성이 크다. 브랜든 파머의 계산에 따르면 "일본 탄광 및 군수 산업"에 한국인 75만 명이 동원됐으며, 1942년에는 공식 징병 제도가 한국 남자에게까지 확대됐다.[76] 이 남자들에게 성착취할 여자를 공급했던 건 3장에서 언급했던 도야마현 탄광 '위안소' 시범 사업을 추진했던 것과 비슷한 생각에서 나왔을 것이다. 당시 지역 당국은 중국인 징용 노동자에게 성착취 기회를 제공해 울분을 누그러트리려 했다.[77] 이런 역사에 비추어볼 때 도야마현 야산의 천막집에서 살면서 야외에서 성착취당했던 '위안부' 생존자 강덕경의 기억은 더욱 가슴 아프게 다가온다.[78] 이와 같은 시기에 한국 여자들은 일본 탄광촌으로부터 중국 대륙 '위안소'로 재인신매매되기도 했다. 라디카 쿠마라스와미 특별 보고관의 1996년 유엔인권위원회 보고서도 "최초의 일본군 성노예는 일본 규슈 북부에서 온 한국인이었다"라고 적는다.[79]

송연옥은 전쟁 전 한국 여자가 일본으로 인신매매되도록 주선한 남자들은 주로 한반도에 오래 거주한 일본 남자들로서, 일본의 성착취 업자와 연줄이 있거나 한국 여자들을 현지에서 성착취 산업으로 팔아넘길 일본 공장주와 연결되어 있었다고 묘사한다.[80] 그게 아니면 '게이샤'로 인신매매되기도 했다. 송연옥에 따르면 당시 일본에서 미성년자인 한국 여자 청소년을 공개적으로 모집할 수 있던 곳은 '게이샤' 숙소뿐이었다. 한반도나 만주에서 한국 여자는 아무런 나이 제한 없이 '게이샤' 숙소로 들어갈 수 있었으며, 일본과 대만에서는 12세 이상이기만 하면 됐다.[81] 일본 성착취 산업은 외국인 여자를 받지 못하게 되어있었으나, 1910년 한일 강제 병합 이후 한국인에게는 이런 규칙이 적용되지 않았고 1925년 일본은 식민지 여자들에게는 적용되지 않는다는 조건을 걸고 여자와 아동의 인신매매 금지조약에 서명했다.[82] 이 조약에서 식민지 여자들이 빠진 건 의미가 크다. 1938년 한국인의 일본 도항 규제가 완화되면서, 전시 한국 여자들이 상대적으로 규모가 큰 일본의 성착취 산업으로 인신매매될 위험이 커졌기 때문이다.[83] 이에 더해 일본 여자의 인신매매 금지조차 거의 잘 지켜지지 않았다. 니시노 루미코가 지적하듯이 1925년부터 법적으로는 일본 '공창' 산업에서 '위안소'로 여자를 인신매매할 수 없었지만, 일본군이 아무렇지도 않게 법을 어겼다는 사실은 일본 민간 업소에서 여자를 빼내기 위해 선불금을 지급한 기록에서 드러난다.[84] 여자와 아동의 인신매매 금지조약이 일본 식민지를 빼놓고 비준된 건 식민지에서 활동하던 포주의 이익에 맞아떨어졌고, 포주의 이익은 곧 포주에게 '위안소' 설치를 하청 준 일본군의 이익이었다(일본군이 일반적으로 그런 식으로 '위안소'를 꾸렸다는 게 역사학자들의 중론이다).[85] 1992년 일본의 한 여성단체는 군 성착취 문제에 대한 정보를 수집하기 위해 전국적으로 제보 전화를 받았는데, 이전에 군 성착취 업소를 운영했던 포주가 전화를 걸었다. 이 포주는 전시에 본인이 일본 여자 200명과 한국 여자 100명을 모아들여 도쿄 인근 요코스카항을 통해 인신매매한 후, 트루크 제도에 '위안소' 2곳을 세웠다고 증언

했다. 여자 중 120명은 요시와라 성착취 집결지에서 재인신매매 된 피해자였다.[86]

'정신대' 제도는 인신매매의 주된 수단은 아니었을 가능성 이 크지만, 그래도 역사학자들은 일부 한국 여자는 '정신대' 제도를 통해 군 성착취로 유입되었을 것으로 본다. '정신대' 제도는 1942년 한국 남자를 군수 노동에 투입하려고 도입되었고 2년 후인 1944년에는 한국 여자에게까지 확대됐다. 브랜든 파머는 "'여자근로정신대'는 배우자가 없는 젊은 여자를 모집했기 때문에, 군 성착취 업소를 위해 일하는 소개업자에게 손쉬운 표적이었다. '정신대'로 모집된 많은 여자가 결국 성착취 업소에 묶이게 됐다"라고 설명한다.[87] 파머의 '정신대' 설명을 여기 인용해 보겠다.

> 1944년 4월 출범한 '여자근로정신대'는 한국 여자와 일본 여자로 이루어진 특수 노동 조직이었다. '정신대'의 공식적인 목적은 여자에게 결혼하기 전에 일본제국을 위해 일할 기회를 주는 것이었다. 그러나 실제로는 여자에게 노역을 시키는 수단이었다. '정신대'가 한반도에서 작동한 방식은 일본 본토에서 작동한 방식과 달랐다. 일본에서 '정신대'는 16세 이상의 특수한 기술이 있는 결혼하지 않은 여자를 모집했으나, 한반도에서는 기술을 배운 여자가 너무 부족해서 비숙련 노동자 모집에 집중했다. 어떤 경우에는 열네 살에 불과한 여

자 청소년을 데려가기도 했다…'정신대'가 동원한 여자들은
농촌이나 공장에서 강제 노역을 했으며, 1년 계약으로 일본
에 보내지기도 했다.[88]

잘 기록되어 있듯 '정신대'는 한국에 있는 여자뿐만 아니라
전쟁 동안 일본에 머물고 있던 여자들도 동원했다. 앞서 언급한
군 성착취 제보 전화에 연락해 온 사람 중에는 자기 누나가 '정
신대'로 끌려갈 뻔했다는 한 재일 한국인('자이니치') 남자도 있었
다. 이 제보자의 가족은 1943년 혹은 1944년에 오사카에 거주
하고 있었는데 일본군 헌병이 집에 찾아와 제보자의 아버지에게
열일곱 살 딸을 '여자근로정신대'로 넘기라고 명령했다. 아버지
가 딸이 결혼할 예정이라고 답하자(결혼하면 '정신대'로 끌려가지 않
을 수 있었다) 헌병은 증거를 요구했고, 아버지는 급하게 딸과 결
혼할 상대를 구해 상황을 모면했다.[89]

'정신대' 제도는 '위안소' 피해자 중 한국 여자 비율이 높은
이유로 꼽힐 때가 많지만[90] 인신매매 업자의 직접적인 증언에서
는 성착취 산업을 통한 재인신매매가 더 중요한 모집 방식으로
등장한다. 위의 제보 전화에 연락해 온 해군 수송부대 출신 남자
는 1943년 말이나 1944년 초에 한반도 내에서 해군 '위안소'로
보낼 여자를 구하는 일에 가담했다고 했다. 남자가 목표물로 삼
았던 여자 중에는 한반도에 거주하는 일본 여자도 있었지만, 대
부분은 국적에 관계없이 현지 성착취 산업(집결지 업소는 물론 '카

페' 업소도 포함이었다)에 붙잡혀 있던 여자였다. 남자에 따르면 이렇게 성착취 산업에서 구한 여자는 대부분 한국인이었으며, 성착취 산업이야말로 '위안소'로 보낼 여자를 구하는 "주 출처"였다. 그런데도 남자가 모집한 여자들은 꼭 알고서 '위안소'로 갔던 건 아니었다. 남자에 따르면 이들은 대개 병사 위문이나 가사도우미로 고용될 거라고 믿었다고 한다.[91] 남자는 여자를 인신매매해 일본 본토는 물론 해외의 '위안소'로도 보냈다. 예를 하나 더 들자면, 요시미는 일본군이 중국 동부 도시 지난을 점령한 다음 해인 1938년, 한반도에서 지난으로 공식 도항 허가를 받은 일본 여자는 173명, 한국 여자는 115명이었다고 기록한다. 이들 중 한반도 성착취 산업에서 바로 재인신매매된 여자는 일본인이 76명, 한국인이 101명이었다. 요시미는 이 여자들이 모두 중국 '위안소'에서 성착취될 운명이었다고 추측한다.[92] 일본군이 직접 모집 과정에 관여했건 하지 않았건 관계없이 성착취 산업은 여자를 구하는 주 출처였다. 일본군은 식민당국에 '위안소'로 보낼 여자를 구해달라고 요청하기도 했으나, 그 경우엔 관료들이 현지 포주와 인신매매 업자에게 할당량을 채우라는 명령을 하달했다. 예를 들어 일본군은 1941년 7~8월 중국에서 작전을 펴던 중 조선총독부에 중국 대륙 '위안소'로 보낼 여자 2만 명을 요청했고, 총독부는 이에 응해 한반도에서 3,000~8,000명의 여자를 인신매매해 보냈다.[93] 후지나가 다케시는 총독부가 이 여자 중 많은 수를 한반도 성착취 산업에서 구했을 가능성이 크다고 시사한다.

한국 여자가 인신매매되어 주로 간 곳 중에는 대만도 있었다. 그러나 역사학자들은 왜 일본인 포주들이 현지에서 피해자를 물색하는 대신 한국 여자를 인신매매해 대만 성착취 산업을 세웠는지는 정확히 파악하지 못하고 있다.[94] 물론 아래에서 설명하듯 현지 대만 여자도 성착취 업소로 인신매매되었으며, 중국 대륙 '위안소'로 인신매매된 피해자 중에도 이렇게 성착취되던 대만 여자들이 꽤 많았을 것으로 보인다. 1943년 12월 기준 중국 남부 지역에 거주하는 대만인은 7,928명이었으며 여자가 33%를 차지했다. 저우 데란은 그중 간호사나 타자수, 가정주부도 있기는 했겠지만, 대다수는 성착취 산업에, 특히 '카페' 업소에 붙잡혀 있던 여자들이었을 것이라고 본다.[95] 그런데도 전쟁 전 대만에도 성착취되는 한국 여자와 일본 여자가 있었다는 사실로부터 초국경적 인신매매가 대만 성착취 산업의 주요한 인력 수급 전략이었음을 도출할 수 있다. 그러나 한반도보다 식민지 대만에 성착취 산업이 먼저 들어섰으니, 이론적으로는 1920년대 즈음에는 대만의 성착취 산업이 더 융성하고 조직력을 갖췄어야 맞는다.[96] 대체 왜 대만 바깥에서 여자를 인신매매해 왔던 걸까?

학자들은 이 질문에 다양한 답을 내놓는다. 저우 데란은 대만 법상 성착취 업소 나이 제한이 낮아서 한반도에서 활동하던 일본인 포주에게는 자기가 억류하고 있던 한국 여자나 일본 여자를 대만으로 보내는 게 경제적으로 이득이었으리라고 추측한다.[97] 또한 전쟁이 후반으로 갈수록 한반도보다 대만에서의 성착취 수요가 강해지면서 인신매매가 횡행했을 가능성도 있다. 대만은 태평양 전쟁 초에는 일본군의 남태평양 정기 기항지였을 뿐 아니라 중국 남부와 동남아시아로 들어가는 중요한 관문이기도 했다. 그래서 대만에 머무는 주둔 병력이나 기업인 남자, 관료, 군수 공장 노동자의 수는 해가 갈수록 늘어났다.[98] 그 결과 1937~1938년 사이 대만의 성착취 업소 수는 기하급수적으로 증가했으며[99] 특히 '카페' 업소가 1937년부터 급성장했다.[100] 전쟁 기간 전체에 걸쳐 성착취 산업의 매출액도 올랐다. 1941년과 1942년 사이에는 단 1년 만에 대만 '게이샤' 업소 매출액이 두 배로 늘기도 했다.[101] 저우 데란의 계산에 따르면 대만 성착취 산업은 대만총독부가 전시 '풍속' 통제 정책에 발맞춰 유흥산업 금지령을 내린 1944년까지 매년 성장세만을 기록했다.[102] 따라서 한반도의 일본인 포주들은 이윤 추구를 위해 사업 무대를 대만으로 옮길 충분한 이유가 있었고, 이로 인해 한반도에서 성착취되던 한국 여자와 일본 여자가 대만 섬으로 재인신매매된 것일 수 있다. 후지나가 다케시는 한국 여자를 대만으로 인신매매하는 데 가담한 남자 대부분은 일본인이었고, 인신매매를 처음 시작한 것도 일본인 포주였다고 주장한다.[103]

식민지 대만 성착취 산업:
인신매매 처리장?

대만섬에서 성착취 산업이 본격적으로 등장한 건 1895년 일본제국이 대만을 청나라로부터 넘겨받은 후다.[104] 1896년부터는 거의 아무런 제약 없이 일본에서 대만으로 건너갈 수 있었고, 이때부터 일본 여자의 인신매매가 시작됐다. 주로 규슈 지역 여자가 인신매매됐다.[105] 앞서 언급했듯 1906년 대만에서도 성착취가 합법화되고 나이 제한이 16세로 설정됐다. 1896년 4월 1일 대만총독부가 설치되고 거의 처음으로 통과시킨 규칙이 성착취 관련 규칙이었다는 사실에서 일본 남자들이 얼마나 진정으로 대만에서 성착취 산업을 개발하고자 했는지가 드러난다.[106] 그 결과 1930년대 후반과 1940년대 초가 되자 대만에서는 4,000곳 이상의 성착취 업소가 영업하게 됐다.[107] 업소는 주로 1910년부터 설치된 여러 일본군 부대 인근에 있었다.[108] 후지나가는 전쟁 전 대만의 성착취 산업이 한반도의 성착취 산업과 "구별하기 힘들었다"라고 말한다.[109] 다수의 부대가 배치된 대만섬에서도 주로 일본 군인 남자가 성착취 수요를 담당했기 때문이다. 전쟁이 벌어지는 동안 대만에 주둔한 일본군은 19,500명에 달해 오키나와 주둔 병력보다도 많았고[110] 1941년이 되자 대만에서 가장 큰 성착취 집결지는 일본군 전용 집결지로 바뀌었다.[111]

1936년 중일 전쟁 발발 직전 대만에서 성착취되던 여자의 수는 7,000명 이상이었다.[112] 매해 평균 758명의 일본인 여자가 '공창'이라는 이름의 '합법' 업소로 새로 인신매매됐고, 이외의 '비합법' 업소로 새로 유입되는 일본인 여자도 약 1,000명이었다.[113] 1930년대가 되면 대만의 성착취 산업이 "평등화"되어 여러 다른 경제 계층의 남자들을 대상으로 하게 되었지만[114] 시초는 역시 일본 기업인과 식민 관료를 만족시키는 것이었다는 게 저우 데란의 견해다.[115] 후지나가 역시 대만 성착취 산업도 한반도에서처럼 일본 남자가 주로 이용했다고 이야기한다.[116] 그 말인즉슨 1896년부터 일본 여자가 '게이샤'로서 대만으로 인신매매됐고, 초기 몇십 년간은 성착취 산업이 '일본풍'으로 개발됐다는 뜻이다.[117] 대만 여자도 이런 경향의 피해자가 됐다. 저우 데란은 성착취되는 대만 여자도 일본 행사에 동원돼 기모노를 입고, 일본어 수업을 듣고, 일본식 화장을 배우고, 일본 전통 노래를 부르고, 일본 군인 앞에서 춤을 춰야 했다고 설명한다.[118]

　　시간이 흐르면서 대만 성착취 산업은 일본군의 수요에 맞춰 진화했다. 시로타 스즈코는 일본에서부터 대만 도시 마궁의 해군 '위안소'로 인신매매된 피해자다. 그가 있던 '위안소'는 '위안소' 12곳으로 이루어진 해군 성착취 집결지에 있었고, '위안소'마다 약 15명의 여자가 매여 있었다. 그는 본인의 군 성착취 경험을 "인간적 연민이나 배려라고는 찾으려야 찾을 수 없었다"라고 묘사한다. 그는 6개월이 지난 후 가까스로 다시 일본으로 탈출해 왔지만, 6개월을 일했어도 인신매매되느라 진 빚은 거의 줄지도 않았다.[119] 대만에서 영업하던 '게이샤' 업소의 일본인 업주들은 일본군의 명령에 "반강제로" 자기 업소를 장교 '위안소'로 바꿔야만 했고, 학교 등 공공건물도 징발되어 "억지로" 병사 '위안소'로 바뀌었다는 게 저우 데란의 설명이다.[120] 그에 따르면 대만의 한 일본인 '게이샤' 업주는 일본 해군으로부터 하이난섬 하이커우에 '위안소'를 세우라는 명을 받았다고 한다. 이 포주는 군에게 여자를 구할 돈을 받기는 했으나 많은 수의 여자를 인신매매하는 데 어려움을 겪었다. 군이 준 돈은 민간 성착취 산업에 선불금으로 묶여 있는 여자를 사 오라는 목적이었을 가능성이 크다. 해당 포주는 결국 이미 자기 업소에 빚으로 매어 뒀던 일본 여자 60명에 다른 포주가 억류 중이던 여자 13명을 더해 하이난섬으로 재인신매매했다.[121] 대만 여자도 일본인 포주에 의해 군 성착취에 동원될 위험이 있었다. 대만 성착취 산업과 어떤 식으로든 관계가 있으면 더욱 그랬다. 1990년대 대만 여자로서는 거의 최초로 '위안소' 피해자임을 밝힌 '가오'는 타이베이 여성구출재단이 1998년 제작한 다큐멘터리에서 버마 '위안소'로 인신매매당하던 시점에 '게이샤'로 고용되어 있었다고 증언했다. 그러나 "술을 같이 마시고 노래를 부르는" 정도였지 성착취는 없었다고 했다. '가오'는 일본인 소개업자에 의해 인신매매됐으며 자기가 처한 상황을 확인하고는 자살을 시도하기도 했다. 해당 다큐멘터리에 등장하는 대만인 생존자 14명 전원이 일본인 소개업자에 의해 인신매매됐거나 일본인이 운영하는 '위안소'에 억류

되어 있었다고 밝혔다. 이들 중에는 이전에 성착취 산업과 무관
했던 여자도 있었다.[122]

　한반도 성착취 산업에서 여자를 빼내 대만으로 인신매매하
는 행위는 일본군이 중국 남부에서 군사 작전을 펴던 1938~1940
년에 가장 성행했다.[123] 후지나가는 일본군이 그 당시 정립한 인
신매매 관습이 나머지 전쟁 기간 '위안소'로 여자를 운송해 올 때
일종의 교과서처럼 작용했다고 말한다.[124] 저우 데란도 비슷한
지적을 하는데, 한반도 성착취 산업에서 대만 성착취 산업으로
인신매매된 여자가 중국 대륙의 '위안소'로 재인신매매되는 관
습이 이때 굳어졌다는 것이다. 1925년부터도 대만에는 한국 여
자가 한국 남자보다 많았다. 1932년이 되자 한국 여자가 남자보
다 1.5배나 많아졌다. 이 중에는 성착취되는 여자 비율이 상당했
다. 1930년대 초 기준으로 대만 거주 한국 여자의 40%가 성착
취되는 상태였다.[125] 1922년 대만에 한국식 업소('조선요리점')가
처음 문을 열었고[126] 1937년에는 그 수가 58곳으로 늘어났다.[127]
대만에서 성착취되던 한국 여자는 자기를 억류하던 일본인 포주
가 사업 무대를 대만으로 옮기면서 끌려온 경우가 많았다. 일본
군은 1938년 이후 중국 대륙 '위안소'를 설치할 때 일본인 포주
에게 주로 의지했으므로, 이들은 '위안소' 인신매매에 취약했다
는 뜻이 된다.

　후지나가는 왜 한국 여자가 한반도에서 '위안소'로 바로 인
신매매되는 대신 대만 성착취 산업을 거쳐 동원됐을지 의문을

가진다. 당시 일본인 포주들은 한반도에 자리를 잘 잡은 상태였기에 조선총독부는 쉽게 일본군의 요청에 응할 수 있었을 텐데 말이다.[128] 역사학자들은 하나의 답에 이르지는 못했지만, 저우데란의 연구에 따르면 대만 식민당국은 대만 기반 일본인 포주의 군 '위안소' 설치에 상당한 경제적 지원을 아끼지 않았다. 일본인 관료로 구성된 대만총독부는 주로 대만에 있는 일본인 기업인과 거주민은 물론 일본군의 이익을 위해 작동했으며, 대만의 상업적·행정적 일 처리에 상당한 영향력을 발휘했다. 대만의 포주들은 민간 업소를 운영하는 대신 '위안소'를 세우면서 사업적 위험을 져야 했지만, 전시 융자 지원을 통해 대만의 일본인 포주와 군은 협력 관계를 다질 수 있었다(이들이 운영하던 업소는 어차피 이미 군의 성착취 수요를 맞추고 있었다). 둘의 결탁을 뒤에서 지원한 대만총독부는 융자 관리를 국책 회사인 대만 척식 주식회사에 맡겼다. 대만 척식 주식회사는 일본 자본으로 움직였고 일본인 직원과 관리자로만 이루어졌다. 그런 후 대만 척식 주식회사는 다른 소기업에 융자 관리를 재하청을 줬다.[129] 따라서 대만총독부는 대외적인 평판은 지키면서도 가까운 거리에서 포주들에게 내주는 '위안소' 설치 목적의 융자를 감독할 수 있었다.[130] 일본군이 짧은 시간 내에 그토록 많은 포주를 동원해 그토록 많은 '위안소'를 세울 수 있었던 데에는 이런 전시 융자 지원이 핵심적인 역할을 했다는 게 저우 데란의 견해다.[131] 후지나가도 비슷한 지적을 한다. 일본군이 중국 남부 군사 작전을 위한 중국 대류 '위안소' 건설을 포주들에게 맡길 때도 융자 지원이 효과적이었다는 것이다.[132] 한반도 상황과 유사하게 대만총독부가 여자를 인신매매해 달라는 군의 요구에 직접 응하기도 했다. 예를 들어 1938년 일본군이 광둥 공략 작전을 개시한 직후 대만총독부는 일본군의 요구에 따라 여자 300명을 인신매매해서 대만에서 중국 남부 '위안소'로 보냈다.[133]

1938년 대만에서 중국 대륙 '위안소'로 인신매매된 여자들의 국적에는 전쟁 전부터 일본제국 내에서 여자를 인신매매했던 어두운 역사가 그대로 반영됐다. 그렇다면 '위안소'로의 인신매매 역시 전쟁 전 일본 본토를 넘어 일본제국 전체에 확립된 민간 성착취 제도를 거울처럼 비추고 있다고도 할 수 있을 것이다. 이를 잘 보여주는 후지나가의 연구를 하나 예로 들자면, 공식 문서상으로 1938년 11월부터 1940년 1월까지 대만 성착취 산업에서 중국 남부 '위안소'로 인신매매된 여자들은 일본 여자가 828명, 한국 여자가 528명, 대만 여자가 266명이었다.[134] 피해자 중 일본 여자가 이렇게나 많은 건 전쟁 전부터 일본 여자가 오랜 기간 식민지 대만의 성착취 산업으로 인신매매됐던 역사를 돌이켜볼 때 예상 가능한 일이다. 보다시피 한국 여자들도 대만에서 인신매매된 피해자 중 상당수를 차지했는데, 이는 다른 통계에서도 뒷받침된다. 예를 들어 1938년 11월과 12월 사이 대만에서 도항한 여행객 중 72%가 한국 여자였고, 여기에는 중국 대륙 '위안소'로 인신매매된 것으로 사료를 통해 확인된 한국 여자 229명이 포함됐을 것이다.[135] 이들 모두가 대만을 통해 중국 대륙 '위안소'로 인신매매되기 전부터 한반도나 대만에서 성착취되던 여자들은 아닐지라도, 당시 도항 기록을 보면 이들 중 많은 수는 실제로 대만에 오기 전 한반도 성착취 산업을 경험한 것으로 보인다. 도항 기록에는 이들의 직업이 '작부'로 표시되어 있는데, 당시 성착취되는 여자를 공식적으로는 그렇게 돌려 말했다.[136] 한국 여자는 특히 1939년 이후 상당수가 대만에서 중국 대륙 '위안소'로 재인신매매됐다.[137] 1939년에는 한국 여자 577명이 대만으로 인신매매됐는데, 후지나가는 대부분이 성착취 목적이었으리라고 추측한다.[138] 그리고 같은 해 거의 같은 수가 중국 남부(주로 광둥 지역)로 인신매매되어 빠져나갔다.[139] 후지나가는 이게 우연의 일치가 아니라, 대만 성착취 산업이 한국 여자와 일본 여자를 '위안소'로 인신매매하는 처리장으로 쓰였다는 증거라고 본다.

　'위안소'를 채우려는 특정 목적으로 대만에서 여자를 인신매매했다는 근거는 중일 전쟁 초기 일본군 작전을 연대순으로 훑어봐도 확인할 수 있다. 군사 작전에 따라 인신매매가 이루어졌기 때문이다. 후지나가의 계산에 따르면 한국 여자의 대만발 인신매매는 역사적으로 두 시점에 치솟았다. 1938년 11월~1939년 3월과 1939년 10월~12월이다. 이 두 시점은 일본군의 군사 작전 변화를 그대로 반영한다. 일본군의 전선은 중국 북부에서 중부로 이동했고 특히 1938년 10월 광둥 공략 작전에서 그 정점을 찍었다. 한국 여자가 대만에서 대거 인신매매된 첫 시기가 바로 이 직후다. 두 번째 시기는 난닝 전투와 겹친다.[140] 후지나가는 인신매매가 치솟은 시기를 보며 일본군이 미리 '위안소' 설치 준비에 나섰을 것으로 추측한다. 작전이 벌어지는 중국 남부와 지리적으로 가까우면서 성착취 산업 규모가 큰 대만에서 선제적으로 여자를 인신매매해 두려고 했다는 것이다. 1939년 기준 일본군 제21사단은 1,000여 명의 '위안부'를 산하에 묶어 두고 있었는데, 이 숫자는 1938년 11월과 1939년 3월 사이 "위안소' 관계자'로 공식 도항 허가를 받고 대만에서 중국 대륙으로 건너온 여자의 수(1,166명)와 거의 같다.[141] "위안소' 관계자'로 도항 허가를 받은 모든 사람이 성착취를 당하지는 않았을지 모른다. 일부는 포주였을 가능성도 있다. 그러나 후지나가 역시 이 점은 인지하면서도 1938년 11월과 1940년 1월 사이 대만에서 중국 남부로 인신매매된 한국 여자의 수와 같은 시기 대만 성착취 산업으로 인신매매된 여자의 수를 비교한 후 두 숫자 역시 거의 일치한다는 결론을 내린다. 후지나가는 이런 실증적 근거를 바탕으로 한국 여자를 아예 중국 대륙 '위안소'로 재인신매매할 목적으로 대만 성착취 산업으로 들여왔을 가능성을 제기한다.[142]

| 결론

이번 장에서는 중일/태평양 전쟁 동안 '위안소'로 인신매매
된 여자 중 한국 여자의 비율이 그렇게 높은 이유를 이해하는 틀
을 제시하려 했다. 일본인 피해자를 논의의 초점으로 삼는 책인
데도 한국인 피해자에 한 장을 할애한 건 일본군 성노예제가 민
간 성착취라는 주춧돌 위에 세워졌다는 이 책의 시각을 공유하
는 여러 문헌이 이미 나와 있음을 소개하기 위해서였다. 이번 장
에서 인용한 여러 문헌은 하나 같이 식민지에 세워진 민간 성착
취 산업이 일본군이 성노예제를 개발할 때 귀중한 '물적 근간'이
되었다는 사실을 증언한다.

한국 여자는 전쟁 전부터 시작해 전쟁 중에도 계속 인신매
매됐고, 이번 장에서는 이를 다룬 기존 연구를 활용해 '위안부'
제도 창설에 식민지적 성착취 산업 발달이 어떤 역할을 했는지
를 이해하는 일종의 틀을 제시했다. 즉 식민지 민간 성착취가 일
본군 성노예제와 세 가지 방식으로 연결되어 있다고 주장했다.
식민지적 민간 성착취 산업은 인신매매의 운송적 교과서이자,
피해자 공급처이자, 군을 대신해 '위안소'를 개발한 포주와 인신
매매 업자의 원천이었다. 책 전체에 걸쳐 강조하듯 피해자들이
'위안소'로 인신매매되기 전 민간 성노예제를 경험했다고 해서
일본군과 관료의 역사적 책임이 덜어지는 것은 아니며, 오히려
책임을 가중한다고 봐야 한다. 다시 말해 이번 장의 주장대로 '위

안소' 생존자 중 한국 여자가 높은 비율을 차지했던 이유가 이들이 전쟁 전과 전쟁 중 민간 성착취 산업에 대거 유입됐기 때문이라면, 일본군 성노예제 역사가 단순히 전쟁이 벌어진 8년을 넘어선 제도적 근거가 있었다는 뜻이므로 현재 '위안부' 생존자 정의 운동을 펼칠 근거를 더욱 탄탄하게 해 줄 뿐이다. 또한, 일본 제국주의와 '위안소' 제도 창설 간의 인과 관계도 분명해진다. 이번 장은 식민지적 민간 성착취 산업 개발을 중심으로 '위안소' 제도가 만들어졌다고 주장하기 때문이다.

여기 인용한 역사학자들도 다들 일본군이 민간 성착취에 의존해 '위안소' 제도를 만들었다는 것까지는 인정해도, 전쟁이 진행되는 와중에도 이런 의존이 계속됐다고 강조하는 학자들은 많지 않다. 다음 장에서 설명하겠지만 이들은 대개 일본군이 궁극적으로는 성착취 선경험이 없는 여자들에게로 눈을 돌렸다고 말한다. 시간이 흐르며 성착취되는 여자들이 고갈되고, 전장이 더 외진 곳으로 이동하고, 운송 체계가 무너져 인신매매가 어려워지고, 전황이 나빠지면서 민간 포주들의 기대 수익이 감소하는 등의 변화로 성착취되는 여자를 더는 구할 수 없었다는 것이다. 다음 장에서는 이런 주류 담론을 반박하기 위해 태평양 전쟁 마지막 해 오키나와의 상황을 예로 들어 논하려 한다. 전쟁 막바지, 한반도뿐 아니라 오키나와에서 성착취당하던 여자들이 대거 오키나와 '위안소'로 인신매매됐다. 그러나 거의 어느 문헌에서도 이들 피해자를 다루지 않는다. 나는 바로 이 사실을 '위안소'

제도 역사 연구에서 아직도 희생양 삼기가 사라지지 않고 있으며, 이로 인해 역사 연구에 왜곡이 발생하고 있다는 이 책의 핵심 주장을 뒷받침하는 마지막 증거로서 제시하려 한다.

오키나와 피해자와
전쟁 말엽 '위안소'

오키나와 전투는…태평양 전쟁 최대 혈전으로 기억될 때가 많다…이 전투에는 미군 54만 8천 명과…일본군 11만 명 이상이 참전했다…그러나 이외에도 40만 명 이상의 현지 민간인이 다양한 방식으로 강제로 동원됐다.

육해공에서 무차별 폭격과 포격이 끊임없이…3개월간 이어졌고, 사용된 포탄을 평균 내면 오키나와 주민 한 명당 50발에 달할 정도였다. 사망자는 민간인과 유아, 여자와 아동, 노인을 가리지 않았다.

오키나와 전투에서 죽은 사람만 21만 명이 넘으며, 오키나와에 거주하던 46만 명 중에서 12만 명 이상이 목숨을 잃었다. 오키나와 민간인 사망자 수는…일본군 방어 병력 중 오키나와인 사망자 수를 훌쩍 뛰어넘었다.

오키나와 전투에서 사망한 일본 다른 지역 출신 병사는 65,908명이었으며, 미국인은 12,520명 사망했고, 다른 국적 사망자도 소수지만 있었다. 목숨을 잃은 한국인 수천 명에는…일본군에 강제로 동원된 남자들은 물론이고 일본군 성노예로 쓰이던 여자들도 있었다.[1]

일본군 성노예로 고통받던 오키나와 여자와 일본 여자도 오키나와 전투에서 희생됐지만, 위의 인용 글에서 보듯 태평양 전쟁사에서 이들의 죽음은 보통 누락된다. 고가 노리코는 "오키나와와 일본 본토 출신의 '위안부'는 '합법' 성착취를 선경험했다고 인식되기에, 오키나와 전투 연구에서 간과되곤 한다"라고 그 이유를 설명한다. 그는 편견이 역사 연구를 왜곡하고 있다고 말한다. 오키나와 성착취 업소에서 온 여자들은 '위안소'에서 "당해도 쌌던" 피해자라는 편견이 있지만, 실은 이들도 다른 여자와 동등한 군 성폭력 피해자이기 때문이다.[2] 실제로 일본에서 가장 이름난 페미니스트라고 할 수 있는 우에노 지즈코마저 오키나와 전투에서 죽어 나간 성착취 선경험 오키나와인 '위안부'들의 피해를 언급하지 않고 "일본군 병사들에게 강간당할 가능성이 있는 상황에서 오키나와 여자들의 '정절'은 한국 여자의 희생으로 '지켜졌다'"라고 말한다.[3] 그러나 이런 식으로 '희생'된 오키나와 여자나 본토 일본 출신 여자도 있었으며, 이번 장은 그들의 역사적 경험에 새롭게 주목하려 한다.

이들을 빠트리곤 하는 두 번째 이유는 전쟁이 전개될수록 일본군이 점점 점령지나 식민지 출신 여자만을 '위안소'로 인신매매하게 됐다는 역사학자들의 인식 때문이다. 이렇게 일본군이 현지에서 구한 여자들이야말로 납치당하고, 사기당하고, 총구가 겨눠진 채 협박당해서 일본군 성착취 제도로 들어오게 된 '진짜' 성노예로 여겨진다. 역사학자들은 일본군이 전황이 나빠지면서 점점 더 성착취 산업에서 여자를 빼내 오기 어려워졌다고 주장한다. 예를 들어 경찰 관료 출신 요시다 히데히로는 "일본군은 구할 수 있는 일본 여자가 다 떨어지자 해외 현지 여자 모집에 의존했다"라고 말한다.[4] 다시 말해 일본군이 성착취 산업이라는 '인력 풀'을 다 고갈시킨 후, 혹은 전쟁 상황 탓에 성착취되는 여자들에게 접근하기 어려워진 후에는 성착취 선경험이 없는 여자들을 성노예제 피해자로 삼았다는 것이다. 이번 장에서는 이런 주장을 들여다본 후 일종의 희생양 삼기라고 비판할 것이다. 내가 보기에 이런 주장은 성착취 선경험이 없는 여자들이 '위안소'로 인신매매된 역사를 은근히 성착취되던 여자의 수가 부족했던 탓으로 돌리고 있다. 역사적으로 성착취되는 여자를 충분히 만들어 두지 않아서, 결국 성착취 선경험이 없는 여자까지 '위안소'에서 피해를 입게 되었다는 말이나 다름없다. 이런 논리는 전혀 상반된 두 종류의 여자 인구가 존재했다는 잘못된 전제를 깔고 있는, 성착취 피해자 희생양 삼기에 불과하다.

　이번 장에서는 그 대안이 될 만한 새로운 시각을 제시하려한다. 바로 이전에 여자를 인신매매해 성착취했던 역사가 있었기에 그 역사를 바탕으로 성착취된 적 없는 여자까지 군 성노예화할 수 있었다는 시각이다. 성착취 산업에 매여 있던 여자들은 최초의 피해자로서 일본군 성노예제를 창설하고 개발하는 데 투입됐고, 어느 순간이 되자 일본군은 성착취 선경험이 없던 수만 명의 여자까지도 성노예제에 붙들어 맬 수 있었다. 그리고 그렇다고 해서 성착취 산업 안의 여자들이 더는 '위안부'로 끌려가지 않았던 것도 아니었다. 이번 장 후반부에서는 태평양 전쟁 종전을 앞둔 마지막 한 해 동안까지도 오키나와에서 성착취되던 여자들이 '위안소'로 인신매매됐던 역사를 훑으려 한다. 1944년부터 1945년 사이 오키나와와 주변 섬에서 운영된 '위안소'는 최소 136곳이며, '위안소'에 억류됐던 피해자 중 현지 성착취 산업에서 인신매매된 오키나와 여자는 최소 500명이었다. 이 외에도 일본 타 지역 성착취 산업에서 인신매매된 일본 여자도 있었는데, 이들은 주로 규슈 출신이었다. 한국 여자도 많은 수가 피해를 입었다. 성착취 선경험이 없는 한국 여자는 물론이고 대만 '위안소'에 억류돼 있던 한국 여자도 오키나와 '위안소'로 인신매매됐다.[5] 오키나와의 예시는 중일/태평양 전쟁 전반에 걸쳐 성착취 산업에 매인 여자들이 계속 일본군 성노예제 피해자가 됐다는 사실을 증명한다. 성착취되던 여자들이 '위안소'로 인신매매된 건 초기 몇 년에 불과하다는 널리 퍼진 시각을 정면으로 반박하는 예가 아닐 수 없다. 여러 문헌이 그런 잘못된 시각을 공유하긴 하지만 그중에서도 소설가이자 시인인 이토 게이치의 글을 보자.

> [초기의] '위안부'는 포주가 높은 보수를 약속하며 접근해 오 자 자발적으로 손을 든 소위 '직업여성'이었다. 이들은 베테 랑이어서 얼마나 많은 남자가 줄을 서건 개의치 않아 했다. 그러나 전쟁이 길어지고 파병이 계속되면서 일본군은 자원 자나 경험 있는 '직업여성'을 충분히 구할 수 없었다.[6]

이번 장은 전쟁 마지막 해 오키나와를 예로 들어 일본군이 계속해서 민간 성착취 산업에 의존해 전시 성착취 제도를 운용 했다는 사실을 강조하려 한다. 아래에서 설명하겠지만, 오키나 와의 '합법' 성착취 산업에 빚으로 묶여 있던 여자들을 동원할 수 없었다면 일본군은 오키나와섬에 그렇게 많은 '위안소'를 세 울 수 없었을 것이고, 태평양 전쟁 패전을 앞두고 마지막 발악 을 하는 와중에도 그렇게 광대한 성노예 제도를 계속 운용할 수 도 없었을 것이다.

성착취 산업 바깥의 피해자만
안타까운 사람들

'위안소' 생존자를 위한다는 일부 진보 인사들은 일본군이 성착취 산업에서 '위안소'로 인신매매할 여자를 충분히 구하지 못했다는 사실을 안타까워하는 듯 보인다. 아무리 은근하게 말해 봤자 그들의 주장은 명백하다. '진짜' 성노예가 발생한 시점을 일본군이 더는 성착취 산업 안에서 여자를 끌고 올 수 없었을 때부터로 잡는 것이다. 이를테면 제니퍼 데이비스는 어떤 비판적인 어조도 없이 "기존 '성매매 여성'의 공급이 고갈되자 몇몇 국가의 현지 민간인이 강제로 동원됐다"라고 적는다.[7] 데이비스는 성착취되던 여자를 '위안소'로 인신매매할 때는 '강제성'이 없었다고 생각하는 듯하다. 요시다 히데히로 역시 비슷하게 무비판적으로 성착취되다 '위안소'로 인신매매된 일본 여자들이 빠르게 빚을 갚고 돈을 벌어서 귀향했기 때문에 성착취될 여자가 충분하지 않았고("일손 부족") 일본군은 현지에서 여자를 모집해야만 했다고 시사한다.[8] 다시 말해 전쟁이 햇수를 더해가고 민간 성착취 산업의 '인력 풀'이 줄어들면서, 혹은 성착취 산업에서 여자를 구해오는 게 운송 측면에서 어려워지면서, 아니면 성착취 업소에서 '위안소'로 인신매매된 일본 여자들이 짧은 계약 기간 덕분에 돈을 번 후 '위안소'를 떠나 집으로 돌아가 버리면서 일본군은 눈을 돌려 성착취 선경험이 없는 여자를 인신매매하게 되었다는 주장이다.

이런 주장은 사실 여부조차 의심스럽지만, 그 밑에 깔린 인식도 문제다. 성착취 선경험이 없는 여자들의 '위안소' 인신매매를 비판하는 발언조차 '위안소' 자체가 성노예제를 구성한다고는 보지 않고 있다. 비판은 일본군의 과욕에 집중된다. 병사들에게 여자를 공급하려 욕심을 부리다가, 성착취 선경험이 없는 여자들을 표적으로 삼게 된 그 방식이 과도하고 부적절했다는 것이다. 역사학자들은 '위안소' 제도 자체가 범죄라기보다는 나중에 가서 억류하게 된 대상이 진짜 문제라고 암시한다. 심지어 성착취 선경험이 없는 현지 여자를 인신매매한 행위조차도 비판의 칼날이 무딘 데가 있다. 마치 전시라서 여자에 대한 성적 접근권을 파는 시장에 공급이 부족해져 생긴 안타깝지만 어쩔 수 없는 결과라는 식이다. 예를 들어 요시미 요시아키조차 아래처럼 일본군이 공식적으로 현지 여자를 '위안소'로 인신매매할 계획을 세웠다는 근거를 모아서 제시하면서도 이를 문제 삼지 않는다.

> 동남아시아와 태평양 지역에서는 수송이 쉽지 않아 '위안소'의 현지 여자 비율이 훨씬 높았다. 1943년 1월 7일 육군 과장급 회의에서 구라모토 은상과장은 육군성 명령으로 '위안소'를 건설하는 문제에 대해 "위안 시설이 다수 건설되었으나 일본에서 수입된 여자는 선호도가 떨어진다. 현장에서 길들인 현지 여자가 더 인기가 많다"라고 발언했다.[9]

여러 사료는 일본 장교들이 현지 여자를 강간해 복종하게 만들어(현장에서 '길들여') '위안소' 피해자를 구하는 과정에서 짜릿한 흥분을 느꼈다고 증언한다. 어쩌면 일본에서 성착취되다 인신매매된 피해자보다 현지 여자가 "인기"가 많다는 주장 뒤에는 그런 역사적 사실이 담겨 있는지 모른다. 예를 들어 중국인 생존자 인 위린은 '위안소'로 끌려오자마자 옷이 벗겨진 채 한 장교가 '검사'를 한다는 핑계로 촛농을 몸에 떨어뜨려 화상을 입히는 걸 참아내야 했다고 증언한다. 장교는 '검사'를 마친 후 그를 강간했다. "장교는 침대에서 일어났다 다시 돌아오는 걸 반복하면서 밤새 나를 괴롭혔다. 나는 일이 벌어지는 동안 어둠 속에서 몸을 떨었고, 지금까지도 멈출 수 없이 몸이 떨릴 때가 있다."[10] 이렇게 여자를 끌고 오면 '비용 대비 효과'도 좋았다. 패전이 가까워질수록 일본군은 예산의 압박을 받았고 사령관들로서는 현지 성착취 산업에서 여자를 구하거나 성착취 산업이 아닌 다른 경로로 현지 여자를 구해오는 소개업자에게 돈을 주는 게 일본 본토, 한반도, 대만의 성착취 산업에서 여자를 사 오려고 일본 포주와 협상하는 것보다 싸게 먹혔다. 일각에서는 일본군이 그런 세속적인 고려에 굴복했다는 사실만이 그저 안타까운 듯하다. 예를 들어 1942년 버마에서 참전했던 소설가 사카키야마 준은 1963년 회고록에서 현지 마을에서 '위안소'에 억류할 여자를 구해오던 일본군 헌병들이 '위안소' 업주들에게 손해를 끼쳤다고 쓴소리를 한다. 업주들은 '위안소'를 세우려고 한국 여자를 버마까지 인신매매해 왔는데, 일본군 헌병의 그런 행동으로 사업 계획이 흐트러지고 기대했던 만큼의 이익을 얻지 못하게 됐다는 것이다. 사카키야마는 일본군에게 포주들이 손해를 보지 않도록 챙겨줘야 할 의무가 있었다는 견해를 표한다(아마 일본군이 먼저 포주에게 접촉했기 때문일 것이다).[11]

포주의 경제적 입장을 배려하는 사카키야마의 시각은 반동적이라고 해야 옳겠지만, 일부 진보 사학자조차 우려하는 지점이 좀 다를 뿐이지 일본군이 '위안소'에 억류할 여자를 잘못 골랐다는 문제의식을 공유한다. 이들 역사학자는 일본군이 그릇된 피해자를 선택했다는 점에서만 일본군을 규탄한다. 이들이 여자를 '위안소'로 인신매매한 역사를 비판하냐 마냐는 일본군의 성착취 사실 자체가 아니라 피해자가 성착취 선경험이 있냐 없냐에 달려있다. 전시 '위안소' 제도를 논하는 역사학 문헌에서 오키나와 여자가 거의 완전히 지워져 있다는 사실이 이를 반영한다. 성착취 선경험이 없는 피해자를 골랐을 때만 군 성착취를 비난할 수 있다는 인식이 깔린 것이다. 여러 문헌은 오키나와에서 일본군에게 성착취당한 한국 여자들의 고통은 언급하고 있으며, 또 그래야 마땅하다. 그러나 한국 여자는 실제는 어땠건 일단은 성착취 선경험이 없는 상태에서 '위안소'로 인신매매됐다는 인식이 널리 퍼져 있다. 다마시로 후쿠코는 심지어 오키나와인들이 자기 땅에서 한국 여자들이 당한 성착취에 역사적 책임을 충분히 다하지 않고 있다고 꾸짖으면서도 단 한 번도 현지 오

키나와 여자도 일본군 성노예제로 고통받았다는 사실을 언급하지 않는다.[12]

민간 성착취는 계속 '위안부'를 공급했다

전쟁이 진행되면서 일본군이 성착취 산업에서 여자를 끌고 오지 않고 현지에서 성착취 선경험이 없는 여자를 데려와 대체했다는 주장은 태평양 전쟁 막바지 오키나와 '위안소'에서 벌어진 일을 간과한다. 오키나와 '위안소'에 억류됐던 여자들 대부분은 성착취 산업에서 인신매매됐다. 오키나와에서는 1944년에도 이미 상당한 규모의 민간 성착취 산업이 운영되고 있었고, 시노자키 야스코는 20세기 초 오키나와 민간 성착취 산업의 개발 과정을 잘 정리한 바 있다. 1879년 일본이 오키나와를 병합하기 이전에도 중심지 나하에는 성착취 집결지가 존재했다. 3년 순환 근무로 오키나와에 배치되는 일본 관료들과 해상무역에 종사하는 상인들의 성착취 수요 때문이었다. 병합 이후에는 정치인, 관료, 기업인, 어부, 농부, 오키나와 기지에 배치된 군인 등 온갖 일본 남자가 섬으로 쏟아져 들어오면서 성착취 집결지는 더욱 커졌다. 시노자키는 이들이 현지 오키나와 여자를 성착취하려는 수요를 발생시켰고, 이로 인해 20세기 초 나하에 대규모 성착취 집결지가 여러 곳 들어서게 되었다고 말한다.[13] 전쟁 발발 시점에 나하의 쓰지 성착취 집결지에는 업소 300여 곳에 여자 3,000여 명이 억류되어 있었고, 이들 대부분은 어린 시절 성착취 산업으로 인신매매된 피해자였다.[14] 미즈타니 아키코에 따르면 나하에서 300km가량 떨어진 미야코섬의 성착취 산업도 전쟁 전 이미 규모가 상당했다. 오키나와에는 20세기 초에도 벌써 '공창' 집결지가 존재했다. 처음에는 주로 '게이샤' 업소로 이루어져 있었지만, 1913년 기준으로는 여기에 여자 80여 명을 억류하는 '요리점' 업소 19곳이 추가됐다. 업소 수는 1920년대 후반이 되자 두 배로 늘었으며, 1940년대에는 '요리점' 업소 20곳, '카페' 업소 4곳, '게이샤' 업소 20곳이 영업 중이었고 '게이샤' 업소에만 여자가 최소 53명 묶여 있었다. 공식 등록 없이 오키나와에서 성착취당하던 여자는 포함하지 않는 수다.[15] 피해자 대부분은 오키나와현 바깥에서 인신매매됐고, 포주도 섬에 머문 지 얼마 안 되는 자들이었다. 따라서 오키나와 여자들은 전 장에서 설명했듯 한반도나 대만에 식민지적 성착취 산업이 들어서기도 전에 민간 성착취 산업으로 인신매매되어 일본 남자의 성착취 수요를 충족시켜야만 했다. 그런 후 태평양 전쟁 막바지에 일본 남자가 대거 오키나와 및 부속 섬으로 돌아오게 되자 오키나와 여자들은 이번에는 '위안소'로 인신매매됐다.

　전시 오키나와 '위안소'가 운영된 방식을 엿보게 해 주는 특별한 인터뷰가 하나 있다. 2008년 한 연구팀이 미야코섬에서 '게이샤 요정'을 운영했던 업주의 딸 구가이 요시코와 나눈 이야기다. 구가이는 연구팀에게 10대 청소년 시절 집 근처에서 운영하던 '위안소'에 대해 무슨 생각을 했는지 전했다. 당시 그의 집은 아버지가 운영하던 오키나와의 '게이샤 요정' 업소 옆에 붙어 있었다. 그는 인터뷰에서 아버지의 '게이샤' 사업을 보면서 자랐기 때문에 가난과 차별에 "매우 민감한" 사람이 됐다고 강조했다(구가이는 '게이샤' 사업에 가담하지 않았다). 그는 '게이샤'로 들어온 여자 청소년들의 가난과 그들이 받는 대우를 목격했다.[16] 그는 그때의 경험을 이렇게 회고한다.

['위안소'를] 보자마자 충격을 받았습니다. 너무 많은 병사가 앞쪽에 줄을 서서 뭔가 했습니다. 거기 떼를 지어 있었어요… [울기 시작한다.] 일요일이나 쉬는 날마다 소매에 외출 허가 표지를 단 병사들이 '위안소'로 우르르 내려와 줄을 길게 섰습니다. 견딜 수가 없었습니다. 보면서 역겹기 그지없었습니다. 도와줄 사람이 있길 바라며 울음을 터트리고 싶은 마음이었죠. 여자들이 어쩌다 거기까지 오게 됐는지 깨닫고 나자 너무 충격적이었습니다. 누군가가 교육도 못 받고, 어떤 저항 수단도 없고, 자기 권리를 주장할 능력이 별로 없는 여자들의 약점을 이용해 이들을 통제하고 있다니…저도 여자라 그들에게 감정 이입할 수밖에 없었습니다. 아버지는 미야코섬

에 '아즈마테이'라는 '게이샤 요정' 업소를 크게 운영하셨습니다. 우리와 가난한 오키나와 사람들과 차이는 컸고, 전 항상 이 사실을 의식하며 자랐습니다. 그리고 가족이 업계에 있다 보니 ['위안소'에 있는] 그런 여자들에 대한 차별에도 예민한 편이었습니다. 아버지 사업 때문에 그 안에서 무슨 일이 벌어지는지 어렴풋하게 알았습니다. 정말 싫었어요. 남자들이 '위안소' 앞에 줄을 선 그 꼴이라니. 지금까지도 구역질이 나고 그때 이후로 남성 공포증이 생겼습니다. 당시 전 열일곱 살이었습니다. '위안소'에 있던 여자아이들도 저와 비슷한 나이였고, 전 왜 그 애들이, 취약한 상태의 어린애들이 거기 있어야만 하는지 도저히 이해할 수가 없었습니다.[17]

우리는 여자아이들이 '위안소'에 있어야만 했던 이유를 안다. 1944년 오키나와에 당도한 일본 군인 남자들이 '위안소'에서 여자를 성착취할 기대에 부풀어 있었기 때문이다. 만주국에서 온 전함에서 막 내린 한 병사가 득의양양하게 "이번엔 오키나와 여자랑 사랑을 나누는 건가?"라고 외쳤다는 앞서 언급한 이야기가 이를 보여준다.[18] 홍윤신은 오키나와의 일본군 남자 대부분은 '위안소'가 대대적으로 운영됐던 중국 전장에서 온 자들이었다고 지적한다.[19] 이들이 오키나와에 도착했을 즈음에는 이미 여러 해 동안 군 복무의 일부로서 여자를 성착취해 왔을 가능성이 크다. 실제로 일본군 사령부는 1944년 4월 오키나와와 부속

섬에 '위안소' 연결망 건설을 빠르게 결정했고, 이는 전쟁 막바지에 이른 시점에 장병들이 성적인 측면에서 얼마나 강한 자격 의식을 느꼈는지를 증명한다. 일본 제32군의 한 중위는 나하의 쓰지 성착취 집결지에서 포주들을 불러 '위안소'로 여자를 인신매매하는 데 협조해 달라고 부탁했다. 이를 듣게 된 여자들은 성착취 산업 탈출을 위한 공식 신청서를 작성하러 나하 경찰서에 몰려들었다. 당시 일본 법상으로는 포주에게 선불금을 다 갚은 여자들은 법적으로 성착취 산업을 나갈 수 있었다. 일본군 성착취 제도로 끌려가기 싫다는 의지를 보여주는 대탈출이었지만, 일본군은 곧 여자들의 민간 성착취 산업 탈출을 제한하는 새로운 규칙 도입으로 대응했다. 결혼이나 질병처럼 성착취 산업을 탈출해야 할 절대적 "필요성"이 있다는 걸 증명할 수 있는 여자만 탈출 허락을 받을 수 있었고, 그래서 일부는 포주가 자신을 군 성착취 업소로 밀어 넣기 전에 결혼 신고서나 질병 진단서를 조작하기까지 했다.[20]

그러나 떠날 수 있냐 없냐는 근본적으로 포주에게 진 빚(얼마나 근거 없는 빚인가와 상관없이)을 갚을 수 있냐 없냐가 결정했고, 선불금을 갚지 못하면 법적으로 성착취 산업을 나갈 수 없었다. 성착취되는 여자 대부분은 선불금 상환이 불가능했기 때문에, 일부는 차선책으로 수도인 나하에서 멀리 떨어진 지역의 '게이샤 요정' 업소나 전통 '여관' 업소로 인신매매되는 쪽을 택하기도 했다. 일본군이 1차로 '위안소'로 여자를 끌고 간 후에 쓰지 성착취 집결지에 남은 여자들조차 미군 폭격으로 집결지가 불타버린 1944년 10월 10일 후에는 '위안소'로 가야만 했다. 민간 성착취 업소 파괴로 오갈 데 없어진 여자들이 생기면서 일본군은 '위안소' 여러 곳을 새로 세울 수 있게 됐다.[21] 위에서 말한 것처럼 1944년과 1945년 사이 500명 이상의 여자가 오키나와 '합법' 성착취 업소에서 오키나와 제도 여러 섬의 '위안소'로 인신매매됐다.[22]

10월 폭격 이후 일본군은 오키나와의 민간 주택을 새롭게 징발해 '위안소'로 만들었다. 보통은 천장에 천을 걸어 성착취될 여자가 누운 간이침대 사이를 구분하는 정도였다. 예를 들어 일본군은 폭격 후 빠르게 구와에 마을에서 가장 큰 주택을 징발했고, 집주인은 마구간으로 거처를 옮겨야 했다. 집주인은 그 이후 오키나와인 포주 한 명이 쓰지 집결지에서 여자를 7~8명 데려왔다고 기억한다. 그러나 여자들은 격리되어 있었고 마을 사람들과 전혀 접촉할 수 없었다. 징발된 주택 현관에는 '위안소' 간판이 걸렸고 군 관계자 외에는 "출입 금지"라고 표시했다. 집주인조차 출입이 금지됐다.[23]

오키나와에서 일본군은 주택과 주변 건물(지자체 건물이나 방적 공장 등)을 징발해 '위안소'로 변환했기 때문에 패전 후 오키나와 주민의 구술자료 등을 통해 '위안소' 제도의 조직 및 운영 방식이 세세하게 남아있는 편이다. 특히 미야코섬에서는 여러 '위안소'가 현지 지역 공동체 및 주민과 가까이서 운영됐다. 실제로 일본군은 '위안소' 운영 때문에 생활 편의에 타격을 입은 오키나와 주민들에게 항의를 듣기도 했다. 콘돔이 아무렇게나 버려져 있다거나, 아동들 눈에 '위안소' 앞에 줄을 선 남자들이 보기 좋지 않다는 항의였다.[24] 기노완 마을의 나이 지긋한 주민의 구술에 따르면 징발돼 '위안소'로 바뀐 주택 세 곳과 창고 한 곳으로 주변에 주둔 중이던 보병 1,200명이 드나들었다고 한다. 토요일과 일요일마다 여자 30명 이상이 이 네 장소로 끌려와 성착취당했다. 여자는 대부분이 한국인이었지만 다른 국적 여자도 있었다. 아무리 보수적으로 계산해서 기노완에 배치된 군인 남자 한 명이 한 달에 성착취를 평균 한 번 했다고 쳐도, 여자들은(그 수를 30명이라고 할 때) 한 달에 8일인 주말마다 하루 평균 남자 5명에게 성착취당했다는 뜻이 된다. 그러나 피해자들은 기노완에 오지 않는 다른 요일엔 아마 다른 지역에서 다른 남자들에게 성착취됐을 가능성이 크다.[25]

전쟁 전 오키나와 성착취 산업은 지리적으로 수도와 인근 항구 지역에 한정되어 있었지만, 전쟁이 발발하자 군사화된 형태로 외곽 주거지까지, 심지어 오키나와 열도의 외딴 섬에 이르기까지 퍼져 나갔다. 오키나와의 기존 성착취 업소는 징발되어 '위안소'로 바뀌었고, 여기에는 '게이샤 요정' 업소도 포함됐다. 고가 노리코에 따르면 일본군은 오키나와의 주 항구인 운텐항 근처에서 '게이샤 요정' 업소를 운영하던 업주들에게 업소를 '위안소'로 바꾸라고 명했으며, 그 결과 업소마다 5~6명씩 억류되어 있던 '게이샤' 피해자들이 '위안부'가 되었다. 이들은 오키나와의 가난한 남부 및 중부 지역에서 태어나 아동일 때 성착취산업으로 인신매매된 여자들이었다.[26] 오키나와 북부 지역에서도 비슷한 일이 벌어졌다. 또 고가에 따르면 1943년 8월부터 북부 사령부 장교들은 한 달에 한 번 나고 지역의 '출장 위안'('슛초이안') '게이샤' 집결지로 모였다. 그때쯤엔 이전에는 '게이샤 요정'이었던 업소들이 모두 장교용 '위안소'로 바뀐 상태였다. 고가는 "저녁 다섯 시부터 다음 날 아침 여덟 시까지 남자들은 먹고 마시며 남성적 욕구를 충족했다"라고 적는다.[27] 같은 지역에는 일주일에 두 번 운영하는 병사용 업소도 있었다.[28] 고가는 1945년 2월 오키나와 북부 지역에 '위안소'를 세우려 했던 어떤 중위의 노력을 묘사한다. 중위는 주변 '게이샤 요정' 업소와 전통 '여관'('료칸') 업소의 업주에게 장려금을 주고 억류된 여자를 넘겨받은 듯하다.[29] 이후 이 여자들은 주변에 배치된 남자들에게 주 6일 정오부터 성착취되어야 했다. 이 중 일부는 장교들의 '현지처' 취급을 받았다. 특히 일본 본토 '게이샤' 업소에서 와서 음악과 춤에 능한 여자들이 그랬다.[30]

또 다른 예로 쓰카야마라는 마을에서는 지자체 청사가 '위안소'가 됐고, 쓰지 집결지에서 여자를 10명 넘게 끌고 와 그곳에 억류했다. 주말이면 병사들이 두 골목 넘어서까지 줄을 섰으며 안쪽에서는 여자들이 고통에 차 괴롭다고("구루시" "구루시") 호소하는 소리가 들렸다. 미야히라 쓰루(가명)라는 오키나와 출신 청소년은 가족이 중병에 걸린 후 14살 나이로 쓰지 성착취 집결지에 팔렸으며, 이후 1944년 11월 '위안소'로 인신매매됐다. '위안소' 는 서남 태평양 '위안소'에서 성착취당하다 온 여자 손에 관리됐 다. 미야히라는 '위안소'에서 성 전파성 질환에 걸려 오키나와 슈 리의 한 병원으로 이송됐다. 그러다 미군이 오키나와에 상륙하고 나서는 오키나와의 여러 동굴 중 한 곳에 은신한 일본군 부대를 위해 간호, 취사, 청소 등의 임무를 수행해야 했다.[31]

전황이 급박해져 '위안소'를 공공연하게 운영할 수 없게 되 자, 오키나와 '위안소'에 묶였던 한국 여자와 오키나와 여자는 일 본군이 패전 직전에 숨어 들어갔던 여러 동굴로 옮겨졌다. 장교 들만 이용할 수 있던 '게이샤 요정'식 '위안소'에서 성착취되던 여자들도 동굴로 끌려왔다. 여자들은 병자와 중상자를 돌보고, 물을 긷고, 장병을 위해 요리를 할 뿐 아니라, 성적으로도 이용됐 다. 동굴의 생활 환경은 처참했으며 여자들은 동굴을 들락날락 하며 심부름하다가 미군의 폭격 및 연막탄 사용으로 인해 사망 하는 일이 잦았다. '위안부'에게는 가장 위험하고 고된 일이 맡겨 졌다. 식량 배급도 극도로 적었으며 살아서 나간 '위안부' 피해자 는 매우 적을 것으로 여겨진다. 굶어 죽거나, 미군 폭격으로 크게 다쳐 죽거나, 아니면 일본군 남자의 '자살' 강요로 죽기도 했다. 오키나와 현지인들은 그런 상황에 놓인 여자들에게 "극심한 안 타까움"을 느꼈다고 회고한다. 역사학자들이 찾아낸 자료에 따 르면 여자들이 더는 부대에 쓸모가 없어지는 시점이 오면 여자

들을 "버리라"라는 게 일본군의 공식 지령이었다.[32]

구술사적으로는 오키나와 현지인들이 일본군에게 성착취되는 여자들에게 안타까움을 느끼고 도움을 제공하기도 했다지만, 고가 노리코는 현지인들 사이에 일본군의 "마음가짐"이 퍼져 있었다고 지적한다. 일본군은 자기들이 특정 여자를 성착취하는 게 다른 여자를 성폭력으로부터 "보호"하는 일이라고 생각했다. 1945년 5월경 미군 남자가 오키나와 여자를 강간했다는 보도가 나오자, 고에치 마을 사람들이 동네 포주들에게 기존에 성착취되던 오키나와 여자를 데려다 미군 장병이 이용할 수 있는 특수 업소를 만드는 건 어떠냐고 제안한 건 그런 인식이 퍼진 결과였다. 이는 태평양 전쟁이 끝나기 전이었고 1946년 일본 본토에서 잘 알려진 대로 '특수 위안 시설 협회'라는 이름의 미군용 성착취 업소가 조직되기도 전이었다. 결국, 고에치에서 가장 큰 주택이 징발되어 특수 '위안소'가 세워졌고 미군 장병들은 이 업소 앞에 문전성시를 이뤘다. 이 업소에 억류됐던 여자들은 매일 10명이 넘는 남자들에게 성착취당했으며, 나중에 이 경험이 얼마나 "참혹했는지"를 토로했다. 미군용 '위안소'는 한 달 동안 운영되다, 전투 종결로 미군이 오키나와를 수용하게 된 후에야 폐쇄됐다.[33] 그러나 미군 수용소 안에서도 사치코(가명)라는 일본 여자가 식량과 필수품을 교환하는 대가로 미군 장병에게 성착취당했다는 기록이 있다. 사치코는 '위안부'로 있다가 수용소에 함께 격리된 다른 여자들과 식량과 필수품을 나눴다고 한다.[34]

일본 본토 여자와
오키나와 '위안소'

오키나와 바깥 출신의 일본 여자 역시 성착취 산업에서 오키나와 '위안소'로 인신매매되기도 했다. 고가에 따르면 이들은 주로 "규슈, 그중에서도 나가사키, 후쿠오카 등 규슈 북부 지역" 출신이었다.[35] 오키나와 도미구스쿠의 장교용 '위안소'에는 규슈 '게이샤' 업소에서 인신매매된 여자가 10명이 넘었다. 이들은 비행기를 타고 오키나와섬으로 왔다. 오키나와의 일본군 장교들은 전쟁 마지막 해까지도 '위안소' 이용이라는 '혜택'을 최대한으로 누렸다. 당시 슈리에서 근무했던 한 경찰관은 매일 새벽 1~2시에 '위안소'를 나오는 일본군 장교들의 고성방가가 심해서 경고를 해야 했다고 기억한다. '위안소'는 공식적으로 오후 11시에 마감이었는데도 장교들의 반발이 심해서 경고가 말다툼으로 번졌다고 한다.[36] 일본군에 협조해 '위안소'를 세운 포주들은 대부분 쓰지 성착취 집결지의 오키나와인 포주였던 것으로 보이지만[37] 일본 본토 포주들이 일부 가담했다는 증거도 있다. 예를 들어 1944년 11월 30대였던 스즈키(가명)라는 도쿄 포주는 아카섬에서 주택 두 채를 징발해 한국 여자 7명을 성착취하는 '위안소'를 세웠다.[38]

| 결론

이번 장에서는 전쟁 마지막 해 오키나와의 '위안소' 운영을 전반적으로 훑어보면서, 여자를 주로 현지 민간 성착취 산업에서 인신매매해 왔다는 근거를 제시했다. 1944년 일본군 장병들이 오키나와에 도착하자마자 일본군은 오키나와 포주들과 직접 협상해 인신매매를 끌어냈다. 한국 여자는 오키나와 '위안소'의 큰 피해자였으며 이들의 오키나와 성노예 경험은 사학계에서 어느 정도 주목을 받았다.[39] 반면 전쟁 마지막 해 성착취 업소에서 오키나와 '위안소'로 인신매매됐던 오키나와 여자와 일본 여자는 사실상 역사에서 지워지다시피 했다. 고가 노리코에 의하면 이들이 지워진 건 성착취 선경험으로 인해 "그래도 싸다는" 취급을 받았기 때문이다. 그러나 이번 장에서는 성착취 업소에서 '위안소'로의 인신매매는 '위안소' 설치 초기에나 일어난 일이라는 역사학자들의 인식 문제도 추가로 지적했다. 오키나와의 역사는 일본군이 계속해서 민간 성착취 산업에 의존해 '위안소'를 짓고 여자를 인신매매했음을 증명한다. 일본 남자가 한반도나 대만 같은 식민지로 성착취 수요를 수출했던 것처럼, 오키나와에서도 전쟁 전부터 일본 남자가 들어와 여러 정치적, 관료적 활동으로 민간 성착취 산업이 개발되게 만들었다. 오키나와에 세워진 '위안소'는 그 기원이 식민지적 성착취 산업으로 거슬러 올라간다는 면에서 한국 여자와 대만 여자의 일본군 성노예 피해와 평행선에 있다. 한국과 대만에서처럼 오키나와의 여자들도 전쟁 전에 먼저 민간 성착취 산업이 개발되면서 일본 남자들의 성착취 수요에 노출되었고, 이후 전쟁이 벌어지는 동안 일본군은 오키나와에서 운영 중인 성착취 산업을 활용해 현지 여자를 '위안소'로 인신매매할 수 있었다.

성노예제와
현대 일본이라는 용광로

오늘날의 일본은 섬뜩한 장소다. 군에서 퇴역한 남자들이 감히 국회의원으로 입후보해 투표소에서 명함을 나눠준다. 민간인의 삶에서 성공 가도를 달리는 이들의 어깨에는 힘이 잔뜩 들어가 있다.

-전시 일본군에게 '위안소'에 들어가라고 협박당했던 경험을 이야기한 야마모토 씨[가명]의 1974년 증언에서[1]

나카소네 중위가 '위안소' 설립에 어떤 역할을 했는지는 1978년 회고록 『23세에 3,000명의 총지휘관이 되다』에 잘 나와 있다. 회고록 출간 당시만 해도 그런 내용은 흔한 편이었고 논란이 되지도 않았으며, 정치 경력에 걸림돌이 되지도 않았다. 나카소네는 1982년부터 1987년까지 일본 총리를 지냈다.[2]

총성이 잦아들고 반세기 이상이 흘렀는데도 ['위안부' 관련] 문제가 매듭지어지지 않는 상황이 여자들의 삶이 아직도 얼마나 경시되는지를 증명한다. 안타깝게도 이렇게 제2차 세계 대전 중 대규모로 자행된 성적 범죄를 바로잡지 못하는 건 오늘날 저질러지는 비슷한 범죄가 제대로 처벌받지 않는 현실을 강화하고 있다.

-게이 J. 맥두걸 전 유엔인권위원회 특별 보고관의 1998년 글에서[3]

…오늘날 일본의 성착취와 강간 용인 문화는 전쟁 전보다도 극심하다. 종전 이후 50년 세월이 흐르는 동안 일본은 다행히 다른 전쟁에 직접 참전하지는 않았지만, 오늘날의 일본 문화를 볼 때 이 나라가 다시 전쟁 준비를 한다면 젊은 일본 남자 사이에서 폭력성이 폭발하리라는 두려움을 품지 않을 수 없다.[4]

이 책은 중일/태평양 전쟁 시기 일본군 성노예제의 창설과 운영을 조장한 게 전쟁 전 일본의 남성 사회라고 본다. 그리고 전쟁 전 일본 남성 사회를 한눈에 파악하기 쉬운 방법은 전쟁 전후 일본의 성착취 구매율을 오늘날 세계 여러 국가 남자들의 성착취 구매율과 비교해 보는 것이다. 책의 결론 부분인 이번 장에서는 먼저 이런 비교로 일본군 성노예제의 근본 원인은 평시 사회에 내재한다는 얘기를 해 보려 한다. 바로 독자 여러분에게도 너무나 익숙하고, 중요하고, 가까울 성착취 문제를 말한다. 우리가 일본을 비롯한 현 사회에서 향후 군 성노예제로 발현할 수 있는 잠재적 요인을 뿌리 뽑으려면, 우리가 논의해야 할 가장 긴박하고 생산적인 문제는 상업적 성착취다. 현재는 페미니즘 학계에서 마저 일본군 성착취가 전쟁의 산물이고 남자들이 감내했던 전장의 혹독한 환경 때문에 형성됐다는 게 정설인데, 나는 그런 정설에 정면으로 도전하면서 책을 끝맺으려 한다. 즉 나는 '위안소' 제도의 심장은 민간 성착취라고 보며, 우리는 '위안소' 역사를 기억함으로써 '위안소'의 조상이자 후손인 평시 성노예제 해결로 한 발짝 더 나아가야만 한다. 결국, 이번 장은 일본군 성착취를 가능하게 한 두 가지 요인을 다시금 강조하려는 목적이다. 첫째로 민간 성착취 산업에 묶인 여자를 희생양으로 삼지 않았다면, 둘째로 평시 가부장제 사회의 지배 계층 남자들이 전쟁과 군국주의 등을 통해 남자의 성착취 권리를 평등화하고 강화하려는 의지가 없었다면 '위안소'의 비극은 발생하지 않았을 것이다.

다이쇼 시대의 귀환?

현재 수준과 쉽게 비교할 만한 다이쇼 시대 성착취 구매율 통계는 존재하지 않지만, 2장에서 언급했던 1928년 일본에서 1일 평균 61,000건의 성착취 거래가 이루어졌다는 수치에서부터 출발해 볼 수 있겠다. 보수적으로 잡아 이 거래의 1/10이 매일 '신규 고객'에 의해 이루어졌다고 추정할 때, 다이쇼 시대 일본 남성 인구수인 3,150만 명의 약 6%가 성착취남이었다고 볼 수 있

다. 이 수치가 현재 수준보다 훨씬 적다는 데에서 이미 우리는 불길함을 느껴야 하는지도 모른다. 2000년 일본 남자를 대상으로 실시된 성착취 구매율 설문 조사에 따르면 응답자 중 12%가 지난 1년간 돈을 내고 여자를 성착취한 경험이 있었다.[5] 다른 산업화 국가에서 실시한 비슷한 설문 조사와 비교할 때 굉장히 높은 편이며, 스페인 정도나 일본과 비등하다. 호주와 네덜란드는 성착취 산업 규모가 크고 성착취를 용인하는 문화가 퍼져 있다고 알려졌지만, 그런데도 지난 12개월간 성착취 비율은 순서대로 2%, 3% 정도다.[6] 소위 '선진국' 중에서 남자들이 일본 남자만큼 활발히 성착취를 구매하는 나라도 찾기 힘들며, 아시아로 넓혀봐도 성착취 산업이 구석구석 파고든 태국의 남자들 정도나 일본보다 앞선다. 친 페미니스트 단체인 남성과 성착취를 생각하는 모임男性と買春を考える会이 1998년 벌인 설문에 따르면 응답자 중 46%가 살면서 한 번이라도 돈을 내고 여자를 성착취한 적이 있다고 답했다.[7] 8년 후 일본 국립 여성 교육 회관이 시행한 설문에서는 응답자 40% 이상이 인생 어느 시점에는 성착취를 구매했다는 결과가 나왔다.[8]

전후 한국이나 태국을 방문한 일본 남자 여행객이라는 좀 더 좁은 집단을 대상으로 성착취 구매율을 조사했을 때는[9] 현대 일본 사회의 남자 전반을 대상으로 한 설문보다도 높게 나왔다. 그러나 일본 남자 전반이 현대의 구매율과 조금이라도 근접했던 시절을 찾으려면 장병들이 '위안소'를 드나들었던 중일 전쟁 시기로 거슬러 올라가야 한다. 일례로 1938년 2월 1일부터 10일까지 동안 중국 난징에 배치된 일본 장병은 25,000명이었다. 난징에는 장병들이 이용할 수 있는 '위안소'가 두 곳 있었고 첫 번째 '위안소'에는 여자가 141명, 두 번째 '위안소'에는 여자가 109명 억류된 상태였다. 열흘간 두 번째 '위안소'를 이용한 남자만 5,734명이었다. 2월 11부터 20일 사이에는 이 수치가 8,929명으로 올랐다.[10] 여자를 141명 가뒀던 첫 번째 '위안소'를 이용한 남자 수는 정확히 전해지지 않으나, 같은 시기 동안 첫 번째 '위안소'만 방문한 남자 수가 두 번째 '위안소' 방문자 수의 50% 정도라고 보수적으로 추산해도 1938년 난징에서 여자를 성착취한 일본 남자는 약 38% 정도가 된다. 이 수치는 현대 일본 사회의 성착취 구매율에 섬뜩하리 만치 근접하다. 물론 일본 남자의 성착취 빈도만 치면 전쟁 기간이 훨씬 높았다. 일본군은 한 달에 남자 1명당 성착취를 1회는 구매할 거라고 계산해 콘돔을 공급했으며[11] 전쟁이 전개되면서 여자를 성착취해 본 남자의 비율은 기하급수적으로 증가했을 것이기 때문이다. 또 비교한 기간 자체가 큰 차이가 난다. 난징의 사례에선 고작 20일이었지만, 일본 국립 여성 교육 회관 설문은 "일생 한 번이라도" 성착취를 한 적이 있냐고 물었다. 그렇지만 전쟁 한복판이던 당시 일본 남자의 성착취 행위가 평화로운 현재와 비슷한 데가 있다는 자체가 기존의 전제를 의심하게 한다. 과연 중일/태평양 전쟁 동안 일본 남자가 한 행위가 순수히 군국주의에서, 혹은 전장의 혹독한 환경에서 비롯된 게 맞냐는 것이다.

현시대 일본 남자의 연령대별 성착취 구매율도 심상치 않다. 이번 장 도입에 인용한 대로 일본 사회가 다시 파시즘적 경향을 띤다고 했을 때 성폭력이 폭증할 수 있다는 우려가 영 허무맹랑한 얘기로만 보이지 않는다. 2008년 발표된 한 양적 연구에 따르면 "매춘방지법 도입 전에 사춘기를 보낸 50대 [일본] 남자는 성착취 용인도가 높았지만 20대 남자와 30대 남자도…높은 비율을 보였다."[12] 연구팀은 두 연령대의 성착취 구매율이 비슷하게 높게 나타난 원인으로 20~30대 남자 청년이 청소년기를 보내는 동안 일본 사회에 만연했던 아동 성착취('원조교제') 현상과 50대 남자가 젊었을 때 규제 없이 날뛴 성착취 산업을 꼽았다. 다시 말해 연구팀은 서로 다른 세대 남자들의 성착취 관련 관습과 태도를 청소년기 성착취 산업의 성장으로 설명할 수 있다고 본 것이다. 이 중 20~30대 남자가 성장할 때 벌어진 변화는 오늘날까지도 일본 사회에 어두운 그림자를 드리운다. 당시 어떤 행동이 사회적으로 정상화되었는지 보여주는 1990년대 후반 일본 경찰의 녹취록이 있다.[13] 이 녹취록에는 방과 후 어떤 남자에게 돈을 받고 오후 4시 30분 호텔로 끌려간 16세 여자 청소년의 경험이 담겼다. 이 남자는 피해자의 질에 성기를 삽입했으며 피해자의 입에 사정했다. 피해자는 성착취가 끝나고 남자에게 삐삐 번호를 주기는 했지만 이후 수많은 연락에도 답장하지 않았다고 경찰에게 증언했다. "남자가 주는 2만 엔이 얼마나 갖고 싶건 표

현할 수 없을 만큼 기분이 나빠서 다시는 그 남자와 섹스를 하고 싶지 않았다"라는 것이다.[14]

성착취 산업이 1990년대와도 비교할 여지가 없을 정도로 변화해 버린 21세기 일본 사회에서 자라나고 있는 남자 청소년의 미래는 과연 어떠할까? 20년 전과 달리 오늘날 일본에서는 인터넷 발달로 사회 관계망 서비스(SNS)에서 "하룻밤 지낼 곳"을 찾는 메시지에 응답하기만 하면 될 정도로 미성년자 성착취가 쉬워졌다.[15] 일본 여자를 이용해 현지에서 제작된 포르노는 상상도 못할 만큼 폭력적이고 모멸적인 데다 모바일 기기로 언제 어디서나 접근할 수 있다. 기술이 발전하는 와중에 현실에서건 사이버상에서건 일본 정부는 성착취 산업에 대해 거의 두 손을 놓고 있다. 두 가지가 합쳐지자 일본 남자들의 성착취 수요는 가파르게 증가하기만 해, 미국을 기준으로 해도 엄청난 규모의 성착취 산업이 자리잡았다.[16] 일본 성착취 산업은 일본의 성인 여자뿐 아니라 여자 청소년까지도 성착취하고 포르노화 하고자 하는 욕구에 착실히 부응하고 있다. 2006년 일본 경찰청은 함정 수사 결과 SNS에 성착취가 가능하다고 게시된 여자 미성년자를 1,000명 이상 찾아냈다.[17] 또 2007년에는 온라인 아동 성착취 조사에서 포착된 12~17세 나이의 여자 청소년 206명을 대상으로 설문한 결과 40%가 온라인 사이트를 통해 10명 이상의 남자에게 성착취당했다고 답했다.[18]

이런 환경에서 일본 남자 사이에서 아동, 특히 여자 아동에게 성적으로 접근하려는 성착취 수요가 줄지 않고 있는 것도 딱히 놀랍지는 않다. 1994년과 2004년 사이 12세 이하 아동을 대상으로 한 강간, 강간 시도, 성폭력은 70% 증가했다.[19] 일본의 학교는 성폭력 우범 지대가 되었다. 2011년, 36년 경력의 중학교 교직원 가네코 유미코는 한 콘퍼런스에서 행정 직원과 교사들이 성폭력범의 학교 대지 침입에 대처하느라 어려움을 겪고 있으며, 등하교 시 남자에게 성추행을 당했다는 여자 학생들의 신고에 미처 다 대응하기 힘들 정도라고 발표했다. 2001년 가네코가자기 학교 여자 학생들을 대상으로 간이 설문 조사를 한 결과 3분의 1 이상이 교복을 입고 있을 때 성추행을 당한 적이 있다고답했으며, 이들이 겪은 성추행은 여자 학생으로서의 위치와 긴밀한 관계가 있었다. 가네코에 따르면 통근길 지하철 성추행('치한')은 매우 흔했고, 뒤에서 여자 교복에 정액을 뿌리거나 차에탄 남자가 추근거리고 심지어 납치를 시도하는 일도 벌어졌다. 그의 학교 수영장 탈의실에서는 외부인에 의한 여자 학생 속옷도난 사건이 빈번하게 발생했으며, 학교 행사나 축제 때 신원 불명의 남자들이 여자 학생을 불법 촬영하기 위해 카메라를 갖고교정에 들어오기도 했다.[20]

이런 범죄를 저지르는 남자들은 아주 어렸을 때조차 포르노 소비에 관대한 문화 속에서 자라났을 가능성이 크다. 일본에서는 최소 1990년대 초부터 미성년자도 거의 아무런 제재나 조치 없이 포르노물 구매가 가능했다. 친족 성폭력을 비롯한 아동 성폭력을 포르노화한 만화책('망가')을 편의점에서 미성년자에게 팔아도 아무런 문제가 없었으며, 2010년 도입된 규제조차 전국적 조치가 아닌 지자체 조례였고 실상 단속을 제대로 하지 않아 오늘날까지도 유명무실하다.[21] 이로 인한 사회 문제가 알려진 지 20년이 되었음을 고려할 때 안타까운 일이 아닐 수 없다. 1992년 무기시마 후미오 데이쿄 대학 교수(당시 일본 어린이 지원 협회 회장)는 일본 5개 도도부현의 중고등학생 2,217명을 대상으로 설문 조사를 시행했다. 설문 결과는 이미 그때부터도 일본 남자 청소년 사이에서 포르노 소비가 널리 퍼지기 시작했음을 보여준다. 14세 남자 청소년 응답자 중 약 3분의 2가 "포르노 잡지"('망가' 포함)를 본 적이 있었고 3분의 1이 포르노 영화를 본 경험이 있었다. 16세 남자 청소년으로 가면 포르노 잡지를 본 비율이 89%, 포르노 영화를 본 비율이 74%로 올랐다.(일본에서 인터넷이 지금처럼 널리 보급되기 전임을 생각하면 특히나 놀라운 수치. 호주에서는 그로부터 10여 년 후 인터넷 보급률이 높아지고 나서야 비슷한 설문 결과가 나왔다.)[22] 이를 바탕으로 무기시마는 다음과 같이 강력한 경고를 날린다.

지난 3~4년 새 일본 청소년의 포르노 만화책 소비가 폭발적으로 증가했으며, 이로 인해 우리는 역사상 전례가 없는 심각한 사회 문제와 마주하고 있다. 포르노 만화책은 청소년의 성적 호기심을 자극하기 위한 목적이며, 1991년 이후 생겨나

기 시작한 '전화방' 업소와 '노래방' 업소도 청소년에게 영향을 미치는 중이다.[23]

무기시마는 이렇게 앞을 내다보고 경고했지만 큰 주의를 끌지 못했다. 1990년대 이후 일본 남성 인구의 상당수는 어릴 때부터 지속해서 성 산업(포르노와 상업적 성착취의 형태)에 노출됐다. 그 결과 일본은 어떤 사회가 되었는가? 2007년 이마니시 하지메의 지적대로 성인 남자는 물론이고 남자 청소년이 자행한 심각하고, 조직적이고, 다변화된 성범죄 사건이 일상적으로 보도되는 곳이 일본이다.[24] 수많은 예가 있지만 하나만 꼽자면 후쿠시마에서 16세 남자 청소년이 여러 집에 침입해 여자를 강간 폭행하고 결박한 2001년 사건이 있겠다. 이 청소년은 1년여 동안 이런 식으로 30명의 여자에게 피해를 줬다. 체포 시점 가해자의 방에서는 총 130개의 포르노 비디오가 발견됐으며, 가해자는 법정에서 여자가 강간당하는 영상을 보면서 범죄를 저지를 마음을 먹었다고 증언했다.[25]

현대 일본에서 성인 남자와 남자 청소년이 성폭력을 가해도 아무런 문제가 없다고 생각하는 대상은 그 어느 때보다 넓다. 그러나 일본 정부는 이 문제의 심각성을 도무지 인지하지 못하는 듯하다. 전후 일본 내각은 자국 내 성착취 산업의 발달을 순순히 받아들이고 심지어 적극적으로 지원하기까지 했다. 예를 들어 하노치 세이코 추부 대학 교수는 전후 일본 내각이 관광 부문 장려 목적으로 성착취 산업에 자금을 지원했다고 지적한다.

> 성착취는 소비자 개개인에게 서비스를 제공하는 산업으로서
> 서비스 부문의 일종이라고 여겨졌다. 1963년 도입된 "중소
> 기업 자금 조달 및 지원"법에 따라 일부 성착취 산업도 정부
> 지원을 받을 수 있었다. 지원책은 산업 발전을 위한 것이었지
> 만 결국 정부 돈으로 일본 성착취 산업의 현대화가 이루어진
> 것이나 다름없었다.[26]

후지노 유타카 도야마 대학 교수 역시 전후 일본 내각이 성
착취 산업을 금전적으로 지원했다고 비판한다. 1970년대 도야
마현과 오키나와현은 지역 경제 부양 정책에 성착취 산업 개발
을 포함했으며, 이는 두 지역에서 성착취 업소의 증식을 부채질
했다는 것이다.[27] 페미니스트 법학자 쓰노다 유키코도 일본 정부
가 1958년 매춘방지법이 도입되기 전인 1954년 선제적으로 '풍
속영업법'을 도입해 '호스티스' 업소에서의 성착취를 허용함으
로써 매춘방지법의 정신을 훼손했다고 비판한다.[28] 오사카 부인
보호 사업회는 1985년 책자에서 일본 경찰이 매춘방지법 단속
을 제대로 하지 않고 있으며, 일본 공직자들은 "여자가 낮은 사
회적 지위 때문에 임금 차별과 열악한 업무 환경, 낮은 생활 수
준을 감내하는" 사회를 바꾸기 위해 아무런 노력을 기울이지 않
는다고 규탄한다.[29] 책자는 이런 상황이 성착취 행위에 우호적인

일본 사회를 낳았다고 본다.[30] 페미니스트 변호사 이다 에미코도 비슷하게 일본 정부의 매춘방지법 실행 의지 부족을 문제 삼는 다. 매춘방지법은 태생부터 완벽하지는 않지만, 입법 의도대로 성착취를 "조력 및 사주"하는 자들에게 적용됐다면 성착취 산업 규모를 줄이는 데 성공했으리라는 것이다.[31]

물론 다이쇼 시대, 전후 일본 사회, 오늘날 일본은 무수한 차이점이 있다. 근대적 인권 개념을 반영한 반성폭력 운동의 측면에서도, 피해자 보호 의지의 측면에서도 그렇다. 예를 들어 일본 내각부 산하 남녀공동참획국은 지난 몇 년간 계속해서 성착취를 여자에 대한 폭력의 일종으로 규정하는 듯한 보도자료를 내왔다.[32] 앞서 언급한 것처럼 일본 일부 지자체도 이런 시각을 공유한다. 2003년 후쿠시마현 정부가 운영하는 후쿠시마현 남녀 공생 센터는 나고야 대학 연구팀과 함께 현 내 남자들이 성착취에 대해 갖는 태도를 조사하면서, 남자가 성착취 산업의 여자를 "소비"할 권리를 "타고났다"라는 전제에 반기를 들고자 한다고 밝혔다.[33] 성착취 산업과 싸우는 일본 시민 단체도 있다. 포르노 매춘 문제 연구회(APP), 포르노와 성폭력에 반대하는 사람들(PAPS), 전쟁과 여성에 대한 폭력 리서치 액션 센터(VAWW-RAC), 성폭력을 허용하지 않는 여자 모임, 매매춘 문제와 맞서 싸우는 모임, 군사 폭력을 반대하는 오키나와 여성 행동 같은 단체는 좌파고 우파고 비웃음과 폭력을 퍼붓는 일본 민간 사회 분위기 속에서도 투쟁을 이어가는 중이다.

이런 일본 단체들의 노력은 일본 내에서나 해외에서나 향후 다시 전쟁이 일어났을 때 중일/태평양 전쟁 중 일본 남자가 자행한 성폭력이 재발하지 않도록 막아주는 중요한 방파제가 될 것이다. 이들 단체는 전 연령대 여자에 대한 남자의 성착취와 성폭력을 용인하고 심지어 예찬하도록 조장하는 현대 일본이라는 용광로 속에서 일한다. 이 책에서 주장했듯 성착취를 용인하는 평시 사회는 군 성노예제의 선행 조건이다. 그러나 그렇다고 해서 일본군 '위안소' 성착취 제도와 현대 일본 성착취 산업 사이에 '분명한' 역사적 연결고리가 있다는 뜻은 아니다. 실제로 이 책에서는 과거와 현재를 그런 인과 관계로 설명하지는 않으려 했고, 나도 일본 현대사에 걸쳐 그런 역사적 패턴이 꼭 일어나라는 법은 없다고 본다. 평시에 사람들은 '위안부' 역사에 대해 끔찍해하면서도 현재 일본의 성산업을 구성하고 유지하는 조건이 그와 같다는 것을 좀처럼 인정하지 못한다. 나는 역사적 영향이나 유산 문제가 중요한 것이 아니라 두 시기에 존재하는 지배적 조건이 같다는 것을 강조하고 싶다.

이 책은 현대 평시 사회에서 벌어지는 상업적 성착취가 '민간 성노예제'로 인정받아야 한다고 주장했다. 전시가 아닐 때부터 여자를 성노예로 묶어 두는 성착취 산업이 뿌리를 내렸던 게 전쟁 중 일본군 성노예제가 개발되도록 영향을 미쳤다는 시각을 제시하기 위해서였다. 나는 우리가 평시 사회 남자들의 일상적인 성착취 습관을 직면하지 않으면, 사회적 위기나 전쟁처럼 특수한 시기라 '어쩔 수 없이' 생겨난 것처럼 보이는 성폭력을 제대로 이해할 수도 해결할 수도 없다고 본다. 이런 나의 주장은 완전히 새롭지는 않다. 모리타 세이야가 이미 15년 전 아래와 같은 말을 한 바 있다.

> '위안소' 제도를 전시에 한정된 문제인 양 평시 사회와 완전히 분리하거나 전쟁 전 일본군이 했던 독자적 행동의 산물로만 이해하려 한다면, '위안소' 제도에 대한 진정한 이해에 도달하고 해결책을 찾는 건 불가능할 것이다. '위안소' 제도는 전쟁 전과 후에 벌어진 여자에 대한 폭력 및 학대와 근본적으로 연결되어 있다.[34]

희생양이 된
일본군 성노예제 피해자들

그동안 다이쇼 시대 민간 성착취 현상과 군국주의 쇼와 시대 일본군 성노예제의 차이만을 강조하느라 일부 피해자들, 특히 일본인 '위안소' 제도 피해자들은 대부분 성착취를 당하다 '위안소'로 왔다는 인식 때문에 제대로 피해를 인정받지 못해 왔다. 이들은 다이쇼 시대 성착취 산업과 관련이 있었다는 이유로 '위안소'를 가벼운 마음으로 자진해서 들어갔을 것이고 성노예제의 진정한 해악을 맛보지 않았을 것처럼 취급받았다. 일본인 피해 자들만 이런 취급을 받은 게 아니라, '위안소'로 인신매매되기 전 민간에서 성착취된 다른 국적 여자들도 비슷하게 부당한 대우를 받았다. 한반도와 대만의 식민지적 성착취 산업에서 '위안소'로 인신매매된 여자들에 대해서 5장에서 이미 논의한 바 있다. 1장 에서는 성착취 선경험 '위안부' 피해자들이 아직도 얼마나 비하 적이고 모욕적인 담론에 둘러싸여 있는지를 설명했다. 특히 이 런 담론을 통해 '위안부' 정의 운동은 남자가 여자를 얼마든지 성 적으로 이용해도 된다는 의식에 저항하는 운동이 아니라, 군국 주의와 민족차별과 식민주의와 싸우는 그럴듯한 운동으로서 대 접을 받을 수 있게 됐다고 말했다. 후자 같은 인식의 틀이 운동 의 정당화에 도움을 주는 이유는, 쉴라 제프리스가 지적하듯 "[군 성착취의] 책임을 군대에 물을" 수는 있지만 "[민간 성착취의] 가해 자를 명확하게 밝혔다가는 남자 전반의 여자를 성착취할 권리를 공격해야" 하기 때문일 것이다.[35]

과거부터 현재까지 '위안부' 운동가들이 "남자 전반의 여자 를 성착취할 권리를 공격"하지 않도록 조심하는 동안 성착취 선 경험 '위안소' 피해자들은 희생양이 됐다. 1장에서 제시했듯 일 본군 만행을 옹호하는 우파 세력도 민간 성착취를 '성노동'이라 는 이름으로 옹호하는 좌파 세력도 모두 희생양 삼기에 앞장섰 다. 이런 지점 역시 모리타가 이미 잘 지적한 바 있다.

보수 세력은 전시 성폭력을 국가의 이름으로 정당화하는 반
면(병사들의 사기 진작에 필요했다는 식) 진보 세력은 평시 성폭력
을 개인의 자유 개념을 동원해 국가의 이름으로 정당화한다
(그래서 성착취를 합법화해야 한다는 식). 정치적 보수와 정치적 진
보의 관계는 반대 항이라기보다 관할권 다툼에 가깝다…보수
세력은 '위안소' 제도에 묶여 있던 여자를 '성노예'라고 부르
면 그들의 주체성을 무시하는 것이라 그들에게 모욕적이라고
주장한다. 오늘날 일본의 성적 자유주의자들은 전시 성착취
제도를 옹호하는 보수주의자들과 거의 같은 용어를 써서 민
간 성착취 제도를 옹호한다. 민간 성착취가 여자를 강간으로
부터 보호하며, 여자가 남자에게 성착취당하며 자존감을 높
일 수 있고, 성착취당하는 여자가 섹슈얼리티를 통해 남자를
통제하는 위치라고 하는 것이다…성적 자유주의자들의 입장
은 '위안부' 제도의 근간을 뒤흔들 여지를 남기지 않는다. 제
도의 운용 방식에만 시비를 걸 수 있을 뿐이다…[36]

현대 '위안부' 정의 운동 안에서 일본인 피해자를 비롯한 성
착취 선경험 피해자의 위치를 이해하기 위해 이 책에서는 앤드
리아 드워킨과 마거릿 볼드윈이 구체화한 '희생양' 이론을 빌렸
다. 성착취되다 '위안소'로 인신매매된 일본인 여자들은 일본군
성노예제의 첫 피해자였으며 이들의 경험은 '위안소' 제도의 성
격과 기원을 근본적으로 드러내 주는데도, 이들의 역사는 곁다

리 취급을 받았고 이들은 진정한 성노예 상태를 경험한 피해자가 아니라고 부정당했다. 4장에서 풀어내고 6장에서 좀 더 부연했듯이 역설적이게도 널리 퍼져 있는 인식은 성착취되던 여자들을 '위안소'로 인신매매한 건 '위안소' 설치 초기에만 그랬고, 더 적절하고 성병도 없고 더 젊고 핍박받던 민족의 여자를 구하기 전에 썼던 임시방편에 불과했다는 것이다. '위안소' 설치 초기에 성착취되던 여자를 끌고 왔다는 사실도 '위안소' 제도 개발에 부수적인 요소로 여겨질 뿐, '위안소' 제도의 중추와도 같은 평시 민간 성착취 산업 의존성을 드러낸다고는 해석되지 않는다. 다이쇼 시대 성착취 산업은 트로이 목마처럼 침투해 그 어느 때보다 많은 여자를 인신매매하고, 협박하고, 위력을 행사하고, 납치해 피해자 삼는 군 성착취 제도가 개발되도록 문을 열었다. 그러나 민간 성착취 산업에서 군 성착취 제도로 인신매매된 첫 피해자들을 희생양 삼을 때 우리는 이 그림을 놓치게 된다. 이런 '인력 풀'이 존재하지 않았다면, 이미 포주와 인신매매 업자 손에 매여 있는 여자들이 없었더라면, 일본군은 성착취 업자와 협력해 '위안소' 제도를 개발하고 조직할 수 없었을 것이다. '위안소' 제도가 가장 처음에는 일본에서 여자를 인신매매하거나 이미 중국 대륙에서 '가라유키상'이라고 불리며 성착취되던 일본 여자들을 인신매매해 운영됐다는 사실을 기억해 보라. 기존 성착취 산업에 묶여 있던 이런 여자들, 그리고 민간 성노예제의 기반시설과 운송망은 '위안소' 제도 설치와 개발에 필수적이었다. 따라서 나는 민간 성착취 산업이라는 바탕이 없었다면 성착취되지 않던 수만 명의 여자까지 끌려가 전쟁 동안 성노예로서 피해 입은 역사는 불가능했다 해도 과언이 아니라고 본다.

일본 여자에게는 '위안소'에 억류됐던 경험이 인생에서 그리 큰일이 아니었을 것처럼 이야기되곤 한다. 이전에도 성착취됐을 테니 군 성착취도 별로 추가적인 피해를 주지 않았다는 듯이, 소위 '장교 클럽'에서만 성착취됐을 거고 '진짜' 피해자처럼 미성년자 때 납치당하거나 신체적으로 협박당한 게 아니니 실질적으로 인권 침해는 아니라는 듯이 말한다. 성착취 선경험이 있는 일본인 '위안소' 피해자가 타 피해자와 비교할 때 인생에서 더 긴 기간 동안 성폭력과 트라우마를 직면했다는 사실, 아동 때부터 성적 학대를 당한 경우가 많다는 사실(아동 인신매매 피해자라든지), 같은 나라 남자들에게 (종종 다른 국적 여자들과 같은 업소에서) 성착취당했다는 사실에도 불구하고 여러 문헌은 대개 이들에게 주의를 기울이지 않는다. 이런 사실이 다른 '위안소' 제도 피해자의 배경이나 상황을 능가한다는 것은 아니지만, 이 책은 성착취되다 일본군 성노예제로 인신매매된 피해자, 특히 일본인 피해자에 대해 퍼져 있는 여성혐오적 편견과 싸우고자 했다. 수십 년이 넘는 세월 동안 이들은 민간 성착취 산업을 먼저 겪었다는 이유로 이후의 성노예 경험과 피해가 폄하당했고, 이들 대부분은 그 때문에 지금까지도 앞에 나와 생존자로서 마땅히 받아야 할 인정과 배상을 요구하지 못하고 있다.

군사적 환원주의:
과연 전부 전쟁 탓일까?

이 책은 페미니스트 학자들 사이에서도 엿보이는 '군사적 환원주의'에 맞서려 했다. 군사적 환원주의는 전시 성폭력이 근본적으로 군국주의에서 비롯되며 전장의 가혹한 환경 속에서 어쩔 수 없이 발생한 결과물이라고 바라본다. 이런 관점은 '위안소' 제도가 "전쟁 전과 후에 벌어진 여자에 대한 폭력 및 학대와 근본적으로 연결되어 있다"라는 모리타의 관찰을 놓치고 지나간다. 그러다 보면 '다이쇼 데모크라시' 시기에 성착취당했던 여자들의 경험은 지워져 버린다. 이들이 겪은 성폭력은 중일/태평양 전쟁의 맥락에서 '성노예제'라고 불리며 널리 비판받는 범죄와 똑같은 데도 말이다. 2장에서 묘사했던 다이쇼 시대 민간 성착취 산업에서 성노예화됐던 여자들의 고통을 과소평가하거나 부정하지 않고서야 도저히 그 다음에 찾아온 혹독한 전장의 환경이 일본군 성노예제라는 유일무이하게 독특한 제도를 낳았다고 말할 수는 없다. 평시 일본 사회에서 운영됐던 성착취 산업은 전시 성착취와 거의 같은 제도다. 그런데도 전시 성착취는 성노예제로서 인정받지만, 평시 성착취는 후대에 생긴 '선택' 이데올로기와 '성노동'이라는 포주 친화적 방어 전략을 덮어쓰고 성노예제라는 정체를 숨기고 있다. 성착취는 사회적, 경제적으로 남자라는 성 계급에 이득을 챙겨주는 기능을 하며, 그런 측면에서는 평시에 작동하는 성착취나 전시에 벌어지는 성착취나 그다지 다를 바가 없다. 모리타 역시 이 점을 지적한다.

> 전쟁 중 여자에게 자행되는 무수한 성폭력은 평시 여자들이 겪는 성폭력과 학대를 군사적 수단으로 연장한 것이다. 전시의 폭력은 더 극단적이며, 더 광범위하고, 더 모멸적이고, 더 많은 계층의 여자를 노린다. 그러나 평시 여자의 사회적 지위가 낮으면 낮을수록, 여자가 더 대상화되면 대상화될수록 전시에 남자가 성폭력을 활용해 '자기 주체성'을 되찾을 가능성이 커진다. 이들 남자는 평시 일상에서 여자에 대한 통제권, 특히 성적 통제권을 기준으로 자기를 정의하기 때문이다.[37]

2장에서는 다이쇼 시대 성착취 집결지 업소 및 '카페' 업소에서 여자들이 겪은 경험과 이후 '위안소'에서 여자들이 겪은 경험의 유사성을 강조했다. 당시 포주와 인신매매 업자, 성착취남이 여자들에게 성적 통제권을 행사한 정황을 보면 전쟁 전 일본 전역으로 퍼져나간 민간 성착취 산업이 곧 민간 성노예제임을 쉽게 알아볼 수 있다. 셸던 개런 같은 역사학자는 안타깝게도 다이쇼 시대의 성노예제를 이해하지 못하고, 당시 여자들이 어느 정도 성적 해방을 이뤘다는 착각을 해 왔다. 이런 착각이 우리 눈을 가려 다이쇼 시대를 뒤이은 쇼와 시대에 일본군 성노예제가 개발된 이유를 제대로 이해할 수 없었다. 다이쇼 시대 일본 여자들 사이에 성노예제가 얼마나 깊게 파고들었는지를 놓치면 일본군 성노예제는 그 이전 일본 사회에 존재했던 요인에서 외따로 분리되어 버린다. '저속한' 다이쇼 시대 일본 남자들은 성착취 구매를 밥먹듯 하게 되었고 성착취 산업은 전례 없는 규모로 자라났으며 이는 분명 일본군 성노예제와 연결되어 있는데도 말이다. 역사학자들은 '위안소' 제도를 역사적으로 '격리'해 놓고 일본 바깥에서, 전쟁 전 성착취 산업과 일본 여자와는 멀리 떨어진 곳에서 '위안소' 제도의 원인을 찾느라 지나치게 많은 관심과 연구를 할애해 왔다. '가라유키상' 현상, 식민지배, 민족주의, 성병 같은 문제도 물론 '위안소' 제도가 생기기까지 영향을 미친 배경이지만, 결국에는 전쟁 전 일본 사회에서 길러진 여자를 성착취하고자 하는 남자들의 수요, 돈 내고 여자를 성착취해 온 익숙한 습관이 전장에서 남성 연대를 다지는 핵심 방식으로 자리잡았다는 단순하고도 분명한 원인에 비하면 곁가지에 불과하다.

전시나 평시나 성착취 같은 성폭력 행위가 남자들에게 "자기 주체성"을 발휘할 기회를 준다는 관찰은 4장의 논점을 뒷받침한다. 4장에서는 전쟁 행위가 남자들 사이에서 기존의 민간 성착취 권리를 '평등화'할 기회가 되었고, 그런 선택은 지배 계층 남자들에게도 이득이었다는 얘기를 했다. 이 책은 평시에 벌어지던 남자들의 성폭력이 전쟁과 파시즘의 대두로 '고삐가 풀린 듯' 폭발적이고 통제 불가능한 방식으로 펼쳐졌다고는 주장하지 않는다. 대신 군국주의가 지배 계층 남자들에게 민간 성착취를 '평등화'할 기회를 줬다고 말한다. 지배 계층 남자들은 전쟁을 통해 더 많은 계층의 남성 인구를 돈 주고 여자를 성착취하는 문화와 관습에 젖어 들게 할 수 있었다. 평시 사회에서도 성착취 구매율이 높았다지만 주로 지배 계층 남자 얘기였다. 그러나 남자끼리만 모여 극도로 밀집된 환경에서 생활하는 군대와 보는 여자가 적어 사회적 감시가 전혀 이루어지지 않는 전장은 성착취 구매율을 높일 기회였다. 군국주의를 통해 지배 계층 남자들은 여러 방식으로 빈곤층과 청년층 남자에 대한 계급적, 경제적 지배를 공고히 할 수 있었는지는 몰라도, 이들은 이해 관계상 최대한 많은 남성 시민을 포괄해 남자라는 성 계급의 유대감을 증진할 필요도 있었다. 그리고 성착취 관습은 남성 개인의 '자기 주체성'을 강화하는 관습으로서 이런 목표에 잘 맞아떨어졌다. 일본군 성노예제는 여러 다른 계급의 남자들이 '평등하게' 자기 주체성을 발휘해 여자의 이해관계와 안녕을 해치는 일에 같이 가담하는 제도였다. 성착취를 하며 남자라는 성 계급 구성원 사이의 유대감은 더 강해지고 넓어질 수 있었다. 전쟁의 틈을 타 이렇게 쌓아 놓은 유대감은 평시 사회가 복귀하자 엘리트 남자들에게 이득으로 돌아왔다. 무리 지어 여자를 성적으로 이용하고 해치는 경험에 오래 노출되면서 남성 시민들은 서로 더욱 끈끈해졌고, 엘리트 남자들은 평시 사회에서 쉽사리 다른 남자를 경제적으로 착취할 수 있었다. 이렇게 다져진 유대감은 일본이 다시 전쟁을 일으킬 때도 당연히 도움이 될 것이다. 4장에서는 엘리트 장교 계급 남자들이 '위안소' 제도를 세우고, 하급 병사들이 '위안소' 사용에 익숙해지도록 만드는 데 얼마나 중요한 역할을 했는지 강조했다. 또 '위안소' 제도가 다양한 남성 위계 규칙(계급별로 이용할 수 있는 업소가 다르다든지)에 따라 운영되기는 했지만, 그래도 상당히 광범위한 일본 병사 계층이 '위안소'를 이용할 수 있었으며 엘리트 남자들은 하급자들이 '위안소'를 이용할 수 있도록 엄청난 고생을 감수했다는 점을 보였다.

　나는 이 책의 내용을 현대 일본 사회와 이어주는 연결고리이자 이 책의 이론적 기여 중 가장 가치 있는 부분이 4장의 이런 관찰이라고 생각한다. 4장의 관찰에 따르면 전쟁과 군국주의는 지배 계층 남자들에게 성착취 권리를 '평등화'하거나 확장할 기회가 되기 때문에 평시 사회에는 전쟁을 일으킬 남성적 동기와 수요가 내재한다. 이는 군사적 환원주의에서 비롯된 설명에 정면으로 도전한다. 그렇다고 모든 평시 사회가 어쩔 수 없이, 같은 정도로 전쟁의 유혹을 느끼지는 않는다. 모든 건 민간 성착취 산업의 존재 여부에 달려있다. 민간 성착취 산업은 남성 인구 중 일정 부분을, 특히 남성 지배 계층을 여자를 성착취하는 습관과 문화에 미리 적셔 놓는다. 군을 통한 성착취 평등화 이론이 성립하려면 평시 사회 내에 여자를 상업적으로 성착취하는 제도가 작동하고 있어야 한다. 그렇지 않으면 평등화할 것이 없기 때문이다. 다시 말해 전시에 군 성노예제를 도입해 남성 시민의 성착취 권리를 확대하고 확산하려는 마음을 먹었다는 건, 평시에 이미 성착취라는 남성 유대감 형성 방식이 통용되고 있었다는 뜻이다. 따라서 우리는 민간 성착취 제도를 근절하고 평시의 여성 성착취 문화에 저항해 이런 가능성을 없애야만 할 것이다. 이는 이 책이 '위안소' 제도의 역사를 분석한 후 제시하는 결론이다.

민간 성노예제를 보는 역사적 시각

　과거의 역사적 사건을 반추하면서 현대 사회에 대한 통찰을 끌어내는 건 역사학자들이 밥 먹듯 하는 작업이다. 오늘날의 일본사 학자들도 전시 역사 속에서 전후 일본 사회의 어떤 측면을 설명할 수 있는 구석을 찾아내곤 한다. 예를 들어 1996년 하자마 히로시는 "기업 전사"—하자마의 정의에 따르면 전쟁 전이나 전쟁 중 태어나 1960년대 중반까지 일본 화이트칼라 노동자 중에서 가장 큰 비중을 차지했던 세대를 말한다[38]—가 전후 일본 사회에 새로운 "노동 에토스"를 퍼트리는 역할을 했다고 주장한다.[39] 하자마가 이들을 '기업 전사'라고 부른 건 이들의 참전 경험을 강조하기 위해서였다. 하자마는 개인적 희생과 애국심처럼 '기업 전사'가 전시에 갖게 된 가치관은 단순히 고속 성장 시대 일본 기업과 직장 문화를 형성했을 뿐 아니라 일본 사회 전반에 영향을 끼쳤다고 말한다. 하자마는 1965년 기준 일본 화이트칼라 직군 남자 노동자 중 절반 가량이 전쟁 전이나 전쟁 중 태어났다면서[40] 이들 '기업 전사'와 전쟁을 경험하지 못하고 1965년 전까지는 일본 기업에서 큰 비중을 차지하지 않았던 '회사 인간'을 구분한다.[41] 하자마는 '기업 전사' 세대를 비롯해 다양한 나이의 일본 남자 105명을 인터뷰했고, 전쟁과 연합군 점령을 경험한 남자들에게는 그 경험이 직장 근무 태도에 어떤 영향을 미쳤냐고 물었다. 이 설문 조사는 근무 태도에 대한 세대 차이를 가늠해 전쟁 전이나 전쟁 중 태어난 남자들의 가치관과 태도가 1965년 이전 일본 사회에 미친 영향을 이해하려는 목적이었다.[42]

'기업 전사' 세대 응답자들 사이에서 가장 두드러진 가치관은 "나라를 발전시키기 위해 회사에서 자신을 희생하는 건 자연스러운 일"이라는 사고였다.[43] 전쟁 후 출생한 응답자들은 보통 전후 연합군 점령기에 경험한 가난을 지나간 일로 돌릴 수 있었다고 말했지만, 전쟁을 경험한 응답자들은 이 경험을 자기 삶의 중심에 두었고 이후의 태도와 행동에 근본적인 영향을 미쳤다고 답한 비율이 높았다.[44] 전쟁에 강한 영향을 받은 이 '기업 전사' 세대는 적어도 1965년까지 일본 기업을 이끌어갔다. 이들은 인터뷰에서 남자라면 "미친 짐승처럼 일해야 한다", "일을 위해 인생을 버려야 한다", "과로사도 불사해야 한다", "진정한 일본 남자라면 일하다 죽을 각오가 되어있어야 한다"라는 말을 내뱉기도 했다.[45] 하자마는 이들 '기업 전사'가 전후 일본 기업을 이끄는 동안 '대의'를 위한 자기희생을 당연시하는 가치관이 일본의 직장 생활 풍조가 됐고, 젊은 세대는 물론 비 화이트칼라 직군까지도 이런 풍조에 영향을 받았다고 역설한다.

하자마의 1996년 연구는 '과로사' 현상으로 대표되는 고속 성장 시대 일본의 "독특한" 기업 문화와 노동 시장 상황을 설명하려는 시도였다. 따라서 하자마는 '기업 전사' 세대의 "전시 가치관"을 1960년대 "노동 에토스"에 길잡이 역할을 했던 태도로 한정했고, 이 가치관이 전후 일본의 성 정치학에 어떤 의미를 지녔는지는 들여다보지 않았다. 이렇게 일본 과거 역사로부터 현재 일본에 대한 경고나 설명을 길어 올리는 연구법은 하자마 같은 역사학자가 능숙하게 활용하는 방법인 동시에, 역사가 존 다우어가 적극적으로 추천하는 접근법이기도 하다. 다우어는 "…전후 일본의 여러 특징과 성과는 전쟁 전 시기에, 구체적으로는 쇼와 시대 초기의 음침한 골짜기에 뿌리를 박고 있다…일본이 15년간 치른 전쟁과 함께 일어난 여러 변화는 전후 일본이라는 국가에 극도로 유용했던 것으로 보인다"라고 설명한다.[46] 그러나 안타깝게도 현대 일본 사회의 성 정치학 분석에서는 이런 접근법을 거의 찾아보기 힘들다. 전후부터 지금까지 일본 여자들이 겪고 있는 극도의 사회적 불평등을 설명하기 난감해 하는 학자들이 많은데, 이들은 국가가 전쟁 동안 형성된 성 정치적 구도를 이용하고 있을 가능성은 떠올리지 못하는 듯하다.

페미니스트 역사학자들이 전시 성노예제가 일본의 전후 성

정치에 가지는 의미를 탐구할 때조차, 보통은 1970년대부터 일본 남자가 한국과 동남아시아 국가들을 방문해 성착취했던 소위 '기생관광'에만 관심을 두곤 한다. '기생관광'은 전쟁 동안 일본 남자가 익숙해진 성적 행위와 습관이 직접 드러난 사례로 지목된다. 예를 들어 「비즈니스 전사의 종군 '위안부'들」이라는 제목의 1993년 논문에서 이에다 쇼코는 '위안부' 제도와 '기생' 성착취 관광은 일본사에서 시차를 두고 반복된 거의 유사한 현상이라는 의견을 표한다.[47] 스즈키 유코와 마쓰이 야요리도 여러 차례 비슷한 관찰을 내놓았다. 더 과거로 거슬러 올라가서 전쟁 전 시기를 바탕으로 현시대 일본을 지배하는 성 정치적 상황을 설명해 보려고 시도한 듯한 유일한 역사학자는 오타루 상과 대학 교수 이마니시 하지메다. 이마니시는 2007년에 일본의 식민지 한반도 성착취 산업 개발을 다룬 훌륭한 책을 썼고, 책의 개요 장에서 현대 일본에서 남자가 여자에게 저지르는 성범죄 현황을 길게 논한다. 1910년대와 1920년대를 포괄적으로 다룬 역사서를 이런 식으로 문을 연 건 아마 영어나 일본어로 나온 어느 문헌에서도 전례가 없는 결정일 것이다. 그리고 이마니시는 현 일본 남성 사회의 성격을 밝히려고 일부러 이런 주제를 골랐다고까지 분명히 언급한다.

우리를 둘러싸고 있는 성적 잣대와 문화는 역사의 흐름 속에서 만들어졌다. 이 책이 전쟁 전의 일본 사회와 성착취 역사

를 살피는 건 현재 일본 성문화가 품고 있는 문제를 해부하
기 위해서다…오늘날 세계 어떤 나라에 여자 청소년 포르노
촬영만 하는 기업체가 있으며, 어떤 나라의 일반 서점이 남
자 청소년을 겨냥한 포르노 잡지를 파는가? 우리는 노령화
문제는 계속 걱정하면서도 아동을 보호하기 위한 어떤 행동
도 하지 않고 있다.[48]

이마나시를 뺀다면 후지노 유타카가 아마 유일하게 현시대
일본의 성착취 문제를 전쟁 전 성착취 제도와 직접 연결 짓는 역
사학자일 것이다.

상업적 성착취는 '선택의 자유'라는 위장 아래 아직도 일본
에서 다변화하고 진화해 나가고 있다. 성착취는 공무원 사회
와 비즈니스 세계의 '접대' 목적으로 활용되며, 1960년대와
1970년대 일본 경제를 특징 지은 '고속 성장'을 뒷받침했다.
때때로 일본 남자 국회의원들이 특정 여자에게 돈을 주며 성
적 접근권을 확보하고 있다는 '스폰서' 스캔들이 언론을 달군
다. 그러나 일본은 인자하게도 계속 남자 시민의 '성적 위안'
을 챙겨주고 있다. '선택의 자유'라는 '대의' 아래 상업적 성착
취는 아직도 용인된다. 물론 오늘날 일본의 성착취는 전쟁 전
이나 전후 초기와 비교하면 겉모습은 다르다. 당시에는 가난
한 농촌 가족이 먹일 입을 줄이려고 딸을 성착취 산업에 팔아

넘겼고, 전쟁으로 남편을 잃은 여자들이 아이를 먹여 살리려
고 성착취되기도 했다. 반면 오늘날에는 여자가 성착취 산업
으로 유입되는 원인으로 가난이 거의 언급되지 않는다. 중고
등학생을 포함한 미성년자 여자애들이 자유 의지로, 큰돈을
벌기 위해 '원조교제'를 한다는 인식이 널리 퍼져 있다. 그러
나 정말 그럴까?…성착취 산업은 성착취남을 끌어들이기 위
해 '구매자'가 죄책감을 느끼지 않을 수 있는 '재밌고 안전한'
이미지를 만든다. 성착취남은 여자가 자기 섹슈얼리티를 해방
하는 수단으로 '자기 몸을 판다'라고 믿고자 한다.[49]

이마니시와 후지노의 연구를 제외하곤 일본 전후 성착취
산업 논의에 있어 전쟁 전과 전쟁 중 대거 인신매매되어 성착취
됐던 일본 여자의 역사적 경험은 학계에서 잊힌 것이나 다름없
다. 페미니즘 관점의 역사학 문헌조차 일본 성착취 산업으로 인
신매매됐던 외국 여자의 고통만 다루는 경향이 있다. 마쓰이 야
요리는 성착취를 비판해 온 페미니스트 학자지만 1995년 책에
서는 '호스티스 바' 업소가 외국에서 여자를 인신매매해 온다고
적고 있다. 일본인 여자 청년들이 "15년에서 20년 전"과 비교해
서 주류 취업 시장에서 기회가 더 많아져서 "여자 청년 부족을
보충하기 위해" 인신매매가 벌어진다는 것이다.[50] 그러나 마쓰
이는 일본 여자의 성착취 산업 유입이 줄어들고 있다는 어떤 근
거도 제시하지 않으며, 일본 성착취 산업에서 일본 여자가 겪는

고통은 전혀 다루지 않는다. 마쓰이는 1984년 한 책에서 「내가 '기생' 투어를 반대하는 이유」라는 장을 맡아 일본 남자가 "거대한 호색한 행렬"을 이룬다고 묘사하면서도 일본 남자들의 '기생' 성착취 관광이 "자국 '안마방'이나 '룸살롱'에서 '아가씨'의 몸"을 사는 행위와 "근본적으로 다른 무언가"가 있다고 주장한다.[51] 그는 일본 남자가 해외에서 여자를 성착취하는 행위가 왜 자국에서 여자를 성착취하는 것과는 다르다고 생각하는지 자세히 설명하지 않지만, '기생' 성착취 관광을 다룬 많은 페미니즘 문헌이 비슷한 정서를 공유한다.

베라 매키의 2003년 책은 많은 분량을 할애해 일본의 전후 성착취 산업에서 외국 여자들이 겪은 피해를 다루지만, 일본 여자는 오키나와 주둔 미군에게 성착취된 피해자 외에는 언급되지 않는다.[52] 여러 페미니즘 문헌이 이런 패턴을 따른다. 먼저 일본 성착취 산업에 인신매매된 외국 여자를 논한 다음, 오키나와에서 주일 미군에게 성착취된 일본 여자를 잠깐 언급한다.[53] 일본 여자의 성착취를 논할 때면 이들도 피해자라는 사실을 인정하지 않을 때가 많다. 특히 1990년대와 2000년대에 '원조교제'를 다룬 문헌들은 위에서 후지노가 설명했듯이 일본의 10대 여자 청소년을 자유 의지로 본인의 성을 적극적으로 '매매'하는 '판매자'라고 인식하곤 했다.[54] 이외에 일본 성착취 산업 내의 일본 여자를 논의하는 다른 맥락이 있다면 '호스티스 바' 업소('갸바쿠라' 업소나 '핑크살롱' 업소 등)인데, 이런 업소에서 여자들이 당하는 성착취는 흔히 축소되거나 간과된다. 스기타는 많은 사람이 일본 여자는 자국 성착취 산업으로 "선택해서" 들어갔으리라 여기고 이들을 성착취 피해자로는 보지 못한다고 지적했는데[55] 이런 지적은 전후부터 지금까지 일본 여자의 성착취를 다룬 대부분의 학술 문헌에 해당한다.

자국 여자의 성착취 문제를 진지하게 받아들이지 못하다 보니 '위안소' 제도 역사를 보는 시각도 왜곡된다. 현대 일본에서 '위안소' 제도와 가장 유사한 현상이 일본 성착취 산업으로 외국 여자들이 인신매매되는 상황이라고 보는 것이다. 후쿠시마 미즈호는 꽤 혼란스러운 주장을 편다.

> 속아서 일본에 온 후 자기 의지에 반해 '성매매 여성'으로 일하게 된 아시아 여자들과 '위안부' 사이에는 공통점이 많다. 이 두 집단은 일본에 오면 돈을 많이 벌 수 있을 거라는 유혹적인 목소리에 넘어갔다.[56]

전쟁이 벌어지는 동안 일본 본토와 식민지에서 전 세계의 '위안소'로 여자들이 대거 인신매매됐다는 사실을 상기할 때, 이런 주장의 역사적 진실성은 상당히 의심스럽다. 일본군 성노예제는 전쟁 전반에 걸쳐 일본제국 영토 안에서 여자를 성착취한 결과물에 가깝다. '위안소' 제도가 해외에서 군사 작전을 펴다 보니 만들어졌으며, 외국 여자만 억류되어 있었으며, 일본과 일본 여자에게서 멀리 떨어진 외딴 지역에서만 운영됐다고 이해한다면 어떤 결과가 생길까? 성 정치의 측면에서 다이쇼 시대가 그랬듯 오늘날 일본 국내의 사회적 조건이 대규모 군 성착취 제도가 부상할 가능성을 품고 있다는 현실을 인지하지 못하도록 벽이 세워지고 만다.

이마나시 같은 학자는 전쟁 전 근대 일본 남자들의 성착취 관습과 태도를 연구해 현대 일본 사회의 남성 섹슈얼리티를 진단하려 하지만, 이 책에서는 그런 접근법을 택하지 않았다. 이 책은 근대와 현대 두 시기 모두 여자의 성노예화와 남자의 성착취 섹슈얼리티라는 유사한 사회적 조건을 갖추고 있으며, 현재 일본도 쇼와 시대가 낳은 참극을 불러올 만한 환경이라는 모리타 세이야와 입장을 같이한다. 책은 모리타의 독특한 방법론을 채택해 다이쇼 시대 일본 성착취 산업의 사회적 조건을 살펴보고, 중일/태평양 전쟁 시기 일본군 '위안부' 제도의 창설과 확장, 지속적인 운영에 성착취 산업이 어떤 영향을 미쳤는지를 추적했다. 책은 '위안소' 제도를 어쩌다 독립적으로 발생한 성노예제로 보지 않았고, 일본 사회 성 정치 역사의 전환점으로도 보지 않았다. 대신 다이쇼 시대 성 정치가 결국 도달하게 된 종착지라고 분석했다. 이 책은 이마나시와 하자마가 그랬듯 '위안소' 제도의 역사가 오늘날 일본 사회에 미친 영향을 탐구한 책이 아니다. 이마나시와 하자마의 말처럼 오늘날 일본 성착취 문화에 그런 영향이 뚜렷하게 나타나는 건 사실일지 몰라도, 모리타의 예시를 따라 나는 반대 방향을 택했다. 즉 '위안소' 제도가 역사적으로 '불가피'했다면, 그건 평시 사회에 그때와 유사한 남성 섹슈얼리티가 퍼져 있다고 할 때 전쟁이나 군사 동원령 발생 시 그때와 유사한 성노예제가 생길 수밖에 없다는 의미에서다. 오늘날 일본에서 기승을 부리는 민간 성노예제는 다이쇼 시대를 압도할 정도라는 게, 책의 저자로서 나의 판단이고 내가 일본에서 참여하는 포르노 매춘 문제 연구회(APP) 같은 단체들의 입장이다. 현 상황은 일본에 거주하는, 더 나아가 아시아에 거주하는 성인 여자와 미성년자 여자에게 이루 말할 수 없는 손해를 끼치고 있다. 일본 정부가 지금처럼 계속해서 군국주의와 전쟁을 향해 한 발짝씩 나아가고 일본 남자가 무분별한 성착취와 포르노 소비 습관에서 벗어나지 못한다면, 잠재적으로 이들에게 더욱 엄청난 인권 침해를 떠안기게 될 것이다. 다른 이유가 부족하다면 그저 역사의 반복을 막기 위해서라도 우리 어깨 위에는 '평시' 사회의 민간 성노예제를 인식하고 행동에 나서야 할 책임이 지워져 있다. 나는 그런 노력에 힘을 보태기 위해 이 책을 썼다.

저자 캐롤라인 노마는 오래 전부터 한국 반성착취 운동과
연대하여 활동해 왔다. 사진은 2011년 성매매문제해결을위
한전국연대가 주최한 민들레 순례단에 참여했을 때 모습이
다. 당시 노마는 군산 화재 참사 현장 등을 답사하고 희생자
를 추모했다.

해설

민간 성착취 제도를 통해 '위안부' 문제 바로 보기

박혜정 『성노동, 성매매가 아니라 성착취』 저자

나는 한국에서 10년간 반성착취 단체 활동을 했다. 성착취 산업에서 고통받는 여성들을 만나 지원했고 성착취 문제와 관련해 한국 사회를 변화시키기 위한 여러 활동을 해왔다. 그러는 동안 나는 일본군 '위안부' 문제를 깊게 생각해 보지 않았다. 우리나라에 지금도 존재하는, 흔히 사창가라 불리는 성착취 집결지들의 구조나 운영방식이 예전의 '위안소'와 유사하다는 인식은 있었지만 그 이상의 연결점은 찾지 못했던 것이다. 그럴 만한 것이, 중학교 때 '위안부'의 존재를 처음 알게 해준 역사 드라마 <여명의 눈동자>, 대학교 때 감명 깊게 본 다큐멘터리 시리즈 <낮

은 목소리>, 그리고 생존자 증언집들을 통해 '위안부' 문제에 대해 알게 되었지만 이런 자료 어느 곳에서도 조선인 '위안부' 여성들이 유곽에서 다시 팔려 왔다는 말은 본 적이 없었다. 『강제로 끌려간 조선인 군위안부들』이라는 증언집 제목처럼 조선인 '위안부'들은 팔려간 여성들이 아니라 일본군 및 관련자들에 의해 납치 등의 방식으로 끌려간 여성들이라는 인식이 내 의식 저변에 있었던 것이다. 캐롤라인 노마는 이 책에서 이런 오해를 샅샅이 파헤친다.

한국에서는 1990년대 정신대연구회 및 한국정신대문제대책협의회(이하 정대협)가 결성된 이래 일본군 '위안부' 문제 해결을 위한 사회운동 및 관련 연구가 본격적으로 시작되었다. 1991년 '위안부' 생존자인 고 김학순의 증언 이후 생존자의 증언 수집 및 기록 활동도 활발히 진행되었다. 정대협 등의 운동으로 국제사회에 일본군 성노예 문제가 알려져 유엔 인권위원회의 공식 조사가 이루어졌으며, 2000년 도쿄에서 일본군 성노예 전범 여성국제법정이 열려 일본정부의 책임을 인정한 판결이 나온 성과도 있었다. 그러나 일본군 '위안부' 문제가 한일 정치현장에서 논의될 때는 '위안부' 동원에서의 군의 개입 및 강제성이 논의의 초점이 되어 왔다. 일본 정부가 '위안부' 문제에 대한 국가적 책임을 계속해서 부정해 왔으며 일본 우익 세력의 역사 부정도 지속되어 왔기 때문이다. 이들은 일본의 배상 책임을 부정하기 위해 '위안부'가 강제 연행된 것이 아니고 당시 합법적이었던 공창의 일부였으며 자발적 상행위에 불과하다는 주장을 펴 왔다.

한국의 일본군 '위안부' 제도에 대한 연구는 이러한 정치적 자장 안에서 자유롭지 못했다. 한국사회와 미디어가 일본 우익 세력의 "'위안부'는 공창'이라는 프레임에 대응하는 과정에서 '위안부' 문제가 정쟁화政爭化되었고, 연구 이전에 공공 기억의 장에서 '공창=자발', 또는 '비공창=강제' 사이의 양자택일 문제가 되어" 버렸다(박정애, 2019). 그러면서 '위안부' 문제에 대한 연구도 동원의 강제성을 증명하거나 '위안부'와 공창의 차이를 강조하는 방향으로 이루어진 경향이 있고 '위안부' 정의 운동도 마찬가지였다.

1990년대 중반에 일본에서 시민모금에 의한 '여성을 위한 아시아평화 국민기금(이하 국민기금)'이 준비되었으나 일본 정부의 공식적 사과와 배상을 요구하는 각국 단체들은 국민기금의 시행에 반대하였다. 정대협도 국민기금 수령에 반대하였는데, 1997년 일부 피해자가 비공개적으로 국민기금을 수령하는 일이 있었다. 이에 대해 정대협은 "일본 정부, 결국은 돈 428엔으로 우리 민족 자존심에 먹칠!"(정대협 소식지 11호)이라고 평하였으며 국민기금 수령에 반대하는 글에서 "죄를 인정하지 않는 동정금을 받는다면, 피해자는 일본의 정치가들과 우익들이 그동안 내뱉었듯이 "자원해서 나간 공창"이 되는 것이요, 일본은 면죄부를 받게 되는 결과를 초래하게 될 것이다"라고 밝혔다(윤미향, 1998). 이처럼 한국의 '위안부' 정의 운동에서 투쟁 대상은 오랫동안 일본이었으며 '위안부' 문제는 민족 문제로 취급되었다. 그 속에서 조선인 '위안부'들은 '자원해서 나간 공창'과 달리 강제로 끌려간 피해자로 분류되었다.

나는 2017년에 '위안부' 정의 운동을 하는 유명 활동가의 강의를 들은 적이 있다. 강연자는 일본 우익이 조선인 '위안부'를 '매춘 여성'으로 묘사한다는 점을 지적하며 일본에서 만들어진, 다리를 벌리고 있는 소녀상 이미지를 예로 보여 주었다. 강연자는 '위안부'는 매춘 여성이 아니었고 강제로 동원되었다는 점을 강조하였는데, 함께 강의를 들은 상업적 성착취 생존자로부터 이런 구분과 강조가 '성매매 여성'은 자발적으로 '성매매'를 선택한 사람이며 성적으로 대상화되어도 괜찮은 사람인 것처럼 느껴져 불편하다는 이야기를 들었다. '위안부'와 성착취 피해 여성 사이의 차이를 강조하는 것이 어떤 함의를 지닐 수 있는지를 느끼게 된 일이었다.

조선인 '위안부'의 대표 이미지가 된 소녀상의 경우에도 유곽에서 위안소로 팔려간 여성들의 경험이 반영될 수 있는 틈이 없다. 당시 '위안부'에 대해 남아있는 사진자료와 생존자 증언을 보면 위안소에서 여성들은 기모노, 원피스, 몸뻬, 또는 중국 남방 등 현지에서 구할 수 있는 옷을 입고 있었다. 소녀상이 표현하고 있는 것은 '위안소'에 있는 여자가 아니라, '위안소'로 강제로 끌려가기 전에 조선에서 유곽과는 상관이 없는 삶을 살던 '순결한' 어린 여자인 것이다. 게다가 하루에 수십 명에게 강간 당하는 생활을 하여 속옷도 입고 있을 수 없었던 여성들이 소녀상처럼 말갛고 깨끗한 얼굴을 하고 있었을 것이라 상상하기 어렵다. 소녀상에서 당시 '위안부'들의 현실을 반영한 것은 맨발밖에 없다고 생각된다.

'위안부'는 공창이 아니라는 주장의 함정

캐롤라인 노마의 『위안부는 여자다』는 우리의 의식에 이처럼 강하게 자리하고 있는 오해를 불식시키고 당시 '위안부'의 현실에 한 발 다가서게 해주는 중요한 책이다. 노마는 이 책에서 성착취 선경험이 있는, 즉 유곽에 묶여 있다가 위안소로 다시 팔려간 일본인 피해자에 초점을 맞추는데, 왜냐하면 이들은 '위안소' 설치 초기에 일본, 한국, 중국, 대만의 민간 성착취 업소에서 '위안소'로 인신매매되어 '위안부' 동원의 원형이지만 '위안부' 제도 연구와 정의 운동에서 체계적으로 배제당한 사람들이기 때문이다. 이들은 공창이었고 '위안소' 생활을 통해 돈을 벌거나 빚을 갚았으므로 피해자가 아니라는 시각이 지배적이다. 1990년대에 '위안부' 문제를 알리는 데 크게 기여한 윤정옥 역시 「'조선 식민정책'의 일환으로서 일본군 '위안부'」라는 글에서 일본인 '위안부'에 대해 이렇게 말한다.

> 그들은 자신들의 일이 무엇인지 알고 나갔다. 그러나 그들이
> 창녀가 된 경위를 생각하면 당시의 일본 경제 상황에서 어쩔
> 수 없이 부모가 팔아 실질적으로 자유가 없는 성노예인 상태
> 였다. 유곽에서 매춘을 해도 빚이 늘어만 가는 형편이어서 어
> 쩔 수 없이 '종군 위안부'를 지원했다는 것이다. 따라서 지원
> 한 것은 '위안부' 본인이지만 내용은 강제라는 말이다. 그러
> 나 일본인 '위안부'는 대가를 받았다. 적지 않은 일본 군인은
> 일본인 '위안부'가 전쟁터에 와서 반년쯤 되면 많은 돈을 벌
> 었다고 증언하고 있다…조선인 '위안부'의 경우를 생각하면
> 서 일본인 '위안부' 문제를 검토할 때 중요한 문제는 위안소
> 를 찾아오는 남성과의 관계이다. 일본 여성들에게 일본 군인
> 은 자기나라 남성들이었다…여기에서 일본인 '위안부'와 조
> 선인 '위안부'가 놓인 입장이 얼마나 다른지 알 수 있다(윤정
> 옥, 1997).

일본인 '위안부'가 공창 출신이라 '위안소'로 팔려갈 때 자
신이 무슨 '일'을 하게 될지 알고 있었으며 자국 남성들을 상대
로 했기에 조선인 '위안부'의 경험과 유의미하게 다르다고 여기
는 관점이 한국에서도 팽배했던 것이다.

이 밖에도 일본인 '위안부'는 조선인 '위안부'에 비해 나은

대접을 받았고 장교들을 주로 상대해서 대우가 나았다는 지적
도 관련 연구에서 많이 등장한다. 이런 관점에서는 일본과 한국
의 학자들이 크게 차이가 없었던 듯하다. 일본인 '위안부' 피해
자를 대하는 이러한 사회적 시각 속에서 일본인 생존자들이 자
신의 경험에 대해 말할 수 없었던 것은 당연한 결과일지 모른다.
일본 사회에서 공적으로 나서서 발언을 한 일본인 '위안부' 피해
자는 '게이샤'로 일하다 유곽으로, 그 다음엔 '위안소'로 팔려간
시로타 스즈코 한 명 밖에 없다. 그러나 그의 증언 속에서 '게이
샤' 시절의 경험과 '위안부' 시절의 경험은 경계가 명확하지 않
다. 그의 증언 텍스트를 분석한 강소영은 시로타의 증언에서 "자
신의 반생에서 가장 비참한 경험으로 기술하는 것이 전쟁 시 '위
안부' 경험이 아니라 일본 본토 성매매 경험이었다"고 평한다(강
소영, 2019). 노마가 2장에서 상세히 서술하듯이, 일본의 '게이샤'
나 '공창' 업소에 있던 여자들의 처지는 '위안부'와 크게 다르지
않았다. 전차금을 받고 업소로 팔려가 빚을 다 갚을 때까지 몇 년
이고 업소에 묶여 있어야 했으며 하루에 수십 명의 남자를 받아
야 했다. 정기적 성병 검진을 강제로 받아야 했으며, 그럼에도 성
병으로 고통받거나 사망하는 여성들이 많았다. 그리고 당시 조
선의 공창들의 상황도 이와 다르지 않았다.

'위안부' 제도의 원형으로서의
공창제와 성적 인신매매

1876년에 강화도조약과 함께 조선이 개항한 후 부산, 원산, 인천에서 조계지가 형성되었을 때부터 일본 유곽이 조선에 들어오기 시작했다. 1900년대에 들어서 을사조약 체결 및 통감부 설치와 함께 조선에 거주하는 일본인들의 마을인 거류민단이 설치되었다. 거류민단은 창기와 유곽업자에 대한 과세를 통해 거류민단의 중요 재원을 확보하기도 하였다(강정숙, 1998). 일본은 1906년, 거류지에서 시행하던 성병 검사를 조선인에게도 확대하였고 1908년에 경시청령으로 기생 단속령과 창기 단속령을 발포하여 조선에 일본식 공창제의 초석을 놓았으며, 한일 합방 후인 1916년에 경무총감부령으로 단속 규칙을 전국적으로 통일하였다. 조선 유곽은 일본 유곽과 마찬가지로 여성의 몸값을 전차금이라는 이름으로 지불하고 여성을 매매하는 형태로 여성을 조달하였으며 이 전차금은 여성의 빚이 되어 변제할 때까지 여성이 유곽에 묶여 있게 만들었다. 1920년대의 신문기사를 보면 전차금은 7년에서 15년 기한으로 50원부터 150원까지 받았는데, 거기서도 소개인 수수료, 공증증서 작성비, 여비와 같은 명목으로 3분의 1 정도가 깎여서 여성의 부모에게 지급되었다고 한다. 또한 포주가 계약서를 숨기고 알아서 계산한 빚은 이자에 이자가 붙어 줄어들지 않아 여성들을 유곽에서 벗어나지 못하게 했다(박정애, 2001).

조선에 공창제가 도입된 초기에는 일본인 창기가 많았지만 1920년대 이후 일본인은 감소하고 조선인은 계속 증가하여 1939년에는 조선인이 일본인보다 많아졌다. 작부 등을 포함한 전제 접객업부 중 조선인은 1910년의 1,193명에서 1942년의 10,169명으로 아홉 배가 늘어났다(야마시다, 1997). 노마는 5장에서 일본군 '위안부' 피해자 중 약 80%를 차지한다고 알려질 정도로 한국인 피해자가 많았던 이유가 식민지 한반도에서 민간 성착취 산업이 운영되어 왔으며 이런 성착취 업소에서 '위안소'로 한국여자가 대거 인신매매되었기 때문이라고 설명한다. 그는 전쟁 전부터 한국 여자가 일본제국 전역으로 인신매매되어 왔고 초기에는 주로 일본 본토로 보내졌으며, 중일전쟁이 시작된 후에는 한반도의 성착취 산업에서 해외 '위안소'로 재인신매매되는 경우가 많았음을 지적한다. 노마가 근거로 제시하는 여러 자료들, 그리고 대만을 통한 해외 인신매매망에 대한 분석은 그간 한국 학계에서 찾기 힘들었던 자료와 분석이라 특히 귀하다.

노마는 식민지의 민간 성착취가 일본군 '위안소' 제도와 세 가지 방식으로 연결되어 있다고 설명하는데, "식민지적 민간 성착취 산업은 인신매매의 운송적 교과서이자, 피해자 공급처이자, 군을 대신해 '위안소'를 개발한 포주와 인신매매 업자의 원천이었다"는 것이다. 이와 같은 시각으로 한국에 나와 있는 '위안부' 생존자들의 증언을 읽어보면 이전까지 주의를 기울여 보지 않았던 정보들이 새롭게 보이게 된다. 증언집에 실려 있는 증언 중에는 유곽에 팔려 가서 공창 또는 창기로 있다가 재인신매매 되었다는 직접적인 증언은 없지만 취업 사기로 소개소 등의 소개업자를 통해 '위안소'로 팔려간 경우와 기생집 또는 유곽 출신의 다른 '위안부'를 보았다는 증언이 여럿 있다. 한 예로 1939년에 일본에 취직시켜 준다는 말에 속아 조선인 부부를 따라 신의주로 가서 일본인 군속에게 넘겨져 대만을 거쳐 광동의 '위안소'로 보내진 이영숙의 경우 2년이 지난 후 다른 여성의 귀띔으로 자신의 계약기간이 이미 지나 나갈 수 있다는 것을 알게 되었다고 한다(『강제로 끌려간 조선인 군 위안부들』, 이하 '증언집' 제1권). 그는 '위안부'를 업자에게 소개해 주는 일본인 영감의 소개로 다른 '위안소'로 갔는데, 이 때는 더 이상 빚이 없었지만 "이미 자포자기한 상태였으며 조선으로 돌아갈 만큼 많은 돈을 가지고 있지도 않았기 때문에" 그냥 그대로 있었다고 한다. 그는 종전 후 수용소에 있다가 조선으로 돌아왔다. 그는 돌아오는 배에서 몇 번이나 바다에 빠져 죽으려고 했으나 무서워서 그러지 못했다. 공창 취업 사기로 중국 광동의 '위안소'로 보내진 박연이의 경우에도 3년의 '기한' 동안 빚 때문에 '일한 대가'를 전혀 받지 못했는데, 이 빚에는 고향에서 자신을 데려오는 데 든 수속비와 여비, 위안소에서의 식비, 옷값, 화장품값 등이 포함되어 있었다고 한다. 그는 3년 '기한'이 끝난 후 같은 지역의 다른 위안소로 옮겨졌다(증언집 제2권). 공창 취업사기로 함경북도 웅기의 '위안소'로 보내졌다가 중국 훈춘의 위안소로 보내진 최정례는 딸이 1000원의 빚 때문에 '위안소'에서 못 나온다는 것을 알게 된 부모가 돈을 부쳐 주었지만 '아버지가 이 돈을 버느라고 얼마나 고생했을까' 하는 생각에 돈을 도로 집으로 부쳐버린 사례다(증언집 제2권). 이처럼 인신매매되어 온 조선인 군 '위안부'들은 빚으로 '위안소'에 묶여 있는 경우가 있었고, 그래서 한 '위안소'에 있다가 다른 '위안소'로 재인신매매되기도 하였다. 박두리의 경우 대만의 '위안소'에서 같은 지역의 다른 '위안소'로 여자 스무 명이 다 같이 옮겨졌는데 팔려간 것이라는('위안소' 업자 사이에 돈이 오간) 말을 들었다고 했다(증언집 제2권). 군 '위안소' 경영자였던 가가와 히사하루의 증언에도 그와 같이 수송선에 탔던 다른 군 '위안소' 경영자 이노우에 기쿠오의 사례가 나오는데, 이 자는 상해에서 여관을 운영하다가 상해 주둔군의 명령으로 항저우에서 12명의 조선 여성을 '전차금을 주고' 군 위안부로 징모徵募했다고 한다(윤명숙, 2015).

　　연구자 윤명숙은 43명의 '위안부' 생존자 증언 중 접객부였던 군 '위안부'의 존재에 대한 증언이 포함된 여섯 사례를 정리하였는데, 위안소나 중개지인 부산, 경성 등에서 기생들을 목격하였다는 증언들이다. 그 예로 이상옥은 파라오의 '위안소'에 있을 때 기생들도 함께 있었다고 말하며(증언집 제1권), 강무자는 '위안소'로 운송되는 과정에서 부산의 여관에서 여성 35명이 함께 있을 때 "대구 달성정 권번(기생학교)에서 온 열다섯 살, 열일곱 살

먹은 애들도 있었다"고 증언하고, 중개지 히로시마의 숙소에도 기생들 20명 정도가 먼저 와 있었다고 말한다(증언집 제2권). 배족간도 중국 다이찡의 '위안소'에 있을 때 조선인 '위안부'만 한 30~40명 있었는데 나중에 들어온 여자들은 나이가 많았으며 '위안부'들 중에는 권번 출신 기생도 있었다고 증언했다(증언집 제2권). 이처럼 전차금으로 묶여 있는 기생 등의 민간 성착취 피해자가 군 '위안부'로 재인신매매되는 사례가 있었고, 여성이 한 '위안소'에서 다른 '위안소'로 보내질 때도 남은 빚을 통해 넘겨지는 인신매매 방식이 사용된 사례들이 있음을 생존자들의 증언 및 한국 연구자의 조사에서도 확인할 수 있다. 따라서 당시 조선인 여성들이 어떻게 군 '위안부'로 동원되었는지 그 전체적인 그림을 파악하기 위해서는 식민지 조선에서의 성착취 산업을 이해할 필요가 있다.

조선의 소개업과 접객업, 그리고 인신매매망

노마는 5장에서 1925년에 일본이 식민지 여자들에게는 적용되지 않는다는 조건을 걸고 여자와 아동의 인신매매 금지조약에 서명한 것, 식민지 조선에서 기생이 공창제의 일부로 취급되었고 권번이라 불리는 기생 학교가 입적이라는 이름으로 미성년 여자가 인신매매되는 장소가 되었다는 것, 1930년대에 한국에서도 일본처럼 카페 업소가 유행하였다는 점 등을 지적하며 당시 조선에서 일본 당국의 주도 아래 상업적 성착취가 성장한 제반 상황을 제시하였다. 일본군이 포주들에게 '위안소 설치' 하청을 주었고, 식민지에서 활동하던 포주와 소개업자들은 성착취 산업을 직접 운영하거나 이에 관여하면서 수립한 군과의 유착 관계 및 인신매매망을 활용하여 조선인 여성들을 '위안부'로 동원할 수 있었다. 이처럼 식민지 조선의 접객업자 및 소개업자들이 '위안소' 설치 및 운영에 관여한 정황에 대해서는 한국 학자인 윤명숙도 분석한 바 있다. 윤명숙은 식민지기 조선에서 이루어진 군 '위안부'의 징모 방법이 대부분 접객부 조달의 연장선상에 있었다고 말하며, 이는 "여성의 성을 장사의 도구로 이용한 접객업과 인신매매를 장사의 수단으로 삼았던 주선업의 연계로 성립"되었다고 설명한다. 특히 "인사소개소는 원래부터 창기, 예기, 장부들의 주선을 위해 서로 네트워크를 공유하면서 소개 주선을 하였는데 이러한 인사소개소의 소개 주선 방식이 군 위안부의 징모에 이용되었다"는 것이다(윤명숙, 2015).

식민지 조선에서 예기, 작부 또는 창기의 소개를 담당하는 인사소개업자는 경찰허가를 얻어야 했으나 소개업자의 자격이 정해져 있지 않고 수수료의 기준과 한도에 대해서도 규정하고 있지 않아 당국의 규제가 느슨하고 형식적이었다. 등록된 주선업자는 계속 늘어나 1941년에 7,699명에 달했으며 무허가 불법 소개소도 많았다. 이들은 지방 농촌에 브로커를 보내 '서울에 가면 흰밥을 배불리 먹을 수 있다'고 속여 여성을 데려와 여성들이 글을 읽을 수 없는 점을 이용해 거짓 차용증서를 작성하고 호적등본 등을 위조하여 접객업소에 팔아 넘겼다(야마시다, 1997). 1939년에 대대적으로 보도된 하윤명의 사례가 대표적으로, 하윤명은 본래 조선요리업을 경영하다가 인사소개업을 시작했다. 그는 부인과 함께 농촌을 돌아다니며 여성들을 유인해 고액의 소개료를 받고 조선의 주점이나 유곽 및 만주, 상해의 유곽으로 팔아넘겼다. 하윤명에게 인신매매를 당한 피해자는 모두 150여 명에 달했는데, 경찰이 수사를 위해 여성들이 팔려간 유곽에 소환장을 보내자 유곽 측은 여성들을 다른 지역으로 팔아 넘겼다. 이렇게 재인신매매된 여성이 12명이었다. 이 중 한 명인 조학남은 경성의 유명루라는 유곽 경영자에 의해 산둥성 다징의 위안소로 재인신매매되었다(윤명숙, 2015).

　군 '위안부' 생존자들의 증언에서도 소개소에 대한 언급을 다수 찾을 수 있다. 한 예로 박순애의 경우 23세이던 1941년에 거창에서 의처증이 심한 남편이 소개소로 팔았다. 그는 서울 아현동의 소개소로 보내진 후 논 다섯 마지기 값에 팔린 것을 알았고 위문단을 모집한다고 하여 빨리 돈을 벌어 빚을 갚고 아들과 살기 위해 자원하였다. 그는 부산, 시모노세키를 거쳐 라바울의 위안소로 보내졌다(증언집 제1권). 김춘자도 청진에서 취업 소개를 받기 위해 소개소에 갔다가 소개소에 있던 다른 여자들과 함께 중국 동안성의 위안소로 보내졌다(증언집 제2권). 윤명숙이 수행한 군 '위안부' 43명의 증언 분석에 따르면 조선에서 '위안부' 징모를 담당한 징모인에는 헌병, 경찰, 징모업자가 섞여 있지만 그중에서도 징모업자가 가장 많다. 징모업자는 취업사기 방식을 많이 활용했는데, 돈을 많이 벌 수 있는 직업(여공, 보모 등)을 소개시켜 준다며 여성을 유인했다. 윤명숙은 이처럼 여공 모집인이나 연고자를 통해 직업을 알선하는 방식이 여성을 대상으로 한 인신매매업자들의 영리 유괴에 많이 이용되고 있었기에 그대로 군위안부의 징모에도 이용되었다고 분석한다. 조선 내의 '위안부' 징모업자는 크게 선정업자와 하청업자로 나뉘는데, (군이 선정하고 허가한) 선정업자는 주로 군 '위안소' 경영자 또는 관리자이며 하청업자 중에는 접객업자와 소개업자가 많았고 이 중에 인신매매업자들이 포함되어 있었던 것이다(윤명숙, 2015).

1941년에는 인사소개업과 접객업의 겸업 금지 조항이 완화되어 인사소개업자와 접객업자의 네트워크가 더욱 강화되는 데 일조하였다. 이 조치로 접객업자 및 그 가족이 예창기, 작부를 직접 모집할 수 있는 인사소개업을 겸업할 수 있게 되었는데, 한 예로 상해의 '위안소' 경영자였던 공돈은 본래 경주에서 명월관이라는 기생집을 경영하다가 1940년에 중국으로 건너가 상해에 일본군 '위안소'를 설치하고 조선인, 일본인 '위안부'를 고용하였다(한혜인, 2013). 또한 중일전쟁 발발 이후 중국 등 해외의 '위안소'가 조선의 접객업자들에게 새로운 활로 개척의 장으로 여겨졌을 것이라는 분석이 있다. 윤명숙은 당시 일본제국이 총동원체제로 전환하면서 접객업을 사치와 향락 업소로 보고, 단속과 영업 규제를 강화하고 과세 부과율을 높인 결과 경영난에 빠진 접객업자들이 만주 등지로 나가 '위안소' 업자가 되었다고 파악한다. 그가 분석한 사례에는 평안북도 의주 출신으로 상해에서 카페를 운영하다가 1940년에 군 '위안소' 경영자가 된 박일석, 상해에서 음식점을 운영하다가 1940년에 안칭으로 가서 '위안소' 경영자가 된 진무영, 상해에서 카페 주인이다가 쑤저우에서 '위안소' 경영자가 된 조병현이 있다. 윤명숙은 중일전쟁을 계기로 중국에서 일어난 전쟁 경기를 성공의 기회로 받아들여 중국 도항을 선택한 접객업자가 많았으며 이들에게 군 '위안소' 경영은 '단기간에 성공할 수 있는 업종'으로 받아들여졌을 것이라고 분석한다(윤명숙, 2015). 이처럼 '위안소' 경영과 '위안부' 징모는 당시 조선에서 확대되고 있던 접객업의 해외 활로 개척 및 접객업자와 소개업자가 연결된 인신매매망의 성립이라는 사회적 배경 속에서 일본 당국이 이러한 인신매매 구조를 활용하는 형태로 이루어졌다. 일본이 중일전쟁 발발과 함께 중국, 대만 등의 많은 해외 지역에 빠른 시간 내에 수백 개의 '위안소'를 설치할 수 있었던 것은 이처럼 조선에서 당시 횡행하던 인신매매 관행이 만들어낸 인신매매 업자들의 네트워크를 이용했기에 가능했으며, 또한 전쟁 이전부터 이미 일본이 자국 여성을 해외 유곽에 보내던, '가라유키상'이라 불리는 관행 속에서 형성된 인신매매망이 그 기반이 되었다.

'위안부'의 민간 성착취 배경을 지우면서 우리가 잃은 것

그렇다면 '위안부'의 역사에서 민간 성착취라는 배경을 지움으로써 한국에 어떤 사회적 효과들이 생겼을까. 앞서 설명한 것처럼, 민간 성착취 산업에 매여 있던 조선인 여성들이 다수 '위안소'로 팔려갔으나 우리는 이들의 직접적인 증언을 얻지 못하였다. 일상적 강간과 구타, 매독 등의 치명적 성병, 건강 저하, 자살 충동, 전장의 폭격, 종전 직전과 직후 일본군의 학살 속에서 살아남아 종전과 해방을 맞이한 '위안부' 생존자들 중에는 고국으로 돌아오지 않기를 '선택'한 여성들이 있었다. 싱가포르의 '위안소'에서 종전을 맞아 태국의 포로수용소로 끌려간 뒤 그 곳을 탈출해 태국에서 정착해 살아갔던 노수복의 경우처럼, 생존자들은 종전 후 '돌아갈 곳이 없었다'라고 말하곤 한다. 고국으로 돌아오는 배 안에서 바다에 몸을 던지려고 수차례 시도했던 이영숙의 경우에서 보듯 해방 후 조선은 이들을 환영하는 곳으로 여겨지지 않았다. 많은 생존자들이 한국으로 돌아온 후 가족에게 자신이 '위안부' 생활을 했다고 말하지 못하거나, 이에 대해 함구하라는 말을 가족 등으로부터 들었다.

이전에 성착취 피해 경험이 없었던 생존자들도 자신의 '위안소' 피해에 대해 말할 수 없던 사회적 환경에서, 이전에 유곽 등으로 팔려가 창기 생활을 하다가 '위안소'로 다시 팔려간 생존자들이 자신의 경험에 대해 말하기는 더욱 힘들었을 것이다. 이런 상황에 더해, 그간 우리 사회는 "위안부는 공창이 아니었다"는 메세지를 지속적으로 이들에게 보낸 것이다. 만일 우리가 민간 성착취가 '위안소' 제도의 배경이었으며 민간 성착취와 군대 성착취가 사실은 한 몸이라는 것을 직시했다면, 민간 성착취 선경험이 있는 생존자들을 희생양 삼지 않고 그들의 경험까지 우리의 운동과 역사 분석에 포함시켰다면 어떻게 되었을까? 일제시대 공창제에 대해 우리는 직접적 피해자로부터 귀한 증언을 얻을 수도 있지 않았을까. 다른 생존자들이 함께 생활했다고 하는, 그리고 분명히 목격했다고 하는 그 분들이 말할 수 있는 환경을 만들어 공창제 피해자들의 역사를 기록할 수도 있지 않았을까. 만약 그렇게 되었다면 우리의 역사 쓰기는, 여성운동은 어떻게 달랐을까? 반성착취 운동에 몸담은 사람으로서, '위안소'라는 군 성착취가 민간 성착취와 연결되는 수많은 지점에 대해 그간 성찰하지 못한 점이 아쉽다.

현재 상업적 성착취와 관련한 여성주의 내부 논의는 '성노동론'과 근절주의로 대별될 수 있다. 우리나라는 근절주의 운동의 전통이 강한 편이지만 '강제된 성노동'이나 인신매매만을 문제 삼아야 한다는 '성노동론'도 여성운동계와 진보운동계 및 학계에서 무시할 수 없는 흐름을 형성하고 있다. 이들은 '위안부'에 대해서도 '강제된 성노동'을 한 사람들로 묘사한다. 그러나 '위안소' 역사가 보여주는 것은, 군 성착취는 민간 성착취를 바탕으로 하고 있으며 수많은 남자가, 특히 기층 남자들이 군인으로 동원되는 전쟁에서 군 성착취는 성착취에 대한 수요를 남자들 사이에서 확대시키는 역할을 한다는 것이다. 노마가 성착취의 평등화라고 개념화한 이런 현상은 전후에 민간 성착취를 확장시키는 큰 동력이 되는, 남자들의 성착취 경험과 수요 확대를 잘 설명해 준다.

한국은 해방 후 한국전쟁을 거치며 한국군 '위안부', 미군 '위안부'를 조직, 동원한 경험을 가지고 있다. 특히 미군기지를 중심으로 한 기지촌의 성산업은 1960년대에 전국 성착취 집결지의 60%를 차지할 정도로 큰 규모였으며 한국 정부는 기지촌 성산업을 지원하고 육성했다. 일제시대 공창지역이었던 곳, 미군 기지촌이었던 곳들이 모두 한국남자를 상대로 하는 성착취 집결지가 되었으며 포주 집단과 군대, 경찰, 정부의 유착 관계도 이어졌다. 최근까지도 정부는 성병을 방지한다며 포주들의 조직적 협조를 얻어 성착취 산업의 여성들에게 강제적으로 성병 검진을 실시했으며, 소개소나 업소에 묶인 선불금 빚을 갚지 않고 업소에서 도망친 여성을 채권자가 사기죄로 고소하면 경찰과 검

찰이 수배를 내려 여성을 잡아 주었다. 한국 남성 국민 절반이 성
착취 경험이 있을 정도로 비대한 성착취 산업 규모를 가지게 된
것은 이렇게 공창제와 '위안부' 제도를 통해 남자들의 성착취 경
험과 수요가 확대되고 포주와 소개업자, 경찰, 정부의 연결망이
촘촘히 형성된 과정이 있었기 때문인 것이다.

　내가 2000년대 초반부터 성착취 산업 현장을 드나들며 목
격한 현실은 '위안부' 생존자들이 증언한 경험들과 크게 다르지
않았다. 수천만 원의 소개소 빚에 묶여 여관바리를 하느라 입 주
변에까지 성병이 퍼진 스물한 살 여성을 만났으며 룸살롱에서
매일 밤 2차를 나가며 악착같이 '일'해도 (일제시대에는 '전차금'이
라 불린) 선불금 빚이 줄지 않아 결국은 도망쳐 수배자가 된 여성
을 만났다. '위안소'처럼 생긴 성착취 집결지에서 생활하며 여러
번 자살시도를 하고 팔에는 자해 흔적이 수십 개 있지만 업소에
서 가장 잘 팔리는 여자 중 하나였던 여성도 있었다. 2000년대
초반에 청소년성보호법이 강화되기 이전에는 전국의 성착취 집
결지에 10대 여성이 반 이상이었다고 추정된다.

　한국사회가 '위안부' 문제를 민족 문제로 보길 넘어서 민간
성착취를 기반으로 한 여성폭력 문제로 볼 수 있었다면, 우리가
흔히 '성매매'라 부르는 상업화된 성착취 문제에 있어서도 강제
와 자발이라는 이분적 프레임에 갇히지 않고 성착취가 갖는 폭
력적이고 여성 억압적 본질을 바로 보는 데 기여했을 것이다. 그
런 점에서 일본군 '위안부' 정의 운동이 전시 성폭력을 중심으

로 한 여성문제로서만 일본군 '위안부' 문제를 대하는 지금의 상황이 아쉽다.

한국과 일본에서 본격적으로 공론화되기 시작한 1990년대부터 국제사회에서는 일본군 '위안부' 문제가 전쟁범죄의 한 부분으로 여겨지기 시작했다. 1996년 유엔 인권위원회 보고서에서 이를 '전쟁 중 군대 성노예제'로 명명했으며 1998년 보고서에서는 군 '위안소'를 '강간 수용소'라 명하고 여성들이 강제동원되어 '강간, 강제매춘, 성폭력을 당한 노예'였다고 기술하였다. 상업화된 성착취를 '성노동'으로 간주하는 국제노동기구 ILO는 군 '위안부' 제도를 강제된 노동이라는 점에서 강제노동조약 위반이라는 법적 판단을 내리기도 했다. 2000년의 여성국제법정 이후 정대협은 전쟁과 여성 인권 센터를 설립하였고 생존자이자 운동가였던 김복동의 뜻을 이어받고자 하는 세계 김복동 센터 건립 운동을 펼쳤다. 우간다에 우간다 내전 성폭력 생존자들과 연대하기 위한 센터 설립을 추진하기도 했다. 일본군 '위안부' 제도는 전쟁 전부터 기획, 시행되었고 일본과 한국이 전쟁을 통해 대립 중인 상태가 아니었다는 점에서 일반적인 전시 성폭력과 다르며 이 책에서 밝히는 것처럼 민간 성착취와 훨씬 공통점이 많다. 더욱이 한국에서 위안소를 똑 닮은 성착취 집결지들이 아직도 존재하는 상황에서 멀리 아프리카까지 가서 성폭력 피해자들과 연대하려 했다는 것은 현 '위안부' 정의 운동이 가진 방향성을 보여준다.

반성착취 관점으로
군 '위안부' 문제를 보기

한국 학계에서는 일본군 '위안부' 문제를 공창제와의 연결 속에서 파악해야 한다는 지적이 나오고 있다. 공창제가 일본군 '위안부' 제도의 역사적 배경이었음을 전제하되 동원방식의 차이를 지적하며 공창제 하에서는 접객원 동원을 접객업자가 하고 일제는 간접적으로 관리하였지만 '위안부' 제도에서는 군대가 전면에 나서 여성 동원에 개입했다고 지적하는 연구가 있었다(정진성, 2004). 또한 식민지의 공창제와 군대가 강한 유착관계를 맺고 있었음을 지적하며 일본군이 식민지 공창제를 '위안부' 제도에 적극 활용하였다고 설명하기도 한다(송연옥, 2016).

그런데 이런 연구는 강제된 성착취와 그렇지 않은 성착취를 구분하는 시각 때문에 한계를 지니기도 했다. 한 예로 안연선은 『성노예와 병사 만들기』에서 '위안소'의 운영방식과 관행이 공창이나 사창과 매우 비슷함을 지적했다. 예를 들면 '손님'이 진열되어 있는 여자들 가운데 마음에 드는 이를 고르는 것, 성행위에 대해 값을 지불하는 것, 빚과 고용계약의 형식으로 여성을 매어 놓은 것, '위안소' 경영인이 '위안부'들이 하루에 '받은 손님'의 수에 따라 여성을 처벌하거나 보상한 방식 등이 이에 해당한다. 그는 '위안부'들에게 가해졌던 일상적인 성폭력이 이 여성들을 '창녀로 만드는 한 과정'이었다고 설명하며, 이러한 '창녀화'

과정은 "그 안에 자기 모순을 가지고 있다. 만약 위안부로 데려온 그 소녀들이 이미 그 '거래'를 위해 자원한 '창녀'였다면 심한 폭력과 강제를 동반한 '창녀화' 과정은 불필요했을 것이다. 폭력과 위협이 개입되었다는 것 자체가 위안소에서 일어난 일이 상호적인 '성거래'였다는 주장을 의심하게 한다"고 말한다. 이처럼 '창녀화' 과정을 거친 여성과 그렇지 않은 여성을 구분하는 시각은 성착취 현실을 제대로 볼 수 없게 만든다. 민간 성착취 업소에 있는 여성들에게도 지속적으로 폭력과 위협이 행해지며, '상호적인 성거래'라는 것은 '위안소'에서만 없었던 게 아니라 민간 성착취 제도에서도 존재하지 않는 허구다. 안연선은 이 책에서 '위안부' 여성들이 택한 생존 전략들을 정리했는데, 탈출 시도하기, 자살 시도하기, 정신을 놓아버리기, 아편을 하거나 술을 마시기, 고분고분 말 듣기, 애원하거나 가장하기, 가해자와 친밀한 관계 맺기 등이다. 이러한 생존 전략들은 민간 성착취 업소의 여성들이 현재도 취하는 방식들이다.

　　박정애는 한국사회의 '위안부'에 대한 문제의식이 여전히 여성주의 관점이 아니라고 말하며, 공창과 '위안부'의 차이를 강조할 때 이야기되는 '자발성'의 허구를 지적한다. 그는 20세기 전반기를 살았던 여성들이 자율성이 보장된 존재였는지 질문하며 '위안부'와 공창의 관계를 묻기 위해서는 "현재 우리가 '위안부' 피해를 이야기할 만한 역사적 상상력을 갖추었는지 점검하는 것에서부터" 시작해야 한다고 말한다(박정애, 2019).

나는 박정애가 요청하는 "역사적 상상력"이 상업화된 성착취 문제를 여성주의적 시각으로 바로 보기 시작할 때 나올 수 있을 것이라고 생각한다. 무엇보다도 강제된 '성매매'와 그렇지 않은 '성매매'를 구분하는 시각부터 버려야 한다. 현재 우리나라에서는 페미니스트들이 '성매매'라는 용어 대신 '상업화된 성착취', '상업적 성착취'와 같은 말을 사용하는 경우가 늘고 있다. 이전부터 반성착취 단체에서는 '성매매'를 '성착취'라 보는 시각을 가지고 있었지만 '성매매'라는 용어도 함께 사용해 왔는데, 이러한 중립적인 용어가 가지는 문제점이 계속 드러났다. 남자가 돈을 주고 여자를 성착취할 권리를 사는 것이 '성구매'라는 말로 불렸고 섹스를 마치 사고 팔 수 있는 것처럼 느껴지게 했다. 성착취 피해자를 '성판매 여성'이라 부르는 경우도 늘었다. 성착취가 합법화된 서구의 일부 나라에서는 '윤리적인 성구매' 같은 캠페인이 열리기까지 했다. 그러나 '성매매'의 본질은 남자가 돈을 구실로 하여 여자의 성을 착취하는 것이다. 남자가 돈을 지불하고 여자의 몸을 이용할 때, 이 남자는 섹스를 산 것이 아니라 해당 시간 동안 여자 신체의 사적인 영역을 침해하고 지배할 수 있는 권리를 산 것이다. 성착취 현장에서 벌어지는 '섹스'는 철저히 남성 성기 중심적이며 '일'이 완수되었느냐 아니냐는 남자의 성적 만족 또는 사정에 달려 있다. 성착취남은 남자 지배 사회에서 사물화되고 대상화된 여자의 신체를 표상하는 성착취 피해자의 몸을 지배함으로써 남자의 여자 지배를 행사하고 확인한다(박혜정,

2020). 이것은 거래가 아니라 착취이며 폭력이다. 2015년부터 한국에서 떠오른, 온라인을 중심으로 한 래디컬 페미니즘 운동 속에서 페미니스트들은 '페이강간paid rape'이라는 말로 성착취를 묘사하며 성착취를 '성노동'으로 포장하는 담론에 대항하고 있다. 이렇게 강제된 성착취와 그렇지 않은 '성매매'가 있을 것이라는 관념을 버리고 남성 지배 체제 하에서 여성이 남성에게 성적으로 사용되기 위해 동원되고 이용되며 버려지는 구조를 직시하기 시작할 때 우리는 일본군 '위안부' 제도를 그 역사적 구체성 속에서 파악할 수 있는 열린 눈을 갖게 될 것이다.

래디컬 페미니즘 시각에서 서술된 노마의 이 책은 한국 학계에서 수차례 요청되었으나 본격적으로 진행되지 못한 민간 성착취 제도와 일본군 '위안부' 제도의 연결성에 대한 조사와 분석에 매우 요긴하게 활용될 수 있을 것이다. 더불어 많은 일반 독자들이 일본군 '위안부' 제도의 실상과 맥락을 바라보는 새로운 눈을 가질 수 있도록 도울 것이며, 이는 한국 여성들이 기존의 민족주의 관점을 벗어나 여성 역사로서의 '위안부' 역사를 있는 그대로 복원해 내는 작업에 실마리가 될 수 있을 것이다.

참고문헌

- 강소영 (2019). 일본인 '위안부' 피해자의 말하기-시로타 스즈코의 텍스트를 통해. 日本思想, 36, 5-29.
- 강정숙 (1998). 대한제국·일제초기 서울의 매춘업과 공창제도의 도입. 서울학연구, 11호.
- 김정란 (2004). 일본군 '위안부' 운동의 전개와 문제인식에 대한 연구: 정대협의 활동을 중심으로. 이화여자대학교 여성학과 박사학위 논문.
- 박정애 (2001). 국가의 관리 아래 신음하는 매춘 여성. 20세기 여성 사건사. 여성신문사.
- 박정애 (2019). 일본군 '위안부' 문제의 강제동원과 성노예-공창제 정쟁과 역사적 상상력의 빈곤. 페미니즘 연구, 19(2), 45-79.
- 박혜정 (2020). 성노동, 성매매가 아니라 성착취. 열다북스.
- 송연옥 (2016). 식민지 조선에도 공창제도가 있었는가? Q&A '위안부' 문제와 식민지 지배책임. 삶창.
- 안연선 (2003). 성노예와 병사 만들기. 삼인.
- 야마시다 영애 (1997). 식민지 지배와 공창제도의 전개. 사회와 역사 제41집.
- 윤명숙 (2015). 조선인 군'위안부'와 일본군 '위안소'제도. 최민순 옮김. 이학사.
- 윤미향 (1998). 해결운동의 과정과 전망. 나눔소식지. (김정란의 박사학위 논문에서 재인용)
- 윤정옥 (1997). 일본군 위안부 문제의 진상. 정대협 진상조사연구회 엮음. 역사비평사.
- 정진성 (2003). 전시 하 여성침해의 보편성과 역사적 특수성: 일본군 '위안부' 문제에 대한 국제사회의 인식. 한국여성학, 19(2), 39-61.

- 정진성 (2004). 일본군 성노예제-일본군 '위안부' 문제의 실상과 그 해결을 위한 운동. 서울대학교출판부.
- 한국정신대문제대책협의회, 한국정신대연구소 (1993). 강제로 끌려간 조선인 군'위안부'들 증언집1. 한울.
- 한국정신대문제대책협의회, 한국정신대연구소 (1997). 강제로 끌려간 조선인 군'위안부'들 증언집2. 한울.
- 한국정신대문제대책협의회, 한국정신대연구소 (1999). 강제로 끌려간 조선인 군'위안부'들 증언집3. 한울.
- 한국정신대문제대책협의회 2000년 일본군 성노예 전범 여성국제법정 한국위원회 증언팀 (2001). 강제로 끌려간 조선인 군'위안부'들4 기억으로 다시 쓰는 역사. 풀빛.
- 한혜인 (2013). 총동원체제하 직업소개령과 일본군 위안부 동원. 사림 제46호.

역자 후기

우리의 국적은 여자다

유혜담

2019년 봄 나는 교토에 머물렀다. 벚꽃을 보러 갔지만 어느새 교토의 벚꽃이 아닌 교토의 여자를 보고 있었다. 내가 숙소를 잡은 기온 거리는 양 옆이 서로 다른 세계처럼 보였다. 한쪽은 얼굴을 하얗게 칠하고 머리를 딱딱하게 굳힌 채 종종걸음치는 '게이샤'의 영역이었다. 옛 모습을 그대로 간직한 목조 건물을 구경하다가 그와 처음 마주쳤다. 어둠이 깔린 거리는 그를 목격하려는 인파로 북적였다. 희고 붉은 칠은 그를 인간이 아닌 어떤 존재로 착각하도록 유도했지만, 나는 화장 너머로 나와 같은 여자의 얼굴을 읽어낼 수 있었다. 순간 내가 그고, 그가 나인 환상 속에 있는 듯했다. 그때였다. 카메라를 목에 건 백인 남자가 그를 쫓아가며 사진을 찍자고 무례하게 옷자락을 잡아챘고, 그는 뜨내기는 받지 않는 고급 '요정' 안으로 도망치듯 들어갔다. 그 안에서는 무슨 일이 일어났을까. 그는 달리 갈 곳이 있었을까. 난 그때부터 '게이샤' 제도가 성착취가 아니라는 어떤 주장과 낭만도 믿지 않게 됐다. 역하고 먹먹했다.

　대로의 맞은편은 또 달랐다. 여행 가방을 끌고 큰길에서 살짝 들어갔을 뿐인데 아담한 건물마다 작은 간판 스무여 개가 붙어 있었다. 누가 설명해 주지 않아도 직감적으로 알았다. 간판 하나는 업소 하나고, 방마다 어떤 여자가 매여서 성착취되고 있으리라는 걸. 자칫 숙소로 돌아오는 시간이 늦어지면 집 앞 골목에서 몸에 딱 붙는 불편한 '홀복'을 입고 높은 힐에 올라탄 여자들이 배 나온 직장인 남자를 배웅하고 있는 장면을 봐야 했다. 눈을 마주칠 수 없어서 앞만 보고 걸었지만, 걷는 내내 우리가 얼마나 한 끗 차이인지를 생각했다. 나도 그가 될 수 있었다.

　그러니까 한쪽은 여행객과 소수 엘리트 남자를 위해 박제된 과거의 성착취라면, 반대쪽은 시대에 발맞춘 현대적 성착취가 자리 잡은 셈이었다. 중학교를 갓 졸업한 현대의 여자 청소년들을, 몇백 년 전부터 여자들이 죽어 나간 한이 서린 제도로 밀어 넣는 게 가당키나 한 말인가? 어떻게 그 위에 관광 산업을 쌓아 올리고, 보존해야 할 아름다운 전통인양 '게이샤' 귀이개 따위를 팔아치운다는 말인가? 그러나 우리에게 상대적으로 익숙한 현대적 성착취라고 뭐가 다를까. 우직하게 보존했건 약삭빠르게 모습을 바꿨건 성착취라는 유구한 제도는 살아 숨쉬는 여자의 생생한 고통을 원료로 지금까지도 돌아가고 있었다.

　교토에 머무는 동안 운 좋게도 일본의 반포르노 반성폭력 단체 PAPS 사람들을 만났고, '일본 최대의 성착취 거리'라고 일컬어지기도 하는 토비타 신치를 두 눈으로 확인할 수 있었다. 야쿠자가 뒤를 봐준다는 소문이 있는 토비타 신치 성착취 집결지는 잘 정비된 노점상 거리처럼 멀끔해서 더 끔찍했다. 앞이 뻥 뚫린 업소 안 분홍빛 조명 아래 '팔리고 있는' 여자들은 웨딩드레스나 치파오, 기모노처럼 남자의 성적 페티시를 자극하는 온갖 복장을 갖춰 입고 미동도 하지 않은 채 포즈를 취했다. 어떤 한국 남자가 "야, 천국이야, 천국"이라고 중얼는 소리가 그 지옥도를 완성했다. 거기서는 국적도 언어도 아무것도 아니었다. 교토에서 지내며 막연히 느껴오던 사실이 토비타 신치에서 분명해졌다. 내가 동질감을 느끼는 쪽은, 나의 운명과 뿌리부터 연결된 쪽은 '팔리고 있는' 여자였지 '사러 온' 남자가 아니었다.

'위안부' 문제를 다루는 책에서 전범 국가의 일원인 일본 여자의 고통을 왜 이렇게 공들여 묘사하는지 마음이 불편하다면, 계속 읽어보기를 바란다. 기온 골목의 풍경 위에 토비타 신치의 풍경을 겹치고, 그 위에 이 책을 올려보자. 19세기 '가라유키상'이라는 이름으로 고깃배 타고 해외로 팔려 나간 여자들, 부푼 꿈을 가지고 상경하자마자 인력거꾼의 세 치 혀에 속아 넘어가 허상의 빚에 매여야 했던 여자들, 어린 나이에 '게이샤' 업소에 팔려 아는 세계라곤 성착취밖에 없던 여자들, 전쟁 말엽까지도 어두컴컴한 오키나와 동굴 속에서 성착취당한 여자들의 이야기를 반투명한 종이 위에 그려서 포개 놓는다고 해보자.

이제 이 종이 더미 위에 한국인 '위안부' 피해자들의 증언을 조심스럽게 올려놓겠다. 1991년 8월 14일 한국 거주자로는 최초로 '위안부' 피해를 증언한 김학순은 위안소로 몰래 들어온 조선인 은전 장수에게 데리고 나가 달라고 말하지만, 남자는 자기 욕구만 채운 채 나가려 한다. "조선인이건 일본인이건 남자는 다 똑같은 모양이다." 대만으로 끌려가 동굴 속 해군부대 위안소에서 성착취 당한 진경팽은 "남자들에게 물려서 지금도 남자가 짐승 같이 보이지 사람처럼 보이지 않는다"라고 한다. 낯선 땅 남태평양 팔라우에 묶여 있었던 강무자는 딸이 없는 게 가장 가슴이 아프다고 말한다. "딸이라면 내가 외로울 때 심정을 이해해 줄 것이다. 아들이라면 이해를 못 할 것 같다." 여자라고 학교에 보내주지 않은 아버지, 속여서 끌고 간 인신매매 업자, 강간하고 협박하고 상해를 가한 군인들, 육체노동과 감정 노동을 착취한 남편까지 증언자들의 인생은 남자가 여자에게 가하는 폭력으로 굴곡져 있었다.

마지막으로 현대 한국에서 살아가는 우리에게 가장 가깝게 느껴질 이야기를 하나만 더 놓고 마치겠다. 20여 년 동안 성착취 산업에 매여 있다 탈출한 반성착취 활동가 봄날은 작년 11월 『길 하나 건너면 벼랑 끝』이라는 훌륭하고 용감한 책을 냈다. 나는 이 책을 번역하던 중 봄날의 책을 읽었는데, 위안소와 봄날이 겪은 성착취 업소는 시대 차이에도 불구하고 어안이 벙벙해질 정도로 비슷했다. 여자를 선불금으로 옭아매고, 비싼 옷이나 화장품이나 장신구를 사게 만들어 빚을 불리고, 익숙할 틈 없이 다른 업소, 업종, 지역으로 팔아 넘기고, 아파도 쉴 수 없게 하고, 여자들을 차등 대우해 서로를 미워하게 만들고, 끝내 빈손과 아픈 몸으로 업소를 떠나게 만드는 포주의 전략은 그 효과가 증명된 바 어디선가 전수되고 있는 것 같았다.

이렇게 겹쳐진 수십 수백 장의 종이들을 보자. 종이 한 장은 여자 하나가 일궈낸 삶이다. 주어진 조건 아래 살아남고 싶어서, 더 잘살고 싶어서 궁리했던 처절한 결과다. 나라와 사회가 한 여자가 벼랑에 서도록 조장하고 방치하고 때로는 이득을 취하기까지 했다는 눈 돌릴 수 없는 범죄 증거다. 어떤 시대냐, 어떤 민족이냐, 어떤 여자냐, 어떤 제도냐가 종이의 무게로 흐릿해지고 나면 하나의 그림이 오롯이 떠오를 것이다. 이 그림을, 꼭 같이 보고 싶었다. 나의 말에는 설득되지 않더라도 '위안부'도 여자였다는 어쩌면 당연한 명제를 입증하는 이 날카롭고 용감한 저서를 다 읽고 나면 독자들도 같은 그림을 볼 수 있으리라 믿는다.

한국 페미니즘 물결에 주목해 온 독자라면 지금쯤 머릿속에서 떠오르는 말이 있을지 모르겠다. "여자인 나에게는 조국이 없다. 여자인 나는 조국을 원치 않는다. 여자인 나의 조국은 전 세계다." 영국 작가 버지니아 울프가 80여 년 전 『3기니』에서 외친 말은 오늘날 한국 페미니스트에게도 큰 파장을 일으켰다. 디지털 성폭력과 편파 판결에 분노한 여자들 수만 명이 운집해도 이 나라 대통령은 고작 "여성들의 원한"으로 치부했을 때, 이 나라 사법부가 남자에게 너무 관대한 나머지 제발 가해자를 다른 나라로 보내서라도 제 몫의 처벌을 받게 해 달라고 읍소해야 했을 때, 우리는 고아가 된 것처럼 상실감에 시달리며 울프와 같은 선언을 했다.

그러나 나는 교토에서 여러 풍경을 보면서, 일본 페미니스트들을 만나면서, 또 이 훌륭한 책을 읽고 번역하게 되면서, 조금은 결이 다른 문장을 마음에 품게 되었다. 어쩌면 한국어 번역서의 제목으로도 좋지 않을까 생각했던 '우리의 국적은 여자다'라는 말을. 아버지 국가가 우리를 돌보고 책임지고 보호해줄 의무를 저버린다고 해서 우리가 평생 울타리 하나 없는 채로 죽으란법은 없다. 우리를 하나로 묶는 여자라는 정체성은 여태 족쇄와낙인으로 작용했지만 엄청난 가능성을 품고 있기도 하다. 여자인 나는 모국을 원한다. 자매들과 함께 세울 나라를 원한다. 우리땅과 우리 언어를, 우리 법과 우리 지도자를 원하고, 우리가 여자라고 말할 때 자부심과 동포애가 차오르기를 원한다. 그런 의미에서 내 나라는 여자가 머무르는 모든 육지와 바다다.

성착취라는 범세계적이고 초역사적인 범죄 앞에 마음이 무거워지지 않을 수는 없다. 그러나 이 책을 번역하면서 나는 좌절보다는 연대감과 효능감을 더 크게 느꼈다. 우리의 국적이 여자라면 우리가 공유하는 언어는 우리의 피억압 경험이다. 그러나실질적인 언어 차이를 뛰어넘어 성착취가 전 세계 여자 모두의문제라는 인식을 공유하게 되는 과정에서 분명 나 같은 번역가가 해야할 일이 있다. 나는 그 의무를 기쁘게 받아들인다.

*

모든 텍스트는 나름의 어려움을 가지지만 이 책을 옮기면서는 만나는 사람마다 붙잡고 힘들다고 호소할 정도였다. 정말 어려웠던 건 위의 경험과 생각을 번역에 반영하려는 고민이었다. 번역을 하면서 기본적으로는 가독성보다도 피해자의 경험을 왜곡하지 않는 언어를 쓰는 것을 더 중시했다. 이런 책에서라면 읽을 때마다 한번 더 생각하게 되는 게 꼭 나쁜 일은 아닐 것이다. 이 책에는 따옴표가 많다. 생각이 다른 사람의 말을 인용하거나 상황을 전달하기 위해 입에 담기 싫은 단어들을 써야 할 때는 따옴표를 쳤다. 성착취 같은 범죄가 '합법'이라니, '성노동'이라니, 어떤 문장은 조사만 빼고 다 따옴표를 붙일 지경이었다. 정 많다 싶을 때도 남자들이 성착취를 폭력이 아닌 어떤 것으로 포장하기 위해 갖다 붙이는 '위안부', '카페', '음식점', '공창제,' '홍등가' 같은 완곡어법만은 절대 따옴표를 빼지 않았다.

내가 번역한 첫 책『코르셋: 아름다움과 여성혐오』에서 나는 '성매매'라는 용어를 울며 겨자 먹기로 썼고, 옮긴이의 말에 "'페이강간'이나 '성착취' 등도 생각해 보았으나 혼동 없이, 가독성 있게 글에 녹여 내기에는 내 능력이 부족했다"라는 변명을 남겼다. 이 책에서 '성착취' 혹은 '상업적 성착취'라고 쓸 수 있었던 건 한국의 온라인 기반 페미니스트들의 공이 크다. 이들이 텔레그램 상의 범죄를 성착취로 호명했기 때문에 성착취가 공중파

뉴스 프로그램에 당연하게 등장하는 한국어 단어로 자리매김했고, 나도 거리낌 없이 '성매매' 대신 성착취로 번역할 수 있었다.

　그러나 왜 성착취가 지금 시점에서 가장 정확하고 운동성 있는 단어인지 확립할 필요가 있다. 지난 4월 'n번방 성착취 강력처벌 촉구시위팀 eNd'는 "여자의 약점을 잡아 협박해 습득한 모멸적인 사진과 영상을 텔레그램 등의 메신저에서 공유하며 수익을 올린 일련의 사건"을 성착취 대신 '성범죄'나 '성폭력'으로 불러야 한다고 제안했다. '착취'는 노동에 정당한 대가를 받지 못할 때 쓰는 말이라 "은연 중에 여성의 성은 사고팔아도 되는 물품 또는 거래되어도 되는 마땅한 것이라는 의식을 내포하고 있다"라는 주장이었다. 결국 'eNd' 측은 하루 만에 사과문을 올리며 이를 물렀지만, 나에게는 성착취라고 써야 하는 근거를 첨예하게 다듬는 좋은 계기가 되었다.

　'성범죄'라는 단어는 법규에 어긋난 일, 공권력으로 처벌해 마땅한 일을 지적할 때 쓴다. '성폭력'이라는 단어는 주먹으로 상대를 때리는 행위만 폭력이 아니라, 상대의 몸을 원치 않게 침해하는 행위도 폭력이라는 사실을 환기하기 위해 쓴다. 그런 의미에서 'n번방' 사건도 온갖 형태의 업소들도 '성범죄'이자 '성폭력'이 맞지만, 그것만으로는 설명이 부족하다. 조주빈, 문형욱, 강훈, 이원호 외 여러 'n번방' 가담자와 조력자는 법을 어겼고 폭력을 행사했을 뿐 아니라, 이로 인해 막대한 수익을 올린 포주다. 남자들끼리 여자라는 '유흥'을 누리도록 판을 깔아주는 자들(거의 항상 남자)은 피해자 뒤에 숨어 사회적 비난과 처벌은 피하면서도 금전적 이득을 누려왔다. 돈이 어떻게 오가는지 똑바로 주시해 보면 이 '거래'에서 여자는 재주를 부리는 곰처럼, 젖을 짜이는 소처럼 포주에게 돈을 벌어다 주기만 한다. 성착취라고 부르면 이 구조가 선명히 드러나면서, 어쩌면 역사상 가장 오래된 직업일 포주에게 마침내 화살이 돌아가게 된다.

번역하며 갈림길에 설 때는 「근절주의적 개념어들」 꼭지에서 저자가 밝힌 의도를 나침반으로 삼았다. 시대성이 느껴지는 용어를 과감히 버리고, 오늘날 반성착취 운동에서 민간 성착취를 설명할 때 쓰는 용어를 적극적으로 반영했다. 예를 들어 '유곽'이라는 말에서 당시의 분위기가 훅 끼쳐올지는 몰라도 성착취 집결지라고 써야 같이 따라오는 불쾌한 낭만화를 끊어낼 수 있었다. '카페'나 '요정', '료칸'에는 꼭 업소를 붙여서 성착취가 이루어지는 공간임을 명시했다. 업소에서 '일한다'라거나 '종사한다'라고 쓰는 대신 '매여 있다'라거나 '억류됐다'라거나 '성착취된다'라고 묘사했고, 여자가 성착취 산업에 매이게 되는 모든 과정을 '인신매매'라고 했다. '구매자' 대신 성착취남을, '성 사업가' 대신 포주를 썼다.

피해자를 가리키는 말이 항상 가장 조심스럽다. 정의기억연대와 윤미향 전 이사장에 대해 문제를 제기한 '위안부' 피해 생존자 이용수 운동가는 올해 5월 25일 기자회견에서 "내가 왜 위안부고 성노예냐"라며 목소리를 높였다. "그 더러운 성노예 소리를 왜 하냐고 하니까 미국 사람 들으라고" 대답했다는 그의 증언은 과연 기존 '위안부' 정의 운동이 피해자를 운동의 주체이자 함께 방향을 설정하는 동지로 생각해 왔는지를 의심하게 한다. 그러나 한편으로는 나조차 떳떳하지 못하다. 지구상에 존재하는 모든 언어를 갖다 댄들 피해의 진실과 피해자의 존엄을 온전히 전달할 수 있을지 매 순간 회의감이 들었다. 책 출간을 앞둔 지금은 내가 심혈을 기울여 고른 언어가 피해자에게도 설득력이 있을지 심판대 앞에 선 기분이다.

보도에 따르면 2019년 전국적 공분을 산 소위 '버닝썬 게이트'의 주요 인물들은 단톡방에서 여러 사람과 성관계를 가진 여자에게 모욕의 의미를 담아 "위안부급"이라고 칭했다. '성노예'라는 말은 어찌나 포르노화 되었는지 텔레그램 성착취 가해자들이 나서서 피해자를 노예라 불렀다. 그렇다고 현실적으로 '위안부'라는 말을 쓰지 않고 번역할 수는 없었고, 과거의 일본군 성착취나 현재의 민간 성착취나 여자의 자유를 억압하고 운신을 제한해 이득을 취하는 제도임을 지적하려면 '성노예제'라는 개념도 필요했다. 큰 길이 앞뒤로 막히니 돌아가더라도 샛길을 찾아야 했다.

피해를 겪은 여자를 단순하게 '위안부'나 '성노예'로 부르지 않았다. 말이 길어지더라도 억류된 여자, 인신매매된 여자, 성착취 제도에 묶인 여자, 성착취당했던 여자, 잡혀온 여자처럼 써서, 피해가 이들을 수식할지라도 정의하지는 않도록 주의했다. 여자라는 사실 하나로 피해를 겪었으니 이를 중심으로 문장을 꾸리는 게 옳았다. 간결함이 필요해서 '위안부' 피해자/생존자 혹은 성노예제 피해자/생존자라고 쓸 때는 '위안부'라고 불리고 '성노예' 취급을 받은 것 자체가 피해라는 의미를 담는다고 생각했다. 여자가 겪는 참혹한 폭력을 남자의 관점에서 '위안'으로 여기지 않았다면 '위안소' 제도는 만들어지지도 않았을 테니 말이다.

이 책은 중일/태평양 전쟁이 벌어지는 동안 일본군이 운용한 '위안소'라는 이름의 성착취 업소로 끌려갔던 한국 여자, 그리고 '공창제'라는 이름의 '합법' 성착취 제도에 묶였던 일본인, 한국인, 대만인 여자를 넘어, 현재까지도 가지각색의 성착취 업소에서 고통받는 전 세계 여자를 염두에 두고 쓰였다. 그래서 나도 피해의 우열을 가리거나 특정 종류의 피해자를 밀어내는 표현을 쓰지 않으려고 유의했다. 캐롤라인 노마는 여자에게 민간 업소가 입힌 피해와 전시 '위안소'가 입힌 피해가 둘 다 성착취라고 본다. 그런 통찰을 번역에 적용하기 위해서 민간 업소에서 '위안소'로 인신매매되는 것을 '재인신매매'라고 표현했으며, '성착취 선경험'이라는 말을 만들어 민간 업소에서 '위안소'로 재인신매매된 여자의 경험을 함축했다.

이런 과감한 시도가 가능했던 건 저자 캐롤라인 노마가 페미니즘 번역에 대해 완벽히 이해하고, 전폭적인 지지를 보내주었기 때문이다. 노마는 이 책에서 보듯 날카롭고도 따뜻한 시선을 가진 반성착취 페미니즘 학자임과 동시에, 대학에서 번역학을 가르치는 교수다. 한국에 짧게 머무르는 동안 한국어를 배우기도 한 노마는 현재 한국에서 페미니즘 운동이 벌어지는 맥락도 잘 이해하고 있다. 노마는 감사하게도 나를 신뢰하고 나의 번역 방향을 응원해 주었다. 단어 하나까지도 이 책에 담긴 충격적이리 만큼 명쾌한 통찰을 반영하기를 바라는 마음으로 위와 같은 선택을 했음을 여기서 분명히 밝혀둔다.

교토와 토비타 신치에서 보았던 여자들을 비롯해 이 순간에도 성착취 산업에 억류되어 있을 여자들을, 어쩌면 스스로를 피해자로 여기지도 못할 여자들을 생각한다. 그리고 한편으로는 자신은 '그런' 여자와는 다르다고 증명해야 할 위치에 놓인 여자들을 생각한다. 여자라는 신분을 그저 벗어 던지고 싶은 여자들을 생각하고, 또 다른 한편으로는 나에게 용기와 희망을 북돋아 주는 여러 소중한 페미니스트 친구들을 생각한다. 번역자가 바랄 수 있는 최고의 저자이자 페미니스트가 바랄 수 있는 최고의 동지인 캐롤라인 노마와, 한국 반성착취 운동에 큰 발자취를 남긴 성착취 생존자 봄날을 생각한다. 그들에 대한 동포애로 이 책을 번역했다.

2020년 6월

미주

개요

1 Kinoshita Naoko, 'For the sake of encounters with Japanese "Comfort Women" victims', in Iwasaki Minoru, Chen Kuan-Hsing and Yoshimi Shunya (eds), *Cultural Studies de Yomitoku Asia*, Tokyo: Serica Shobo, 2011, p. 119.

2 'Excerpt from Dr. Suki Falconberg's book....', http://www.leapnonprofit.org/Phil%20 article%20Suki%20Falconberg.htm

3 Shirota Suzuko, *Mariya no sanka*, Tokyo: Nihon Kirisuto Kyoudan Shuppan Kyoku, 1971, p. 2.

4 Ibid., p. 34.

5 Ibid., p. 35.

6 Ibid., p. 87.

7 Ibid., p. 46.

8 Katharine Moon, *Sex among allies: Military prostitution in U.S.-Korea relations*, New York: Columbia University Press, 1997, p. 156.

9 See volume compiled by the Korean Council for Women Drafted for Military Sexual Slavery by Japan and the Research Association on the Women Drafted for Military Sexual Slavery by Japan (translated by Young Joo Lee; edited by Keith Howard), *True stories of the Korean comfort women: Testimonies*, London; New York: Cassell, 1995.

10 Peipei Qiu, Zhiliang Su and Lifei Chen, *Chinese comfort women: Testimonies from imperial Japan's sexual slaves*, New York: Oxford University Press, 2014, p. 38.

11 Hirao Hiroko, 'Senjika "Shina tokou fujo" no ki', *Sensou Sekinin Kenkyuu*, Vol. 61, 2008, p. 11.

12 Ibid.

13 Nishino Rumiko, 'Naze ima, Nihonjin "ianfu" na no ka?', *Baurakku Tsuushin*, No.

2, December 2012, p. 5.

14 Ibid., p. 4.

15 Kinoshita Naoko, 'Victimization of Japanese "comfort women": Opinions and redress movements in the early 1990s', in The Tokai Foundation for Gender Studies (ed), *Gender studies*, Nagoya: The Tokai Foundation for Gender Studies, No. 14, 2011, pp. 89-113.

16 Yoshimi Yoshiaki, '"Kouno danwa" to "ianfu" seiko no shinsou kyuumei', in Risaachi Akushon Sentaa (ed), *'Ianfu' basshingu wo koete*, Tokyo: Ootsuki Shoten, 2013, p. 7

17 Hirai Kazuko, 'Nihon gun "ianjo" kara senryou gun "ian shisetsu"/"akasen" e', presentation handout at VAWRACC Soukai Shimpojiumu, 'Nihon jin "ianfu" no choushuu/taiguu/sengo', p. 3, 21 September 2013 (on file with author).

18 Yoshimi Yoshiaki and translated by Suzanne O'Brien, *Comfort women: Sexual slavery in the Japanese military during World War II*, New York: Colombia University Press, 2000, pp. 127-128.

19 Jan Ruff-O'Herne, *50 years of silence*, Sydney: Editions Tom Thompson, 1994.

20 Katharine Moon, 'South Korean movements against militarized sexual labor', *Asian Survey*, Vol. 39, No. 2, 1999, pp. 310-327.

21 Yoshimi, '"Kouno danwa" to "ianfu" seiko no shinsou kyuumei', p. 5.

22 Tessa Morris-Suzuki, 'Letters to the dead: Grassroots historical dialogue in East Asia's borderlands', in Tessa Morris-Suzuki, Morris Low, Leonid Petrov and Timothy Y. Tsu, *East Asia beyond the history wars: Confronting the ghosts of violence*, London: Routledge, 2013, p. 91.

23 Mark Driscoll, *Absolute erotic, absolute grotesque: The living, dead, and undead in Japan's imperialism, 1895-1945*, Durham, NC: Duke University Press, 2010.

24 Andrea Dworkin, *Scapegoat: The Jews, Israel, and women's liberation*, New York: Free Press, 2000, p. 312.

25 Hayashi Hirofumi, 'Japanese comfort women in southeast Asia', *Japan Forum*, Vol. 10, No. 2, 1998, pp. 212-213.

26 See Shouhei Imamura, Imamura Productions and Kino International Corporation, *Karayuki-san: The making of a prostitute*, New York: Kino International, 1980.

27 Vera Mackie, 'Militarized memories and sexual silences: Writing about military prostitution in the Second World War', *Japanese Studies*, Vol. 16, No. 2-3, 1996, p. 63.

28 Antje Kampf, 'Controlling male sexuality: Combating venereal disease in the New Zealand military during two world wars', *Journal of the History of Sexuality*, Vol. 17, No. 2, May 2008, pp. 235-258.

29 Kelly Askin, 'Comfort Women: Shifting shame and stigma from victims to victimizers', *International Criminal Law Review*, Vol. 1, No. 1/2, 2001, pp. 13-14.

30 Suzuki Masahiro, 'Sensou ni okeru dansei no sekushuariti', in Ningen to Sei Kyouiku Kenkyuu kyougikai Dansei Keisei Kenkyuu Purojekuto, *Nihon no otoko wa doko kara kite doko e iku no ka: Dansei sekushuariti keisei kyoudou kenkyuu*, Tokyo: Juugatsusha, 2001, p. 108.

31 Catharine MacKinnon, 'Rape, genocide, and women's human rights', in Alexandra Stiglmayer (ed), *Mass rape: The war against women in Bosnia-Herzegovina*, Nebraska: University of Nebraska Press, 1994, p. 12.

32 Catharine MacKinnon, *Are women human? And other international dialogues*, Cambridge, MA: Harvard University Press, 2007, p. 37.

33 Morita Seiya, 'Senji no sei bouryoku heiji no sei bouryoku', *Yuibutsuron Kenkyuu Nenshi*, Vol. 4, November 1999, p. 115.

34 'Clinton says "comfort women" is incorrect term', *Chosun Ilbo*, 9 July 2012, http://english.chosun.com/site/data/html_dir/2012/07/09/2012070900793.html

35 Susan Kay Hunter, 'Prostitution is cruelty and abuse to women and children', *Michigan Journal of Gender and Law*, Vol. 95, 1993, p. 95.

36 Caroline Norma and Melinda Tankard Reist (eds), *Prostitution narratives: Stories from the sex trade*, Melbourne: Spinifex Press, 2016.

37 Morita Seiya, 'Poruno to ha nani ka, poruno higai to ha nani ka', in Poruno higai to sei bouryoku wo kangaeru kai (eds), *Shougen: Gendai no sei bouryoku to poruno higai*, Tokyo: Tokyo-to Shakai Fukushi Kyougikai, 2010, pp. 50-51.

38 Qiu, Su and Chen, *Chinese comfort women*, p. 65.

39 Rachel Moran, *Paid for: My journey through prostitution*, Melbourne: Spinifex Press, 2013, pp. 111-112.

40 Catharine MacKinnon, 'Trafficking, prostitution, and inequality', *Harvard Civil Rights-Civil Liberties Law Review*, Vol. 46, 2011, p. 273.

41 Ibid., p. 274.

42 Sugita Satoshi, *Danken shugiteki sekushuariti: Poruno baibaishun yougoron*

hihan, Tokyo: Aoki Shoten, 1999, p. 172.

43 Fujino Yutaka, *Sei no kokka kanri: Bai-baishun no kin-gendaishi*, Tokyo: Fuji Shuppan, 2001, p. 288.

44 'Yegeurina', 'There is no such thing as voluntary or involuntary: Can it really ever be a choice?' p. 15 in Salim Center (translated by Yunmi Lee), booklet (self-published) on file with author.

45 Dworkin, *Scapegoat*, p. 314.

46 Kur ahashi Masanao, *Juugun ianfu mondai no rekishiteki kenkyuu: Baishunfugata to seiteki doreigata*, Tokyo: Kyouei Shobou, 1994.

47 Sandra Wilson, 'Rethinking the 1930s and the "15-Year War" in Japan', *Japanese Studies*, Vol. 21, 2001, pp. 155-164.

48 Hayashi Hirofumi, 'Shiberia shuppei ji ni okeru Nihon gun to "karayukisan"', *Sensou Sekinin Kenkyuu*, Vol. 24, 1999, p. 18.

49 Sorano Yoshihiro, 'Kitachousen moto juugun ianfu shougen', *Ekonomitsuto*, Vol. 70, No. 49, 1992, p. 34.

50 Koga Noriko, 'Okinawa-sen in okeru Nihon gun "ianfu" seido no tenkai (2)', *Sensou Sekinin Kenkyuu*, Vol. 61, 2008, p. 64.

51 Sorano, 'Kitachousen moto juugun ianfu shougen', p. 34.

52 Shirota, *Mariya no sanka*, p. 67.

53 Hayashi, 'Japanese comfort women in southeast Asia', pp. 212-214.

54 Maria Rosa Henson, *Comfort women: Slave of destiny*, Metro Manila: Philippine Center for Investigative Journalism, 1996, p. xvi.

55 Sorano, 'Kitachousen moto juugun ianfu shougen', p. 34.

56 Nishino Rumiko, *Juugun ianfu no hanashi: Juudai no anata e no messeeji*, Tokyo: Akashi Shoten, 1993, p. 83.

57 Hayashi Hirofumi, 'Japanese military comfort houses and Overseas Chinese "comfort women" in South-east Asia (summary)', http://www.geocities.jp/ hhhirofumi/eng05.htm

58 Hayashi Hirofumi, 'Rikugun ianjo kanri no ichi sokumen: Eisei sakku no koufu shiryou wo tegakari ni, *Sensou Sekinin Kenkyuu*, Vol. 1, No. 1, 1993, pp. 12-19.

59 Yoshimi, *Comfort women*, p. 29.

60 Shimojuu *Kiyoshi, Miuri no nihonshi: Jinshin baibai kara nenki boko e*, Tokyo: Yoshikawa Kobunkan, 2012.

61 Park Hyun, 'Bill related to comfort women passed in US congress', *The Hankyoreh*, 17 January 2014, www.hani.co.kr/arti/english_edition/e_international/620209.html

62 UNESCO, 'Nomination form International Memory of the World Register Archives about "Comfort Women": The Sex Slaves for Imperial Japanese Troops', http://www.unesco.org/new/fileadmin/MULTIMEDIA/HQ/CI/CI/pdf/mow/nomination_forms/china_comfort_women_eng.pdf

63 'Kaigai de baishun suru Kankokujin josei, Nihon 5man nin Beikoku 3man nin, Beiou de shakai mondai ka', 28 May 2012, http://news.searchina.ne.jp/disp.cgi?y=2012&d=0528&f=national_0528_040.shtml

64 Jeong nam-ku, 9 June 2013, 'Inside Japan's growing xenophobic right-wing', *The Hankyoreh*, http://english.hani.co.kr/arti/english_edition/e_international/591008.html

65 Shared Hope International, 'Japan: Culture and crime promote commercial markets of sexual exploitation', http://www.sharedhope.org/files/demand_japan.pdf, p. 1.

66 Office To Monitor and Combat Trafficking in Persons, *Trafficking in persons report 2009*, http://www.state.gov/g/tip/rls/tiprpt/2009/123136.htm.

1장

1 BBC TV, *Against pornography: The feminism of Andrea Dworkin*, Sydney, NSW: SBS, 1992.

2 Matthew Carney, 'Return of the samurai: Japan steps away from pacifist constitution as military eyes threat from China', *Foreign Correspondent*, 19 August 2014, Australian Broadcasting Corporation, http://www.abc.net.au/news/2014-08- 19/japan-expands-their-military-amid-growing-tensions-with-china/5672932

3 Hata Ikuhiko, *No organized for forced recruitment: Misconceptions about comfort women and the Japanese military*, 2007, p. 16, http://www.sdh-fact.com/ CL02_1 /31_S4.pdf

4 'New NHK head's "comfort women" remark stirs controversy' *Japan Today*, 26 January 2014, http://www.japantoday.com/category/national/view/new-nhk- heads-comfort-women-remark-stirs-controversy

5 Matsumura Toshio, 'Biruma no tokoro "juugun ianfu"', *Doko*, No. 1589, 1999, p. 18.

6   Japan Women for Justice and Peace, 'What is "comfort women"?', http://nadesiko-action.org/wp-content/uploads/2013/01/nadeshiko_zWeb.pdf

7   Yasuhara Keiko, 'Bunseki ripouto: Ianfu ni tsuite', in Juugun Ianfu 110ban Henshuu Iinkai (eds), *Juugun ianfu 110ban: Denwa no mukou kara rekishi no koe ga*, Tokyo: Akaishi Shoten, 1992, p. 87.

8   Nishino Rumiko, 'Naze ima, Nihonjin "ianfu" na no ka?', *Baurakku Tsuushin*, No. 2, December 2012, p. 4.

9   Andrea Dworkin, *Scapegoat: The Jews, Israel, and women's liberation*, New York: Free Press, 2000, pp. 311, 316-317.

10 Margaret Baldwin, 'Split at the root: Prostitution and feminist discourses of law reform', *Yale Journal of Law and Feminism*, Vol. 5, No. 47, 1992, p. 83.

11 Ibid., p. 117.

12 Ibid., p. 119.

13 Ibid., pp. 119-120.

14 Morita Seiya, 'Senji no sei bouryoku heiji no sei bouryoku', *Yuibutsuron Kenkyuu Nenshi*, Vol. 4, November 1999, p. 115.

15 Yuki Tanaka, *Japan's comfort women: Sexual slavery and prostitution during World War II and the US occupation*, London; New York: Routledge, 2002, p. 52.

16 Katharine Moon, 'Resurrecting prostitutes and overturning treaties: Gender politics in the "anti-American" movement in South Korea', *The Journal of Asian Studies*, Vol. 66, No. 1, February 2007, p. 131.

17 For a comprehensive description of this history, see Katharine Moon, 'South Korean movements against militarized sexual labor', *Asian Survey*, Vol. 39, No. 2, 1999, pp. 310-327.

18 Matsui Yayori, 'Why I oppose the kisaeng tours', in Kathleen Barry, Charlotte Bunch and Shirley Castley (eds), *International feminism: Networking against female sexual slavery, Report of the Global Feminist Workshop to Organize Against Traffic in Women, Rotterdam, the Netherlands, April 6-15 1983*, New York: International Women's Tribune, 1983, p. 70.

19 Ibid., p. 71.

20 See Takasato Suzuyo, *Okinawa no onnatachi: Josei no jinken to kichi guntai*, Tokyo: Akashi Shoten, 1996.

21 Bang-Soon L. Yoon, 'Imperial Japan's comfort women from Korea: History & politics of silence-breaking', *Journal of Northeast Asian History*, Vol. 7, No. 1, 2010, p. 27, http://www.historyfoundation.or.kr/shtml/include/filedownload. asp?sidx=239 &fname=J7_1_A1.pdf.

22 Quoted in Ibid., p. 22.

23 Yoon, 'Imperial Japan's comfort women from Korea', pp. 26-27.

24 Alice Yun Chai, 'KOREA. Modern period', in Helen Tierney, *Women's studies encyclopedia*, Westport, CT: Greenwood Electronic Media, Vol. 2, p. 824.

25 Suzuki Hiroko and Kondou Kazuko, *Onna tennou-sei sensou*, Tokyo: Orijin Sentaa, 1989, p. 207.

26 Takahashi Kikue, *Sei shinryaku o kokuhatsu suru kiisen kankou*, Tokyo: Kiisen Kankou Ni Hantai Suru Onnatachi No Kai, 1974.

27 Kinoshita Naoko, 'For the sake of encounters with Japanese "comfort women" victims', in Iwasaki Minoru, Chen Kuan-Hsing and Yoshimi Shunya (eds), *Cultural Studies de Yomitoku Asia*, Tokyo: Serica Shobo, 2011, p. 117.

28 Ibid., p. 111.

29 Ibid., p. 113.

30 Ibid., p. 115.

31 Ibid., p. 120.

32 Fujino Yutaka, *Sei no kokka kanri: Bai-baishun no kin-gendaishi*, Tokyo: Fuji Shuppan, 2001, p. 292.

33 Nishino, 'Naze ima, Nihonjin "ianfu" na no ka?, pp. 4-5.

34 Ibid., p. 6.

35 Hirai Kazuko, 'Zasshi ni hyoushou sareta Nihonjin "ianfu" kara miete kuru mono', p. 11, presentation handout on file with author, 29 September 2012, VAWWRAC Soukai Shimpojiumu, 'Nihon jin 'ianfu' no higai jitai ni semaru!'.

36 Hiroko Tabuchi, 'Women forced into WWII brothels served necessary role, Osaka mayor says', *The New York Times*, 13 May 2013, http://www.nytimes.com/2013/05/ 14/world/asia/mayor-in-japan-says-comfort-women-played-a-necessary-role.html?_r=0

37 'Hashimoto shi "fuuzoku josei he no sabetsu da" Ishihara shi "machigattenai"', *Asahi Shinbun*, 14 May 2013, http://www.asahi.com/politics/update/0514/ OSK201305 140 009.html

38   Tabuchi, 'Women forced into WWII brothels served necessary role, Osaka mayor says'.

39   'Ianfu mondai, fuuzokugyou wo meguru Hashimoto shi no hatsugen youshi', *Asahi Shinbun*, 13 May 2013, http://www.asahi.com/politics/update/0514/ OSK201305130 144.html?ref=reca

40   'Hashimoto shi "fuuzoku josei he no sabetsu da" Ishihara shi "machigattenai"'.

41   See, for example, Hata Ikuhiko, 'No organized or forced recruitment: Misconceptions about comfort women and the Japanese military', Society for the Dissemination of Historical Fact, 2007, http://www.sdh-fact.com

42   Sugisaka Keisuke, *Tobita no ko: Yuukaku no machi ni hataraku onnatachi no jinsei*, Tokyo: Tokuma Shoten, 2013, p. 4.

43   Nishino, 'Naze ima, Nihonjin "ianfu" na no ka?', p. 4.

44   Tessa Morris-Suzuki, 'Freedom of hate speech; Abe Shinzo and Japan's public sphere', *The Asia-Pacific Journal*, Vol. 11, No. 8.1, 25 February 2013, http://www.japanfocus.org/-Tessa-Morris_Suzuki/3902

45   'Stop undermining Kono statement', *Japan Times*, 25 June 2014, http://www. japan times.co.jp/opinion/2014/06/25/editorials/stop-undermining-kono- statement/#.VFN osfnLe4E

46   Study Team on the Details Leading to the Drafting of the Kono Statement etc., *Details of exchanges between Japan and the Republic of Korea (ROK) regarding the comfort women issue - From the drafting of the Kono Statement to the Asian Women's Fund*, 20 June 2014, http://www.mofa.go.jp/files/000042171.pdf

47   Nishino, 'Naze ima, Nihon jin "ianfu" nano ka?', p. 3.

48   Morita, 'Senji no sei bouryoku heiji no sei bouryoku', p. 121.

49   Chung he e Sara h S oh, 'The Korean "comfort women" tragedy as structural violence', in Gi-Wook Shin, Soon-Won Park and Daqing Yang (eds), *Rethinking historical injustice and reconciliation in northeast Asia*, New York: Routledge, 2007, p. 17.

50   Chunghee Sarah Soh, 'The Korean "comfort women": Movement for redress', *Asian Survey*, Vol. 36, No. 12, 1996, pp. 1238-1239.

51   Ibid., p. 1239.

52   Chunghee Sarah Soh, 'From imperial gifts to sex slaves: Theorizing symbolic representations of the "comfort women"', *Social Science Japan Journal*, Vol. 3, No.

1, April 2000, p. 60.

53 Shu Tokuran (Delan Zhu), *Taiwan soutokufu to ianfu*, Tokyo: Akashi Shoten, 2005, p. 20.

54 Melissa Farley, 'Prostitution and the invisibility of harm', *Women & Therapy*, Vol. 26, Nos. 3-4, 2003, pp. 247-280.

55 Chunghee Sarah Soh, *The comfort women: Sexual violence and postcolonial memory in Korea and Japan*, Chicago: University of Chicago Press, 2008, p. 181.

56 Ibid., p. 194.

57 Morita, 'Senji no sei bouryoku heiji no sei bouryoku', p. 116 quoting Oogoshi Aiko.

58 Chunghee Sarah Soh, *The comfort women*, p. 194.

59 Yuha Pak, *Teikoku no ianfu:Shokuminchi shihai to kioku no tatakai*, Tokyo: Asahi Shinbun Shuppan, 2014.

60 Kamala Kempadoo, 'Globalization and sex workers' rights', *Canadian Women's Studies*, Vol. 22, No. 3/4, 2002/3, p. 143, http://pi.library.yorku.ca/ojs/index.php/ cws /article/viewFile/6426/5614

61 See Seiya Morita, 'Pornography, prostitution, and women's human rights in Japan', in Christine Stark and Rebecca Whisnant (eds), *Not for sale: Feminists resisting prostitution and pornography*, North Melbourne: Spinifex, 2004, pp. 64-84.

62 Sugita Satoshi, *Danken shugiteki sekushuariti:Poruno baibaishun yougoron hihan*, Tokyo: Aoki Shoten, 1999.

63 Kajsa Ekis Ekman, *Being and being bought:Prostitution, surrogacy and the split self*, Melbourne: Spinifex Press, 2013.

64 Chimoto Hideki, 'Roudou toshite no baishun to kindai kazoku no yukue', in Tazaki Hideaki (ed), *Uru shintai kau shintai: Sekkusu waaku ron no shatei*, Tokyo: Seikyuusha, 1997, p. 178.

65 See Dara Culhane, 'Their spirits live within us: Aboriginal women in downtown eastside Vancouver emerging into visibility', *American Indian Quarterly*, Vol. 27, No. 3/4, Special Issue: Urban American Indian Womens Activism (Summer-Autumn, 2003), pp. 593-606.

66 Kim Il-myon Kim, *Guntai ianfu: Sensou to ningen no kiroku*, Tokyo: Tokuma Shoten, 1992.

67 Laura Hein, 'Savage irony: The imaginative power of the "military comfort women"

in the 1990s', *Gender & History*, Vol. 11, 1999, p. 340.

68 Andrea Dworkin, *Life and death: Unapologetic writings on the continuing war against women*, New York: The Free Press, 1997, p. 141.

69 Takasaki Ryuuji (ed), *Hyakusatsu ga kataru 'ianjo' otoko no honne: Ajia-zen'iki ni 'inanjo' ga atta*, Tokyo: Nashinokisha, 1994, p. 124.

70 Commission on Human Rights, 4 January 1996, *Report of the Special Rapporteur on violence against women, its causes and consequences, Ms. Radhika Coomaraswamy, in accordance with Commission on Human Rights resolution 1994/45; Report on the mission to the Democratic People's Republic of Korea, the Republic of Korea and Japan on the issue of military sexual slavery in wartime*, p. 15, http://www.awf.or.jp/pdf/h0004.pdf

71 Suzuki Yuuko, *Sensou sekinin to jendaa*, Tokyo: Miraisha, 1997, p. 51.

72 Alice Yun Chai, 'Asian-Pacific feminist coalition politics: The chongshindae/jugunianfu ("comfort women") movement', *Korean Studies*, Vol. 17, 1993, p. 69.

73 Maria Höhn and Seungsook Moon, *Over there:Living with the U.S. military empire from World War Two to the present*, Durham: Duke University Press, 2010, p. 42.

74 Yun Chung-ok and Suzuki Yuuko, *Heiwa o kikyuushite: 'Ianfu' higaisha no songen kaifuku e no ayumi*, Musashino-shi: Hakutakusha, 2003, p. 23.

75 Yumiko Mikanagi, 'Women, the state, and war: Understanding issue [*sic*] of the "comfort women"', Kokusai kirisutokyo daigaku, *Shakai Kagaku Jaanaru*, Vol. 48, 2002, p. 45.

76 Ueno Chizuko (translated by Beverley Yamamoto), *Nationalism and gender*, Melbourne: Trans Pacific Press, 2004, p. 92.

77 Hirai Kazuko, 'Zasshi ni hyoushou sareta Nihonjin "ianfu" kara miete kuru mono', p. 11 presentation handout on file with author, 29 September 2012, VAWWRAC Soukai Shimpojiumu, 'Nihon jin "ianfu" no higai jitai ni semaru!'.

78 Nishino Rumiko, 'Higai sha shougen ni miru "ianfu" renkou no kyousei sei', in Sensou to Josei he no Bouryoku Risaachi Akushon Sentaa (ed), *'Ianfu' basshingu wo koete: 'Kouno danwa' to Nihon no sekinin*, Tokyo: Otsuki Shoten, 2013, p. 36.

79 Yoshimi Yoshiaki, '"Kouno danwa" wo dou kangaeru ka', in Sensou to Josei he no Bouryoku Risaachi akushon sentaa (ed), *'Ianfu' basshingu wo koete: 'Kouno*

danwa' to Nihon no sekinin, Tokyo: Otsuki Shoten, 2013, p. 3.

2장

1   Catharine MacKinnon, 'Sexual abuse as sex inequality', in Catharine MacKinnon (ed), *Women's lives, men's laws*, Cambridge, MA: Harvard University Press, 2007, p. 152.

2   Amihud Gilead, 'Philosophical prostitution', *Journal of Social Sciences*, Vol. 6, No. 1, 2010, p. 90.

3   Charles Schencking, *The Great Kanto Earthquake and the chimera of national reconstruction in Japan*, New York: Columbia University Press, 2013.

4   William Beasley, *The rise of modern Japan: Political, economic and social change since 1850* (revised edn), New York: St. Martin's Press, 2000, p. 122.

5   Ibid., p. 126.

6   Andrew Gordon, *A modern history of Japan: From Tokugawa times to the present*, New York; Oxford: Oxford University Press, 2003, p. 140.

7   Mark Ramseyer and Frances Rosenbluth, *The politics of oligarchy: Institutional choice in imperial Japan*, Cambridge: Cambridge University Press, 1998, pp. 160-161.

8   Tetsuo Najita, *Japan: The intellectual foundations of modern Japanese politics*, Chicago; London: University of Chicago Press, 1974, p. 103.

9   Janet Hunter, *Concise dictionary of modern Japanese history*, Berkeley; Los Angeles; London: University of California Press, 1984, p. 217.

10   Elise Tipton, *Modern Japan: A social and political history*, London: Routledge, 2002, p. 109.

11   Carol Gluck, 'Introduction', in Carol Gluck and Stephen Graubard (eds), *Showa:The Japan of Hirohito*, New York; London: W.W. Norton & Company, 1992, p. xiii.

12   Barbara Sato, *The new Japanese woman: Modernity, media, and women in interwar Japan*, Durham; London: Duke University Press, 2003; Miriam Silverberg, 'The modern girl as militant', in Gail Bernstein (ed), *Recreating Japanese women, 1600-1945*, Berkeley, Los Angeles and Oxford: University of California Press, 1991,

pp. 239-266.

13   Sato, *The new Japanese woman*, p. 27.

14   Janet Hunter, 'Women's labour force participation in interwar Japan', *Japan Forum*, Vol. 2, No. 1, 1990, p. 107.

15   Muta Kazue, 'The new woman in Japan', in Margaret Beetham and Ann Heilmann (eds), *New woman hybridities: Femininity, feminism, and international consumer culture, 1880-1930*, London: Routledge, 2004, p. 2017.

16   See Frances Olsen, 'Statutory rape: A feminist critique of rights analysis', *Texas Law Review*, Vol. 63, No. 3, 1984, pp. 393-394: 'For many years women were forced into unequal and oppressive "community" under the control first of their fathers and then of their husbands. Nor is forced community just a problem of the past for women. Men force community upon women when they make sexual advances to coworkers and subordinates or pester women strangers with unwelcomed conversations. A rapist may believe he is seeking community with his victim, especially if she is his wife or social friend'.

17   Joan Kelly, *Women, history and theory: The essays of Joan Kelly*, Chicago: University of Chicago Press, 1984, p. 17.

18   Sheila Jeffreys, *The spinster and her enemies:Feminism and sexuality, 1880-1930*, North Melbourne: Spinifex Press, 1997, p. 192.

19   Iwata Shigenori, 'Nihonjin dansei no sei koudou to sei ishiki', *Rekishi Hyouron*, Vol. 4, 1998, p. 36.

20   Vanessa B. Ward, 'A Christian challenge: Chou Takeda Kiyoko and feminist thought in modern Japan', *Women's History Review*, Vol. 21, No. 2, 2012, pp. 281-299.

21   Mark Ramseyer, 'Indentured prostitution in imperial Japan: Credible commitments in the commercial sex industry', *The Journal of Law, Economics, & Organization*,Vol. 7, No. 1, 1991, p. 113.

22   Ibid., p. 91.

23   Ibid., p. 106.

24   Ibid., p. 92.

25   Sheldon Garon, *Molding Japanese minds: The state in everyday life*, Princeton, NJ: Princeton University Press, 1997, p. 95.

26   Ibid., p. 96.

27 Ibid., p. 92.

28 Ibid., p. 107.

29 Elise Tipton, 'Cleansing the nation: Urban entertainments and moral reform in interwar Japan, *Modern Asian Studies*, Vol. 42, No. 4, 2008, p. 722.

30 Miriam Silverberg, *Erotic grotesque nonsense:The mass culture of Japanese modern times*, Berkeley: University of California Press, 2007, p. 75.

31 Onozawa Akane, *Kindai Nihon shakai to koushou seido: Minshuushi to kokusai kankeishi no shiten kara*, Tokyo: Yoshikawa Koubunkan, 2010, p. 717. See also Yoshida Hidehiro, 'Nihon baishun shi: Henkan to sono haikei (2) Taisho/Showa shoki no baishun joukyou: Sono haikei to torishimari', *Jiyuu*, Vol. 41(12), No. 478, 1999, p. 141 for indication that customers could pay a fee to *kafe* proprietors to take women outside the venues.

32 Miriam Silverberg, 'The cafe waitress serving modern Japan', in Stephen Vlastos, *Mirror of modernity: Invented traditions of modern Japan*, Berkeley: University of California Press, 1998, p. 225.

33 Tanikawa Mitsue, *Mono iwanu shougitachi: Sapporo yuukaku hiwa*, Sapporo-shi: Miyama Shobou, 1984, pp. 116-120.

34 Hayakawa Noriyo, 'Koushou sei to sono shuuhen: Tokyo-fu wo chuushin ni', *Sensou Sekinin Kenkyuu*, Vol. 17, 1997, pp. 56-58.

35 Fujino Yutaka, *Sei no kokka kanri: Bai-baishun no kin-gendaishi*, Tokyo: Fuji Shuppan, 2001, p. 63.

36 Onozawa, *Kindai Nihon shakai to koushou seido*, p. 82.

37 Ibid., p. 97.

38 Takao Fukumi, *Teito ni okeru baiin no kenkyuu* (reprinted 1999), Tokyo: Hakubunkan, 1928, p. 226.

39 Onozawa, *Kindai Nihon shakai to koushou seido*.

40 Hata Ikuhiko, *Ianfu to senjou no sei*, Tokyo: Shinchousha, 1999, p. 28 notes advance payments were less than brothels, and age restrictions more loosely enforced than for brothels.

41 See Masanao Kurahashi, *Juugun ianfu to koushou seido: Juugun ianfu mondai sairon*, Tokyo: Kyouei Shobou, 2010; Ryuuji Takasaki, *100-satsu ga kataru 'ianjo', otoko no honne: Ajia zen ' iki ni 'ianjo' ga atta*, Tokyo: Nashinokisha, 1994, p. 124.

42   Kate Millet, *Sexual politics*, New York: Ballantine, 1970, p. 122.

43   Ibid., p. 279.

44   Andrea Dworkin, *Pornography: Men possessing women*, New York: Perigee Books, 1981, p. 207.

45   Ibid., p. 207.

46   Ibid., p. 208.

47   Ann Snitow, C hrist ine Stansell and Sharon Thompson, *Powers of desire: The politics of sexuality*, New York: Monthly Review Press, 1983.

48   Cecilia Segawa Seigle et al., *A courtesans day: Hour by hour*, Amsterdam: Hotei, 2004; J.E. De Becker, *The Nightless city, or the history of the Yoshiwara yuukaku*, Tokyo: Charles E. Tuttle, 1971; Liza Dalby, *Geisha*, London: Vintage, 2000.

49   Shimoj uu K iyoshi, ʻ*Miuri*ʼ *no Nihon shi: Jinshin baibai kara nenki-boukou e*, Tokyo: Yoshikawa Koubunkan, 2012.

50   Sone Hiromi, ʻProstitution and public authority in early modern Japanʼ, in Hitomi Tonomura, Anne Walthall and Haruko Wakita (eds), *Women and class in Japanese history*, Ann Arbor: Center for Japanese Studies the University of Michigan, 1999, pp. 169-185.

51   Onozawa, *Kindai Nihon shakai to koushou seido*, p. 87.

52   Ibid., pp. 86-87.

53   Fujino, *Sei no kokka kanri*.

54   Kim Il Myon, *Nihon josei aishi: Yuujo, jorou, karayuki, ianfu no keifu*, Tokyo: Gendaishi Shuppankai, 1980, p. 259. 198

55   Hyunjung Choi, Carolin Klein, Min-Sup Shin; Hoon-Jin Lee, ʻPosttraumatic Stress Disorder (PTSD) and Disorders of Extreme Stress (DESNOS) symptoms following prostitution and childhood abuseʼ, *Violence Against Women*, Vol. 15, No. 8, 2009, pp. 933-951.

56   Quoted in Kim, *Nihon josei aishi*, p. 259.

57   Ibid., p. 259.

58   Fukumi, *Teito ni okeru baiin no kenkyuu*, p. 227.

59   Yoshida, ʻNihon baishun shiʼ, p. 145.

60   Fukumi, *Teito ni okeru baiin no kenkyuu*, p. 27.

61   Kusama Yasoo, *Jokyuu to baishoufu*, Tokyo: Nihon Tosho Sentaa, 1982, p. 51.

62   Ibid., pp. 87-88.

63   Ibid., p. 287.

64   Sheila Jeffreys, *The industrial vagina: The political economy of the global sex trade*, London: Routledge, 2009, p. 155.

65   Kusama, *Jokyuu to baishoufu*, p. 28.

66   Ibid., p. 29

67   Ibid., p. 36.

68   Fujino, *Sei no kokka kanri*, p. 100.

69   Yoshida, 'Nihon baishun shi', pp. 142-143.

70   Ibid., p. 142.

71   Cited in Hata, *Ianfu to senjou no sei*, p. 35.

72   Yoshimi Kaneko, *Baishou no shakaishi*, Tokyo: Yuuzankaku, 1984, p. 12.

73   Hata, *Ianfu to senjou no sei*, p. 36.

74   Sayo Masuda (translated by G.G. Rowley), *Autobiography of a geisha*, New York: Columbia University Press, 2003, p. 51.

75   Tanikawa, *Mono iwanu shougitachi*, p. 182.

76   Hayakawa, 'Koushou sei to sono shuuhen', p. 56.

77   Ibid., p. 56.

78   Kusama, *Jokyuu to baishoufu*, pp. 262-263.

79   Tanikawa, *Mono iwanu shougitachi*, p. 102.

80   Fukumi, *Teito ni okeru baiin no kenkyuu*, p. 70.

81   Ibid., pp. 71-72.

82   Kusama, *Jokyuu to baishoufu*, p. 267.

83   Fukumi, *Teito ni okeru baiin no kenkyuu*, p. 258.

84   Kusama, *Jokyuu to baishoufu*, p. 139.

85   Ibid., p. 142.

86   Ibid., p. 122.

87   Tanikawa, *Mono iwanu shougitachi*, pp. 64-65.

88   Kanzaki Kiyoshi, 'Shoujo geisha no jinshin baibai', *Heiwa*, Vol. 1, 1955, p. 81.

89   Ibid., p. 78.

90   Tammy Heilemann and Janaki Santhiveeran, 'How do female adolescents cope and survive the hardships of prostitution? A content analysis of existing literature',

Journal of Ethnic and Cultural Diversity in Social Work, Vol. 20, No. 1, 2011, pp. 57-76.

91   Yoshimi, *Baishou no shakaishi*, p. 179.

92   Nishino Rumiko, 'Naze ima, Nihonjin "ianfu" na no ka?', *Baurakku Tsuushin*, No. 2, December 2012, p. 4.

93   Takayasu Yae, 'Onna no Rabauru kouta', in Senchuu-ha Group (eds), *Zoku senchuu-ha no yuigon*, Tokyo: Kai Shobou, 1979.

94   Kinoshita Naoko, 'For the sake of encounters with Japanese "comfort women" victims', in Iwasaki Minoru, Chen Kuan-Hsing and Yoshimi Shunya (eds), *Cultural Studies de Yomitoku Asia*, Tokyo: Serica Shobo, 2011, p. 120.

95   Hirai Kazuko, 'Zasshi ni hyoushou sareta Nihonjin "ianfu" kara miete kuru mono', p. 10 presentation handout on file with author 29 September 2012, VAWWRAC Soukai Shimpojiumu, 'Nihon jin 'ianfu' no higai jitai ni semaru!'.

96   Nishino, 'Naze ima, Nihonjin "ianfu" na no ka?', p. 5.

97   Masutomi Masaisuke, 'Gotaiten to geigi mondai', *Kakusei*, October 1915, p. 24.

98   Ibid., p. 24.

99   Ibid., p. 25.

100   Ibid., p. 24.

101   Shirota, *Mariya no sanka*, Tokyo: Nihon Kirisutokyoudan Shuppankyoku, 1971, pp. 25-27.

102   Masuda, *Autobiography of a geisha*.

103   Ibid., p. 76.

104   Ibid., p. 70.

105   Tanikawa, *Mono iwanu shougitachi*, pp. 8-9.

106   Korean Council for Women Drafted for Military Sexual Slavery by Japan and the Research Association on the Women Drafted for Military Sexual Slavery by Japan (translated by Young Joo Lee; edited by Keith Howard), *True stories of the Korean comfort women: Testimonies*, London; New York: Cassell, 1995; Peipei Qiu, *Chinese comfort women: Testimonies from imperial Japan's sex slaves*, New York: Oxford University Press, 2014.

107   Tanikawa, *Mono iwanu shougitachi*, pp. 34-35.

108   Ibid., p. 50.

109 Ibid., pp. 113-114.

110 Ibid., pp. 64-65.

111 Ibid., p. 66.

112 Ibid., p. 68.

113 Ibid., p. 68.

114 Ibid., p. 69.

115 Ibid., p. 70.

116 Ibid., p. 71.

117 Ibid., p. 71.

118 Ibid., p. 84.

119 Ibid., p. 85.

120 Ibid., p. 198.

121 Ibid., p. 199.

122 Ibid., p. 200.

123 Ibid., p. 201.

124 Ibid., pp. 34-35.

125 Ibid., p. 177.

126 Ibid., p. 37.

127 Frederick R. Dickinson, *World WarI and the triumph of a new Japan, 1919-1930*, Cambridge; New York: Cambridge University Press, 2013.

128 Miho Matsugu argues that, '[g]eisha were governed by contracts similar to those for prostitutes, by which male family heads transferred the women to their new owners'. 'In the service of the nation: Geisha and Kawabata Yasunari's Snow Country', in *The courtesan's arts: Cross-cultural perspectives*, New York: Oxford University Press, 2006, p. 246.

3장

1 Yoshimi Kaneko, *Baishou no shakaishi*, Tokyo: Yuuzankaku, 1992, p. 37.

2 Shimokawa Koushi and Hayashi Hiroko, *Yuukaku o miru*, Tokyo: Chikuma Shobou, 2010, p. 95.

3   Quoted in Kano Mikiyo, 'The problem with the "comfort women problem"',
    Ampo:Japan-Asia QuarterlyReview, Vol. 24, No. 2,1993, p. 42.

4   Suzuki Yuuko, 'Ima, mimi kakete kioku kizumu toku, *Human Rights*, Vol. 111, 1997,
    p. 26.

5   Onozawa Akane, 'Shiryou ni miru Nihonjin "ianfu" no choushuu no jitai', VAWW-
    RAC Soukai Shinpojiumu, 'Nihon jin 'ianfu' no higai jitai ni semeru!', 29 September
    2012, presentation handout on file with author, p. 5.

6   Yoshiaki Yoshimi and Suzanne O'Brien, *Comfort women: Sexual slavery in
    the Japanese military during World War II*, New York; Chichester: Columbia
    University Press, 2000, p. 142.

7   Michael A. Barnhart, 'Japan's economic security and the origins of the pacific war',
    Journal of Strategic Studies, Vol. 4, No. 2, 1981, p. 108.

8   Kerry Douglas Smith, *A time of crisis: Japan, the great depression, and rural
    revitalization*, Cambridge: Harvard University Asia Center; distributed by Harvard
    University Press, 2001, p. 326.

9   Minami Orihara and Gregory Clancey, 'The Nature of Emergency: The Great
    Kantoearthquake and the crisis of reason in late imperial Japan', *Science in Context*,
    Vol. 25, 2012, pp. 103-126.

10 Richard J.Smethurst, *A social basis for prewar Japanese militarism: The army
    and the rural community*, Berkeley: University of California Press, 1974, p. 8.

11 Iwata Shigenori, 'Nihonjin dansei no sei koudou to sei ishiki', *Rekishi Hyouron*,
    Vol.4, 1998, p. 163.

12 J.A. Mangan and Takeshi Komagome, 'Militarism, sacrifice and emperor worship:
    The expendable male body in fascist Japanese martial culture', *The International
    Journal of the History of Sport*, Vol. 16, No. 4, 1999, p. 192.

13 Yoshimitsu Khan, 'Schooling Japan's imperial subjects in the early Showa period',
    History of Education: Journal of the History of Education Society, Vol. 29, No. 3,
    2000, p. 220.

14 Jeremy Phillipps, 'City and empire - Local identity and regional imperialism in 1930s
    Japan', *Urban History*, Vol. 35, No. 1, 2008, p. 120.

15 Ibid., p. 124.

16 Emily Horner, 'Kamishibai as propaganda in wartime Japan', *Storytelling, Self,*

Society, Vol. 2, No. 1, 2005, p. 21.

17 Ibid., pp. 21-31.

18 See Suzuki Yuuko, '*Jugun ianfu' mondai to seibouryoku*, Tokyo: Miraisha, 1993.

19 Melissa Farley, *Prostitution and trafficking in Nevada: Making the connections*, San Francisco: Prostitution Research & Education, 2007.

20 Kano, 'The problem with the "comfort women problem"', p. 41.

21 Iwata, 'Nihonjin dansei no sei koudou to sei ishiki', p. 29.

22 Ibid., p. 36.

23 Ibid., p. 38.

24 Iwata Shigenori, 'Yobai to kaishun', *Nihon Minzoku Gaku*, Vol. 158, No. 186, 1991, p.160.

25 Ibid., p. 160.

26 Ibid., pp. 147-149.

27 Ibid., p. 150.

28 Ibid., p. 150.

29 Ibid., p. 158.

30 Yoshida Hidehiro, 'Nihon baishun shi: Henkan to sono haikei (2) Taisho/Showa shoki no baishun joukyou: Sono haikei to torishimari', *Jiyuu*, Vol. 41(12), No. 478, 1999, p. 147.

31 Mark Forbes, 'Sex city', *The Age*, 1 March 1999, p. 11.

32 Kusama Yasoo, *Jokyuu to baishoufu*, Tokyo: Nihon Tosho Sentaa, 1982, p. 9.

33 Ibid., p. 11.

34 Ibid., p. 13.

35 Iwata, 'Nihonjin dansei no sei koudou to sei ishiki', p. 36.

36 Ibid., p. 28.

37 Iwata Shigenori, 'Nihon dansei to sei koudou to sei ishiki: 1910-1930 nendai wo chuushin ni', *Rekishi Hyouron*, Vol. 4, 1998, p. 28.

38 Itou Takashi, 'Nihon kaigun ianjo no rekishi teki hakken', *Toitsu Hyouron*, Vol. 411, 1999, p. 65.

39 Koga Noriko, 'Okinawa-sen in okeru Nihon gun "ianfu" seido no tenkai (2)', *Sensou Sekinin Kenkyuu*, Vol. 61, 2008, p. 68.

40 Toshiyuki Tanaka, *Japan's comfort women: Sexual slavery and prostitution during*

World War II and the U.S. occupation, London: Routledge, 2000, p. 59.

41   Fujino Yutaka, *Sei no kokka kanri: Bai-baishun no kin-gendaishi*, Tokyo: Fuji Shuppan, 2001, p. 148.

42   Kanzaki Kiyoshi, *Baishun: Ketteiban Kanzaki repouto*, Tokyo: Gendaishi Shuppankai, 1974, p. 20

43   Ibid., p. 22.

44   Ibid., p. 23.

45   Ibid.

46   Melissa Farley, Emily Schuckman, Jacqueline M. Golding, Kristen Houser, Laura Jarrett, Peter Qualliotine and Michele Decker, 'Comparing sex buyers with men who don't buy sex: "You can have a good time with the servitude" vs. "You're supporting a system of degradation"', paper presented at Psychologists for Social Responsibility Annual Meeting, 15 July 2011, Boston; San Francisco: Prostitution Research & Education, 2011, http://www.prostitutionresearch.com/pdfs/Farleyetal2011ComparingSexB uyers.pdf

47   Andrea Dworkin, *Pornography: Men possessing women*, London: The Women's Press, 1981.

48   Melissa Farley and Vanessa Kelly, 'Prostitution: A critical review of the medical and social sciences literature', *Women & Criminal Justice*, Vol. 11, No. 4, 2000, p. 54.

49   Rae Langton, *Sexual solipsism: Philosophical essays on pornography and objectification*, Oxford: Oxford University Press, 2009.

50   Catharine MacKinnon, 'Rape, genocide, and women's human rights', *Harvard Women's Law Journal*, Vol. 17, 1994, p. 13.

51   Mark Driscoll, *Absolute erotic, absolute grotesque: The living, dead, and undead in Japan's imperialism, 1895-1945*, Durham: Duke University Press, 2010, p. 185.

52   Mark McLelland, *Love, sex, and democracy in Japan during the American occupation*, New York: Palgrave Macmillan, 2012.

53   Stewart Lone, 'The Japanese Military during the Russo-Japanese War, 1904-05: A reconsideration of command politics and public images', STICERD/International Studies, Discussion Paper No. IS/98/351, 1998, p. 15, http://www.russojapanesewar.com/aspects.pdf

54   Stewart Lone, *Provincial life and the military in imperial Japan: The phantom*

samurai, Abington: Routledge, 2010, p. 49.

55 Naoko Shimazu, *Japanese society at war: Death, memory and the Russo-Japanese war*, Cambridge; New York: Cambridge University Press, 2009, p. 90.

56 Maki Fukuoka, 'Selling portrait photographs: Early photographic business in Asakusa, Japan', *History of Photography*, Vol. 35, No. 4, 2011, p. 368.

57 Korean Council for Women Drafted for Military Sexual Slavery by Japan and the Research Association on the Women Drafted for Military Sexual Slavery by Japan, (translated by Young Joo Lee; edited by Keith Howard), *True stories of the Korean comfort women: Testimonies*, London; New York: Cassell, 1995, p. 189.

58 Senda Kakou, *Juugun ianfu*, Tokyo: Koudansha, 1993, p. 142.

59 Bang-Soon L. Yoon, 'Imperial Japan's comfort women from Korea: History & politics of silence-breaking', *Journal of Northeast Asian History*, Vol. 7, No. 1, 2010, p. 15.

60 Cynthia H. Enloe, *Bananas, beaches & bases: Making feminist sense of international politics*, Berkeley: University of California Press, 1990.

61 Junichi Saga, *Memories of silk and straw: A self-portrait of small-town Japan*, Tokyo; New York: Kodansha International; Distributed in the U.S. through Harper & Row, 1987, p. 165.

62 Fujime Yuuki, *Sei no rekishigaku: Koushou seido, dataizai taisei kara baishun boushihou, yuusei hogohou taisei e*, Tokyo: Fuji Shuppan, 1997, p. 147.

63 Ibid., p. 147.

64 Imanaka Yasuko, 'Guntai to koushou seido', in Hayakawa Noriyo (ed), *Shokuminchi to sensou sekinin*, Tokyo: Yoshikawa Koubunkan, 2005, p. 42.

65 Shimazu, *Japanese society at war*, p. 38.

66 Imanaka, 'Guntai to koushou seido', p. 47.

67 Ibid., p. 42.

68 Lone, *Provincial life and the military in imperial Japan*.

69 Shimokawa and Hayashi, *Yuukaku o miru*, p. 95.

70 Kanzaki, *Baishun: Ketteiban Kanzaki repouto*, p. 19.

71 Fukuda Toshiko, *Yoshiwara wa konna tokoro de gozaimashita: Kuruwa no onnatachino shouwashi*, Tokyo: Bungensha, 2004, p. 137.

72 Kanzaki, *Baishun:Ketteiban Kanzaki repouto*, pp. 75-77.

73   Ibid., p. 114.

74   Fukuda Toshiko, *Yoshiwara wa konna tokoro de gozaimashita*, p. 133.

75   Ibid., p. 134.

76   Tanikawa Mitsue, *Mono iwanu shougitachi: Sapporo yuukaku hiwa*, Sapporo-shi: Miyama Shobou, 1984, p. 126.

77   Ibid., p. 53.

78   Kanzaki, *Baishun: Ketteiban Kanzaki repouto*, p. 19.

79   Yoshida, 'Nihon baishun shi', p. 148.

80   Hirai Kazuko, 'Zasshi ni hyoushou sareta Nihonjin "ianfu" kara miete kuru mono', p. 10 in presentation notes on file with author, 29 September 2012, VAWW-RAC Soukai Shinpojiumu, 'Nihon jin 'ianfu' no higai jitai ni semeru!'.

81   Onozawa Akane, 'Shiryou ni miru Nihonjin "ianfu" no choushuu no jitai', p. 6 in presentation notes on file with author, 29 September 2012, VAWW-RAC Soukai Shinpojiumu, 'Nihon jin 'ianfu' no higai jitai ni semeru!'.

82   Ogino Fujio, 'Toyama ken in okeru "roumu ianfu" ni tsuite', *Sensou Sekinin Kenkyuu*, Vol. 6, 1994, p. 66.

83   Ibid.

84   Onozawa Akane, *Kindai Nihon shakai to koushou seido: Minshuushi to kokusai kankeishi no shiten kara*, Tokyo: Yoshikawa Koubunkan, 2010, p. 238.

85   Ibid., p. 256.

86   Ibid., pp. 241-242.

87   Ibid., p. 244.

88   Ibid., p. 250.

89   Ibid.

90   Ibid., p. 251.

91   Ibid., p. 254.

92   Ibid., p. 255.

93   Ibid., p. 252.

94   Ibid., p. 265.

95   Ibid., p. 279.

96   Ibid.

97   Ibid., p. 256.

98 Ibid., p. 255.

99 Yun Chung-ok and Suzuki Yuuko, *Heiwa o kikyuushite: 'Ianfu' higaisha no songen kaifuku e no ayumi*, Musashino-shi: Hakutakusha, 2003, pp. 54-55.

4장

1   Suzuki Yuuko, *Chousenjin juugun ianfu: Shougen Showa shi no danmen*, Tokyo: Iwanami Shoten, 1991, pp. 2-3.

2   Okamura Toshihiko quoted in Kano Mikiyo, 'The problem with the "comfort women problem"', *Ampo: Japan-Asia Quarterly Review*, Vol. 24, No. 2, 1993, p. 42.

3   Quoted in Ryuuji Takasaki, *100-satsu ga kataru 'ianjo', otoko no honne:Ajia zen iki ni 'ianjo' ga atta*, Tokyo: Nashinokisha, 1994, p. 74.

4   On the Chinese mainland at least. See Masanao Kurahashi, *Kita no karayukisan*, Tokyo: Kyouei Shobou, 1989, p. 76.

5   Mark Driscoll, *Absolute erotic, absolute grotesque: The living, dead, and undead in Japan's imperialism, 1895-1945*, Durham: Duke University Press, 2010, p. 61 suggests Chinese traffickers were initially involved but this claim is unusual in the literature.

6   Kurahashi, *Kita no karayukisan*, p. 120.

7   MacMillan Reference Books, *Japan: An illustrated encyclopedia*, Kodansha, 1993, p. 748.

8   Kurahashi, *Kita no karayukisan*, p. 40.

9   Ibid., p. 66.

10 Ibid., p. 54.

11 Ibid., p. 126.

12 Ibid., p. 73.

13 Stephanie Limoncelli, *The politics of trafficking: The first international movement to combat the sexual exploitation of women*, Stanford: Stanford University Press, 2010, p. 85.

14 Kurahashi, *Kita no karayukisan*, p. 77.

15 Ibid., p. 101; Yoshimi Kaneko, *Baishou no shakaishi*, Tokyo: Yuuzankaku, 1984,

p. 179 notes that women were first trafficked out of sex industry districts in northern areas of Kyuushu like Nagasaki into comfort stations abroad.

16 Tanikawa Mitsue, *Mono iwanu shougitachi: Sapporo yuukaku hiwa*, Sapporo-shi: Miyama Shobou, 1984, p. 165.

17 Yun Chung-ok and Suzuki Yuuko, *Heiwa o kikyuushite: 'Ianfu' higaisha no songen kaifuku e no ayumi*, Musashino-shi: Hakutakusha, 2003.

18 Hirao Hiroko, 'Senji ka "Shina tokou fujo" no ki', *Sensou Sekinin Kenkyuu*, Vol. 61, 2008, p. 13.

19 Ibid.

20 Suki Falconberg, 'Where in the name of all that is holy are the comfort women? An open letter to Ken Burns on "the War - An intimate history"', 28 September 2007, http://womensspace.wordpress.com/2007/10/02/where-in-gods-name-are-the-comfort-women-an-open-letter-to-ken-burns-on-the-war-an-intimate- history/

21 Julie Cwikel and Elizabeth Hoban, 'Contentious issues in research on trafficked women working in the sex industry: Study design, ethics, and methodology', *Journal of Sex Research*, Vol. 42, No. 4, p. 307.

22 Song Youn-ok, 'Nihon no shokuminchi shihai to kokka teki kanri baishun: Chousen no koushou wo chuushin ni shite', *Chousen Shi Kenkyuu Kai Ronbun Shuu*, Vol. 32, 1994, p. 85.

23 Kurahashi, *Kita no karayukisan*, p. 52.

24 Driscoll, *Absolute erotic, absolute grotesque*, p. 61.

25 Kurahashi Masanao, *Juugun ianfu mondai no rekishiteki kenkyuu: Baishunfugata to seiteki doreigata*, Tokyo: Kyouei Shobou, 1994.

26 Kim Il Myon, *Guntai ianfu: Sensou to ningen no kiroku*, Tokyo: Gendaishi Shuppankai, 1977, pp. 70-73.

27 Onozawa Akane, *Kindai Nihon shakai to koushou seido: Minshuushi to kokusai kankeishi no shiten kara*, Tokyo: Yoshikawa Koubunkan, 2010, pp. 49, 53.

28 Kim Pu-ja and Song Youn-ok, '*Ianfu'*, *senji seibouryoku no jittai*, Tokyo: Ryokufuu Shuppan, 2000, pp. 66-91; Nishino Rumiko, 'Nihonjin ianfu: Dare ga dono youni choushuu sareta ka', in VAWW-NET Japan (eds), *Nihon gun sei dorei sei wo sabaku 2000nen josei kokusai senpan houtei no kiroku: Jisshou sareta senji seibouryoku ni okeru higai to kankeisei*, Vol. 3/4, Tokyo: Rokufu Shuppan,

2000, p. 67.

29 Suzuki Y uuko, *'Jugun ianfu' mondai to seiboryoku*, Tokyo: Miraisha, 1993, p. 27.

30 Hata Ikuhiko, *Ianfu to senjou no sei*, Tokyo: Shinchousha, 1999, p. 31.

31 Fukuda Toshiko, *Yoshiwara wa konna tokoro de gozaimashita: Kuruwa no onnatachi no Showashi* (reprinted 2010), Tokyo: Shufu To Seikatsusha, 1986, p. 139.

32 See filmed comment about Chinese village chiefs supplying the Japanese army with women most likely taken from the local sex industry at 'If we don't face our past, we're bound to repeat the same mistakes'. Japanese wartime medical orderly reports on army's role in maintaining 'comfort women' system, David McNeill introduction, Matsumoto Masayoshi testimony (Japanese and English transcript and video of testimony), translation by Miguel Quintana, http://www.japanfocus. org/-David-Mc Neill/4202

33 Hirao, 'Senji ka "Shina tokou fujo" no ki', p. 11.

34 Ibid., p. 13.

35 Ibid., p. 15.

36 Korean Council for Women Drafted for Military Sexual Slavery by Japan and the Research Association on the Women Drafted for Military Sexual Slavery by Japan(translated by Young Joo Lee; edited by Keith Howard), *True stories of the Korean comfort women: Testimonies*, London; New York: Cassell, 1995, p. 190.

37 Joshua Pilzer, 'Music and dance in the Japanese military "comfort women" system: A case study in the performing arts, war, and sexual violence', *Women and Music: A Journal of Gender and Culture*, Vol. 18, No. 1, pp. 1-23.

38 Yoshiaki Yoshimi and translated by Suzanne O'Brien, *Comfort women: Sexual slavery in the Japanese military during World War II*, New York; Chichester: Columbia University Press, 2000, p. 75.

39 Takasaki, *100-satsu ga kataru 'ianjo', otoko no honne*, p. 147.

40 Korean Council for Women Drafted for Military Sexual Slavery by Japan and the Research Association on the Women Drafted for Military Sexual Slavery by Japan, *True stories of the Korean comfort women*, p. 74.

41 Joshua Pilzer, 'Music and dance in the Japanese military "comfort women" system: A case study in the performing arts, war, and sexual violence', *Women and Music: A Journal of Gender and Culture*, Vol. 18, 2014, p. 4.

42 Hayashi Hirofumi, 'Sensou taiken ki/butai shi ni miru "juugun ianfu"', *Sensou Sekinin Kenkyuu*, Vol. 5, 1994, p. 31.

43 Hon Yun Shin, 'Okinawa sen to Chousenjin "ianfu"', in Nikkan Kyoudou 'Nihon gun ianjo' Miyakojima Chousadan (eds), *Senjyou no Miyakojima to 'ianjo'*, Okinawa: Nanyou Bunko, 2009, p. 27.

44 Tamai Noriko, *Hinomaru o koshi ni maite: Tekka shoufu*, *Takanashi Taka ichidaiki*, Tokyo: Gendaishi Shuppankai, 1984, p. 41.

45 Tanikawa, *Mono iwanu shougitachi*, p. 211.

46 Tamai, *Hinomaru o koshi ni maite*, p. 74.

47 Tamai, 'Okinawa sen in okeru Nihon gun "ianfu" seido no tenkai (4)', p. 63.

48 Peipei Qiu, Zhiliang Su and Lifei Chen, *Chinese comfort women: Testimonies from imperial Japan's sex slaves*, New York: Oxford University Press, 2014.

49 Yoshimi and O'Brien, *Comfort women*, p. 58.

50 Ibid., p. 44.

51 Hayashi Hirofumi, 'The structure of Japanese imperial government involvement in the military comfort women system', *Kanto Gakuin University*, p. 6, http://opac.kanto-gakuin.ac.jp/cgi-bin/retrieve/sr_bookview.cgi/U_CHARSET.utf-8/NI10000769/Body/link/01hayashi.pdf

52 See Erik Esselstrom, *Crossing empire's edge: Foreign Ministry police and Japanese expansionism in Northeast Asia*, Honolulu: University of Hawai'i Press, 2009.

53 Hayashi Hirofumi, 'Shiberia shuppei ji ni okeru Nihon gun to "karayukisan"', *Sensou Sekinin Kenkyuu*, Vol. 24, 1999, p. 19.

54 Naoko Shimazu, *Japanese society at war: Death, memory and the Russo-Japanese war*, Cambridge; New York: Cambridge University Press, 2009, p. 90.

55 Hayakawa Noriyo, '"Juugun ianfu" seiko no rekishi teki haikei ni tsuite', *Hou no Kagaku*, Vol. 23, 1995, p. 126.

56 Onoda Hiroo, 'Watashi ga mita juugunianfu no seitai', *Seiron*, Vol. 392, 2005, pp. 142-149.

57 Koga, 'Okinawa sen ni okeru Nihon gun "ianfu" seido no tenkai(4)', p. 69.

58 Yoshimi and O'Brien, *Comfort women*, p. 61.

59 Hayashi, 'Sensou taiken ki ni miru "juugun ianfu"', p. 24.

60 Ibid., p. 25.

61 Hayashi Hirofumi, 'Rikugun ianjo kanri no ichi sokumen: Eisei sakku no koufu shiryou wo tegakari ni', *Sensou Sekinin Kenkyuu*, Vol. 1, No. 1, 1993, pp. 12-19.

62 Ibid., pp. 12-19.

63 George L. Hicks, *The comfort women*, St. Leonards, NSW: Allen & Unwin, 1995, p. 61.

64 Yasuhara Keiko, 'Bunseki ripouto: Ianfu ni tsuite', in Juugun Ianfu 110ban Henshuu Iinkai (eds), *Juugun ianfu 110ban: Denwa no mukou kara rekishi no koe ga*, Tokyo: Akaishi Shoten, 1992, p. 105.

65 Quoted in Takasaki, *100-satsu ga kataru 'ianjo', otoko no honne*, p. 48.

66 Catharine MacKinnon, *Are women human?: And other international dialogues*, Cambridge: Belknap Press of Harvard University Press, 2006, p. 114.

67 Ibid.

68 Catharine MacKinnon, 'Rape, genocide, and women's human rights', *Harvard Women's Law Journal*, Vol. 17, 1994, p. 10.

69 Chushichi Tsuzuki, *The pursuit of power in modern Japan, 1825-1995*, Oxford: Oxford University Press, 2000, p. 128.

70 Paul R. Katz, 'Germs of disaster: The impact of epidemics on Japanese military campaigns in Taiwan, 1874 and 1895', *Annales de Demographie Historique*, 1996, p. 195.

71 Atsushi Koukeshi, *Kenpei seiji: Kanshi to doukatsu no jidai*, Tokyo: Shin Nippon Shuppan Sha, 2008, p. 175.

72 Ibid., p. 121.

73 Janet Hunter, *Concise dictionary of modern Japanese history*, Tokyo: Kodansha International, 1984, p. 183.

74 MacMillan Reference Books, *Japan: An illustrated encyclopedia*, p. 1427.

75 Matsuda Toshihiko, 'Kindai Nihon shokuminchi ni okeru "kenpei kesatsu seido" ni miru "touji youshiki no sen'i": Chousen kara Kantoushuu "Manushuukoku" he', pp. 469-490, http://shikon.nichibun.ac.jP/dspace/bitstream/123456789/870/1/nk35019.pdf

76 Mark Metzler, *Lever of empire: The international gold standard and the crisis of liberalism in prewar Japan*, Berkeley: University of California Press, 2006, p. 56.

77 Edward J. Drea, *In the service of the Emperor: Essays on the Imperial Japanese*

Army, Lincoln: University of Nebraska Press, 1998, p. 57.

78   Otabe Yuuji, Hayashi Hirofumi and Yamada Akira, *Kiiwaado Nihon no sensou hanzai*, Tokyo: Yuzankaku, 1995, pp. 36.

79   Ibid., p. 31.

80   Beatrice Trefalt, *Japanese Army stragglers and memories of the war in Japan, 1950-75*, London: Routledge Curzon, 2003, p. 25.

81   Yoshimi and O'Brien, *Comfort women*, p. 44.

82   Ibid., p. 57.

83   Suzuki Yuuko, 'Sekando reipu ni hoka naranai', *Sekai*, Vol. 632, 1997, p. 50.

84   Kamitsubo Takashi, *Mizuko no uta:Dokyumento hikiage koji to onnatachi*, Tokyo: Shakai Shisosha, 1993.

85   H irota Kazuko, *Shougen kiroku juugun ianfu, kangofu: Senjou ni ikita onna no doukoku*, Tokyo: Shin Jinbutsu Ouraisha, 1975.

86   See Takasaki, *100-satsu ga kataru 'ianjo', otoko no honne*, p. 56.

87   Juugun Ianfu 110-ban Henshuu Iinkai, *Juugun ianfu 110-ban: Denwa no mukou kara rekishi no koe ga*, Tokyo: Akashi Shoten, 1992, p. 106.

88   Korean Council for Women Drafted for Military Sexual Slavery by Japan and the Research Association on the Women Drafted for Military Sexual Slavery by Japan, *True stories of the Korean comfort women*, p. 85.

89   Itou Takashi, 'Nihon kaigun ianjo', *Touitsu Hyouron*, Vol. 411, 1999, p. 56.

90   Kawada Fumiko, *Kougun ianjo no onnatachi*, Tokyo: Chikuma Shobou, 1993.

91   Onozawa, *Kindai Nihon shakai to koushou seido*, p. 255.

92   Ibid., p. 245.

93   Ibid., p. 253.

94   Saburou Ienaga, *The Pacific War: World War II and the Japanese, 1931-1945*, New York: Pantheon Books, 1978, p. 51.

95   J.A. Mangan and Takeshi Komagome, 'Militarism, sacrifice and emperor worship: The expendable male body in fascist Japanese martial culture', *The International Journal of the History of Sport*, Vol. 16, No. 4, 1999, p. 192.

96   Korean Council for Women Drafted for Military Sexual Slavery by Japan and the Research Association on the Women Drafted for Military Sexual Slavery by Japan, *True stories of the Korean comfort women*, p. 34.

97　Saburou Ienaga, *The Pacific War: World War II and the Japanese, 1931-1945*, New York: Pantheon Books, 1978, p. 53.

98　Suzuki Yuuko and Kondou Kazuko, *Onna, tennousei, sensou*, Tokyo: Orijin Shuppan Sentaa, 1989, pp. 209-210.

99　Tanikawa, *Mono iwanu shougitachi*, p. 46.

100　Ibid., pp. 56-57.

101　Tamai, *Hinomaru o koshi ni maite*, p. 122.

102　Korean Council for Women Drafted for Military Sexual Slavery by Japan and the Research Association on the Women Drafted for Military Sexual Slavery by Japan, *True stories of the Korean comfort women*, p. 43.

103　Nishino Rumiko, 'Nihon jin "ianfu" no shoguu to tokuchou', VAWW-RAC Soukai Shinojiumu, Nihon jin 'ianfu' no choushuu/taiguu/sengo, 21 September 2012, presentation handout on file with author.

104　Sheila Jeffreys, 'Prostitution', in Dusty Rhodes and Sandra McNeil (eds), *Women against violence against women*, London: Onlywomen Press, 1985, p. 68.

105　Nishino, 'Nihon jin "ianfu" no shoguu to tokuchou', VAWW-RAC Soukai Shinojiumu, Nihon jin 'ianfu' no choushuu/taiguu/sengo, 21 September 2012, presentation handout on file with author.

106　Hirota, *Shougen kiroku juugun ianfu, kangofu*.

107　Nishino, 'Nihon jin "ianfu" no shoguu to tokuchou', VAWW-RAC Soukai Shinojiumu, Nihon jin 'ianfu' no choushuu/taiguu/sengo, 21 September 2012, presentation handout on file with author.

108　Sheila Jeffreys, *The idea of prostitution*, North Melbourne: Spinifex Press, 2008, p. 200.

109　Judith Herman, 'Introduction: Hidden in plain sight: Clinical observations on prostitution', in Melissa Farley (ed), *Prostitution, trafficking and traumatic stress*, Binghamton: Haworth Maltreatment & Trauma Press, 2003, p. 2.

110　Iwata Shigenori, 'Nihonjin dansei no sei koudou to sei ishiki', *Rekishi Hyouron*, Vol. 4, No. 576, 1998, p. 30.

111　Juugun Ianfu 110-ban Henshuu Iinkai, *Juugun ianfu 110-ban*, p. 72.

112　Ibid., p. 69.

113　Takasaki, *100-satsu ga kataru 'ianjo', otoko no honne*, p. 53.

114 Ibid., p. 115.

115 Kasahara Tokushi, 'Nihon gun Nihon hei ni yoru sei bouryoku no ishiki to kouzou', *Rekishigaku Hyouron*, Vol. 849, p. 13.

116 Suzuki Masahiro, 'Sensou ni okeru dansei no sekushuariti', in Ningen to Sei Kyouiku Kenkyuu Kyougikai 'Dansei Keisei Kenkyuu' Purojekuto (eds), *Nihon no otoko wa doko kara kite doko e iku no ka: Dansei sekushuariti keisei 'kyoudou kenkyuu'*, Tokyo: Juugatsusha, 2001, p. 105.

117 Koga, 'Okinawa sen ni okeru Nihon gun "ianfu" seido no tenkai (4)', p. 64.

118 Takasaki, *100-satsu ga kataru 'ianjo', otoko no honne*, p. 99.

119 Fukuda, *Yoshiwara wa konna tokoro de gozaimashita*, p. 81.

120 See, for example, Furusawa Kiyoko, 'Higashi Timooru ni okeru Nihon gun sei dorei sei', *East Timor Quarterly*, No. 3, April 2001, http://www.asahi-net. or.jp/~ak4a-mtn/news/quarterly/number3/sexslavery3.html or Kawada Fumiko, *Indoneshia no 'ianfu'*, Tokyo: Akashi Shoten, 1997.

121 Fujino Yutaka, *Sei no kokka kanri: Bai-baishun no kin-gendaishi*, Tokyo: Fuji Shuppan, 2001, p. 288.

122 Sorano Yoshihiro, 'Kitachousen moto juugun ianfu shougen', *Ekonomisuto*, Vol. 70, No. 49, 1992, p. 34.

123 Nishino Rumiko, *Juugun ianfu no hanashi: Juudai no anata e no messeeji*, Tokyo: Akashi Shoten, 1993, pp. 59-60.

124 The Korean Council for the Women Drafted for Military Sexual Slavery by Japan, 'Bark Young Sim', http://www.womenandwar.net/bbs_eng/index.php?tbl=M04028& cat=&mode=V&id=7&SN=0&SK=&SW=.

125 Sorano, 'Kitachousen moto juugun ianfu shougen', p. 34.

126 The Korean Council for the Women Drafted for Military Sexual Slavery by Japan and Gang Duk-Gyung, 'From the women's volunteer labour corps to a comfort station', http://www.womenandwar.net/bbs_eng/index.php?tbl=M04028&cat=&mode= V&id =5&SN=0&SK=&SW==.

127 Itou, 'Nihon kaigun ianjo no rekishi teki hakken', p. 67.

128 Koga Noriko, 'Okinawa-sen in okeru Nihon gun "ianfu" seido no tenkai 2', *Sensou Sekinin Kenkyuu*, Vol. 61, 2008, p. 64.

129 Tanikawa, *Mono iwanu shougitachi*, p. 180.

130 Yun and Suzuki, *Heiwa o kikyuushite*, p. 19.

131 Tanikawa, *Mono iwanu shougitachi*, p. 184.

132 Mary Daly, *Gyn/ecology: The metaethics of radical feminism*, Boston: Beacon Press, 1978.

5장

1   Janice G. Raymond, *Not a choice, not a job: Exposing the myths about prostitution and the global sex trade*, North Melbourne: Spinifex, 2013, p. 23.

2   Peipei Qiu, *Chinese comfort women: Testimonies from imperial Japan's sex slaves*, New York: Oxford University Press, 2014.

3   Chizuko Ueno (translated by Beverley Yamamoto), *Nationalism and gender*, Melbourne: Trans Pacific Press Melbourne, 2003, p. 81.

4   Suzuki Yuuko and Kondou Kazuko, *Onna, tennousei, sensou*, Tokyo: Orijin Shuppan Sentaa, 1989, pp. 207-208.

5   Yoshiaki Yoshimi and translated by Suzanne O'Brien, *Comfort women: Sexual slavery in the Japanese military during World War II*, New York; Chichester: Columbia University Press, 2000, p. 155.

6   Suzuki Yuuko, *Sensou sekinin to jendaa: 'Jiyuu shugi shikan' to Nihon gun 'ianfu' mondai*, Tokyo: Miraisha, 1997, p. 51.

7   Suzuki Yuuko, *'Jugun ianfu' mondai to seiboryoku*, Tokyo: Miraisha, 1993, p. 9.

8   Maria Höhn and Seungsook Moon (eds), *Over there:Living with the U.S. military empire from World War Two to the present*, Durham: Duke University Press, 2010, p. 42.

9   Laura Hein, 'Savage irony: The imaginative power of the "military comfort women" in the 1990s, *Gender & History*, Vol. 11, No. 2, July 1999, p. 338.

10 See Song Youn-ok, 'Nihon no shokuminchi shihai to kokka teki kanri baishun: Chousen no koushou wo chuushin ni shite', *Chousen Shi Kenkyuu Kai Ronbun Shuu*, Vol. 32, 1994, p. 60 for evidence of lack of education among both Korean and Japanese prostituted women in Korea. Korean women were mostly illiterate, but even Japanese women had mostly dropped out of primary school or just finished primary

school at best.

11 Korean Council for Women Drafted for Military Sexual Slavery by Japan and the Research Association on the Women Drafted for Military Sexual Slavery by Japan (translated by Young Joo Lee; edited by Keith Howard), *True stories of the Korean comfort women: Testimonies*, London; New York: Cassell, 1995.

12 South Korean Ministry of Gender Equality and Family, 'Japanese Military Comfort Women', http://www.hermuseum.go.kr/english/sub.asp?pid=191

13 Fujinaga Takeshi, 'Shokuminchi koushou seido to Nihon gun "ianfu" seido', in Hayakawa Noriyo (ed), *Shokuminchi to sensou sekinin*, Tokyo: Yoshikawa Koubunkan, 2005, p. 32.

14 Kurahashi Masanao, *Juugun ianfu to koushou seido: Juugun ianfu mondai sairon*, Tokyo: Kyouei Shobou, 2010, p. 110.

15 Hata Ikuhiko, *Ianfu to senjou no sei*, Tokyo: Shinchousha, 1999, p. 127.

16 한혜인, 총동원체계하 직업소개령과 일본군'위안부'동원, 사림, 2013

17 Yoshimi, *Comfort women*, p. 110.

18 Hata, *Ianfu to senjou no sei*, p. 45.

19 The Committee for Historical Facts, 'The facts', *Washington Post*, 14 June 2007, http://en.wikipedia.org/wiki/File:The_Facts_about_the_Comfort_Women.jpg

20 Fujinaga, 'Shokuminchi koushou seido to Nihon gun "ianfu" seido', p. 32. See also Hayakawa Noriyo, 'Kaigai ni okeru baibaishun no tenkai: Taiwan wo chuushin ni', *Sensou Sekinin Kenkyuu*, Vol. 10,1995, pp. 35-43.

21 Ueno, *Nationalism and gender*, p. 81.

22 Suzuki, *Sensou sekinin to jendaa*, p. 23.

23 Fujinaga, 'Shokuminchi koushou seido to Nihon gun "ianfu" seido', p. 16.

24 Ibid., p. 38.

25 Fujinaga Takeshi, 'Shokuminchi Taiwan ni okeru Chousen jin shakukyaku gyou to "ianfu" no douin', in Osaka Sangyou Daigaku Sangyou Kenkyuujo (ed), *Kindai shakai to baishun mondai*, Osaka: Osaka Sangyou Daigaku, 2001, p. 108.

26 Song Youn-ok, 'Nihon no shokuminchi shihai to kokka teki kanri baishun', p. 87.

27 Hata Ikuhiko, 'No organized or forced recruitment: Misconceptions about comfort women and the Japanese military', *Society for the Dissemination of Historical Fact*, 2007, http://www.sdh-fact.com/CL02_1/31_S4.pdf, p. 9.

28 Tessa Morris-Suzuki, 'Addressing Japan's "comfort women" issue from an academic standpoint', *The Asia-Pacific Journal*, Vol. 12, Issue 9, No. 1, 2 March 2014, http://www.japanfocus.org/-Tessa-Morris_Suzuki/4081

29 Fujinaga, 'Shokuminchi koushou seido to Nihon gun "ianfu" seido', p. 20.

30 Ibid., p. 29.

31 Ibid., p. 30.

32 Imanishi Hajime, *Yuujo no shakaishi: Shimabara, Yoshiwara no rekishi kara shokuminchi 'koushou' sei made*, Tokyo: Yuushisha, 2007, pp. 239-240.

33 Yamashita Yeong-ae and Yun Chung-ok, *Chousenjin josei ga mita 'ianfu mondai' : Asu o tomo ni tsukuru tame ni*, Tokyo: San'ichi Shobou, 1992, p. 133.

34 Ibid., p. 134.

35 Imanishi, *Yuujo no shakaishi*, p. 259.

36 Fujinaga, 'Shokuminchi koushou seido to Nihon gun "ianfu" seido', p. 33.

37 Song Youn-ok, 'Nihon no shokuminchi shihai to kokka teki kanri baishun', p. 36.

38 Yamashita Yeong-ae, *Chousenjin josei ga mita 'ianfu mondai'*, p. 139.

39 Song Youn-ok, 'Nihon no shokuminchi shihai to kokka teki kanri baishun', p. 41.

40 Ibid., p. 42.

41 Hata, *Ianfu to senjou no sei*, p. 45.

42 Song Youn-ok, 'Nihon no shokuminchi shihai to kokka teki kanri baishun', p. 59.

43 Ibid., p. 56.

44 Ibid., p. 66.

45 Ibid.

46 Ibid.

47 Ibid.

48 Matsuoka Nobuo, 'Chosen josei no rekishi ni omou', in Takahashi Kikue (ed), *Sei shinryaku o kokuhatsu suru kiisen kankou*, Tokyo: Kiisen kankou ni hantai suru onnatachi no kai, 1974, p. 35.

49 Fujinaga, 'Shokuminchi koushou seido to Nihon gun "ianfu" seido', p. 34.

50 Yamashita Yeong-ae, *Chousenjin josei ga mita 'ianfu mondai'*, p. 34.

51 Ibid., p. 158.

52 Hata, *Ianfu to senjou no sei*, p. 43.

53 Song Youn-ok, 'Nihon no shokuminchi shihai to kokka teki kanri baishun', p. 82.

54 Ibid., p. 81.

55 Ibid., p. 85.

56 Hata, *Ianfu to senjou no sei*, p. 42.

57 Ibid., p. 45.

58 See discussion in Song Youn-ok, 'Japanese colonial rule and state-managed prostitution: Korea's licensed prostitutes', *Positions*, Vol. 5, No. 1, 1997, pp. 171-219 (note that is an English translation of Song Youn-ok, 'Nihon no shokuminchi shihai to kokka teki kanri baishun', pp. 37-87). See also Chunghee Sarah Soh, 'Women's sexual labor and state in Korean history', *Journal of Women's History*, Vol. 15, No. 4, 2004, pp. 170-177.

59 See also Kawamura Minato, *Kiisen:Mono o iu hana no bunka shi*, Tokyo: Sakuhinsha, 2001.

60 Kawamura Minato, 'Kiisen no zushou gaku', in Suwa Haruo (ed), *Ajia no sei*, Tokyo: Bensey, 1999, p. 51.

61 Ibid., p. 51.

62 Fujinaga, 'Shokuminchi koushou seido to Nihon gun "ianfu" seido', p. 33.

63 Ibid., p. 36.

64 Song Youn-ok, 'Nihon no shokuminchi shihai to kokka teki kanri baishun', p. 53.

65 Ibid., p. 53.

66 Fujinaga, 'Shokuminchi koushou seido to Nihon gun "ianfu" seido', p. 42.

67 Song Youn-ok, 'Nihon no shokuminchi shihai to kokka teki kanri baishun', p. 54.

68 Yamashita Yeong-ae, 'Nationalism and gender in the comfort women issue', *Kyoto Bulletin of Islamic Area Studies*, Vol. 3-1, July 2009, p. 213, http://www.asafas.kyoto-u.ac.jp/kias/1st_period/contents/pdf/kb3_1/14yamashita.pdf

69 Song Youn-ok, 'Nihon no shokuminchi shihai to kokka teki kanri baishun', p. 70.

70 Ibid., p. 49.

71 Ibid., p. 50.

72 Ibid., p. 51.

73 Ibid., p. 53.

74 Yun Chung-ok and Suzuki Yuuko, *Heiwa o kikyuushite: 'Ianfu' higaisha no songen kaifuku e no ayumi*, Musashino-shi: Hakutakusha, 2003, pp. 19-21.

75 Ibid., pp. 19-21.

76 Brandon Palmer, *Fighting for the enemy: Koreans in Japans war, 1937-1945*,

Seattle: University of Washington Press, 2013, pp. 3 and 145.

77 Ogino Fujio, 'Toyama ken in okeru "Roumu ianfu" ni tsuite', *Sensou Sekinin Kenkyuu*, Vol. 6, 1994, p. 66.

78 The Korean Council for the Women Drafted for Military Sexual Slavery by Japan and Gang Duk-Gyung, 'From the women's volunteer labour corps to a comfort station', http://www.womenandwar.net/bbs_eng/index.php?tbl=M04028&cat=&mode=V&id =5&SN=0&SK=&SW==

79 Commission on Human Rights, Fifty-second session, 4 January 1996, *Report of the Special Rapporteur on violence against women, its causes and consequences, Ms. Radhika Coomaraswamy, in accordance with Commission on Human Rights resolution 1994/45; Report on the mission to the Democratic People's Republic of Korea, the Republic of Korea and Japan on the issue of military sexual slavery in wartime*, http://www.macalester.edu/~tam/HIST194%20War%20Crimes/ documents/ UN/un%20report%20on%20violence%20against%20women,%20 its%20causes%20 and%20conseque.htm

80 Song Youn-ok, 'Nihon no shokuminchi shihai to kokka teki kanri baishun', p. 70.

81 Ibid., p. 50.

82 Ibid., p. 53.

83 Fujinaga, 'Shokuminchi Taiwan ni okeru Chousen jin shakukyaku gyou to "ianfu" no douin', p. 107.

84 Nishino Rumiko, 'Higai sha shougen ni miru "ianfu" renkou no kyousei sei', in 'Sensou to josei he no bouryoku' Risaachi Akushon Sentaa (eds), *'Ianfu' basshingu wo koete*, Tokyo: Ootsuki Shoten, 2013, p. 38.

85 Jin Jungwon, 'Reconsidering prostitution under the Japanese occupation', *The Review of Korean Studies*, Vol. 17, No. 1, 2014, pp. 115-157.

86 Juugun Ianfu 110-ban Henshuu Iinkai, *Juuugun ianfu 110-ban: Denwa no mukou kara rekishi no koe ga*, Tokyo: Akashi Shoten, 1992, p. 89.

87 Palmer, *Fighting for the enemy*, p. 157.

88 Ibid., p. 157.

89 Juugun Ianfu 110-ban Henshuu Iinkai, *Juuugun ianfu 110-ban: Denwa no mukou kara rekishi no koe ga*, Tokyo: Akashi Shoten, 1992, p. 89.

90 Soh, 'Women's sexual labor and state in Korean history', p. 170.

91 Juugun Ianfu 110-ban Henshuu Iinkai, *Juuugun ianfu 110-ban*, p. 89.

92 Yoshimi Yoshiaki, '"Juugun ianfu" no soushutsu to Chousen soutokufu', *Sensou Sekinin Kenkyuu*, Vol. 5, 1994, p. 33.

93 Fujinaga, 'Shokuminchi Taiwan ni okeru Chousen jin shakukyaku gyou to "ianfu" no douin', p. 107.

94 Jungwon, 'Reconsidering prostitution under the Japanese occupation', pp. 115-157.

95 Delan Zhu, *Taiwan Soutokufu to ianfu*, Tokyo: Akashi Shoten, 2005, p. 91.

96 Komagome Takeshi, 'Taiwan ni okeru mikan no datsu shokuminchi ka', in Kim Pu-ja and Nakano Toshio (eds), *Rekishi to sekinin 'ianfu' mondai to 1990nen dai*, Tokyo: Seikyuusha, 2008, pp. 152-162; Komagome Takeshi, 'Taiwan shokuminchi shihai to Taiwan jin "ianfu"', in VAWW-NET Japan (eds), *'Ianfu' senji sei bouryoku no jitai I: Nihon, Taiwan, Chosen*, Tokyo: Ryokufu Shuppan, 2000, pp. 118-155.

97 Zhu, *Taiwan Soutokufu to ianfu*, p. 36.

98 Ibid., p. 67.

99 Ibid., p. 61.

100 Ibid., p. 71.

101 Ibid., p. 75.

102 Ibid., p. 62.

103 Fujinaga, 'Shokuminchi Taiwan ni okeru Chousen jin shakukyaku gyou to "ianfu" no douin', p. 99.

104 Zhu, *Taiwan Soutokufu to ianfu*, p. 32.

105 Ibid., p. 35.

106 Fujinaga, 'Taiwan ni okeru mikan no datsu shokuminchi ka', pp. 152-162; Fujinaga, 'Taiwan shokuminchi shihai to Taiwan jin "ianfu"', pp. 118-155.

107 Zhu, *Taiwan Soutokufu to ianfu*, p. 33.

108 Ibid., p. 36.

109 Fujinaga, 'Shokuminchi koushou seido to Nihon gun "ianfu" seido', p. 37.

110 Zhu, *Taiwan Soutokufu to ianfu*, p. 96.

111 Fujinaga, 'Shokuminchi koushou seido to Nihon gun "ianfu" seido', p. 38.

112 Zhu, *Taiwan Soutokufu to ianfu*, p. 34.

113 Ibid., p. 35.

114 Ibid., p. 38.

115. Ibid., pp. 44-45.

116 Fujinaga, 'Shokuminchi Taiwan ni okeru Chousen jin shakukyaku gyou to "ianfu" no douin', p. 98.

117 Fujinaga, 'Shokuminchi koushou seido to Nihon gun "ianfu" seido', p. 36.

118 Zhu, *Taiwan Soutokufu to ianfu*, pp. 62-63.

119 Shirota, *Mariya no sanka*, Tokyo: Nihon Kirisutokyoudan Shuppankyoku, 1971, pp. 35-36.

120 Zhu, *Taiwan Soutokufu to ianfu*, p. 100.

121 Ibid., p. 126.

122 Taipei Women's Rescue Foundation, 'Comfort women: Su, Yin-jiao Ah Ma', http://www.twrf.org.tw/eng/p3-service-detail. asp?PKey=aBIMaB31aBWPaB33&Class1=aBJQaB36

123 Fujinaga, 'Shokuminchi koushou seido to Nihon gun "ianfu" seido', p. 37.

124 Ibid., p. 38.

125 Fujinaga, 'Taiwan ni okeru mikan no datsu shokuminchi ka' pp. 152-162; Fujinaga, 'Taiwan shokuminchi shihai to Taiwan jin "ianfu"', pp. 118-155.

126 Fujinaga, 'Taiwan ni okeru mikan no datsu shokuminchi ka', pp. 152-162; Fujinaga, 'Taiwan shokuminchi shihai to Taiwan jin "ianfu"', pp. 118-155.

127 Fujinaga, 'Taiwan ni okeru mikan no datsu shokuminchi ka', pp. 152-162; Fujinaga, 'Taiwan shokuminchi shihai to Taiwan jin "ianfu"', pp. 118-155.

128 Fujinaga, 'Shokuminchi Taiwan ni okeru Chousen jin shakukyaku gyou to "ianfu" no douin', p. 109.

129 Hayashi Hirofumi, 'Government, the military and business in Japan's wartime comfort woman system', *The Asia-Pacific Journal: Japan Focus*, 26 January 2006, http://www.japanfocus.org/-Hayashi-Hirofumi/2332

130 Zhu, *Taiwan Soutokufu to ianfu*, p. 131.

131 Ibid., p. 169.

132 Fujinaga, 'Shokuminchi Taiwan ni okeru Chousen jin shakukyaku gyou to "ianfu" no douin', p. 109.

133 Ibid., p. 103.

134 Ibid., p. 102.

135 Ibid.

136 Fujinaga, 'Shokuminchi Taiwan ni okeru Chousen jin shakukyaku gyou to "ianfu" no douin', p. 102.

137 Ibid., p. 100.

138 Ibid., p. 101.

139 Ibid., p. 100.

140 Ibid., p. 102.

141 Ibid., p. 103.

142 Ibid., p. 108.

6장

1 Gavan McCormack and Satoko Oka Norimatsu, *Resistant islands: Okinawa confronts Japan and the United States*, Plymouth: Rowman & Littlefield Publishers, 2012, pp. 16-17.

2 Koga Noriko, 'Okinawa sen ni okeru Nihon gun "ianfu" seido no tenkai (4)', *Sensou Sekinin Kenkyuu*, Vol. 63, 2009, p. 71.

3 Ueno Chizuko (translated by Beverley Yamamoto), *Nationalism and gender*, Melbourne: Trans Pacific Press, 2004, p. 85.

4 Yoshida Hidehiro, 'Nihon baishun shi: Henkan to sono haikei (2) Taisho/Showa shoki no baishun joukyou: Sono haikei to torishimari', *Jiyuu*, 1999, Vol. 41(12), No. 478, 140-152.

5 Hon Yun Shin, 'Okinawa sen to Chousenjin "ianfu"', in Nikkan Kyoudou 'Nihon gun ianjo' Miyakojima Chousadan (eds), *Senjyou no Miyakojima to 'ianjo'*, Okinawa: Nanyou Bunko, 2009, p. 27.

6 Itou Keiichi, 'Ianfu to heitai', in Osaka Sangyou Daigaku Sangyou Kenkyuujo (eds), *Kindai shakai to baishun mondai*, Osaka: Osaka Sangyou Daigaku, 2001, p. 20.

7 Jennifer Davies, *Sex slaves: Human trafficking*, London: RW Press, 2013.

8 Yoshida, 'Nihon baishun shi', p. 148.

9 Yoshimi Yoshiaki and translated by Suzanne O'Brien, *Comfort women: Sexual slavery in the Japanese military during World War II*, New York: Colombia University Press, 2000, p. 96.

10 Peipei Qiu, *Chinese comfort women: Testimonies from Imperial Japan's sex slaves*, New York: Oxford University Press, 2014, p. 116.

11 Takasaki Ryuuji (ed), *Hyakusatsu ga kataru 'ianjo' otoko no honne: Ajia-zensiki ni 'inanjo' ga atta*, Tokyo: Nashinokisha, 1994, p. 54.

12 Tamashiro Fukuko, 'Remembering the battle of Okinawa, forgetting the comfort women', in Muta Kazue and Beverley Anne Yamamoto (eds), *The gender politics of war memory: Asia-Pacific and beyond*, Osaka: Osaka University Press, 2012, pp. 95-114.

13 Yasuko Shinozaki, 'Okinawa no jendaa to baishun mondai', *Kumamoto Gakuen Daigaku Ronshuu 'Sougou Kagaku'*, Vol. 7, No. 1, 2000, p. 33.

14 Ibid., pp. 26, 29.

15 Mizutani Yoshiko, '"Sakanayaa" no onnatachi', in Nikkan Kyoudou 'Nihon Gun Ianjo' Miyakojima Chousadan (eds), *Senjyou no Miyakojima to 'ianjo'*, Okinawa: Nanyou Bunko, 2009, p. 155.

16 Nikkan Kyoudou, 'Nihon fun ianjo', in Miyakojima Chousadan (eds), *Senjyou no Miyakojima to 'ianjo'*, Okinawa: Nanyou Bunko, 2009, p. 153.

17 Ibid., pp. 151-152.

18 Koga Noriko, 'Okinawa-sen in okeru Nihon gun "ianfu" seido no tenkai (2)', *Sensou Sekinin Kenkyuu*, Vol. 61, 2008, p. 68.

19 Shin, 'Okinawa sen to Chousenjin "ianfu"', p. 25.

20 Shinozaki, 'Okinawa no jendaa to baishun mondai', p. 26.

21 Koga Noriko, 'Okinawa sen ni okeru Nihon gun "ianfu" seido no tenkai (1)', *Sensou Sekinin Kenkyuu*, Vol. 60, 2008, p. 48.

22 Koga, 'Okinawa sen ni okeru Nihon gun "ianfu" seido no tenkai (4)', pp. 67-68.

23 Koga Noriko, 'Okinawa sen ni okeru Nihon gun "ianfu" seido no tenkai (2)', *Sensou Sekinin Kenkyuu*, Vol. 61, 2008, p. 70.

24 Nikkan Kyoudou, 'Nihon fun ianjo'.

25 Koga, 'Okinawa sen ni okeru Nihon gun "ianfu" seido no tenkai (2)', p. 70.

26 Koga, 'Okinawa sen ni okeru Nihon gun "ianfu" seido no tenkai (4)', p. 69.

27 Koga, 'Okinawa sen ni okeru Nihon gun "ianfu" seido no tenkai (1), pp. 49-50.

28 Ibid., p. 50.

29 Ibid.

30 Koga, 'Okinawa sen ni okeru Nihon gun "ianfu" seido no tenkai (4)', p. 68.

31 Koga Noriko, 'Okinawa sen ni okeru Nihon gun "ianfu" seido no tenkai (3)', *Sensou Sekinin Kenkyuu*, Vol. 62, 2008, p. 34.

32 Koga, 'Okinawa sen ni okeru Nihon gun "ianfu" seido no tenkai (4)', pp. 68, 70.

33 Ibid., p. 70.

34 Ibid.

35 Ibid., p. 71.

36 Koga, 'Okinawa sen ni okeru Nihon gun "ianfu" seido no tenkai (1)', p. 51

37 Koga, 'Okinawa sen ni okeru Nihon gun "ianfu" seido no tenkai (2)', p. 67

38 Koga, 'Okinawa sen ni okeru Nihon gun "ianfu" seido no tenkai (3)', p. 35.

39 See, for example, Kawada Fumiko, *Akagawara no ie: Chousen kara kita juugun ianfu*, Tokyo: Chikuma Shobou, 1987; Gima Hiroshi, *Okinawa-sen: Chousenjin gunfu to juugun ianfu: Okinawa-sen hangashuu*, Osaka-shi: Seifuudou Shoten, 1995; Fukuchi Hiroaki, *Okinawasen no onnatachi*, Tokyo: Kaifuusha; Pak Su-Nam, *Ariran no uta : Okinawa kara no shougen*, Tokyo: Aoki Shoten, 1991.

결론

1 Quoted in Kinoshita Naoko, 'For the sake of encounters with Japanese "comfort women" victims', in Iwasaki Minoru, Chen Kuan-Hsing and Yoshimi Shunya (eds), *Cultural Studies de Yomitoku Asia*, Tokyo: Serica Shobo, 2011, p. 123.

2 Mindy Kotler, 'The comfort women and Japan's war on truth', *The New York Times*, 15 November 2014, http://www.nytimes.com/2014/11/15/opinion/comfort- women-and-japans-war-on-truth.html

3 United Nations Commission on Human Rights, *Systematic rape, sexual slavery and slavery-like practices during armed conflict: Final report submitted by Ms. Gay J. McDougall, Special Rapporteur*, 22 June 1998, p. 55, http://www.awf.or.jp/pdf/ h0056.pdf

4 Asai Haruo, Murase Yukihiro and Itou Satoru (eds), *Nihon no otoko wa doko kara kite, doku e iku no ka*, Tokyo: Juutsukiya, 2001, p. 116.

5 Otsuki Nami and Hatano Keiko, 'Japanese perceptions of trafficking in persons: An

analysis of the demand for sexual services and policies for dealing with trafficking survivors, *Social Science Japan Journal*, Vol. 12, No. 1, 2009, pp. 45-70.

6   M. Carael, E. Slaymaker, R. Lyerla and S. Sarkar, 'Clients of sex workers in different regions of the world: Hard to count', *Sexually Transmitted Infections*, Vol. 82, Suppl 3, 2006, pp. iii26-iii33.

7   Otsuki and Hatano, 'Japanese perceptions of trafficking in persons', p. 53.

8   Ibid., p. 53.

9   Usuki Keiko, *Gendai no ianfutachi: Guntai ianfu kara japa-yuki-san made*, Tokyo: Gendaishi Shuppankai: Hatsubai Tokuma Shoten, 1983.

10   'Kyuu Nihon gun no zangyaku sei de shin shiryou: Chuugoku/Kitsurin', *Shinbun Akahata*, 15 May 2014, http://www.jcp.or.jp/akahata/aik14/2014-05-15/2014051506 _01_1.html?utm_source=dlvr.it&utm_medium=twitter

11   Hayashi Hirofumi, 'Rikugun ianjo kanri no ichi sokumen: Eisei sakku no koufu shiryou wo tegakari ni', *Sensou Sekinin Kenkyuu*, Vol. 1, No. 1, 1993, pp. 12-19.

12   M. Ui, Y. Matsui, M. Fukutomi, K. Narita, Y. Kamise and K. Yashiro. 'Factors that affect adult men's decision to hire a prostitute', *Shinrigaku Kenkyuu*, Vol. 79, No. 3, August 2008, p. 215.

13   Andrew Morrison, 'Teen prostitution in Japan: Regulation of telephone clubs', *Vanderbilt Journal of Transnational Law*, Vol. 31, No. 2, 1998, pp. 457-497.

14   Oji Tomoko, *Shoujo baishun kyoujutsu chousho: Ima, futatabi toinaosareru kazoku no kizuna*, Tokyo: Riyonsha, 1998, p. 51.

15   See database of child prostitution and pornography arrests at http://www.8peaks. jp/~taiho38/index.php?special=deai01

16   Inoue Setsuko, *Baishunsuru otokotachi*, Tokyo: Shinhyouron, 1996.

17   Nakasato Takashi, 'Seishounen no keitai denwa nado kara no intaanetto riyou no genjyou to mondai', Working Paper, *Sougou chousa: 'Seishounen wo meguru sho mondai': Shakai teki sokumen kara*, pp. 133-148, 2009, http://www.ndl.go.jp/jp/ diet/publication/document/2009/200884/32.pdf

18   'Deaikei kakarami no jiken', *Asahi Shinbun*, 17 November 2007, evening edition; 'Jidou poruno ga kyuuzou', *Nikkei Shinbun*, 15 February 2007, evening edition.

19   Anti-Pornography and Prostitution Research Group, 'Kodomotachi ni taishite nani ga dekiru no ka', *Ronbun/shiryoushuu*, Vol. 7, 2006-2007, p. 98.

20 Kaneko Yumiko, 'Chuugakukou yougo kyouin kara mita kodomo tachi no sei to seihigai', in Poruno Higai to Sei Bouryoku wo Kangaeru Kai, *Kodomo no nichijou wo torimaku sei higai*, conference proceedings, 20 November 2011, p. 13.

21 People Against Pornography and Sexual Violence, 'Manga to anime no sekai: Imadani Nihon de ha kodomo ha seiteki taishou na no da', *Merumaga*, Vol. 25, 2014, http://paps-jp.org/mag/25/

22 Maree Crabbe and David Corlett, 'Eroticising inequality: Technology, pornography and young people' *Redress*, Vol. 20, No. 1, April 2011, pp. 11-15.

23 Mugishima Fumio, 'Poruno komikku no seishounen e no eikyou', *Seishounen Mondai*, Vol. 40, No. 11, 1993, p. 45.

24 Imanishi Hajime, *Yuujo no shakaishi: Shimabara, Yoshiwara no rekishi kara shokuminchi 'koushou' sei made*, Tokyo: Yuushisha, 2007.

25 Poruno higai to sei bouryoku wo kangaeru kai (eds), *Ima wa, mada namae no nai sei higai ga arimasu*, Tokyo: Poruno higai to sei bouryoku wo kangaeru kai, 2011.

26 Seiko Hanochi, 'A historical perspective on the Japanese sex trade', *Refuge*, Vol. 17, No. 5, 1998, https://pi.library.yorku.ca/ojs/index.php/refuge/article/ viewFile/21988/ 20657

27 Fujino Yut aka, *Wasurerareta chiikishi o aruku: Kin-gendai Nihon ni okeru sabetsu no shosou*, Tokyo: Ootsuki Shoten, 2006.

28 Tsunoda Yukiko, *Seisabetsu to bouryoku*, Tokyo: Yuuhikaku, 2001, pp. 126-127.

29 For specific reference to the need to change Japan's legislation, see Yoshika Youko and Tomioka Emiko (eds), *Gendai Nihon no josei to jinken*, Tokyo: Akashi Shoten, 2001, p. 250.

30 Mitsuka Takeo (ed), *Gendai no baishun to jinken: Fujin no saigo no 'kakekomidera' o kangaeru, Osaka*: Osaka no Fujin Hogo Jigyou o Mamoru Kai, 1986, pp. 103, 120.

31 Takahashi Kikue and Yunomae Tomoko (eds), *Baishun, baishun*, Tokyo: Shibundou, 1986, p. 61.

32 For example, see last paragraph of Gender Equality Bureau, 'Baibaishun no genjou', http://www.gender.go.jp/teppai/sabetsu/2-5.html.

33 Wazaki Haruka (ed), *Dansei no sei ishiki ni kan suru jisshou teki kenkyuu: Sekushuariti no rekishi teki hyouzou to seifuuzoku sangyou no fiirudowaaku*,

Fukushima: Fukushima ken danjo kyousei sentaa, 2005, p. 1.

34 Morita Seiya, 'Senji no sei bouryoku heiji no sei bouryoku', *Yuibutsuron Kenkyuu Nenshi*, Vol. 4, November 1999, p. 118.

35 Sheila Jeffreys, *The industrial vagina:The political economy of the global sex trade*, London: Routledge, 2009, p. 126.

36 Morita, 'Senji no sei bouryoku heiji no sei bouryoku', p. 130.

37 Ibid., p. 116.

38 Ibid., p. 18.

39 Ibid.

40 Ibid.

41 Ibid.

42 Ibid.

43 Ibid., p. 25.

44 Ibid., pp. 26-27.

45 Ibid., p. 27.

46 John Dower, 'The useful war', *Daedalus*, Vol. 119, No. 3, 1990, p. 49.

47 Ieda Shoukou, 'Bijinesu senshi no juugun ianfu tachi', *Sapio*, Vol. 5, No. 16, 1993, pp. 94-99.

48 Imanishi, *Yuujo no shakaishi*, p. 1.

49 Fujino Yutaka, *Sei no kokka kanri: Bai-baishun no kin-gendaishi*, Tokyo: Fuji Shuppan, 2001, p. 284.

50 Yayori Matsui, 'The plight of Asian migrant women working in Japan's sex industry', in Kumiko Fujimura-Fanselow and Atsuko Kameda (eds), *Japanese women: New feminist perspectives on the past, present, and future*, New York: Feminist Press at CUNY, 1995, p. 314.

51 Matsui Yayori, 'Why I oppose *kisaeng* tours', in Kathleen Barry, Charlotte Bunch and Shirley Castley (eds), *International feminism: Networking against female sexual slavery: Report of the Global Feminist Workshop to Organize Against Traffic in Women, Rotterdam, the Netherlands, April 6-15, 1983*, Rotterdam: International Women's Tribune Centre, 1984, p. 65.

52 Vera Mackie, *Feminism in modern Japan: Citizenship, embodiment, and sexuality*, Cambridge; New York: Cambridge University Press, 2003.

53   For example, see Chunghee Sarah Soh, 'Military prostitution and women's sexual labour in Japan and Korea', in Ruth Barraclough and Elyssa Faison (eds), *Gender and labour in Korea and Japan: Sexing class*, London; New York: Routledge, 2009.

54   See, for example, Sonia Ryang, *Love in modern Japan: Its estrangement from self, sex, and society*, Milton Park; New York: Routledge, 2006; Ueno Chizuko, 'Selfdetermination on sexuality?: Commercialization of sex among teenage girls in Japan' Inter-Asia Cultural Studies, Vol. 4, No. 2, 2003, pp. 317-324.

55   Sugita Satoshi, *Danken shugiteki sekushuariti: Poruno baibaishun yougoron hihan*, Tokyo: Aoki Shoten, 1999, p. 207.

56   Quoted in Kazuko Watanabe, 'The trafficking of women', in Joe Moore (ed), *The other Japan: Conflict, compromise, and resistance since 1945*, Bulletin of Concerned Asian Scholars, Armonk, NY: M.E. Sharpe, 1997, p. 314.

참고문헌

- Anti-Pornography and Prostitution Research Group. 'Kodomotachi ni taishite nani ga dekiru no ka' *Ronbun/shiryoushuu*, Vol. 7, 2006-2007.
- Asai, Haruo, Murase Yukihiro and Itou Satoru (eds), *Nihon no otoko wa doko kara kite, doku e iku no ka*, Tokyo: Juutsukiya, 2001.
- Askin, Kelly. 'Comfort women: Shifting shame and stigma from victims to victimizers', *International Criminal Law Review*, Vol. 1, No. 1/2, January 2001, pp. 5-32.
- Atsushi, Kouketsu. *Kenpei seiji: Kanshi to doukatsu no jidai*, Tokyo: Shin Nippon Shuppan Sha, 2008.
- Baldwin, Margaret. 'Split at the root: Prostitution and feminist discourses of law reform', *Yale Journal of Law and Feminism*, Vol. 5, No. 47, 1992, pp. 47-120.
- Barnhart, Michael A. 'Japan's economic security and the origins of the pacific war', *Journal of Strategic Studies*, Vol. 4, No. 2, 1981, pp. 105-124.
- BBC TV, *Against pornography: The feminism of Andrea Dworkin*, Sydney, N.S.W: SBS, 1992.
- Beasley, William. *The rise of modern Japan: Political, economic and social change since 1850*. New York: St. Martin's Press, 2000, revised edition.
- Carael, M., E. Slaymaker, R. Lyerla and S. Sarkar. 'Clients of sex workers in different regions of the world: Hard to count' *Sexually Transmitted Infections*, Vol. 82(Suppl 3), 2006, pp. iii26-iii33.
- Carney, Matthew. 'Return of the samurai: Japan steps away from pacifist constitution as military eyes threat from China', *Foreign Correspondent*, Australian Broadcasting Corporation, 19 August 2014, http://www.abc.net.au/ news/2014-08-19/japan-expands-their-military-amid-growing-tensions-with- china/5672932
- Chai, Alice Yun. 'KOREA. Modern Period,' pp. 821-824 in Helen Tierney (ed), *Women's Studies Encyclopedia*, Vol. 2, New York: Greenwood Press, 1989.
- Chai, Alice Yun. 'Asian-Pacific feminist coalition politics: The chongshindae/

jugunianfu ("comfort women") movement', *Korean Studies*, Vol. 17, 1993, pp. 67-91.

- Chimoto, Hideki. 'Roudou toshite no baishun to kindai kazoku no yukue', in Tazaki Hideaki (ed), *Uru shintai kau shintai: Sekkusu waaku ron no shatei*, Tokyo: Seikyuusha, 1997, pp. 141-194.

- Choi, H., C. Klein, M. Shin and H. Lee. 'Posttraumatic Stress Disorder (PTSD) and Disorders of Extreme Stress (DESNOS) symptoms following prostitution and childhood abuse', *Violence Against Women*, Vol. 15, No. 8, 2009, pp. 933-951.

- 'Clinton says "comfort women" is incorrect term', *Chosun Ilbo*, 9 July 2012, http://english.chosun.com/site/data/html_dir/2012/07/09/2012070900793.html

- Crabbe, Maree and David Corlett. 'Eroticising inequality: Technology, pornography and young people,' *Redress*, Vol. 20, No. 1, April 2011, pp. 11-15.

- Culhane, Dara. 'Their spirits live within us: Aboriginal women in downtown eastside Vancouver emerging into visibility', *American Indian Quarterly*, Vol. 27, No. 3/4, Special Issue: Urban American Indian Women's Activism (Summer-Autumn 2003), pp. 593-606.

- Cwikel, J. and E. Hoban. 'Contentious issues in research on trafficked women working in the sex industry: Study design, ethics, and methodology', *Journal of Sex Research*, Vol. 42, No. 4, 2005, pp. 306-316.

- Davies, Jennifer. *Sex slaves: Human trafficking*, London: RW Press, 2013.

- 'Deaikei kakarami no jiken'. *Asahi Shinbun*, 17 November 2007, evening edition. Dickinson, Frederick R. *World War I and the triumph of a new Japan, 1919-1930*, Cambridge; New York: Cambridge University Press, 2013.

- Dower, John. 'The useful war', *Daedalus*, Vol. 119, No. 3, 1990, pp. 49-70.

- Drea, Edward J. *In the service of the Emperor: Essays on the Imperial Japanese Army*, Lincoln: University of Nebraska Press, 1998.

- Driscoll, Mark. *Absolute erotic, absolute grotesque: The living, dead, and undead in Japan's imperialism, 1895-1945*, Durham: Duke University Press, 2010.

- Dworkin, Andrea. *Pornography: Men possessing women*, New York: Perigee Books, 1981.

- Dworkin, Andrea. *Life and death: Unapologetic writings on the continuing war against women*, New York: The Free Press, 1997.

- Dworkin, Andrea. *Scapegoat: The Jews, Israel, and women's liberation*, New York: Free Press, 2000.

- Ekman, Kajsa Ekis. *Being and being bought:Prostitution, surrogacy and the split self*, Melbourne: Spinifex Press, 2013.

- Enloe, Cynthia H. *Bananas, beaches & bases: Making feminist sense of international politics*, Berkeley: University of California Press, 1990.
- Esselstrom, Erik. *Crossing empire's edge: Foreign Ministry police and Japanese expansionism in Northeast Asia*, Honolulu: University of Hawaii Press, 2009.
- Falconberg, Suki. 'Where in the name of all that is holy are the comfort women? An open letter to Ken Burns on "The War - An Intimate History"', 28 September 2007, http://womensspace.wordpress.com/2007/10/02/where-in-gods-name-are-the-comfort-women-an-open-letter-to-ken-burns-on-the-war-an-intimate-history/
- Farley, Melissa. 'Prostitution and the invisibility of harm', *Women & Therapy*, Vol. 26, Nos. 3-4, 2003, pp. 247-280.
- Farley, Melissa. *Prostitution and trafficking in Nevada:Making the connections*, San Francisco: Prostitution Research & Education, 2007.
- Farley, Melissa, Emily Schuckman, Jacqueline M. Golding, Kristen Houser, Laura Jarrett, Peter Qualliotine and Michele Decker. 'Comparing sex buyers with men who don't buy sex: "You can have a good time with the servitude" vs. "You're supporting a system of degradation"', paper presented at Psychologists for Social Responsibility Annual Meeting, 15 July 2011, Boston, San Francisco: Prostitution Research & Education, 2011.
- Forbes, Mark. 'Sex city', *The Age*, 1 March 1999.
- Fujime, Yuuki. *Sei no rekishigaku: Koushou seido, dataizai taisei kara baishun boushihou, yuusei hogohou taisei e*, Tokyo: Fuji Shuppan, 1997.
- Fujinaga, Takeshi. 'Shokuminchi Taiwan ni okeru Chousen jin shakukyaku gyou to "ianfu" no douin', in Osaka Sangyou Daigaku Sangyou Kenkyuujo (eds), *Kindai shakai to baishun mondai*, Osaka: Osaka Sangyou Daigaku, 2001, pp. 80-115.
- Fujinaga, Takeshi. 'Shokuminchi koushou seido to Nihon gun "ianfu" seido', in Hayakawa Noriyo (ed), *Shokuminchi to sensou sekinin*, Tokyo: Yoshikawa Koubunkan, 2005.
- Fujino, Yutaka. *Sei no kokka kanri: Bai-baishun no kin-gendaishi*, Tokyo: Fuji Shuppan, 2001.
- Fujino, Yutaka. *Wasurerareta chiikishi o aruku: Kin-gendai Nihon ni okeru sabetsu no shosou*, Tokyo: Ootsuki Shoten, 2006.
- Fukuchi, Hiroaki. *Okinawasen no onnatachi*, Tokyo: Kaifuusha, 1992.
- Fukuda, Toshiko. *Yoshiwara wa konna tokoro de gozaimashita: Kuruwa no onnatachi no Shouashi*, Tokyo: Bungensha, 2004.
- Fukumi, Takao. *Teito ni okeru baiin no kenkyuu*, Tokyo: Hakubunkan, 1928 (reprinted 1999).

- Fukuoka, Maki. 'Selling portrait photographs: Early photographic business in Asakusa, Japan', *History of Photography*, Vol. 35, No. 4, 2011, pp. 355-373.
- Furusawa, Kiyoko. 'Higashi Timooru ni okeru Nihon gun sei dorei sei', *East Timor Quarterly*, No. 3, April 2001, http://www.asahi-net.or.jp/~ak4a-mtn/news/quarterly/number3/sexslavery3.html
- Garon, Sheldon. *Molding Japanese minds: The state in everyday life*, Princeton: Princeton University Press, 1997.
- Gender Equality Bureau, Government of Japan. 'Baibaishun no genjou', http://www. gender.go.jp/teppai/sabetsu/2-5.html
- Gilead, Amihud. 'Philosophical prostitution, *Journal of Social Sciences*, Vol. 6, No. 1, 2010, pp. 85-92.
- Gima, Hiroshi. *Okinawa-sen: Chousenjin gunfu to juugun ianfu: Okinawa-sen hangashuu*, Osaka-shi: Seifuudou Shoten, 1995.
- Gluck, Carol. 'Introduction', in Carol Gluck and Stephen Graubard (eds), *Showa: The Japan of Hirohito*, New York; London: W.W. Norton & Company, 1992, pp. xi-lxii.
- Gordon, Andrew. *A modern history of Japan: From Tokugawa times to the present*, New York; Oxford: Oxford University Press, 2003.
- Hanochi, Seiko. 'A historical perspective on the Japanese sex trade', *Refuge*, Vol. 17, No. 5, 1998, https://pi.library.yorku.ca/ojs/index.php/refuge/article/viewFile/21988 /20657
- 'Hashimotoshi "fuuzoku josei he no sabetsu da" Ishihara shi "machigattenai" *Asahi Shinbun*, 14 May 2013, http://www.asahi.com/politics/update/0514/OSK201305140009.html
- Hata, Ikuhiko. *Ianfu to senjou no sei*, Tokyo: Shinchousha, 1999.
- Hata, Ikuhiko. 'No organized or forced recruitment: Misconceptions about comfort women and the Japanese military', Society for the Dissemination of Historical Fact, 2007, http://www.sdh-fact.com/CL02_1/31_S4.pdf
- Hayakawa, Noriyo. '"Juugun ianfu" seiko no rekishi teki haikei ni tsuite', *Hou no Kagaku*, Vol. 23, 1995, pp. 126-130.
- Hayakawa, Noriyo. 'Koushou sei to sono shuuhen: Tokyo-fu wo chuushin ni', *Sensou Sekinin Kenkyuu*, Vol. 17, 1997, pp. 51-59.
- Hayashi, Hirofumi. 'Rikugun ianjo kanri no ichi sokumen: Eisei sakku no koufu shiryou wo tegakari ni', *Sensou Sekinin Kenkyuu*, Vol. 1, No. 1, 1993, pp. 12-19.
- Hazama, Hiroshi. *Keizai taikoku o tsukuriageta shisou: Koudo keizai seichouki no roudou eetosu*, Tokyo: Bunshindou, 1996.

- Hayashi, Hirofumi. 'Sensou taiken ki ni miru "juugun ianfu"', *Sensou Sekinin Kenkyuu*, Vol. 5, 1994, p. 31.
- Hayashi, Hirofumi. 'Japanese comfort women in Southeast Asia', *Japan Forum*, Vol. 10, No. 2, 1998, pp. 211-219.
- Hayashi, Hirofumi. 'Shiberia shuppei ji ni okeru Nihon gun to "karayukisan"', *Sensou Sekinin Kenkyuu*, Vol. 24, 1999, pp. 65-75.
- Hayashi, Hirofumi. 'Government, the military and business in Japan's wartime comfort woman system', *The Asia-Pacific Journal*: Japan Focus, 26 January 2006, http://www. japanfocus.org/-Hayashi-Hirofumi/2332
- Hayashi, Hirofumi. 'Japanese military comfort houses and Overseas Chinese "comfort women" in South-east Asia (summary)', http://www.geocities.jp/ hhhirofumi/eng05. htm
- Heilemann, Tammy and Janaki Santhiveeran. 'How do female adolescents cope and survive the hardships of prostitution? A content analysis of existing literature', *Journal of Ethnic and Cultural Diversity in Social Work*, Vol. 20, No. 1, 2011, pp. 57-76.
- Hein, Laura. 'Savage irony: The imaginative power of the "military comfort women" in the 1990s', *Gender & History*, Vol. 11, No. 2, July 1999, pp. 336-372.
- Henson, Maria Rosa. *Comfort women: Slave of destiny*, Metro Manila: Philippine Center for Investigative Journalism, 1996.
- Herman, Judith. 'Introduction: Hidden in plain sight: Clinical observations on prostitution', in Melissa Farley (ed), *Prostitution, trafficking and traumatic stress*, Binghamton, NY: Haworth Maltreatment & Trauma Press, 2003, pp. 1-12.
- Hicks, George L. *The comfort women*, St. Leonards: Allen & Unwin, 1995.
- Hirai, Kazuko. 'Zasshi ni hyoushou sareta Nihonjin "ianfu" kara miete kuru mono', presentation handout on file with author 29 September 2012, VAWWRAC Soukai Shimpojiumu, 'Nihon jin 'ianfu' no higai jitai ni semaru!'.
- Hirai, Kazuko. 'Nihon gun "ianjo" kara senryou gun "ian shisetsu"/"akasen" e', presentation handout at VAWRACC Soukai Shimpojiumu, 'Nihon jin "ianfu" no choushuu/taiguu/sengo', 21 September 2013.
- Hirao, Hiroko. 'Senji ka "Shina tokou fujo" no ki', *Sensou Sekinin Kenkyuu*, Vol. 61, 2008, pp. 10-19.
- Hirota, Kazuko. *Shougen kiroku juugun ianfu, kangofu: Senjou ni ikita onna no doukoku*, Tokyo: Shin Jinbutsu Ouraisha, 1975.
- Hohn, Maria and Seungsook Moon (eds), *Over there:Living with the U.S. military empire from World War Two to the present*. Durham: Duke University Press, 2010.

- Horner, Emily. 'Kamishibai as propaganda in wartime Japan, *Storytelling, Self, Society*, Vol. 2, Issue 1, No. 2, 2005, pp. 21-31.
- Hunter, Janet. *Concise dictionary of modern Japanese history*, Tokyo: Kodansha International, 1984.
- Hunter, Janet. 'Women's labour force participation in interwar Japan', *Japan Forum*, Vol. 2, No. 1, 1990, pp. 105-125.
- Hunter, Susan Kay. 'Prostitution is cruelty and abuse to women and children', *Michigan Journal of Gender and Law*, Vol. 95, 1993, pp. 1-14.
- 'Ianfu mondai, fuuzokugyou wo meguru Hashimoto shi no hatsugen youshi', *Asahi Shinbun*, 13 May 2013, http://www.asahi.com/politics/update/0514/OSK201305130144.html?ref=reca
- Ieda, Shoukou. 'Bijinesu senshi no juugun ianfu tachi', *Sapio*, Vol. 5, No. 16, 1993, pp. 94-99.
- Ienaga, Saburou. *The pacific war: World WarII and the Japanese, 1931-1945*, New York: Pantheon Books, 1978.
- 'If we don't face our past, we're bound to repeat the same mistakes.' Japanese wartime medical orderly reports on army's role in maintaining 'comfort women' system, David McNeill introduction, Matsumoto Masayoshi testimony (Japanese and English transcript and video of testimony), translation by Miguel Quintana, http:// www.japanfocus.org/-David-McNeill/4202
- Inoue, Setsuko. *Baishunsuru otokotachi*, Tokyo: Shinhyouron, 1996.
- Imanaka, Yasuko. 'Guntai to koushou seido', in Hayakawa Noriyo (ed), *Shokum inchi to sensou sekinin*, Tokyo: Yoshikawa Koubunkan, 2005.
- Imanishi, Hajime. *Yuujo no shakaishi: Shimabara, Yoshiwara no rekishi kara shokuminchi 'koushou' sei made*, Tokyo: Yuushisha, 2007.
- Imamura, Shouhei, Imamura Productions and Kino International Corporation. *Karayuki-san, the making of a prostitute*, New York, NY: Kino International, 1980.
- Itou, Takashi. 'Nihon kaigun ianjo no rekishi teki hakken', *Toitsu Hyouron*, Vol. 411, 1999, pp. 64-75.
- Itou, Keiichi. 'Ianfu to heitai', in Osaka Sangyou Daigaku Sangyou Kenkyuujo (eds), *Kindai shakai to baishun mondai*, Osaka: Osaka Sangyou Daigaku, 2001.
- Iwata, Shigenori. 'Yobai to kaishun', *Nihon Minzoku Gaku*, Vol. 158, No. 186, 1991, pp. 74-112.
- Iwata, Shigenori. 'Nihon dansei to sei koudou to sei ishiki: 1910-1930 nendai wo chuushin ni', *Rekishi Hyouron*, Vol. 4, 1998, pp. 28-39.
- Japan Women for Justice and Peace. 'What is "comfort women"?', http://nadesiko-

action.org/wp-content/uploads/2013/01/nadeshiko_zWeb.pdf

- Jeffreys, Sheila. 'Prostitution', in Dusty Rhodes and Sandra McNeil (eds), *Women against violence against women*, London: Onlywomen Press, 1985.
- Jeffreys, Sheila. *The spinster and her enemies:Feminism and sexuality, 1880-1930*, North Melbourne: Spinifex Press, 1997.
- Jeffreys, Sheila. *The idea of prostitution*, North Melbourne: Spinifex Press, 2008.
- Jeffreys, Sheila. *The industrial vagina: The political economy of the global sex trade*, London: Routledge, 2009.
- Jeong, Nam-Ku. 'Inside Japan's growing xenophobic right-wing', *The Hankyoreh*, 9 June 2013, http://www.hani.co.kr/arti/english_edition/e_international/591008.html.
- 'Jidou poruno ga kyuuzou', *Nikkei Shinbun*, 15 February 2007, evening edition.
- Jungwon, Jin. 'Reconsidering prostitution under the Japanese occupation', *The Review of Korean Studies*, Vol. 17, No. 1,2014, pp. 115-157.
- Juugun Ianfu 110-ban Henshuu Iinkai. *Juuugun ianfu 110-ban: Denwa no mukou kara rekishi no koe ga*, Tokyo: Akashi Shoten, 1992.
- 'Kaigai de baishun suru Kankokujin josei, Nihon 5man nin Beikoku 3man nin, Beiou de shakai mondai ka', 28 May 2012, http://news.searchina.ne.jp/disp. cgi?y=2012&d=0 528&f=national_0528_040.shtml
- Kamitsubo, Takashi. *Mizuko no uta: Dokyumento hikiage koji to onnatachi*, Tokyo: Shakai Shisosha, 1993.
- Kampf, Antje. 'Controlling male sexuality: Combating venereal disease in the New Zealand military during two world wars', *Journal of the History of Sexuality*, Vol. 17, No. 2, May 2008, pp. 235-258.
- Kaneko, Yumiko. 'Chuugakukou yougo kyouin kara mita kodomo tachi no sei to sei higai', in Poruno Higai to Sei Bouryoku wo Kangaeru Kai, *Kodomo no nichijou wo torimaku sei higai*, conference proceedings, 20 November 2011 pp. 13-19.
- Kano, Mikiyo. 'The problem with the "comfort women problem"', *Ampo: Japan-Asia Quarterly Review*, Vol. 24, No. 2, 1993, pp. 42-63.
- Kanzaki, Kiyoshi. 'Shoujo geisha no jinshin baibai', *Heiwa*, Vol. 1, 1955, pp. 78-81.
- Kanzaki, Kiyoshi. *Baishun: Ketteiban Kanzaki repouto*, Tokyo: Gendaishi Shuppankai, 1974.
- Katz, P. R. 'Germs of disaster: The impact of epidemics on Japanese military campaigns in Taiwan, 1874 and 1895', *Annales de Demographie Historique*, 1996, pp. 195-220.
- Kawada, Fumiko. *Akagawara no ie: Chousen kara kita juugun ianfu*, Tokyo: Chikuma Shobo, 1987.

- Kawada, Fumiko. *Kougun ianjo no onnatachi*, Tokyo: Chikuma Shobou, 1993.
- Kawamura, Minato. 'Kiisen no zushou gaku', in Suwa Haruo (ed), *A jia no sei*, Tokyo: Bensey, 1999.
- Kawamura, Minato. *Kiisen: Mono o iu hana no bunka shi*, Tokyo: Sakuhinsha, 2001.
- Kawada, Fumiko. *Indoneshia no 'ianfu'*, Tokyo: Akashi Shoten, 1997.
- Kelly, Joan. *Women, history and theory: The essays of Joan Kelly*, Chicago: University of Chicago Press, 1984.
- Kempadoo, Kamala. 'Globalization and sex workers' rights', *Canadian Women's Studies*, Vol. 22, No. 3/4, 2002/2003, p. 143. http://pi.library.yorku.ca/ojs/index.php/cws/ article/viewFile/6426/5614
- Khan, Yoshimitsu. 'Schooling Japan's imperial subjects in the early Showa period', *History of Education: Journal of the History of Education Society*, Vol. 29, No. 3, 2000, pp. 213-223.
- Kim, Il Myon. *Nihon josei aishi: Yuujo, jorou, karayuki, ianfu no keifu*, Tokyo: Gendaishi Shuppankai, 1980.
- Kim, Il Myon. Guntai ianfu: Senso to ningen no kiroku, Tokyo: Tokuma Shoten, 1992. Kim, Pu-ja and Song Youn-ok. 'Ianfu', senji seibouryoku no jittai, Tokyo: Ryokufuu Shuppan, 2000.
- Kinoshita, Naoko. 'For the sake of encounters with Japanese "comfort women" victims', in Iwasaki Minoru, Chen Kuan-Hsing and Yoshimi Shunya (eds), *Cultural studies de Yomitoku Asia*, Tokyo: Serica Shobo, 2011, pp. 108-131.
- Kinoshita, Naoko. 'Victimization of Japanese "comfort women": Opinions and redress movements in the early 1990s', in The Tokai Foundation for Gender Studies (ed), *Gender studies*, Nagoya: The Tokai Foundation for Gender Studies (14), 2011, pp. 89-113.
- Koga, Noriko. 'Okinawa sen ni okeru Nihon gun "ianfu" seido no tenkai (2)', *Sensou Sekinin Kenkyuu*, Vol. 61, 2008, pp. 64-71.
- Koga, Noriko. 'Okinawa sen in okeru Nihon gun "ianfu" seido no tenkai (4)', *Sensou sekinin kenkyuu*, Vol. 63, 2009, pp. 62-81.
- Komagome, Takeshi. 'Taiwan shokuminchi shihai to Taiwan jin "ianfu"', in VAWW-
- NET Japan (eds), *'Ianfu' senji sei bouryoku no jitai I: Nihon, Taiwan, Chosen*, Tokyo: Ryokufu Shuppan, 2000, pp. 118-155.
- Komagome, Takeshi. 'Taiwan ni okeru mikan no datsu shokuminchi ka', in Kim Pu-ja

- and Nakano Toshio (eds), *Rekishi to sekinin 'ianfu' mondai to 1990nen dai*, Tokyo: Seikyuusha, 2008, pp. 152-162.
- Korean Council for Women Drafted for Military Sexual Slavery by Japan and the
- Research Association on the Women Drafted for Military Sexual Slavery by Japan (translated by Young Joo Lee; edited by Keith Howard). *True stories of the Korean comfort women: Testimonies*, London; New York: Cassell, 1995.
- Kotler, Mindy. 'The comfort women and Japan's war on truth', *The New York Times*, 15 November 2014, http://www.nytimes.com/2014/11/15/opinion/comfort-women- and-japans-war-on-truth.html
- Kurahashi, Masanao. *Kita no karayukisan*, Tokyo: Kyouei Shobou, 1989.
- Kurahashi, Masanao. *Juugun ianfu mondai no rekishiteki kenkyuu: Baishunfugata to seiteki doreigata*, Tokyo: Kyouei Shobou, 1994.
- Kurahashi, Masanao. *Juugun ianfu to koushou seido: Juugun ianfu mondai sairon*, Tokyo: Kyouei Shobou, 2010.
- Kusama, Yasoo. *Jo kyuu to baishoufu*, Tokyo: Nihon Tosho Sentaa, 1982.
- 'Kyuu Nihon gun no zangyaku sei de shin shiryou: Chuugoku/Kitsurin', *Shinbun Akahata*, 15 May 2014, http://www.jcp.or.jp/akahata/aik14/2014-05-15/2014051506_01_1 .html?utm_source=dlvr.it&utm_medium=twitter
- Langton, Rae. *Sexual solipsism: Philosophical essays on pornography and objectification*, Oxford: Oxford University Press, 2009.
- Limoncelli, Stephanie. *The politics of trafficking: The first international movement to combat the sexual exploitation of women*, Stanford: Stanford University Press, 2010.
- Lone, Stewart. 'The Japanese military during the Russo-Japanese War, 1904-05: A reconsideration of command politics and public images', STICERD/International Studies, Discussion Paper No. IS/98/351, 1998, http://www.russojapanesewar.com/aspects.pdf
- Lone, Stewart. *Provincial life and the military in imperial Japan: The phantom samurai*, Abington: Routledge, 2010.
- Mackie, Vera. 'Militarized memories and sexual silences: Writing about military
- prostitution in the Second World War' *Japanese Studies*, Vol. 16, 1996, pp. 62-68.
- Mackie, Vera. *Feminism in modern Japan: Citizenship, embodiment, and sexuality*, Cambridge; New York, Cambridge University Press, 2003.
- MacKinnon, Catharine. 'Rape, genocide, and women's human rights', in Alexandra Stiglmayer (ed), *Mass rape: The war against women in Bosnia-Herzegovina*, Nebraska: University of Nebraska Press, 1994.

- MacKinnon, Catharine. 'Rape, genocide, and women's human rights', *Harvard Women's Law Journal*, Vol. 17, 1994.
- MacKinnon, Catharine. *Are women human? And other international dialogues*, Cambridge, MA: Harvard University Press, 2007.
- MacKinnon, Catharine. 'Sexual abuse as sex inequality', in Catharine MacKinnon (ed), *Women's lives, men's laws*, Cambridge: Harvard University Press, 2007.
- MacKinnon, Catharine. 'Trafficking, prostitution, and inequality', *Harvard Civil Rights- Civil Liberties Law Review*, Vol. 46, 2011, pp. 271-309.
- MacMillan Reference Books. *Japan: An illustrated encyclopedia*, Tokyo: Kodansha, 1993. Mangan, J. A. and Takeshi Komagome. 'Militarism, sacrifice and emperor worship: The expendable male body in fascist Japanese martial culture', *The International Journal of the History of Sport*, Vol. 16, No. 4,1999, pp. 181-204.
- Masuda, Sayo (translated by G. G. Rowley). *Autobiography of a geisha*, New York: Columbia University Press, 2003.
- Masutomi, Masasuke. 'Gotaiten to geigi mondai', *Kakusei*, October 1915.
- Matsuda, Toshihiko. 'Kindai Nihon shokuminchi ni okeru "kenpei kesatsu seido" ni miru "touji youshiki no sen'i": Chousen kara Kantoushuu "Manushuukoku" e', http://shikon.nichibun.ac.jp/dspace/bitstream/123456789/870/1/nk35019.pdf
- Matsugu, Miho. 'In the service of the nation: Geisha and Kawabata Yasunari's snow country', in Martha Feldman and Bonnie Gordon (eds), *The courtesan's arts: Cross-cultural perspectives*, New York: Oxford University Press, 2006, pp. 243-255.
- Matsui, Yayori. 'Why I oppose kisaeng tours', in Kathleen Barry, Charlotte Bunch and Shirley Castley (eds), *International feminism: Networking against female sexual slavery: Report of the Global Feminist Workshop to Organize Against Traffic in Women, Rotterdam, the Netherlands, April 6-15, 1983*. Rotterdam: International Women's Tribune Centre, 1984.
- Matsui, Yayori. 'The plight of Asian migrant women working in Japan's sex industry', in Kumiko Fujimura-Fanselow and Atsuko Kameda (eds), *Japanese women: New feminist perspectives on the past, present, and future*, New York: Feminist Press at CUNY, 1995.
- Matsuoka, Nobuo. 'Chosen josei no rekishi ni omou', in Takahashi Kikue (ed), *Sei shinryaku o kokuhatsu suru kiisen kankou*, Tokyo: Kiisen Kankou ni Hantai suru Onnatachi no Kai, 1974.
- Matsumura, Toshio. 'Biruma no tokoro "juugun ianfu"', *D oko*, No. 1589, 1999, pp. 18-22.
- McCormack, Gavan and Satoko Oka Norimatsu. *Resistant islands: Okinawa*

confronts Japan and the United States, Plymouth: Rowman & Littlefield Publishers, 2012.

- McDougall, Gay. *Systematic rape, sexual slavery and slavery-like practices during armed conflict : Final report*. Geneva: UN, 1998.
- M c L elland, Mark. *Love, sex, and democracy in Japan during the American occupation*, New York: Palgrave Macmillan, 2012.
- Metzler, Mark. *Lever of empire: The international gold standard and the crisis of liberalism in prewar Japan*, Berkeley: University of California Press, 2006.
- Mikanagi, Yumiko. 'Women, the state, and war: Understanding issue [*sic*] of the "comfort women"', *Kokusai Kirisutokyou Daigaku Shakai Kagaku Jaanaru*, Vol. 48, 2002, pp. 37-54.
- Millet, Kate. *Sexual politics*, New York: Ballantine, 1970.
- Mitsuka, Takeo (ed). *Gendai no baishun to jinken: Fujin no saigo no 'kakekomidera' o kangaeru*, Osaka: Osaka no Fujin Hogo Jigyou o Mamoru Kai, 1986.
- Mizutani, Yoshiko. '"Sakanayaa" no onnatachi', in Nikkan Kyoudou 'Nihon Gun Ianjo' Miyakojima Chousadan (eds), *Senjyou no Miyakojima to 'ianjo'*, Okinawa: Nanyou Bunko, 2009.
- Moon, Katharine. *Sex among gallies: Military prostitution in U.S.-Korea relations*, New York: Columbia University Press, 1997.
- Moon, Katharine. 'South Korean movements against militarized sexual labor', *Asian Survey*, Vol. 39, No. 2, 1999, pp. 310-327.
- Moon, Katharine. 'Resurrecting prostitutes and overturning treaties: Gender politics in the "anti-American" movement in South Korea, *The Journal of Asian Studies*, Vol. 66, No. 1, February 2007, pp. 129-157.
- Moran, Rachel. *Paid for: My journey through prostitution*, Melbourne: Spinifex Press, 2013.
- Morita, Seiya. 'Senji no sei bouryoku heiji no sei bouryoku', *Yuibutsuron Kenkyuu*
- *Nenshi*, Vol. 4, November 1999, pp. 113-140.
- Morita, Seiya. 'Pornography, prostitution, and women's human rights in Japan', in Christine Stark and Rebecca Whisnant (eds), *Not for sale: Feminists resisting prostitution and pornography*, North Melbourne: Spinifex, 2004, pp. 64-84.
- Morita, Seiya. 'Poruno to ha nani ka, poruno higai to ha nani ka', in Poruno Higai to Sei Bouryoku wo Kangaeru Kai (eds), *Shougen: Gendai no sei bouryoku to poruno higai*, Tokyo: Tokyo-to Shakai Fukushi Kyougikai, 2010, pp. 50-51.
- Morrison, Andrew. 'Teen prostitution in Japan: Regulation of telephone clubs',

Vanderbilt Journal of Transnational Law, Vol. 31, No. 2, 1998, pp. 457-497.

- Mugishima, Fumio. 'Poruno komikku no seishounen e no eikyou', *Seishounen Mondai*, Vol. 40, No. 11, 1993.

- Muta, Kazue. 'The new woman in Japan', in Margaret Beetham and Ann Heilmann (eds), *New woman hybridities: Femininity, feminism, and international consumer culture, 1880-1930*, London: Routledge, 2004.

- Najita, Tetsuo. *Japan:The intellectual foundations of modern Japanesepolitics*, Chicago; London: University of Chicago Press, 1974.

- Nakasato, Takashi. 'Seishounen no keitai denwa nado kara no intaanetto riyou no genjyou to mondai', Working Paper, *Sougou chousa: 'Seishounen wo meguru sho mondai': Shakai teki sokumen kara*, pp. 133-148, 2009, http://www.ndl.go.jp/jp/ diet/ publication/document/2009/200884/32.pdf

- 'New NHK head's "comfort women" remark stirs controversy', *Japan Today*, 26 January 2014, http://www.japantoday.com/category/national/view/new-nhk-heads-comfort- women-remark-stirs-controversy

- Nishino, Rumiko. *Juugun ianfu no hanashi: Juudai no anata e no messeeji*, Tokyo: Akashi Shoten, 1993.

- Nishino, Rumiko. 'Nihonjin ianfu: Dare ga dono youni choushuu sareta ka', in VAWW- NET Japan (eds), *Nihon gun sei dorei sei wo sabaku 2000nen josei kokusai senpan houtei no kiroku: Jisshou sareta senji seibouryoku ni okeru higai to kankeisei*, Vol. 3/4, Tokyo: Rokufu Shuppan, 2000.

- Nishino, Rumiko. 'Naze ima, Nihon jin "ianfu" nano ka?', presentation handout on file with author, 29 September 2012, VAWWRAC Soukai Shimpojiumu, 'Nihon jin 'ianfu' no higai jitai ni semaru!'.

- Nishino, Rumiko. 'Higai sha shougen ni miru "ianfu" renkou no kyousei sei', in 'Sensou to josei he no bouryoku' Risaachi Akushon Sentaa, *'Ianfu' basshingu wo koete*, Ootsuki Shoten, 2013, pp. 23-42.

- Norma, Caroline and Melinda Tankard Reist (eds), *Prostitution narratives: Stories from survivors of the sex trade*, Melbourne: Spinifex Press, 2016.

- Office to Monitor and Combat Trafficking in Persons, *Trafficking in persons report 2009*, http://www.state.gov/g/tip/rls/tiprpt/2009/123136.htm

- Ogino, Fujio. 'Toyama ken in okeru "roumu ianfu" ni tsuite', *Sensou Sekinin Kenkyuu*, Vol. 6, 1994, pp. 64-67.

- Oji, Tomoko. *Shoujo baishun kyoujutsu chousho: Ima, futatabi toinaosareru kazoku no kizuna*, Tokyo: Riyonsha, 1998.

- Olsen, Frances. 'Statutory rape: A feminist critique of rights analysis', *Texas Law*

Review, Vol. 63, No. 3, 1984, pp. 393-394.

- Onoda, Hiroo. 'Watashi ga mita juugunianfu no seitai', *Seiron*, Vol. 392, 2005, pp. 142-149. Onozawa, Akane. *Kindai Nihon shakai to koushou seido: Minshuushi to kokusai kankeishi no shiten kara*, Tokyo: Yoshikawa Koubunkan, 2010.

- Onozawa, Akane. 'Shiryou ni miru Nihonjin "ianfu" no choushuu no jitai', in presentation notes on file with author, 29 September 2012, VAWW-RAC Soukai Shinpojiumu, 'Nihon jin 'ianfu' no higai jitai ni semeru!'.

- Orihara, Minami and Gregory Clancey. 'The nature of emergency: The Great Kanto Earthquake and the crisis of reason in late imperial Japan', *Science in Context*, *Suppl. Witness to Disaster: Earthquakes and Expertise*, Vol. 25, No. 1, March 2012, pp. 103-126.

- Otabe, Yuuji, Hayashi Hirofumi and Yamada Akira. *K iiwaado Nihon no sensou hanzai*, Tokyo: Yuzankaku, 1995.

- Otsuki, Nami and Hatano Keiko. 'Japanese perceptions of trafficking in persons: An analysis of the demand for sexual services and policies for dealing with trafficking survivors', *Social Science Japan Journal*, Vol. 12, No. 1, 2009, pp. 45-70.

- Paku, Su-Nam. *Ariran no uta*, Tokyo: Aoki Shoten, 1991.

- Palmer, Brandon. *Fighting for the enemy: Koreans in Japan's war, 1937-1945*, Seattle:

- University of Washington Press, 2013.

- Park, Hyun. 'Bill related to comfort women passed in US Congress', *The Hankyoreh*, 17 January 2014, www.hani.co.kr/arti/english_edition/e_international/620209.html

- People Against Pornography and Sexual Violence, 'Manga to anime no sekai: Imada ni Nihon de ha kodomo ha seiteki taishou na no da', *Merumaga*, Vol. 25, 2014, http://paps-jp.org/mag/25/

- Phillipps, Jeremy. 'City and empire - Local identity and regional imperialism in 1930s Japan', *Urban History*, Vol. 35, No. 1, 2008, pp. 116-133.

- Pilzer, Joshua. 'Music and dance in the Japanese military "comfort women" system: A case study in the performing arts, war, and sexual violence', *Women and Music: A Journal of Gender and Culture*, Vol. 18, 2014, pp. 1-23.

- Poruno Higai to Sei Bouryoku wo Kangaeru Kai (eds), *Ima wa, mada namae no nai sei higai ga arimasu*, Tokyo: Poruno Higai to Sei Bouryoku wo Kangaeru Kai, 2011.

- Qiu, Peipei, Zhiliang Su and Lifei Chen. *Chinese comfort women: Testimonies from imperial Japans sexual slaves*, New York: Oxford University Press, 2014.

- Ramseyer, Mark. 'Indentured prostitution in Imperial Japan: Credible commitments in the commercial sex industry', *The Journal of Law, Economics, & Organization*, Vol. 7, No. 1, 1991, pp. 89-116.
- Ramseyer, Mark and Frances Rosenbluth. *The politics of oligarchy: Institutional choice in Imperial Japan*. Cambridge: Cambridge University Press, 1998.
- Raymond, Janice G. *Not a choice, not a job: Exposing the myths about prostitution and the global sex trade*, North Melbourne: Spinifex, 2013.
- Ruff -O'Herne, Jan. *50 years of silence*, Sydney: Editions Tom Thompson, 1994.
- Ryang, Sonia. *Love in modern Japan: Its estrangement from self, sex, and society*, Milton
- Park; New York: Routledge, 2006.
- Saga, Junichi. *Memories of silk and straw: A self-portrait of small-town Japan*. Tokyo; New York: Kodansha International; distributed in the U.S. through Harper & Row, 1987.
- Sato, Barbara. *The new Japanese woman: Modernity, media, and women in interwar Japan*, Durham and London: Duke University Press, 2003.
- Schencking, Charles. *The Great Kanto Earthquake and the chimera of national reconstruction in Japan*, New York: Columbia University Press, 2013.
- Senda, Kakou. *Juugun ianfu*, Tokyo: Koudansha, 1993.
- Seong, Yeon-cheol and Gil Yun-hyung. 'China releases documents showing Japan forcibly mobilized comfort women', *The Hankyoreh*, 25 March 2014, english.hani.co.kr/popups/print.hani?ksn=629741 3/4
- Shared Hope International. 'Japan: Culture and crime promote commercial markets of sexual exploitation', http://www.sharedhope.org/files/demand_japan.pdf
- Shimazu, Naoko. *Japanese society at war: Death, memory and the Russo-Japanese war*, Cambridge; New York: Cambridge University Press, 2009.
- Shimojuu, Kiyoshi. *Miuri no nihonshi: Jinshin baibai kara nenki boko e*, Tokyo: Yoshikawa Kobunkan, 2012.
- Shimokawa, Koushi and Hiroki Hayashi. *Yuukaku o miru*, Tokyo: Chikuma Shobou, 2010.
- Shin, Hon Yun. 'Okinawa sen to Chousenjin "ianfu"', in Nikkan Kyoudou 'Nihon gun ianjo' Miyakojima chousadan (eds), *Senjyou no Miyakojima to 'ianjo'*, Okinawa: Nanyou Bunko, 2009.
- Shinozaki, Yasuko. 'Okinawa no jendaa to baishun mondai', *K umamoto gakuen daigaku ronshuu sougou kagaku*, Vol. 7, No. 1,2000, pp. 159-216.
- Shirota, Suzuko. *Mariya no sanka*, Tokyo: Nihon Kirisutokyoudan Shuppan Kyoku,

1971.

- Shu, Tokuran (Delan Zhu). *Taiwan soutokufu to ianfu*, Tokyo: Akashi Shoten, 2005.
- Silverberg, Miriam. 'The modern girl as militant', in Gail Bernstein (ed), *Recreating Japanese women, 1600-1945*, Berkeley, Los Angeles; Oxford: University of California Press, 1991, pp. 239-266.
- Silverberg, Miriam. 'The cafe waitress serving modern Japan', in Stephen Vlastos, *Mirror of modernity: Invented traditions of modern Japan*, Berkeley: University of California Press, 1998.
- Silverberg, Miriam. *Erotic grotesque nonsense: The mass culture of Japanese modern times*, Berkeley: University of California Press, 2007.
- Smethurst, Richard. *A social basis for prewar Japanese militarism: The army and the rural community*, Berkeley: University of California Press, 1974.
- Smith, Kerry Douglas. *A time of crisis: Japan, the great depression, and rural revitalization*. Cambridge: Harvard University Asia Center; distributed by Harvard University Press, 2001.
- Soh, Chunghee Sarah. 'The Korean "comfort women": Movement for redress', *Asian Survey*, Vol. 36, No. 12, 1996, pp. 1226-1240.
- Soh, Chunghee Sarah. 'From imperial gifts to sex slaves: Theorizing symbolic representations of the "comfort women"', *Social Science Japan Journal*, Vol. 3, No. 1, April 2000, pp. 59-76.
- Soh, Chunghee Sarah. 'Women's sexual labor and state in Korean history', *Journal of Women's History*, Vol. 15, No. 4, 2004, pp. 170-177.
- Soh, Chunghee Sarah. 'The Korean "comfort women" tragedy as structural violence', in Wook Gi-Shin, Soon-Won Park and Daqing Yang (eds), *Rethinking historical injustice and reconciliation in northeast Asia*, New York: Routledge, 2007, pp. 17-35.
- Soh, Chunghee Sarah. *The comfort women: Sexual violence and postcolonial memory in Korea and Japan*, Chicago: University of Chicago Press, 2008.
- Soh, Chunghee Sarah. 'Military prostitution and women's sexual labour in Japan and Korea', in Ruth Barraclough and Elyssa Faison (eds), *Gender and labour in Korea and Japan: Sexing class*, London; New York: Routledge, 2009.
- Song, Youn-ok. 'Nihon no shokuminchi shihai to kokka teki kanri baishun: Chousen no koushou wo chuushin ni shite', *Chousen Shi Kenkyuu Kai Ronbun Shuu*, Vol. 32, 1994, pp. 37-87.
- Song, Youn-ok. 'Japanese colonial rule and state-managed prostitution: Korea's licensed prostitutes', *Positions*, Vol. 5, No. 1, 1997, pp. 171-219.

- Sorano, Yoshihiro. 'Kitachousen moto juugun ianfu shougen', *Ekonomitsuto*, Vol. 70, No. 49, 1992, pp. 548-553.
- Snitow, Ann Barr, Christine Stansell and Sharon Thompson. *Powers of desire: The politics of sexuality*, New York: Monthly Review Press, 1983.
- 'Stop undermining Kono statement', *Japan Times*, 25 June 2014, http://www.japantimes.co.jp/opinion/2014/06/25/editorials/stop-undermining-kono-statement/#.VFNosfnLe4E
- Study Team on the Details Leading to the Drafting of the Kono Statement etc. *Details of exchanges between Japan and the Republic of Korea (ROK) regarding the comfort women issue - From the drafting of the Kono Statement to the Asian Womens Fund*, 20 June 2014, http://www.mofa.go.jp/files/000042171.pdf
- Sugisaka, Keisuke. *Tobita no ko: Yuukaku no machi ni hatara ku on n atachi no jinsei*, Tokyo: Tokuma Shoten, 2013.
- Sugita, Satoshi. *Danken shugiteki sekushuariti: Poruno baibaishun yougoron hihan*, Tokyo: Aoki Shoten, 1999.
- Suzuki, Masahiro. 'Sensou ni okeru dansei no sekushuariti', in 'Ningen to Sei' Kyouiku Kenkyuu Kyougikai 'Dansei Keisei Kenkyuu' Purojekuto (eds), *Nihon no otoko wa doko kara kite doko e iku no ka: Dansei sekushuariti keisei 'kyoudou kenkyuu'*, Tokyo: Juugatsusha, 2001, pp. 108-117.
- Suzuki, Tessa Morris. 'Freedom of hate speech; Abe Shinzo and Japan's public sphere', *The Asia-Pacific Journal*, Vol. 11, Issue 8, No. 1, 25 February 2013, http://www.japanfocus.org/-Tessa-Morris_Suzuki/3902
- Suzuki, Tessa Morris. 'Addressing Japan's "comfort women" issue from an academic standpoint', *The Asia-Pacific Journal*, Vol. 12, Issue 9, No. 1, 2 March 2014, http://www.japanfocus.org/-Tessa-Morris_Suzuki/4081
- Suzuki, Tessa Morris. 'Letters to the dead: Grassroots historical dialogue in East Asia's borderlands', in Tessa Morris Suzuki, Morris Low, Leonid Petrov and Timothy Y. Tsu, *East Asia beyond the history wars: Confronting the ghosts of violence*, London: Akashi Shoten, 2014.
- Suzuki, Yuuko. *Chousenjin juugun ianfu: Shougen Showa shi no danmen*, Tokyo: Iwanami Shoten, 1991.
- Suzuki, Yuuko. '*Jugun ianfu* mondai to seiboryoku', Tokyo: Miraisha, 1993.
- Suzuki, Yuuko. 'Ima, mimi kakete kioku kizumu toku', *Human Rights*, Vol. 111, 1997, pp. 20-27.
- Suzuki, Yuuko. 'Sekando reipu ni hoka naranai, *Sekai*, Vol. 632, 1997, pp. 48-53.
- Suzuki, Yuuko. *Sensou sekinin to jendaa: 'Jiyuu shugi shikan' to Nihon gun 'ianfu'*

mondai, Tokyo: Miraisha, 1997.

- Suzuki, Yuuko and K ondou K azuko. *Onna, tennousei, sensou*, Tokyo: Orijin Shuppan Sentaa, 1989.

- Tabuchi, Hiroko. ʻWomen forced into WWII brothels served necessary role, Osaka mayor saysʼ, *The New York Times*, 13 May 2013, http://www.nytimes. com/2013/05/14/ world/asia/mayor-in-japan-says-comfort-women-played-a-necessary-role.html?_r=0

- Taipei Womenʼs Rescue Foundation. ʻComfort women: Su, Yin-jiao Ah Maʼ, http://www.twrf.org.tw/eng/p3-service-detail. asp?PKey=aBIMaB31aBWPaB33&Class1=aBJQaB36

- Takahas hi, Kikue. *Sei shinryaku o kokuhatsu suru kiisen kankou*, Tokyo: Kiisen Kankou Ni Hantai Suru Onnatachi No Kai, 1974.

- Takahashi, Ryuuji (ed). *Hyakusatsu ga kataru ʻianjoʼ otoko no honne: Ajia-zenʼiki ni ʻianjoʼ ga atta*, Tokyo: Nashinokisha, 1994.

- Takahashi, Kikue and Yunomae Tomoko (eds), *Baishun, baishun*, Tokyo: Shibundou, 1986.

- Takasato, Suzuyo. *Okinawa no onnatachi: Josei no jinken to kichi guntai*, Tokyo: Akashi Shoten, 1996.

- Takayasu, Yae. ʻOnna no Rabauru koutaʼ, in Senchuu-ha group (eds), *Zoku senchuu-ha no yuigon*, Tokyo: Kai Shobou, 1979.

- Tamai, Noriko. *Hinomaru o koshi ni maite:Tekka shoufu, Takanashi Taka ichidaiki*, Tokyo: Gendaishi Shuppanka, 1984.

- Tamashiro, Fukuko. ʻRemembering the battle of Okinawa, forgetting the comfort womenʼ, in Muta Kazue and Beverley Anne Yamamoto (eds), *The gender politics of war memory: Asia-Pacific and beyond*, Osaka: Osaka University Press, 2012, pp. 95-114.

- Tanaka, Yuki. *Japanʼs comfort women: Sexual slavery and prostitution during World War II and the US occupation*, London; New York: Routledge, 2002.

- Tanikawa, Mitsue. Mono iwanu shougitachi: Sapporo yuukaku hiwa, Sapporo-shi: Miyama Shobou, 1984.

- The Committee for Historical Facts. ʻThe factsʼ, *Washington Post*, 14 June 2007, http://en.wikipedia.org/wiki/File:The_Facts_about_the_Comfort_Women.jpg

- The Leap Organization. ʻExcerpt from Dr. Suki Falconbergʼs book....ʼ, http://www. leapnonprofit.org/Phil%20article%20Suki%20Falconberg.htm

- Tipton, Elise. *Modern Japan: A social and political history*, London: Routledge, 2002. Tipton, Elise. ʻCleansing the nation: Urban entertainments and moral reform

in interwar Japan' *Modern Asian Studies*, Vol. 42, No. 4, 2008, pp. 705-731.
- Tomioka, Emiko and Mutsuko Yoshioka. *Gendai Nihon no josei to jinken*, Tokyo: Akashi Shoten, 2001.
- Trefalt, Beatrice. *Japanese army stragglers and memories of the war in Japan, 1950-75*, London: RoutledgeCurzon, 2003.
- Tsunoda, Yukiko. *Seisabetsu to bouryoku*, Tokyo: Yuuhikaku, 2001.
- Tsuzuki, Chushichi. *The pursuit of power in modern Japan, 1825-1995*. Oxford: Oxford University Press, 2000.
- Ueno, Chizuko and 'Self-determination on sexuality?: Commercialization of sex among teenage girls in Japan' *Inter-Asia Cultural Studies*, Vol. 4, No. 2, 2003, pp. 317-324.
- Ueno, Chizuko. (translated by Beverley Yamamoto). *Nationalism and gender*, Melbourne: Trans Pacific Press, 2004.
- Ui, M., Y. Matsui, M. Fukutomi, K. Narita, Y. Kamise and K. Yashiro. 'Factors that affect adult men's decision to hire a prostitute', *Shinrigaku Kenkyuu*, Vol. 79, No. 3, August 2008, pp. 215-223.
- UNESCO. 'Nomination form International Memory of the World Register Archives about "Comfort Women": The Sex Slaves for Imperial Japanese Troops', http://www.unesco.org/new/fileadmin/MULTIMEDIA/HQ/CI/CI/pdf/mow/nomination_forms/ china_comfort_women_eng.pdf
- United Nations Commission on Human Rights. *Report of the Special Rapporteur on violence against women, its causes and consequences, Ms. Radhika Coomaraswamy, in accordance with Commission on Human Rights resolution 1994/45; Report on the mission to the Democratic People's Republic of Korea, the Republic of Korea and Japan on the issue of military sexual slavery in wartime*, 4 January 1996, http://www.awf.or.jp/pdf/h0004.pdf
- Ward, Vanessa B. 'A Christian challenge: Chou Takeda Kiyoko and feminist thought in modern Japan', *Women's History Review*, Vol. 21, No. 2, 2012, pp. 281-299.
- Wilson, Sandra. 'Rethinking the 1930s and the "15-Year War" in Japan', *Japanese Studies*, Vol. 21, 2001, pp. 155-164.
- Watanabe, Kazuko. 'Trafficking in Women's Bodies, Then and Now: The Issue of Military "Comfort Women"' *Peace & Change*, Vol. 20, 1995, pp. 501-514.
- Wazaki, Haruka (ed). *Dansei no sei ishiki ni kan suru jisshou teki kenkyuu: Sekushuariti no rekishi teki hyouzou to seifuuzoku sangyou no fi irudowaaku*, Fukushima: Fukushima Ken Danjo Kyousei Sentaa, 2005.
- Yamashita, Yeong-ae and Yun Chung-ok. *Chousenjin josei ga mita 'ianfu mondai':*

Asu otomo ni tsukuru tame ni, Tokyo: San'ichi Shobou, 1992, pp. 128-167.

- Yamashita, Yeong-ae. 'Nationalism and gender in the comfort women issue', *Kyoto Bulletin of Islamic Area Studies*, Vol. 3-1, July 2009, pp. 208-219.

- Yasuhara, Keiko. 'Bunseki ripouto: Ianfu ni tsuite', in Juugun Ianfu 110ban Henshuu Iinkai (eds), *Juugun ianfu 110ban: Denwa no mukou kara rekishi no koe ga*, Tokyo: Akaishi Shoten, 1992, pp. 87-108.

- 'Yegeurina'. 'There is no such thing as voluntary or involuntary: Can it really ever be a choice?' in *Salim Center* (translated by Yunmi Lee), booklet (self-published, on file with author).

- Yoon, Bang-Soon L. 'Imperial Japan's comfort women from Korea: History & politics of silence-breaking', *Journal of Northeast Asian History*, Vol. 7, No. 1, 2010, pp. 5-39.

- Yoshimi, Yoshiaki and translated by Suzanne O'Brien. *Comfort women: Sexual slavery in the Japanese military during World War II*, New York: Colombia University Press, 2000.

- Yoshimi, Yoshiaki. '"Kouno danwa" to "ianfu" seiko no shinsou kyuumei', in Risaachi Akushon Sentaa (eds), *'Ianfu' basshingu wo koete*, Tokyo: Ootsuki Shoten, 2013, pp. 2-22.

- Yoshimi, Yoshiaki. '"Kouno danwa" wo dou kangaeru ka', in Sensou to Josei he no Bouryoku Risaachi Akushon Sentaa (ed), *'Ianfu' basshingu wo koete: 'Kouno danwa' to Nihon no sekinin*, Tokyo: Otsuki Shoten, 2013.

- Yoshimi, Yoshiaki. 'Nihon baishun shi: Henkan to sono haikei (2) Taisho/Showa shoki no baishun joukyou: Sono haikei to torishimari', *Jiyuu*, Vol. 41, No. 12, Issue 478, 1999, pp. 140-152.

- Yoshimi, Kaneko. *Baishou no shakaishi*, Tokyo: Yuuzankaku, 1984.

- Yoshimi, Yoshiaki. '"Juugun ianfu" no soushutsu to Chousen soutokufu', *Sensou Sekinin Kenkyuu*, Vol. 5, 1994, pp. 32-36.

- Yun, Chung-ok and Suzuki Yuuko. *Heiwa o kikyuushite: 'Ianfu' higaisha no songen kaifuku e no ayumi*, Musashino-shi: Hakutakusha, 2003.

- Zhu, Delan. *Taiwan Soutokufu to ianfu*, Tokyo: Akashi Shoten, 2005.

찾아보기

옮긴이 유혜담

한국외대 통번역대학원을 졸업하고 프리랜서 번역가로 활동 중이다.
옮긴 책으로는 『코르셋』, 『여자는 인질이다』, 『젠더는 해롭다』가 있다.

'위안부'는 여자다

초판 펴낸 날 2020년 7월 30일

지은이 캐롤라인 노마 / **옮긴이** 유혜담
편집 국지혜 / **디자인** 표지 임지인, 본문 영롱한 디자인 / **마케팅** 김재경 / **자문** 박혜정

펴낸이 국지혜 / **펴낸곳** 열다북스 / **출판등록** 제 353-2017-000032호
주소 인천광역시 부평구 길주로 547번길 8-14
팩스 0303-3442-0517 / **전화** 070-8844-0517
이메일 yeoldabooks@naver.com / **페이스북·트위터·인스타그램** @yeoldabooks
블로그 blog.naver.com/yeoldabooks

ISBN 979-11-90158-10-7

이 책은 저작권법에 따라 보호받는 저작물이므로 무단전재와 복제를 금합니다.